Johann Heinrich Voigt

**Grundlehren der reinen Mathematik**

Johann Heinrich Voigt

**Grundlehren der reinen Mathematik**

ISBN/EAN: 9783743314931

Hergestellt in Europa, USA, Kanada, Australien, Japan

Cover: Foto ©Thomas Meinert / pixelio.de

Manufactured and distributed by brebook publishing software
(www.brebook.com)

Johann Heinrich Voigt

# Grundlehren der reinen Mathematik

# Grundlehren

der

## reinen

# Mathematik

von

## Johann Heinrich Voigt

Professor der Mathematik in Jena und Correspondent der
königl. Gesellschaft der Wissenschaften zu Göttingen.

---

Nebst 2 gedruckten und 8 Kupfertafeln.

---

Jena,
in der akademischen Buchhandlung
1791.

# Vorrede.

Meine Absicht ist bey dem Entwurf dieser Schrift gewesen, den Freunden der Mathematik ein Lehrbuch in die Hände zu geben, über welches sie nicht allein mit Nutzen-Vorlesungen hören, sondern mittelst dessen sie sich auch bey einigen Vorkenntnissen und hinlänglicher Aufmerksamkeit durch Selbststudium zum Lesen solcher Lehrbegriffe vorbereiten könnten, die wegen ihres tieferen Ganges und weitern Umfassungskreises mehr Anstrengung und Beharrlichkeit erfordern, als sich gewöhnlich von Personen, die mit den Gegenständen einer Wissenschaft und deren Behandlungsart noch nicht vertraut sind, erwarten läßt.

Ich habe zu dem Ende manches weiter auseinander gesetzt und anschaulicher vorgetragen, als es sonst in einem Lehrbuche das blos zu Vorlesungen bestimmt ist, nöthig wäre. Um aber auch nicht zu weitläuftig zu werden, habe ich oftmals blos durch ein zweckmäßig gewähltes

wähltes Beyspiel dasjenige vollends aufzuhellen gesucht, was mir im Vortrag der Sache selbst nach etwas schwierig schien. Diese Methode soll, wie ich hoffe, auch den Vortheil gewähren, daß nun in den Vorlesungen die ganze Zeit blos auf weitere Ausführungen, Zusätze und mannichfaltige Anwendungen des vorgetragenen verwandt werden kann. Für diejenigen die sich nicht unter den Umständen befinden, über dieses Buch Vorlesungen zu hören, habe ich da, wo ich glaubte nicht weiter gehen zu dürfen, auf die Schriften des Hrn. Hofr. Kästner, denen ich selbst meine Kenntnisse in diesem Fache vorzüglich verdanke, verwiesen, weil diese allgemein als ächt klaßisch anerkannt sind, und ihr aufmerksames und anhaltendes Studium den jungen Mathematiker in den Stand setzen kann, alle Theile der niedern und höhern Mathematik fast aus diesen Schriften ganz allein, oder doch mit Zuziehung noch einiger anderer deren in denselben Erwähnung geschieht, auf das gründlichste kennen zu lernen. Sie sind wirklich in weit vorzüglicherm Grade für unsere Zeiten das, was die Wolfischen für die ihrigen waren. Indessen bin ich weit entfernt den großen Werth zu verkennen

den

den auch die Eulerschen, Seegnerschen, Karsten-
schen, Clemmschen, Lambertschen, Klügelschen,
Schulzischen u. a. Werke haben, so daß ich sie
vielmehr ebenfalls auf das sorgfältigste allen
empfehle, welche die Mathematik als ihr Haupt-
fach treiben wollen.

Daß ich übrigens bey meinem Vorsaße die
Materien so faßlich und plan als möglich abzuhandeln, doch gleich im Anfang der Arithmetik
§. 60 und 134 die Begriffe vom mathematischen
Unendlichen mit berührt, und an andern Orten
Rechnungen mit eingeschaltet habe, die man
zu den algebraischen zu zählen pflegt, wird mir
nicht zur Last gelegt werden können, wenn man
einmal bedenkt, daß hier der Ort war, wo sie
sich gleichsam von selbst darboten, und dann
es doch großen Vortheil gewährt, wenn beym
weitern Studium der Mathematik, von Dingen
die für schwer gehalten werden, eine vorläufige
Idee in der Seele schwebt.

Eben so wenig darf ich einen Vorwurf be-
fürchten, daß ich zu Anfang der Geometrie etwas von Elementen der Linien gesagt habe, das
man sonst, wenigstens hier, nicht erwartet.
Ich bin nemlich fest überzeugt, daß man ohne
diese

diese Begriffe den Unterschied zwischen geraden
und krummen Linien schlechterdings nicht deutlich einsehen könne, und doch ist dieses ganz
unentbehrlich, wenn der Beweis zum 11ten Eu-
klidischen Grundsatz, wie ich ihn beym §. 98.
gebe, ganz befriedigend erscheinen soll. Diesem Beweis habe ich hier, um ihn etwas einleuchtender zu machen, als es vielleicht in meiner kleinen, besonders davon herausgegebenen,
Schrift geschehen war, eine solche Anordnung
gegeben, daß man wenigstens gleich sehen kann,
wo er befriedigt, oder nicht befriedigt. Worauf meines Erachtens alles bey ihm ankommt,
ist das, was in den letzten Zeilen des §. 97.
und zu Ende der Seite 241. enthalten ist. Die
Bedenklichkeit, daß bey meinen Elementen
der Satz von der Stetigkeit und geometrischen
Theilung bis ins Unendliche, angefochten werde, muß sogleich verschwinden, wenn man das
was ich §. 6. Geom. von ihnen sage, immer
vor Augen behält, daß nemlich einem solchen
Element keine bestimmte Größe beygelegt wird,
sondern daß man es so klein annehmen kann
als man will. Eben so verschwindet auch die
Bedenklichkeit welche in einer Recension die
sich in der Oberdeutsch. A. L. Z. 150 St. 1790
von

von jener kleinen Schrift befindet, über den Umstand, daß ich das Element der Linie weder als gerade noch als krumm, sondern als dieser Eigenschaften ganz unfähig ansehe, in folgenden Worten geäussert wird. „Die Elemente der geraden Linie sind doch keine Punkte; denn sie haben Ausdehnung in die Länge. Soll nun diese Ausdehnung nicht auch als gerade gedacht werden? Und wenn die Elemente einer krummen Linie nicht krumm seyn sollen, könnte man dann nicht sagen, daß die krumme Linie aus Theilen bestehe, die von einer ganz andern Gattung sind„. Um hier der Vorstellung zu Hülfe zu kommen, empfehle ich ein Gleichniß von einer Reihe aneinander liegender Kugeln; diese Reihe kann eine gerade und eine krumme Linie bilden, und von den einzelnen Kugeln welche die Elemente derselben ausmachen, kann man doch nicht sagen, daß sie im ersteren Fall ebenfalls gerade, im andern aber, krumm wären, nur aus der bestimmten Zusammenordnung der Kugeln beurtheilt man die Geradheit oder Krümme der Reihe. Uebrigens wäre es auch eben nicht mathematisch heterodox wenn man behauptete, die krumme Linie bestehe aus Theilen die von einer ganz andern Gattung wären

— denn

— denn Wolf sagt ja schon von der krummen Linie, sie sey diejenige deren Theil der Ganzen nicht ähnlich wäre.

Ehe ich schließe will ich noch ein paar Zusätze beyfügen, die mir bey der Revision meines Buchs nöthig geschienen haben. 1) Zu §. 228. Ar. setze man: Um also die mittlere geometrische Proportionalzahl zwischen zwey gegebnen zu finden, multiplicire man die gegebnen äussern durcheinander und ziehe aus dem Producte die Quadratwurzel. 2) Zu §. 263. Ge. setze man: Und wenn a f auf m n, und a c auf b d senkrecht ist, so muß auch f c auf b d senkrecht seyn, denn sonst würde eine Linie aus c, welche auf c d senkrecht stünde, in einen andern Punkt der Linie e g als in f, treffen, und eine Linie von a bis in diesen Punkt müßte nach (261) noch ein anderes Perpendikel als a f, auf m n geben, welches aber dem zu Anfang dieses §. gesagten widerspricht.

Jena, im September 1791.

# Einleitung.

Grundbegrif von Mathematik überhaupt und Uebersicht ihrer verschiedenen Theile.

## §. 1.

Alle Gegenstände die sich unsrer Erkenntniß darbieten, lassen sich, einmal in Absicht ihrer Eigenschaften, und dann in Absicht ihrer Größe betrachten. In wiefern man nun irgend einen Gegenstand so behandelt, daß man sich blos mit dem was seine Größe betrift, oder eigentlich, was ausmeßbar an ihm ist, beschäftigt, in so fern behandelt man ihn mathematisch.

## §. 2.

Der Hauptcharakter im Begrif von der Mathematik ist also die Größe. Eine Größe wird jeder Sache in so fern zugeschrieben, als sich eine Vermehrung oder Verminderung bey ihr gedenken läßt. Eine Vermehrung hat überhaupt statt, wenn zu einer Sache noch so Etwas kommt, woraus sie bereits besteht; eine Verminderung, wenn dergleichen von ihr weggenommen wird, z. B. in ein

A                                   Ge-

Gefäß mit Wasser gießt man neues Wasser, so
wird es vermehrt, oder man gießt welches heraus,
so wird es vermindert.

## §. 3.

Soll aber eine Größe so vermehrt oder vermindert werden, daß man sich dieselbe als etwas
Meßbares vorstellen kann, so muß man sich eine
Vielheit von irgend Etwas bey ihr gedenken;
oder man muß Etwas in ihr mehr oder weniger-
mal so beysammen annehmen, daß es jedesmal
ein gewisses Ganzes ausmacht.

## §. 4.

Dieses Etwas nennt man die Einheit in jeder
Größe.   Durch Zusetzung solcher Einheiten wird
die Größe so vermehrt, und durch Wegnehmung
derselben so vermindert, daß man davon eine
mathematische Kenntniß bekommt.

## §. 5.

In jeder Größe wird also zwar Vielheit bemerkt,
aber das Viele besteht immer nur in einem einzigen Dinge, das mehrmals vorhanden ist. Nennt
man nun, wie gewöhnlich, die einzelnen Dinge
die eine Größe ausmachen, ihre Theile, so wird
man in dem einen Theile nichts weiter erkennen,
als was man in jedem andern auch erkennt, und
man sagt deshalb, die Theile einer Größe seyen
gleichartig. Z. B. eine Bibliothek besteht aus vielen

len Büchern. Buch ist hier die Einheit, oder der einzelne Theil der Bibliothek, und in der ganzen Bibliothek wird im mathematischen Verstande kein Buch von dem andern unterschieden. Eben dieses hat bey einer Summe Geldes, einer Armee und dergleichen statt. Auffer solchen Rücksichten aber, kann eine Größe aus sehr ungleichartigen Theilen bestehen.

### §. 6.

Es hat zwar an sich nichts widersprechendes, daß man sich die Einheit bey einer Größe aufs neue wieder als eine Zusammenhäufung anderer Einheiten von einem niedrigeren Grade vorstellt; allein endlich muß man doch einmal bey einer Einheit stehen bleiben, bey der man wenigstens nicht auf ihre weitere Eintheilung Rücksicht nimmt, und von der Größe einer solchen kann man nicht anders als durch sinnliches Gefühl oder anschauen einen Begrif erhalten; z. B. von der Größe eines Groschens, eines Fußes.

### §. 7.

Sobald man aber neben einer solchen Einheit noch andere von höheren oder niederen Graden mit betrachtet, so läßt sich auch schon ohne Anschauuung, durch bloße Vergleichung eine Vorstellung von einer solchen Größe erhalten; so ist z. B. der Groschen der vier und zwanzigste Theil eines Thalers, oder eine Menge von zwölf Pfennigen.

§. 8.

4

## §. 8.

Das Beysammenseyn mehrerer Theile in einer Größe kann auf doppelte Art gedacht werden. Einmal so, daß die einzelnen Theile für sich bestimmt sind, und ihre Gränzen wahrgenommen werden können; oder so, daß es frey bleibt diese Gränzen allenthalben wo man will, anzunehmen, und in der Größe selbst nichts vorhanden ist welches es nöthig machte das Ende des einen Theils hier, und den Anfang des folgenden dort anzunehmen.

## §. 9.

Größen der ersteren Art nennt man unterbrochene oder Zahlen (quantitates discretas) und die der letzteren Art stetige (continuas). Ein Beyspiel der erstern kann wieder eine Bibliothek, eine Armee u. s. w. abgeben. Ein Beyspiel zur letztern aber ein Würfel, eine Kugel, überhaupt jede Körpermasse. Bey Größen dieser letztern Art sieht man nicht blos auf die Menge der Theile, woraus sie bestehen, sondern auch noch mit auf ihre Gestalt, oder die Lage und Verbindung der Theile.

## §. 10.

Die Größe einer Sache durch Vergleichung mit einer andern Größe bestimmen, heißt messen, und jene andere Größe wird in so fern ein Maaßstab genannt. Bey jeder Messung wird also die Menge gewisser bekannter Einheiten angegeben, die

die in der gemeſſenen Größe enthalten ſind. Derjenige Theil der Mathematik, wo man ſich mit
Meſſungen unterbrochener Größen, und dem was
damit in Verbindung ſtehet, beſchäftigt, heißt die
**Rechenkunſt** oder **Arithmetik;** derjenige aber, wo
die ſtetigen der Hauptgegenſtand der Unterſuchungen iſt, wird die **Erdmeßkunſt** oder **Geometrie** genannt.

### §. 11.

Unter den ſtetigen Größen iſt die Betrachtung
der Dreyecke von ſehr ausgebreitetem Nützen, indem man ſich eine große Menge bekannter und ge-
ſuchter Größen als Theile eines Dreyecks vorſtellen
kann. Man hat deshalb verſchiedene Lehren der
Rechenkunſt mit denen, welche die Beſchaffenheit
der Dreyecke in der Geometrie betreffen, verbunden, um aus bekannten Theilen eines Dreyeckes
unbekannte zu berechnen, und die Wiſſenſchaft wo
dieſes gezeigt wird, die **Trigonometrie** genannt.
Sie theilt ſich in die ebne und ſphäriſche, je
nachdem ſich die zu betrachtenden Dreyecke auf
einer **Ebne,** oder auf der Fläche einer **Kugel**
befinden.

### §. 12.

Um ſich die Größen und ihre Theile zu verſinn-
lichen, bedient man ſich gewiſſer Zeichen. Dieſe
beſtehen in Ziffern und Buchſtaben. Die letztern
werden beſonders gebraucht, wenn nicht ſo wohl

von Vergleichung der Einheit mit der ganzen
Größe, als vielmehr von der Vergleichung mehrerer Größen gegen einander selbst, die Rede ist.
Z. B. wenn jemand sich zwey Größen in die Gedanken genommen hat, und giebt erstlich an, wie
viel sie zusammengenommen betragen, und dann
auch wie groß ihr Unterschied ist, so läßt sich
durch eine solche Rechnung mit Buchstaben her-
ausbringen, wie viel die in Gedanken gehabten
Größen selbst betragen. Diese Art von Rechenkunst nennt man im Gegensatz mit der, wo blos
Ziffern gebraucht werden, die höhere, und unterscheidet in ihr die Algebra, Analysis, Differen-
zial- und Integralrechnung, wovon sich aber itzt
noch kein hinlänglicher Begrif geben läßt; selbst
dann ist dies kaum möglich, wenn man so weit
vorbereitet ist, daß man sich an sie wagen kann.

## §. 1.

So lange man von den stetigen Größen nur
solche betrachtet, welche durch Lineal und Zirkel
dargestellt werden können, steht man noch in der
niedern, oder Elementargeometrie; geht man
aber auf andere krumme Linien, Flächen und
Körper über, so betritt man das Gebiet der
höhern Geometrie; bey welcher denn auch die
Lehren der höhern Arithmetik eben so, wie die der
geme.. ne bey der Elementargeometrie, gebr.cht
werden. Ueberhaupt pflegt man alles dasjenige,

höhere

höhere Mathematik zu nennen, wo höhere Arithmetik in Anwendung kommt.

## §. 14.

So lange man bey den Größen an nichts weiter denket, als an das, was ihnen als Größen eigen ist, so sagt man, daß man sie rein, oder von allen übrigen, etwa an sich habenden Eigenschaften abgesondert, betrachte; und alles was hieher gehöret, wird unter dem Namen der reinen Mathematik begriffen. Z. B. ich denke bey einem Dreyeck an nichts, als an die 3 Seiten und 3 Winkel, die sein Wesen und seine allgemeinen Eigenschaften ausmachen.

## §. 15.

Sobald man aber auffer dem was die Größe angeht, auch noch andere Eigenschaften der Gegenstände mit in Betracht zieht, so hat man die angewandte Mathematik. Z. B. ich stelle mir bey einem Dreyeck auffer seinen Seiten und Winkeln überhaupt, auch noch besonders die eine Seite als eine Ebne vor, auf welche eine Tonne hinauf gewälzt werden soll; die andere als das Stück der Erdfläche über welches jene Last hinweg, und die dritte als die Höhe, auf welche sie hinauf gehoben werden soll: so gehört nun diese Betrachtung des Dreyecks nicht mehr in die reine, sondern in die angewandte Mathematik.

 §. 16.

## §. 16.

Die angewandte Mathematik kann sich sonach auf alles erstrecken, was meßbar ist. Man hat indessen gewisse Abschnitte für sie festgesetzt, in welchen dasjenige beysammen ist, was man zur Zeit in ihr erfunden hat. Das erste und allgemeinste was hieher gehört, betrift die Kräfte der Körper und die Wissenschaft derselben im allgemeinen, heißt die Dynamik. Betrachtet man dieselben in so fern sie sich entweder das Gleichgewicht halten, oder sich in Bewegung setzen, so kann man wieder darauf sehen, ob es feste; oder tropfbar flüßige; oder elastisch flüßige sind; im ersten Fall heißen die dahin gehörigen Zweige der angewandten Mathematik; Statik und Mechanik, im zweiten, Hydrostatik und Hydraulik und im dritten Aerostatik und Aerometrie.

## §. 17.

Ausser den Kräften ist das Licht eine sehr allgemeine Erscheinung in der Natur, woran man sehr viel meßbares erkannt hat. Man sieht die scheinbaren Ausflüsse desselben als gerade Linien an, die unter mancherley Winkeln zusammen geordnet sind. Sie heißen hier Stralen und werden entweder in ihrer geraden Richtung, oder im Zustande eines Rückpralls, oder einer gewissen Ablenkung von der geraden Richtung, wo sie wie gebrochen erscheinen, betrachtet. Im ersten Fall geben

ben sie der Optik, im zweiten der Catoptrik und
im dritten der Dioptrik, den Ursprung.. Betrachtet man die Stellen die sie auf einer gewissen
Ebene bezeichnen, indem sie von Gegenständen
durch diese Ebne nach dem Auge zu gehen, oder
auch einen sogenannten Schatten begrenzen, so
entsteht daraus die Perspectiv, die aber auch zuweilen mit zur reinen Mathematik gerechnet zu
werden pflegt.

## §. ⸱ 18.

Die Betrachtung des Lichts führt leicht auf
die Betrachtung der himmlischen Körper, von
welchen es gröstentheils herkommt. Die Untersuchung ihrer Größe, Entfernungen und Gesetze der
Bewegung, machen einen großen Abschnitt in der
angewandten Mathematik aus, welcher den Namen der mathematischen Sternkunde oder Astronomie führt. Vor Zeiten erstreckte sich diese Wiß-
senschaft auch noch auf Berechnug der Einflüsse
welche die himmlischen Körper, besonders in diesem und jenem Stande, auf Fruchtbarkeit, ja
selbst auf Schicksale der Erde und der Menschen
haben sollten; und man begreift diesen Theil unter dem Namen der Sterndeutekunst oder Astrologie. Seitdem man aber die Wissenschaften mit
ächtphilosophischem Geiste zu studiren anfing, be-
merkte man, daß die Astrologie nicht auf sichere
Naturgesetze gebaut und die Mathematik blos bey
ihr gemisbraucht worden sey; und so ist sie bald

in

in Verachtung, und nun seit langer Zeit in gänz-
liche Vergessenheit gekommen.

### §. 19.

Die Astronomie macht es mehr als wahrscheinlich, daß auch die Erde die wir bewohnen,
mit zu einer gewissen Klasse der himmlischen Körper gehöre. Man wendet deshalb manche Lehren
der Astronomie und der reinen Mathematik auf
die Bestimmung der Gestalt und Größe dieser
Erde und auf verschiedene, die Arten ihrer Bewegung betreffende Eintheilungen und Abmessungen an. Den Inbegriff dieser Lehren nennt man
die mathematische **Erdbeschreibung** oder **Geo-
graphie**.

### §. 20.

Die himmlischen Körper geben durch ihre Er-
scheinungen und Bewegungen ein bequemes Mittel 'ab, die Zeit nach grössern und kleinern Ab-
schnitten einzutheilen; dies hat der mathematischen
Zeitrechnug oder **Chronologie**, den Ursprung
gegeben.

### §. 21.

Zur Abmessung so kleiner Zeiträume, wie
Stunden sind, dienen die Schatten, welche die
himmlischen Körper, besonders die Sonne, hinter einem aufgerichteten undurchsichtigen Stift
oder **Gnomon** machen. Mit Anwendung der
Mathematik lassen sich nemlich ihre Stellen für
gewisse

gewiſſe Zeitpunkte und auf gewiſſen Flächen im voraus beſtimmen. Die hieher gehörige Wiſſenſchaft führt deshalb den Namen Sonnenuhrenkunſt oder Gnomonik.

## §. 22.

Seit Erfindung des Schießpulvers hat man die Mathematik auch mit großem Vortheil auf die Einrichtung und den Gebrauch des Geſchützes und die Befeſtigung der Oerter angewandt. Die hierdurch entſtandenen Wiſſenſchaften haben den Namen der Geſchützkunſt, oder Artillerie und der Kriegsbaukunſt, oder Fortifikation erhalten. Bey ihnen iſt nicht alles ſo ganz mathematiſch wie bey den vorigen, ſondern es gehören noch eine Menge anderer Kenntniſſe aus der Chemie, Naturgeſchichte und Technologie dazu.

## §. 23.

Aehnliche Bewandniß hat es mit Anwendung der mathematiſchen Lehren auf die Anordnung und Errichtung der zum bewohnen und andern bürgerlichen Gebrauch dienlichen Gebäude; woraus die bürgerliche Baukunſt oder Civil-Architectur entſtanden iſt, und wozu man noch die Waſſerbaukunſt oder Hydrotechnik ſetzen kann, welche ſich mit Anlegung ſolcher Werke beſchäftigt, wodurch das Waſſer in ſeinen gehörigen Schranken gehalten wird, über dieſes aber auch mancherley Anwendungen ſolcher Lehren enthält,

welche

welche in der oben schon genannten Hydraulik
vorkommen.

## §. 24.

Aber nicht blos diese zuletzt genannten drey
Wissenschaften erfordern neben den Mathematischen, noch andere Hülfskenntnisse, sondern es
ist dies gewissermaßen auch der Fall bey allen
vorhergehenden. Ohne die Natur und Eigenschaften derjenigen Dinge zu kennen, deren Größe
man sich zu bestimmen vornimmt, wird diese
blos mathematische Behandlung ein ziemlich trock-
nes und unvollständiges Studium seyn. Es ist also
allem Freunden der Mathematik sehr zu rathen,
nicht so gleich von der reinen zur angewandten
überzugehen, sondern sich vorher die nöthigsten
Kenntnisse aus der Naturlehre oder Physik zu er-
werben. Ein gründliches Studium der Naturlehre erfordert zwar ebenfalls viel Mathematik,
aber eines theils sind mit Beywürkung eines ge-
schickten Lehrers, die erlangten Kenntnisse aus der
reinen Mathematik schon ziemlich zulänglich; und
anderntheils bleibt es Jedem unbenommen die Naturlehre noch einmal vorzunehmen, nachdem er
sich mit der angewandten Mathematik hinlänglich
bekannt gemacht hat.

## §. 25.

Es giebt außer den genannten, noch manche
Anwendungen der reinen Mathematik, die aber
noch

noch nicht zu solchen ganzen Lehrgebäuden ange=
wachsen oder nicht von so ausgebreitetem Ge=
brauch sind, daß man sie in den Lehrbüchern der
angewandten Mathematik mit aufgenommen hätte.
Dahin gehört z. B. das Mathemathische vom Ge=
hör oder von der Musik, und von Ausmessung
der Stärke des Lichts und des Feuers, ob man
gleich schon einzelne Abhandlungen und Namen,
z. B. Akustik, Photometrie und Pyrobolik,
für diese Anwendungen hat. Andere z. B. von
Elektricität und Magnetismus, sind nur noch
blos in physikalischen Werken zerstreut. Von An=
wendungen der Rechenkunst auf Bestimmung der
wahrscheinlichen Lebensdauer der Menschen
und andere politische und juristische Gegenstän=
de, hat man eigene Werke; allein für die Aus=
messung der sogenannten intensiven Größen,
Vergnügen, Schmerz, Verstand, Herzensgüte,
und dergleichen, fehlt es uns noch ganz an Vor=
schriften, und zwar blos deswegen weil man noch
keinen Maasstab, oder eine Einheit bey diesen
Größen festzusetzen oder allgemein verständlich zu
machen im Stande gewesen ist.

## §. 26.

Das Buchhalten, Feldmessen und die Mark=
scheidekunst sind ebenfalls Anwendungen der rei=
nen Mathematik. Man führt sie aber nicht mit
unter den Theilen der angewandten Mathematik
auf, sondern das Buchhalten wird in eigenen
Wer=

14

Werken abgehandelt und die Feldmeßkunst oder
Geodäsie wird der Abwechselung und angeneh-
men Unterhaltung wegen der Geometrie mit ein-
verleibt, und die Markscheidekunst bisweilen derselben angehängt. Eine andere zur ausübenden
Geometrie gehörige Wissenschaft ist das Wasserwägen oder Nivelliren, wo man finden lernt
um wie viel ein Ort weiter vom Mittelpunkt der
Erde liegt als der andere; dies hat vornehmlich
bey Anlegung der Wassermühlen seinen Nutzen
und wird deshalb in der Mechanik, wo von diesem Gegenstand die Rede ist, mit eingeschaltet.

## Von der Mathematischen Lehrart oder Methode.

### §. 27.

Die Mathematik hat ihren Namen weder von
der Größe noch von dem Messen, sondern von
dem Wort μανθάνω, ich lerne, erkenne, auch ich
lehre. Die Ursache hiervon ist, weil man im
alten Griechenlande die Mathematik als die einzige
Wissenschaft ansah, welche als Muster eines
gründlichen oder eigentlich wissenschaftlichen Un-
terrichts aufgestellt werden könnte. Diese Gründ-
lichkeit kommt aber nicht von ihrem Gegenstande,
der Größe, sondern lediglich von der Methode,
wie diese behandelt wird, her.

§. 28.

## §. 28.

Diese Methode besteht nun darin, daß von allen zu dieser Wissenschaft gehörigen Sachen erstlich vollständige Begriffe oder genaue Bestimmungen (definitiones) festgesetzt werden, ehe man weiter von ihnen handelt. Man unterscheidet sie in Wort- und Sacherklärungen. Die erstern kommen vor, wenn man solche Merkmale von einer Sache angiebt wodurch sie sich von allen andern unterscheiden läßt. Z. B. der Kreis ist eine in sich selbst zurücklaufende krumme Linie, in welcher alle Punkte von einem gemeinschaftlichen Mittelpunkte gleich weit entfernt sind. Sacherklärungen aber giebt man, wenn man zeigt wie die Sache entsteht. Z. B. Ein Kreis entsteht, wenn sich eine gerade Linie in einer Ebne um einen von ihren Endpunkten, der unbeweglich bleibt, so lange nach einerley Richtung dreht, bis sie wieder in die Stelle gekommen ist, von welcher sie ausgieng.

## §. 29.

Aus solchen Erklärungen leitet man ganz einfache Sätze her, deren Wahrheit gänzlich in der Richtigkeit der Erklärung und der Regelmäßigkeit ihrer Ableitung beruht. Man theilt sie in theoretische und praktische, je nachdem sie entweder sagen daß etwas sey, oder daß etwas geschehen könne. Im erstern Fall führen sie den Namen Grundsätze, (Axiomata) z. B. alle Halbmesser

eines

eines Kreiſes ſind einander gleich. Im letztern
Falle werden ſie Heiſcheſätze (Poſtulata) genannt,
z. B. über jeder geraden Linie läßt ſich aus einem angenommenen Punkt ein Halbkreis beſchreiben.

### §. 30.

Aus mehrern ſolchen an ſich einleuchtenden Sätzen
entſpringen andere, deren Wahrheit nicht ſogleich
aus vorhergegangenen Erklärungen eingeſehen werden kann, ſondern die man durch mehrere aneinander gekettete Vernunftſchlüſſe erſt zeigen muß.
Sie heißen Lehrſätze (Theoremata), wenn ſie
blos eine Wahrheit lehren, und man fügt ihnen
allemal die Kette von Schlüſſen bey, die zur Erkenntniß ihrer Wahrheit erforderlich ſind. Bey
jedem ſolchen Satze liegt immer eine gewiſſe Be-
dingung zum Grunde; und deshalb unterſcheidet
man beſonders die Vorausſetzung, den Satz
ſelbſt und ſeinen Beweis.

### §. 31.

Sind hingegen dergleichen Sätze praktiſch, ſo
nennt man ſie Aufgaben (Problemata). Bey jeder unterſcheidet man ebenfalls den Satz, welcher ſagt was geſchehen ſoll; die Auflöſung
welche zeigt wie es geſchieht und den Beweis,
worinn dargethan wird, daß man gewiß das
Verlangte erhält, wenn man die Auflöſung genau befolgt.

§. 32.

## §. 32.

Es kommt häufig vor, daß man von allen Arten der vorbeschriebenen Sätze leichte Folgerungen machen kann, für welche kein eigner Beweis, oder wenn sie etwa praktisch sind, eine besondere Auflösung nöthig ist. Man pflegt sie deshalb den Hauptsätzen blos anzuhängen und mit den Namen der Zusätze (Corollaria) zu belegen.

## §. 33.

Diese Sätze werden nun sämmtlich so angeordnet, daß nicht blos die Materien, die ihren Inhalt ausmachen, mit einander verwandt und einander entsprechend sind, sondern daß auch niemals einer vorkommen darf, für welchen das, was zu seinem Beweis, oder wenn es ein praktischer ist, zu seiner Auflösung erfordert wird, nicht in den vorhergehenden vorbereitet worden wäre; und diese frühern Sätze pflegt man, um dem Gedächtniß zu statten zu kommen, jedesmal wieder kurz anzuzeigen.

## §. 34.

Indessen geschieht es doch bisweilen, daß man einen Satz aus einer andern Wissenschaft mit einschieben muß, wenn man seiner eben bedarf; und hier kann es verstattet seyn, ihn blos mit seinem Beweis aufzunehmen; wenn auch gleich die Gründe seines Beweises in der Wissenschaft, wo er itzt gebraucht wird, nicht vorhanden wären. Man

B giebt

giebt ihm alsdann den Namen **Lehnſatz** (Lemma)
und zeigt kürzlich an, wo man das, was zu ſeiner
Erläuterung dient, finden kann.

### §. 35.

Auſſer dem, was in der Wiſſenſchaft aus Begriffen hergeleitet wird, und in ſo fern innere
Nothwendigkeit hat, kann auch manches vorkommen das blos die äuſſere Form der Gegenſtände
betrift, die unſrer Willkühr überlaſſen iſt. Sätze,
die eine ſolche Form vorſchreiben, werden deshalb
willkührliche genannt. Z. B. daß man nur bis
auf die Menge von neun Einheiten eigne Zeichen
hat; daß man die bekannten Größen mit den
Anfangs- und die geſuchten mit den Endbuchſta-
ben des Alphabets bezeichnet; oder den Fuß eben
in zehn Theile; den Quadranten eines Kreiſes in
90 Theile eintheilt u. ſ. w. Hat man indeſſen
einmal ſo etwas feſtgeſetzt, ſo iſt es alsdann nothwendig, dabey zu bleiben, oder es allemal anzuzeigen, wenn man wieder davon abgehen will.

### §. 36.

Bey allen Arten von Sätzen läßt ſich bisweilen noch mancherley Nützliches mit einweben, das
aber wenn es geſchähe, vielleicht ihrer Deutlichkeit
und Faßlichkeit Eintrag thun würde; man bringt
es deshalb lieber in eignen Abſätzen bey, welche
Anmerkungen (Scholia) genannt werden. Z. B.
Geſchichte der Erfindung, eigne Arten der Be-
nutzung,

nutzung, weitere Erläuterung, Verhütung besorglicher Mißverständnisse u. dergl. Auch werden in diesem Lehrbuche zuweilen noch Absätze mit eingeschoben werden, die keinen der bisherigen Namen führen, und welche Betrachtungen enthalten, die man als Einleitungen zu den darauf folgenden Sätzen ansehen kann.

### §. 37.

In der angewandten Mathematik gebraucht man auch neben den Grundsätzen noch die Erfahrungen, Beobachtungen und Versuche als Erkenntnißgründe. Dies sind Wahrheiten, die uns die Sinne lehren, je nachdem wir, entweder unerwartet und ungesucht, das in der Natur wahrnehmen, was eben darinn vorgeht; oder unsere Aufmerksamkeit besonders darauf richten, oder die Natur gleichsam um dies und jenes befragen. Man muß dabey sehr auf seiner Hut seyn, daß man sich nicht einbildet etwas erfahren oder beobachtet zu haben, was eigentlich nur ein Schluß, und vielleicht ein falscher Schluß aus einer Erfahrung ist. Fehler der Art, die überaus leicht begangen werden können, nennt man **Fehler des Erschleichens**.

### §. 38.

Dies ist nun das Wesentliche der mathematischen Methode, die man auch mit mehrerm Grunde die wissenschaftliche nennt, weil sie nicht blos

bey

bey der Mathematik, sondern überhaupt bey jeder Wissenschaft, wo vollständige Begriffe und allgemeingeltende Prinzipien vor den Sätzen derselben hergehen, statt finden kann, der Gegenstand mag übrigens seyn welcher er will.

## §. 39.

Bey dem Vortrage selbst unterscheidet man noch die synthetische und analytische Art desselben. Jene kommt vor, wenn man von den einfachesten und ausgemachtesten Sätzen anfängt, und darauf immer andere baut bis man zum Hauptsatz kommt; diese hingegen, wenn man den Hauptsatz zuerst vorträgt, und denselben so lange entwickelt, bis man auf die ersten unleugbarsten Wahrheiten zurück gekommen ist. Jede von beyden allein hat einige Unbequemlichkeiten, die man vermeidet, wenn man sie beyde geschickt mit einander zu verbinden weiß.

## §. 40.

Wer haushälterisch denkt, will immer erst von dem Nutzen einer Sache unterrichtet seyn, ehe er sich auf sie einläßt, zumal wenn ihre Erwerbung einige Aufopferung erfordert. So ist es auch mit der Mathematik gegangen. Man hat sich deswegen viele Mühe gegeben den Nutzen, den sie besonders in den verschiedenen Fächern der Gelehrsamkeit gewährt, umständlich ins Licht zu setzen, hierdurch hat man sie aber vielleicht weniger empfohlen,

pfohlen, als wenn man gar nichts von ihr ge-
rühmt hätte. Man kann indeſſen wohl von ihr
mit eben ſo viel Recht, als von jener Tugend behaupten, daß ſie zu allen Dingen nütze iſt; wenigſtens wird man im Nahen und Fernen, im Großen
und Kleinen nicht leicht etwas Wichtiges und Un-
entbehrliches finden, das nicht bey genauerer Un-
terſuchung, wo nicht ein unmittelbares Product
der Mathematik iſt, doch wenigſtens mathemati-
ſche Hülfskenntniſſe erfordert. Und wenn unſre
Staatsmänner, Helden, Kaufleute, Künſtler,
Fabrikanten und Handwerker auch nicht Mathematiker von Profeßion ſind, ſo werden ſie doch ein-
müthig bekennen müſſen, daß ſie ihre Aufklärung
in Entwerfung ihrer Plane, und ihre Geſchicklich-
keit in der Ausführung derſelben, im Grunde immer Unterſuchungen zu danken haben, die das
Werk eines Mathematikers geweſen ſind. Und
wenn dann vollends vom angehenden Gelehrten,
und davon die Frage iſt, ob er auch Mathematik
ſtudieren ſoll? ſo muß er nur bedenken, daß er
am Studium dieſer Wiſſenſchaft für alle übrigen
Studien ohngefähr ſo ein Vorbild hat, wie es der
Zeichner und Mahler am menſchlichen Körper für
die ganze Zeichen- und Mahlerkunſt hat.

B 3

# Die Arithmetik oder Rechenkunst.

### §. 1.

Der Grundbegriff dieses Theils der Mathematik, so wie der in ihm zu betrachtenden Zahlen, ist bereits oben in (9 und 10) angegeben worden. Man macht billig mit der Arithmetik den Anfang, weil die Lehre von den Zahlen allenthalben in der Mathematik gebraucht wird. Ehe aber ihre Lehren selbst abgehandelt werden, müssen noch einige Begriffe und Grundsätze, welche auch für alle übrigen Theile ihren Nutzen haben, vorausgeschickt werden.

### §. 2.

**Erklär.** Unter **Gleichheit** versteht man eine Einerleyheit in Absicht auf die Größe. Z. B. zwischen einem Reichsthaler und 24 Groschen, ist eine Gleichheit vorhanden. Das Zeichen der Gleichheit ist folgendes: $=$.

### §. 3.

**Grundf.** Jede Größe ist sich selbst gleich; und gleiche Dinge können in Absicht ihrer Größe für einander gesetzt werden; z. B. 24 gl. statt eines Reichsthalers oder 1 rthlr. $=$ 24 gl.

### §. 4.

**Erklär.** Ungleichheit ist vorhanden, wenn man das Eine nicht für das andere setzen kann.

Bey

Bey der Ungleichheit ist allemal eins größer oder kleiner, als das andere; größer, wenn ein Theil des Einen schon dem andern Ganzen gleich ist; und kleiner, wenn das Eine ganz so viel beträgt als ein Theil des andern. Das Zeichen der Ungleichheit ist: $>$ welches man so zwischen die ungleichen Dinge setzt, daß die Oefnung dem Größern, und die **Spitze** dem kleinern zugekehrt ist. Z. B. 1 rthlr. $>$ 1 gl.

## §. 5.

**Grunds.** Das Ganze beträgt genau so viel als alle ihm aufeinmal zu gehörigen Theile zusammengenommen, oder es ist seinen Theilen gleich; größer als jeder einzelne Theil.

## §. 6.

**Grunds.** Wenn zwey Größen einer dritten gleich sind, so sind sie auch untereinander gleich.

z. B. 2 rthlr. $=$ 48 gl.

3 Guld. $=$ 48 gl.

also 2 rthlr. $=$ 3 Gulden.

## §. 7.

**Grunds.** Was größer oder kleiner ist, als eine von zwey gleichen Größen, das ist auch größer, oder kleiner, als die andere von denselben. Z.B.

1 Gul=

$$1 \text{ Gulden} = 16 \text{ gl.}$$
$$1 \text{ Rthlr.} > 16 \text{ gl.}$$

also 1 Rthlr. > 1 Gulden.

Mehrere Grundsätze werden an ihrem Orte vorkommen.

## Die Numeration.

### §. 8.

**Erklär.** Die Anleitung wodurch man in den
Stand gesetzt wird, alle, auch noch so große Zahlen, mündlich oder schriftlich, nach einem leichten
und allgemeinen Gesetze auszudrücken, wird die
Numeration genannt. Sie besteht fast aus
lauter willkührlichen Sätzen.

Man pflegte sonst die Numeration mit unter
die gleich hinter ihr folgenden Rechnungsarten
zu zählen; allein da bey ihr nicht wie bey jenen,
die Zahlen wirklich verändert werden, so giebt
man ihr billig eine eigne Stelle und läßt sie den
Rechnungsarten vorangehen.

### §. 9.

**Willk. Satz.** Daß man die Einheit selbst:
Eins, und noch eine dazu, zwey ꝛc. nennt, ist
jedem schon bekannt ehe er noch weiß, daß es eine
Arithmetik giebt. Die Ubereinkunft aber, die man
in Rücksicht dieser Zahlenbenennungen überhaupt getroffen

troffen hat, besteht darinn, daß man blos für die zehnerley ersten Mengen von Einheiten, besondere Namen braucht; in der Folge aber durch Zusammensetzungen, wobey die alten Namen wiederholt und mit neu dazugenommenen verbunden werden, alle übrigen ausdrückt. Z. B. wenn zu zehn Einheiten noch eine kommt, heißt sie mit einer zusammengezognen Benennung eilf, dann zwölf, alsdann folgen ordentliche Zusammensetzungen, wie dreyzehn u. s. w. Statt zehn-zehn braucht man das neue Wort: Zwanzig; und nach dieser Aehnlichkeit geht es fort bis auf dreyßig, vierzig, funfzig, sechzig, siebenzig, achtzig, neunzig; zehn mal zehn, nennt man hundert; zehn mal hundert, tausend; tausend mal tausend, Million; tausend mal Millionen, Billion u. s. w. Trillion; Quadrillion.

## §. 10.

Anm. Dieß betrift den mündlichen Ausdruck der Zahlen; die Zeichen, wodurch er schriftlich geschieht, heißen Ziffern. Die ältern Völker wählten hierzu gewöhnlich die Buchstaben ihres Alphabets, wie man z. B. in griechischen und römischen Schriftstellern noch sieht. Die bey uns gebräuchlichen werden für arabische oder auch egyptische gehalten. Man hat ihrer nicht mehr als neun, die ebenfalls allgemein bekannt sind: 1. 2. 3. 4. 5. 6. 7. 8. 9. und wodurch man also die Zahlen auch nur bis auf neun bezeichnen kann.

B 5 §. 11.

## §. 11.

**Willk. Sat.** Um nun auch alle übrigen Zahlen dadurch anzudeuten, giebt man ihnen besondere Stellen, woraus gewisse Ordnungen entstehen, auf welche man deshalb eben so genau als
auf das Zeichen selbst Acht haben muß. Das
Gesetz dieser Stellung ist dieses. Jede Ziffer,
wenn sie allein steht, wird angesehen als ob sie
zu derjenigen Ordnung gehöre, von welcher man
alle übrigen zu zählen anfängt und sie drückt so
so viel Einheiten aus, als ihr Zeichen nach (10)
andeutet. Jede Ziffer aber die um eine Stelle
weiter zur Linken steht, bedeutet zehnmal so viel,
als die neben ihr zur rechten stehende. Diese
nächste Stelle zur linken macht nun die erste Ordnung aus; und so folgen immer weiter fort die
zweite, dritte ꝛc Ordnung. Eine Ziffer in der
zweiten Ordnung wird also, weil zehn mal zehn,
hundert genannt wird, hundertmal so viel bedeuten
als sie in ihrer absoluten Stelle bedeutet hätte.

## §. 12.

**Willk. Sat.** Um die Ordnungen gehörig abzählen zu können, bedient man sich noch des Zei-
chens o; mit welchem diejenige Stelle ausgefüllt
wird, in welcher sich keine geltende Ziffer befindet
und welches deshalb Null genannt wird. Die o
wird indessen nicht in alle mögliche Ordnungsstel-
len gesetzt, sondern nur in solche, wo es die Absicht

ſicht ihres Gebrauchs erfordert. Bey folgender Ziffernreihe: 5 7 3 4 gehört nach (11) die 4 noch zu keiner gezählten, oder zur Null-Ordnung; die 3 aber zur erſten, die 7 zur zweiten, die 5 zur dritten; wären nun in dieſer Reihe die 7 und 4 nicht vorhanden und man wollte doch erkennen in was für Ordnungen die 3 und 5 befindlich wären, ſo müßte man ſie ſo ſchreiben: 5 0 3 0. In der vierten Ordnung iſt nun zwar auch keine Ziffer vorhanden, allein man ſchreibt doch deswegen keine 0 in dieſelbe, weil es itzt nicht nöthig iſt, d. i. man ſchreibt nicht: 0 5 0 3 0.

### §. 13.

**Willk. Satz.** Man hat den Ziffern, in wiefern ſie zu dieſer oder oder jener Ordnung gehören, und in ſofern immer andere Werthe haben, beſondere Benennungen beygelegt, die ſich auf folgende Weiſe bequem überſehen laſſen:

Ziffern in der abſoluten Stelle heiſen **Einer**

|  |  |  |  |  |  |
|---|---|---|---|---|---|
| — | — | — 1ſten Ordnung | — | — | **Zehner** |
| — | — | — 2ten | — | — | **Hunderter** |
| — | — | — 3ten | — | — | **Tauſender** |

Dieſe Tauſender ſieht man wieder als ſo etwas Einfaches an, wie vorhin die Einer und nennt die in den weiter folgenden Ordnungen, nach voriger Art: **Zehntauſender; Hunderttauſender; Tauſendmal tauſender,** oder **Millionen;** welche letztere

alſo

also zur 6ten Ordnung gehören. Hierauf erhält man wieder zehnfache Millionen; hundertfache Mill. tausendfache Mill. und so geht es immer weiter, wie sich am besten mündlich zeigen läßt.

### §. 14.

**Anm.** Dieses Gesetz nennt man wegen des beständigen Fortschreitens von Zehn zu Zehn, das dekadische und glaubt, daß die Anzahl von zehn Fingern solches zuerst veranlaßt hätte.

### §. 15.

**Aufg.** Man soll eine Reihe Ziffern nach dem dekadischen Gesetze aussprechen.

**Auflös.** 1) Man sondere von der Rechten zur Linken jedesmal drey Ziffern durch ein Komma ab.

2) Ueber diejenige Ziffer, an deren rechten Seite das zweite Komma steht, schreibe man Einen Strich; über die des vierten Komma, zwey Striche; über die des 6ten, 3 Striche u. s. w.

3) Man fange alsdann an der linken Seite an, und spreche auf die jedermann bekannte Art nur so viel Ziffern auf einmal aus, als bis zum nächsten Komma vorhanden sind; ihrer werden nach N. 1) nie mehr als drey vorhanden seyn.

4) Wo ein bloßes Komma steht, setze man zu den ausgesprochenen Ziffern allemal noch das Wort Tausend; wo aber Ein Strich über der Ziffer steht,

steht, sage man Millionen; wo zwey stehen, Bil=
lionen; wo drey stehen, Trillionen u. s. w. Ein
Beyspiel und eine mündliche Erläuterung werden
diese Regeln deutlicher machen. Z. B. es wäre
folgende Zahl auszusprechen:

$$32''', 407'', 800'', 076', 000', 340', 256 \text{ so sagt}$$

man nach dem gewöhnlichen Sprachgebrauch:
zwey und dreyßig Trill. Vierhundert und sieben=
tausend, achthundert Billionen; Sechs und sie=
benzig tausend Millionen; Dreyhundert und vierzig
tausend, zweyhundert und sechs und funfzig Ein=
heiten. Wie dieses aber ganz eigentlich sollte aus=
gesprochen werden, wird beym mündlichen Vor=
trage angezeigt; nemlich wenn etwa diese Zahl ei=
ne große Menge Sandkörner angeben sollte, so
müßte man sagen, sie enthielt 3 zehnfache und 2
einfache Trillionen solcher Körner; ferner 4 hun=
derttausendfache Billionen, keine zehntausendfache
Bill. 7 einzelne tausendfache Billionen u. s. w. von
denselben.

Beweis. Die Vorschriften in der Auflösung
sind eine bloße Anwendung dessen, was der willk.
S. in (13) enthielt; mithin wird die Befolgung
derselben dem, in der Aufgabe verlangten, ein
Genüge leisten.

### §. 16.

Zus. Man kann bey jeder Zahl welche Ziffern
von mehrern Ordnungen enthält, die Einheiten

der

der höhern auch mit den Namen der niedern belegen z. B. in der Zahl: 5346 kann man statt: fünftausend 3 hundert, auch sagen: drey und funfzig hundert; statt 5 tausend 3 hundert und vierzig, kann man sagen: fünfhundert vier und dreyßig Zehner u. s. w.

## §. 17.

**Aufg.** Man soll eine ausgesprochene Zahl aufschreiben.

**Aufl.** Man schreibe nicht mehr als drey Ziffern auf einmal hin und setze, wenn sie blos etwas tausendfaches anzeigen, ein Komma darneben; sonst aber, wenn sie Millionen bedeuten, oben Einen, und bey Billionen 2 Striche u. s. w. Erläuterung und Beweis sind wie bey der vorigen Aufgabe.

## §. 18.

**Anm.** Man muß sich bey diesem Aufschreiben vorsehen, daß man nicht etwa von einem Komma zum andern nur eine, oder zwey, oder gar keine Ziffer schreibt, wenn etwa für manche Stellen keine genannt werden sollte. Das Zahlengesetz erfordert, und das obige Beyspiel zeigt, daß jedesmal zwischen zwey Abtheilungen, drey Ziffern stehen müssen, und wo sie fehlen, müssen ihre Stellen mit Nullen ausgefüllt werden. Wenn indessen rechter Hand viele Nullen ohne eine geltende Ziffer bey sich zu haben, geschrieben werden müßten, so könnte man sich dieses Hinschreiben der Nullen ersparen, wenn man über die letzte geltende Ziffer

Ziffer zur rechten eine kleine ſetzt, welche die Ordnung derſelben anzeigte. Dieſe Ordnungsziffer
wird allemal aus ſo viel Einheiten beſtehen, als
ſonſt Nullen hätten geſchrieben werden müſſen z. B.
46, 800, 000 könnte ſo geſchrieben werden 468⁵
welches eben ſo wie der vorige Ausdruck anzeigen
würde, daß die Zahl aus 46 Mill. und 8 malhun-
derttauſend Einheiten beſtünde.

## §. 19.

**Anm.** Man hat auſſer dem Dekadiſchen Zahlenge-
ſetze auch andere z. B. das Dyadiſche wo man
immer die nächſte Ziffer zur Linken doppelt ſo
viel gelten läßt als ſie darneben zur rechten galt.
Man braucht bey demſelben auſſer der 0, nur
noch die einzige Ziffer 1. Dies erleichtert nun
zwar auf einer Seite die Rechnungen ungemein,
allein es hat auf der andern auch die Unbequem-
lichkeit, daß man nicht ſehr große Zahlen durch
eine lange Reihe von Ziffern ausdrücken muß.
Leibniz ſoll bey Gelegenheit einer alten Chineſiſchen
Rechnung darauf gerathen ſeyn.

## §, 20.

**Anm.** Ein anderes Zahlengeſetz iſt das Tetrakty-
ſche. Dieſes ſollen die alten Pythagoräer gebraucht
haben und Weigel hat es wieder erneuert. Bey
ihm gilt eine Ziffer in der nächſten Stelle zur linken allemal 4 mal ſo viel, als darneben zur rechten. Deshalb hat man hier auſſer der 0, nur noch
die Ziffern 1, 2 und 3 nöthig. Es gilt in Abſicht ſeines Gebrauchs ohngefähr daſſelbe von ihm,
was von den vorigen iſt bemerkt worden. Sobald
man das Dekadiſche Zahlengeſetz gründlich kennt,

fällt

fällt man leicht von selbst darauf, daß man eben
so gut auch nur bis auf 3 oder 5, u. s. w. zählen
könne.

### §. 21.

**Anm.** Die Gestalt und den Gebrauch der römischen Ziffern lernt man beym Lesen der lateinischen
Schriftsteller kennen. Die Anordnung derselben
hat viele Aehnlichkeit mit der ehemals gewöhnlichen
Rechnungsart auf dem Rechenbrete mit Linien;
wovon man in Adam Riesens, und andern alten
Rechenbüchern, das Verfahren beschrieben findet.

## Die Rechnungsarten.

### §. 22.

**Erklär.** Unter Rechnungsarten versteht man
die Veränderungen, welche mit den Zahlen vorgenommen werden, wenn man aus den bekannten
die unbekannten finden will. Da die Zahlen Größen sind, so kann man sich bey ihren Veränderungen nichts, als Vermehr- und Verminderungen
gedenken (2.)

### §. 23.

**Erklär.** Sowohl die Vermehr- als Verminderung kann auf eine zweyfache Art geschehen:

**Erstlich** so, daß zu einer vorhandenen Zahl
nach Gefallen eine größere oder kleinere; oder:

**Zweitens** so, daß die Zahl selbst immer wieder
zu ihr gesetzt wird.

Die

Die erstere Art wird die Addition genannt. Die Zahlen die zusammen genommen werden, heißen Posten (numeri summandi) diejenige aber welche man findet, die Summe.

Die letztere Art wird die Multiplication genannt. Die Zahl welche mehrmals genommen wird heißt der Multiplicand; die welche angiebt wie vielmal sie genommen wird, der Multiplicator, beyde heisen auch mit einem gemeinschaftlichen Namen, Factoren. Die aber welche man findet, führt den Namen Product oder Factum.

Auf ähnliche Weise läßt sich auch eine doppelte Art der Verminderung gedenken:

Erstlich so: daß man von einer gegebenen Zahl überhaupt eine andere hinwegnimmt. Oder

Zweitens so: daß man von einer gegebenen eine andere so oft hinwegnimmt, als es angeht.

Die erstere Art heißt die Subtraction. Die Zahl welche vermindert wird, der Minuend; die welche davon genommen wird, der Subtrahend und die welche übrig bleibt, oder den Unterschied zwischen beyden anzeigt, der Rest oder die Differenz.

Die letztere Art heißt die Division oder die arithmetische Messung. Die Zahl welche getheilt oder gemessen wird, der Dividend; die welche sie theilt oder mißt, der Divisor; und die welche die Größe des Theils, oder die Menge der möglichen Hinwegnehmungen anzeigt, der Quotient.

C                     §. 24.

## §. 24.

**Anm.** Daß durch die Untersuchung, wie viel mal eine Zahl in der andern enthalten ist, eine Eintheilung oder Division bewerkstelligt werden kann, erhellet so: Man soll z. B. 12 Thaler unter 4 Personen theilen, so kann man erstlich jede Person einen Thaler nehmen lassen; diese Verrichtung kann man so oft wiederholen lassen, als noch Etwas von dem Gelde vorhanden ist. Bey jedem Gange bekommt allemal die Person 1 Thaler; also bekommt jede so viel Thaler, als Gänge geschehen sind. Weiß man also nur wie viel mal die Personen eine solche Wegnehmung verrichten können, so weiß man auch wie viel Thaler der Antheil beträgt den jede vom ganzen Gelde erhält.

## §. 25.

**Anm.** Man pflegt diese vier Rechnungsarten in folgender Ordnung abzuhandeln: Addition, Subtraction, Multiplication, Division, weil sie in derselben einander unterstützen und hierdurch vom leichtern zum schweren übergegangen wird. Da bey allen ordentlichen Rechnungen alles auf die 4 allgemeinen Veränderungen: Dies zu jenem giebt dies; dies von jenem bleibt dies; dies mal jenes giebt dies; und dies steckt in jenem so und so viel mal — hinauskommt, so kann man nicht mehr als viererley Rechnungsarten annehmen; und wenn manche Schriftsteller deren mehrere angenommen haben, so ist es in einer ganz andern Bedeutung des Worts geschehen.

§. 26.

§. 26.

Aufg. Verschiedene Zahlen zusammen zu addiren.

Aufl. 1. Man schreibe sie so untereinander, daß allemal Ziffern von einerley Ordnungen zusammen kommen.

2. Man zähle zuerst die Einer zusammen, und von der Summe die man da erhält, schreibe man die Einer wieder unter die zusammengezählten, die Zehner aber darneben unter die Reihe der Zehner.

3. Auf ähnliche Art verfahre man auch mit den Ziffern der übrigen Ordnungen.

4) Am Ende zähle man die einzelnen Summen nach vorigen Regeln aufs neue zusammen, so erhält man die ganze Summe. Z. B.

$$
\begin{array}{r}
3\ 8\ 6\ 5 \\
9\ 7\ 0 \\
9\ 7 \\
6 \\
\hline
8 \\
2\ 2 \\
1\ 7 \\
3 \\
\hline
4\ 9\ 3\ 8
\end{array}
$$

} einzelne Summen.

ganze Summa.

Um dieses Verfahren abzukürzen, kann man die bey jeder einzelnen Summe erhaltene Ziffer der höhern Ordnung so lange in Gedanken behalten, bis

C 2

man

man an die nächst höhere Reihe kommt, und sie
dann gleich mit dazu nehmen.

**Beweis.** Die sämmtlichen gegebenen Zahlen
bestehen aus ihren Einern, Zehnern u. s. w. zählt
man also diese einzeln zusammen und ordnet das
gefundene in die Form eines Ganzen, so muß
dieses eine Zahl enthalten, welche so groß ist,
als die gegebenen zusammengenommen.

### §. 27.

**Anm.** Um die Richtigkeit der Rechnungen zu prü-
fen, pflegt man sogenannte Proben bey ihnen
anzubringen. Diese können so geschehen, daß
man die Rechnung auf zweierley Art verrichtet,
z. B. hier einmal von unten hinauf und dann
von oben herunter zählt. Erhält man in beyden
Fällen einerley, so ist es sehr wahrscheinlich, daß
man richtig gerechnet habe. Von andern Proben, z. B. der durch die Subtraction, kann in
den Vorlesungen geredet werden.

Wenn man die Addition blos anzeigen will,
so setzt man zwischen die Posten das Zeichen:
+ z. B. 3 + 4 = 7.

### §. 28.

**Aufg.** Von einer größern Zahl eine kleinere abzuziehen.

**Aufl.** 1. Man schreibe die Zahlen wie bey
der Addition untereinander, den Minuend oben
und den Subtrahend darunter.

2. Wenn jede obere Ziffer größer ist als die
darunter stehende, so nehme man die Einheiten
welche

welche die untere anzeigt, von denen der oberen weg und setze den Rest wieder in dieselbe Reihe darunter. Z. B. von 8 6 7 5
ist abzuziehen 3 4 6 2
so bleibt 5 2 1 3.

3. Wenn manche Ziffern des Minuends klei- ner sind als die unter ihnen stehenden im Sub- trahend, so holt man von der nächsten höhern 1 Einheit herüber, die hier 10 Einheiten gelten wird nach (II), von diesen und den schon vor- handenen verrichtet man alsdann das Abziehen. Es versteht sich, daß nun die Ziffer von welcher man die Einheit geholt oder geborgt hat, um 1 vermindert ist. Unter diesen Umständen ist es als- so nöthig, daß man den Anfang bey den Ziffern der niedrigsten Ordnung macht, welches bey sol- chen Fällen, wie in no. 2. nicht nöthig wäre. Z. B.    6. 5. 3. 4
          4 8 5 6
        ————————
          1 6 7 8

4. Wenn unter den Umständen der vorigen Nummer in den nächst höhern Stellen, Nullen stünden, so geht man so lange fort bis man auf eine Ziffer stößt, welche eine Einheit abgeben kann; diese legt man in die nächste Stelle zur rechten, wo sie zehn gilt; von diesen Zehnen läßt man 9 liegen und trägt die zehnte Einheit aber- mals weiter hinunter bis man an die Stelle kommt, wo der Abzug nicht geschehen konnte.

Es

Es ist leicht einzusehen, daß nun in allen den
Stellen wo vorhin 0 war, itzt 9 vorhanden, und
die Ziffer wo man die Einheit herholte, doch
nur um vermindert ist. Die Ursache dieser scheinbaren Widersinnigkeit, ist, daß die geborgte Einheit, weil sie von einer höhern Ordnung war,
so viel Werth hat, daß sie nicht allein zum abziehen hinreicht, sondern auch noch mehrere andere
Stellen mit Einheiten niederer Ordnungen anfüllen
kann. Z. B. 4. 0, 0, 0

$$\begin{array}{r} 2\ 6\ 8\ 9 \\ \hline 1\ 3\ 1\ 1 \end{array}$$

Um dieses weiterfortgehen zu vermeiden geben manche die Regel, das Borgen unten im
Subtrahend vorzunehmen, und dann die Ziffer wo
geborgt worden, 1 mehr gelten zu lassen; dies
giebt zwar auch die richtige Differenz, das Verfahren aber ist ganz unwissenschaftlich.

**Beweis.** Man hat hier eben so wie bey der
Addition das mit allen einzelnen Theilen gethan,
was man mit dem Ganzen thun sollte, folglich
muß man auch den völligen Rest zwischen dem
Minuend und Subtrahend erhalten haben; und
da man nach dem Dekadischen Zahlengesetz jede
Einheit die um eine Ordnung höher ist, als 10
Einheiten von der nächstniedrigern ansehen kann
(11), so muß auch das Verfahren mit dem
Borgen seine Richtigkeit haben.

Nach

Nach (16) kann man die 400 im letztern Beyspiel als vierhundert Zehner ansehen; nimmt man nun von denselben Einen in die Stelle der Einer, so gilt er hier zehen und linker Hand bleiben nur noch dreyhundert neun und neunzig Zehner; auf diese Art wird es ganz begreiflich wie die 4 durchs Borgen zu einer 3 und die bey den darneben stehenden Nullen zu Neunen werden.

### §. 29.

**Anm.** Die Probe bey der Subtraktion wird so verrichtet, daß man die Differenz zum Subtrahend addirt, da dann die Summe den Minuend geben muß. Will man die Subtraktion blos anzeigen, so schreibt man zwischen Minuend und Subtrahend einen — z. B. $8 - 5 = 3$.

### §. 30.

Nach (23) erhält man aus einem gegebenen Multiplicand und Multiplicator das Product, wenn man den erstern so viel mal zu sich addirt, als der letztere anzeigt. Dieses Verfahren würde bey großen Zahlen äusserst beschwerlich, ja unmöglich werden. Man brauche es also blos bey den Zahlen die noch unter zehn sind. Das Verzeichniß welches alle diese Producte enthält, nennt man das Einmal Eins. Es wird sich gleich zeigen, daß man mittelst desselben auch leicht Producte von größern Zahlen finden kann; und deshalb thut man wohl wenn man es auswendig lernt.

C 4 §. 31.

## §. 31.

**Aufg.** Das Ein mal eins zu entwerfen.

**Aufl.** 1. Man schreibe die Zahlen von 1 bis 9 in eine Reihe.

2. Man addire jede zu sich selbst und setze die Summe unmittelbar darunter, so hat man alle Producte die herauskommen, wenn man die obersten Zahlen mit 2 multipliciren soll.

3. Zu diesen Producten addire man abermals die Zahlen der obersten Reihe, so erhält man die Producte die entstehen, wenn jene Zahlen hätten mit 3 multiplicirt werden sollen.

4. Dieses Verfahren wiederhole man auf ähnliche Art bis man die einfachen und achtfachen addirt gehabt hat. Nemlich

| 1 | 2 | 3 | 4 | 5 | 6 | 7 | 8 | 9 |
|---|---|---|---|---|---|---|---|---|
| 2 | 4 | 6 | 8 | 10 | 12 | 14 | 16 | 18 |
| 3 | 6 | 9 | 12 | 15 | 18 | 21 | 24 | 27 |
| 4 | 8 | 12 | 16 | 20 | 24 | 28 | 32 | 36 |
| 5 | 10 | 15 | 20 | 25 | 30 | 35 | 40 | 45 |
| 6 | 12 | 18 | 24 | 30 | 36 | 42 | 48 | 54 |
| 7 | 14 | 21 | 28 | 35 | 42 | 49 | 56 | 63 |
| 8 | 16 | 24 | 32 | 40 | 48 | 56 | 64 | 72 |
| 9 | 18 | 27 | 36 | 45 | 54 | 63 | 72 | 81 |

**Beweis**

**Beweis.** Daß eine Zahl zu sich selbst gesetzt, ihr zweyfaches giebt ist für sich klar; ein zweyfaches aber zum einfachen addirt, ist eben so viel als das einfache dreymal zu sich selbst gesetzt. Diese Betrachtungen lassen sich nun für alle in der Tafel enthaltenen Producte anstellen.

### §. 32.

**Anm.** Wenn man bey einem Producte die Zahlen angiebt durch deren Multiplikation in einander es entstanden ist, so sagt man, es sey in seine Factoren zerfällt worden. Z. B. 6 kann in die Factoren 2 und 3 zerfällt werden. Diese Zerfällung geht bey allen Zahlen an, wenn man 1, und die Zahl selbst auch für Factoren gelten lassen will.

### §. 33.

**Erkl.** Zahlen welche weiter keine Factoren, als 1 und sich selbst haben, heißen Primzahlen, z. B. 2, 3, 5 ꝛc. die übrigen aber zusammengesetzte.

### §. 34.

**Erkl.** Zahlen deren einer Factor 2 ist, heißen gerade, die übrigen, ungerade. Z. B. 2, 4, 6 ꝛc.

### §. 35.

**Erkl.** Ein Produkt das aus lauter gleichen Factoren besteht, nennt man eine Potenz oder Dignität des mehrmals vorkommenden Factors. Der Factor selbst heißt die erste Protenz, auch

C 5                                          die

die Wurzel. Die Zahl welche anzeigt, wieviel mal der Factor vorkommt, wird der Exponent der Potenz genannt z. B. 9 = 3. 3 ist eine Potenz der 3; 3 ist die Wurzel und 2 der Exponent den man über sie zur rechten setzt z. B. $3^2$ = 3. 3.

### §. 36.

Zuſ. Wenn man bey der Zerfällung einer zuſammengeſetzten Zahl die in ihr enthaltenen Einheiten durch Punkte ausdrückt, und dieſe, so wie hier geſchehen iſt, ordnet, so ſieht man, daß jedes Produkt den einen ſeiner Factoren so vielmal, als der andere die Einheit, in ſich enthält; oder daß das Produkt aus dem einen ſeiner Factoren eben so entſteht, wie der andere aus der Einheit entſtanden iſt. Das Product iſt alſo größer als jeder der beyden Factoren, wenn jeder derſelben größer als 1 iſt; dies rechtfertigt den Namen Vervielfältigung.

```
4  ·  ·  ·
3  ·  ·  ·
   ·  ·  ·
```

### §. 37.

Zuſ. Ein paar Factoren geben einerley Product, es mag der erſte Factor mit dem andern, oder der andere mit dem erſten multiplicirt werden, denn die vertikale Reihe der Punkte in (36) welche 3 enthält, ſteht 4 mal neben: und die horizontale, welche 4 enthält, 3 mal untereinander und giebt in beyden Fällen ein und ebendieſelben 12 Punkte,

§. 38.

## §. 38.

Zuf. Wenn der eine Factor der etwa den Multiplicator vorstellt, aufs neue in 2 Factoren zerfällt werden kann, so kann man den Multiplicand
statt seiner, mit seinen Factoren multipliciren und
zwar so, daß man das bey der Multiplication
mit dem erstern Factor erhaltene Product mit
dem zweiten neuen Factor multiplicirt. Z. B.

die Zahl 2 soll mit 6 multiplicirt werden, so läßt sich 6 in 2 mal 3 zerfällen, und man kann erstlich mit 2
mal multipliciren wo man 4 erhält und
dies hernach mit 3, welches 12 giebt.
Beym mündlichen Vortrage läßt sich
leicht zeigen, daß eben dieß herauskommt, wenn
man den Multiplicand erstlich 3 mal und dieses
dreyfache hernach doppelt nimmt, und daß man
überhaupt so viel Factoren als man will, in einer
beliebigen Ordnung durch einander multipliciren
kann, und immer einerley Product erhält.

## §. 39.

Zuf. Jede Ziffer welche Zehner, Hunderter u.
f. w. bedeutet, kann angesehen werden, als ein
Einer der mit 10 oder 100 2c. multiplicirt worden
wäre. Sollte man nun eine Zahl z. B. mit 600
multipliciren, so könnte man sie nach (38) erstlich
mit 6 und das Product hernach noch mit 100 multipliciren. Nach (11) aber wird dies letztere geschehen,

ſchehen, wenn man ein paar Nullen an ſie hängt, oder ihre Ziffern um 2 Stellen weiter zur linken rückt.

### §. 40.

Aufg. Zahlen welche größer, als die im Einmaleins befindlichen, ſind, in einander zu multipliciren.

Aufl. I. Fall. Wenn der Mukiplicand aus Ziffern von mehreren Ordnungen beſteht, der Multiplicator aber ein Einer iſt.

Man multiplicire nach dem Ein mal Eins alle Ziffern des Multiplicands von der Rechten nach der Linken mit dem Multiplicator, und ſchreibe die einzelnen Producte ſo untereinander, daß man ſie am Ende addiren kann. Z. B.

```
    8 5 7            3 6 0 0
        6   oder         6
    ───────        ─────────
      4 2          2 1 6 0 0
    3 0
  4 8
  ─────────
  5 1 4 2
```

Man kann aber die Arbeit wieder wie oben in (26) verkürzen, wenn man die Ziffer der höhern Ordnung einſtweilen in Gedanken behält und ſie bey der Multiplication der nächſten Ziffer ſogleich mit zum erhaltenen Product nimmt.

II. Fall.

II. Fall. Wenn der Multiplicand wie vorher, aber der Multiplicator eine Zahl ist an welcher Nullen hängen.

Man verfahre wie vorhin und hänge am Ende an das Product wieder so viele Nullen, als am Multiplicator hingen. Z. B.

$$
\begin{array}{r}
8\ 4\ 6 \\
9\ 0\ 0 \\
\hline
7\ 6\ 1\ 4\ 0\ 0
\end{array}
$$

Hängen am Multiplicand und Multiplicator Nullen, so kann man sie einstweilen weglassen; und nach der Multiplication der übrigen Ziffern, sie wieder an das Product anhängen, oder wenn man die Factoren mit ihren Ordnungsziffern bezeichnet, so setzt man über das Product die Summe dieser Ziffern. Z. B. 9000. 700 = 6300000 oder $\overset{3}{9} \cdot \overset{2}{7} = \overset{5}{63}$

III. Fall. Wenn der Multiplicator aus Ziffern von mehreren Ordnungen besteht.

Man multiplicire zuerst mit der niedrigsten Ziffer, dann auch mit jeder höheren, alle Ziffern des Multiplicands, wie beym I Fall; fange aber das jedesmalige Product allezeit an derjenigen Stelle an zu schreiben, in welcher die Ziffer des Mul-

Multiplicators ſteht, mit welcher man eben multiplicirt, und addire am Ende die einzelnen Producte zuſammen.

z. B.

```
        5 3 4
        2 4 6

        3 2 0 4
      2 1 3 6
    1 0 6 8

    1 3 1 3 6 4
```

Wenn zwiſchen den Ziffern des Multiplicators Nullen vorkommen, ſo übergeht man ſie gänzlich, weil jede Größe mit 0 multiplicirt, eben ſo gut wieder 0 giebt, als wenn man 0 mit irgend einer Größe multiplicirt. Die Reihen von Nullen alſo, die bey einer ſolchen Multiplication entſtehen, werden auf das Product gar keinen Einfluß haben. Z. B.

```
        3 2 4
        6 0 3

          9 7 2
      1 9 4 4

      1 9 5 3 7 2
```

**Beweis.** Beym 1ſten Fall iſt der Beweis wie in (26); das Einrücken bey der Multiplication mit den Ziffern aus den höheren Ordnungen gründet ſich auf (39)

## §. 41.

**Anm.** Die Probe läßt ſich entweder ſo anſtellen, daß man den Multiplicator mit dem Multiplicand multiplicirt, wo man wieder das vorige Product erhält

erhält (37); oder daß man das Product wieder
mit einem von beyden Factoren nach Anleitung der
folgenden Aufgaben dividirt, da dann allemal
der andere Factor erscheinen wird. Das Zeichen
der Multiplication ist gewöhnlich ein Punkt,
den man zwischen die Factoren setzt; sonst braucht
man auch ein X z. B. 3. 4 $=$ 12 oder 3 X
4 $=$ 12.

## §. 42.

Wenn man die Division nach (23 und 24) verrichten wollte, so würde sie eben so wie die Multiplication ohne Einmal Eins, bey großen Zahlen
unausführbar seyn. Dies leitet auf den Gedanken sich eines ähnlichen Hülfsmittels wie bey der
Multiplication, zu bedienen. Dieses Hülfsmittel
ist wieder das Einmal Eins, denn man darf nur
bedenken, daß wenn 2 mal 3 sechs macht, alsdann
hinwiederum die 2 in der 6 dreymal; oder 3 in
der 6 zweymal enthalten seyn müsse. Dies wird
augenscheinlich, wenn man die Einheiten wieder
wie in (36) durch Puncte darstellt.

Es kann aber Zahlen geben, in welchen eine andere nicht mehrmal völlig, sondern außer ein- oder
etlichemalen nur noch ein Theil von ihr enthalten
ist, welches sich ebenfalls durch Puncte anschaulich
machen läßt. In solchen Fällen wird man also
außer dem Quotienten noch einen Rest erhalten;
von welchen das weitere in der Bruchrechnung
vorkommt.

§. 43.

### §. 43.

**Aufg.** Mit einer Zahl in eine andere gröſſere zu dividiren.

**Aufl.** I. Fall. Wenn der Diviſor ein Einer, der Dividend aber eine aus Ziffern von mehreren Ordnungen beſtehende Zahl iſt.

1. Man ſuche nach (42) eine Ziffer die mit dem Diviſor multiplicirt ein Product giebt, welches der höchſten Ziffer des Dividends gleich kommt, oder doch nicht ſo viel Einheiten weniger beträgt, als der Diviſor in ſich hält, und ſchreibe ſie hinter den Dividend.

2. Das erhaltene Product ſetze man unter die Zahl des Dividends, mit welcher man die Diviſion vorgenommen hatte und ziehe es von derſelben ab.

3. Bleibt nichts übrig, ſo nehme man wie in N. 1. die Diviſion mit der nächſten Ziffer des Dividends vor und fahre ſo fort bis ans Ende.

4. Bleibt aber bey der Abziehung ein Reſt, ſo ſehe man ihn als eine Menge Einheiten von der nächſt niedrigern Ordnung an, nehme aus dem Dividend die folgende Ziffer welche von eben derſelben niedrigern Ordnung iſt, dazu, und verrichte ſodann mit dieſen beyden die Diviſion wie in no.

2,

2. z. B. der Divisor sey 3 und der Dividend 3740, so steht die Rechnung so:

```
3 | 3 7 4 0 | 1 2 4 6 Quotient
  |   3     |
  ─────────
      7
      6
  ─────────
      1 4
      1 2
  ─────────
        2 0
        1 8
  ─────────
        2 Rest.
```

Hier ist der 3te Theil von den 3 Tausendern im Dividend, 1 Tausend, wo man aber nicht nöthig hat, 3 Nullen an die 1 zu hängen, sondern diesen tausendfachen Werth erhält sie schon dadurch, daß bey Fortsetzung der Division noch die drey Ziffern 246 hinter sie kommen. Da nun 3 mal 1, drey giebt, so bleibt nach dem Abziehen nichts übrig. Man sieht also wie viel der 3te Theil von den nächsten 7 Hundertern ist, und findet etwas mehr als 2 hundert, aber noch nicht 3 hundert; Um also zu sehen wie viel dieses **Mehr** beträgt, multiplicirt man 3 mit 2 und zieht die erhaltene 6 von der 7 ab, so bleibt noch 1 übrig, welches 1 hundert seyn wird. Dieses 1 Hundert verwandelt man in 10 Zehner und nimmt die darneben stehenden 4 Zehner mit dazu, so hat man deren zusammen 14

D                    und

und hiervon wird wieder der dritte Theil 4 Zehne und etwas mehr betragen; das Uebrige bleibt der mündlichen Erläuterung vorbehalten.

Wenn man die Division als eine Messung nach (23) betrachtet, so kann man sich im obigen Beispiel vorstellen, 3 sey in 3 tausend, 1 tausendmal enthalten, welches übrigens im Verfahren selbst nichts ändert.

II. Fall: Wenn auch der Divisor aus Ziffern von mehreren Ordnungen besteht.

1) Man nimmt so viel von den höchsten Ziffern des Dividends als nöthig sind, um den Divisor 1 bis 9 mal enthalten zu können.

2) Man untersucht nun wie beym I Fall, wie vielmal die höchste Ziffer des Divisors in der höchsten des Dividends enthalten ist, und nimmt vor der Hand an, daß auch der ganze Divisor so vielmal in den genommenen Ziffern des Dividends enthalten sey.

3) Da dieses nicht allemal zutrift, so multiplicirt man den angenommenen Theil des Quotienten mit dem ganzen Divisor und sieht, ob er sich von den genommenen Ziffern des Dividends abziehen läßt. Geht dieses nicht, so vermindert man den Theil des Quotienten so lange bis man ein Product erhält;

hält, welches sich abziehen läßt. Uebrigens verfährt man wie beym Iſten Fall. Z. B.

```
2 4 | 4 8 4 6 | 2 0 1 Quot. :
      | 4 8     |
      ‾‾‾‾‾‾
            4 6
            2 4
        ‾‾‾‾‾‾‾
          2 2 Reſt.
```

Hier nimmt man die 48 hundert vom Dividend
und ſetzt voraus, daß 24 in 48 ſo vielmal enthalten ſey, als 2 in 4, hier 2 hundertmal, welches
auch bey angeſtellter Prüfung richtig befunden wird.
Nun darf man aber bey Fortſetzung der Diviſion
nicht gleich die 46 Einheiten nehmen und ſehen wie
vielmal 24 wieder darinn enthalten iſt, denn ſonſt
würden im Quotienten auf die Hunderter ſogleich
Einer folgen, welches gegen (18) wäre. Man
nimmt alſo vorher die nächſte Ziffer nur allein vor
ſich und ſetzt, weil 24 kein einzigesmal darinn
enthalten iſt, 0 in den Quotienten; und nun iſt es
erſt Zeit auch noch die 6 mit zu den 4 Zehnern zu nehmen, wo ſich dann ergiebt, daß zwar wie anfangs,
2 in 4 wieder 2 mal, aber deswegen doch nicht
24 in 46 auch 2 mal enthalten iſt, weil 2 mal 24
ſchon 48 macht; man ſetzt alſo diesmals nur 1 in
den Quotienten und bemerkt den Reſt 22.

**Beweis.** Man hat nach den gegebenen Vor
ſchriften gefunden, wie vielmal der Diviſor in je

D 2                                        dem

dem Theil des Dividends enthalten ist, folglich auch nach (5) wie vielmal er im Ganzen enthalten ist.

### §. 44.

Zuf. Wenn beym Iſten Fall der Diviſor gröſſer iſt, als die höchſte Ziffer des Dividends, ſo nimmt man gleich die nächſte noch mit dazu und verfährt übrigens wie vorhin. Z. B.

```
5 | 3 4 5 | 6 9
  | 3 0   |
  ———————
      4 5
      4 5
  ———————
        0
```

### §. 45.

Zuf. Wenn am Diviſor Nullen hängen, ſo kann man ſie abſchneiden und blos mit den geltenden Ziffern deſſelben die Diviſion verrichten. Man muß aber zugleich eben ſoviel von den niedrigſten Ziffern des Dividends abſondern; dieſe abgeſonderten Ziffern machen alsdann einen Theil des am Ende bleibenden Reſtes aus. Z. B.

```
6,0 0 | 8 6,4 3 | 1 4
      | 6       |
      ———————
        2 6
        2 4
      ———————
        2 4 3 Reſt.
```

Wenn

Wenn am Divisor und Dividend Nullen hängen, so kann man sie weglassen und statt ihrer die Ordnungsziffern brauchen. Ueber dem Quotienten wird alsdann die Differenz zwischen der Ordnungsziffer des Divisors und Dividends gesetzt werden müssen. Z. B. Divisor 600; Dividend 240000, so kann man nehmen $\frac{2}{6} \left|\; \overset{2}{2}\; \overset{4}{4}\; \right| \; \overset{2}{4} = 400.$

## §. 46.

Zuf. Wenn sich der Multiplicator in Factoren zerfällen läßt, so kann man nach Art der Multiplication in (38) den Dividend erstlich mit dem Einen Factor dividiren, und den Quotienten sodann aufs neue mit dem andern u. s. w. Z. B. der Divisor sey 6, und der Dividend 126, so dividirt man erstlich mit 2 | $\overset{1}{1}$ 2 6 | 6 3 und nun abermals mit 3 | 6 3 | 2 1 Quotient.

## §. 47.

Anm. Dieses Verfahren hat Unbequemlichkeiten wenn beym Dividiren mit den ersten Factoren Reste bleiben, deswegen man sich desselben nur alsdann bedienen kann, wenn man mit Brüchen rechnen gelernt hat. Verschiedene Arten zu dividiren können in den Vorlesungen gezeigt werden. Da man den Quotienten so vielmal nehmen muß als der Divisor anzeigt, wenn der Dividend herauskommen soll, so muß der Quotient allemal kleiner als der Dividend seyn, wenn der Divisor grösser als 1 ist, denn der Divisor steckt so oft im Dividend, als die Einheit im Quotienten (36).

D 3 §. 48.

## §. 48.

**Anm.** Die Probe macht man bey der Division dadurch, daß man den Quotienten mit dem Divisor multiplicirt und den etwa vorhandenen Rest zum Product addirt, da dann der Dividend wieder erscheint.

Will man die Division blos anzeigen, so setzt man den Divisor unter den Dividend und zieht zwischen durch einen Strich z. B. $\frac{12}{4} = 3$. Sonst pflegte man auch Dividend und Divisor neben einander und dazwischen das Zeichen (:) zu setzen z. B. 12 : 4 = 3.

## §. 49.

**Grundf.** Wenn man Gleiches zu Gleichem addirt; Gleiches von Gleichem subtrahirt; Gleiches mit Gleichem multiplicirt; Gleiches durch Gleiches dividirt, so kommt allemal wieder Gleiches heraus.

z. B.
$$3 + 4 = 7$$
addirt
$$2 = 2$$
$$3 + 4 + 2 = 9$$

oder
$$3 + 4 = 7$$
subtr.
$$2 = 2$$
$$3 + 4 - 2 = 5$$

oder
$$6 - 4 = 2$$
mult.
$$2 = 2$$
$$12 - 8 = 4$$

oder
$$6 - 4 = 2$$
div.
$$2 = 2$$
$$3 - 2 = 1$$

## §. 50.

**Grundf.** Wenn man bey ungleichen Größen Gleiches addirt, davon subtrahirt, damit multiplicirt

tiplicirt oder darein dividirt, so erhält man wieder
Ungleiches, und zwar größeres bey den größeren,
kleineres bey den kleineren. Z. B.

$$
\text{add.} \qquad
\begin{array}{r}
6 ✚ 4 > 8 \\
2 = 2 \\
\hline
6 ✚ 4 ✚ 2 > 10
\end{array}
\qquad\qquad
\text{subtr.} \qquad
\begin{array}{r}
6 ✚ 4 > 8 \\
2 = 2 \\
\hline
6 ✚ 4 - 2 > 6
\end{array}
$$

$$
\text{mult.} \qquad
\begin{array}{r}
6 ✚ 4 > 8 \\
2 = 2 \\
\hline
12 ✚ 8 > 16
\end{array}
\qquad\qquad
\text{div.} \qquad
\begin{array}{r}
6 ✚ 4 > 8 \\
2 = 2 \\
\hline
3 ✚ 2 > 4
\end{array}
$$

## §. 51.

Grunds. Wenn man bey gleichen Größen
Ungleiches addirt oder damit multiplicirt, so er-
hält man wie beym vorigen Satze Größeres beym
Größern und Kleineres beym Kleinern. Z. B.

$$
\text{add.} \qquad
\begin{array}{r}
6 ✚ 4 = 10 \\
3 > 2 \\
\hline
6 ✚ 4 ✚ 3 > 12
\end{array}
\qquad\qquad
\text{mult.} \qquad
\begin{array}{r}
6 ✚ 4 = 10 \\
3 > 2 \\
\hline
18 ✚ 12 > 20
\end{array}
$$

## §. 52.

Grunds. Wenn hingegen von gleichen Größen
auf der einen Seite Größeres, auf der andern Kleineres abgezogen, oder solche auf der einen Seite
mit Größerm und auf der andern mit Kleinerem dividirt werden, so erhält man auf dieser einen

D 4     Seite

Seite etwas **Kleineres** und auf der andern etwas **Größeres.** Z. B.

$$3 + 9 = 12 \qquad\qquad 3 + 9 = 12$$

subtr. $\qquad\quad 3 > 2$ div. $\qquad\quad 3 > 2$

$$3 + 9 - 3 < 10 \qquad\qquad 1 + 3 < 6$$

## Von den Brüchen.

### §. 53.

Die bisher betrachteten Zahlen nennt man ganze Zahlen, in wiefern ihre Einheiten nicht als Theile einer andern Einheit betrachtet werden. Nun ist aber schon in der Einl. (6 u. 7) bemerkt worden, daß man jede Einheit immer wieder in neue Einheiten theilen könne, die in Absicht der eingetheilten von geringerer Art sind, und diese Betrachtung leitet auf eine neue Art von Zahlen.

### §. 54.

**Erklär.** Wenn man die Einheiten von einer ganzen Zahl wieder in kleinere Einheiten theilt, so heißt eine, oder eine gewisse Menge derselben eine gebrochene Zahl oder ein **Bruch.**

### §. 55.

**Anm.** Man sieht hieraus, daß der Begriff vom Bruch ganz relativ ist, und eine gebrochene Zahl nur in Beziehung auf eine andere die man sich als

als ganz gedenkt, so genannt werden kann, übrigens aber so gut wie die ganze, aus Einheiten besteht, nur daß diese Einheiten nicht von dem
Werth sind wie die, woraus die ganze Zahl besteht.
Z. B. man sieht 3 Rthlr. als eine ganze Zahl an,
wo die Einheit, Rthaler heißt. Diese Einheit
läßt sich nun wieder in 3 andere theilen welche
man zum Unterschied von jener, Drittel Rthlr.
nennen kann; zwey solcher Drittel sind in dieser
Rücksicht ein Bruch vom Rthaler, ob sie gleich in
einer andern etwas Ganzes, z. B. einen ganzen
Gulden ausmachen.

## §. 56.

Zus. Nach diesen Betrachtungen wird den Brüchen alles zukommen müssen, was zuvor von ganzen Zahlen ist gelehrt worden; denn sie sind als
ganze Zahlen anzusehen, deren Einheiten blos von
einem geringern Werth sind.

## §. 57.

Anm. Auf den Begriff eines Bruchs wird man besonders geleitet, wenn man in eine Zahl dividiren
soll, welche kleiner als der Divisor ist. Z. B. man
hat 2 Rthlr. worein sich 3 Personen theilen sollen. Hier kann der Quotient keine ganze Einheit,
aber doch auch nicht völlig Null werden. Gesetzt
diese Personen wüßten gar nichts von Arithmetik, so würde ihnen die Vernunft sagen, sie
müßten, jeden Thaler in so viel gleiche Theile
theilen als Ihrer wären, also in 3, und Jeder
müßte allezeit Einen nehmen, da dann Jeder
2 Drittel eines Thalers erhalten würde; oder
man stelle sich die Sache so vor: aus 2 ganzen

D 5

Tha-

Thalern werden 2 mal 3 oder 6 Drittel gemacht und dann wird in diese mit der 3 dividirt, so giebt der Quotient 2 Drittel einer ganzen Einheit. Diesen Quotienten oder Bruch pflegt man nun eben so auszudrücken, wie es in (48) angegeben worden ist, nehmlich $\frac{2}{3}$.

### §. 58.

**Erkl.** Die Zahl über dem Strich wird bey einem Bruch der **Zähler** und die darunter stehende der **Nenner** genannt, weil diese letztere gleichsam den Werth benennt, welchen die Einheiten der gebrochenen Zahl in Absicht der zur ganzen gehörigen haben. Zehler aber heißt die obere, weil sie die Anzahl der Einheiten, welche die gebrochene Zahl enthält, vorzählt.

### §. 59.

**Zuf.** Bey Erwägung der Größe eines Bruchs darf man weder auf den Zähler noch auf den Nenner allein, sondern man muß auf beyde zugleich sehen. Ist nemlich der Nenner viel größer als der Zähler, so ist die höhere Einheit in viel Theile getheilt worden und wenige derselben machen den Bruch aus, also ist er klein. Wenn hingegen Zähler und Nenner fast gleich sind, so hat man beynahe alle die geringern Einheiten wieder beysammen, in welche die höhere ist getheilt worden und so ist der Bruch groß z. B. $\frac{2}{3}$ ist ein viel grösserer Bruch als $\frac{32}{1008}$. Sind Zähler und Nenner gleich, so ist der Bruch allemal $= 1$. z. B. $\frac{3}{3} = 1$.

§. 60.

## §. 60.

Anm. Wenn die Einheit in immer mehrere Theile getheilt, und von denselben immer nur Einer genommen wird, so wird dieser kleine Theil immer unbeträchtlicher; sind der Theile unendlich viele, so wird jeder unendlich klein, so daß man ihn von der o nicht mehr unterscheidet. Eine unendlich große Zahl bezeichnet man mit ∞, und nun wird der Ausdruck $\frac{1}{\infty} = $ o verständlich seyn. Er zeigt nemlich eine Division der 1 an, wo der Divisor eine unendlich große und der Quotient eine verschwindende Zahl ist. Da nun der gebrauchte Divisor ein Quotient wird, wenn man den vorigen Quotienten zum Divisor nimmt so wird auch $\frac{1}{0} = \infty$ seyn.

## §. 61.

Zus. Zwey Brüche werden also einander gleich seyn, wenn der Zähler des einen ein eben so großes Stück von seinem Nenner ist, als der Zehler des andern von dem seinigen. Z. B. $\frac{1}{2}$ und $\frac{2}{4}$ sind einander gleich. Hiernach läßt sich einerley Bruch in unzählicherley Gestalten darstellen.

## §. 62.

Zus. Man kann jeder Zahl die Form eines Bruchs geben, wenn man 1 unter sie setzt und einen Strich dazwischen zieht, z. B. $5 = \frac{5}{1}$.

## §. 63.

Zus. Auch kann man einer ganzen Zahl die Form eines Bruchs geben, der einen beliebigen Nenner

Nenner hat; man multiplicirt nemlich die ganze
Zahl mit derjenigen die der Nenner des Bruchs
werden soll und setzt unter das Product, mit da-
zwischen gezognem Strich, die Zahl die man zum
Nenner erwählt hat. Z. B. die Zahl 5 soll in
Drittel verwandelt werden, so wird, weil 1 drey
Drittel macht, 5, fünfmal 3 Drittel also $\frac{15}{3}$ machen.

### §. 64.

Zuf. Hat man eine ganze Zahl mit einem anhängenden Bruch, und will die ganzen Einheiten
mit unter die Benennung des Bruchs bringen, so
kann man die ganze Zahl nach (63) zu solchen
Einheiten machen als der Nenner des anhängenden
Bruchs anzeigt und dann die im Zähler dieses
Bruchs befindlichen zu ihnen addiren z. B. $5 \frac{2}{3} =$
$\frac{15}{3} + \frac{2}{3} = \frac{17}{3}$

### §. 65.

Erkl. Brüche wo der Zähler kleiner als der Nenner ist, wie in (55, 57) werden reine oder eigentliche; hingegen die in (59) am Ende, (62 bis 64,)
beschriebenen, unreine oder uneigentliche genannt.
Bey den erstern ist allemal der Werth kleiner als 1, (59).

### §. 66.

Zuf. Jeder unreine Bruch läßt sich durch die
Division in eine ganze Zahl verwandeln, an welcher zuweilen noch ein reiner Bruch hängen kann.
Divisionsexempel wie in (43) sind als solche unreine

reine Brüche anzusehen, so ist z. B. $\frac{3740}{3} =$
1 2 4 6 ⅔ und man kann nun sagen: 3 ist in
3 7 4 0 völlig 1 2 4 6 mal, und dann noch der 3te
Theil von ihr, 2 mal darinn enthalten. Auf die=
se Weise ist nun die Division erst als vollendet
anzusehen.

### §. 67.

Lehrs. Wenn man den Zähler und Nenner
eines Bruchs mit einerley Zahl multiplicirt
oder dividirt, so wird der neue Bruch dem
vorigen wieder gleich.

Beweis. Durch die Multiplication des Nen=
ners wird die höhere Einheit aus welcher der
Bruch entsteht, in so viel mehrere Theile getheilt
als die Multiplicir=Zahl andeutet; eben so viel
mal wird also itzt jeder Theil kleiner. Durch Mul=
tiplikation des Zehlers aber wird wieder die
Menge der zum Bruch gehörigen Theile so vielmal
größer, als eben diese Multiplicir=Zahl andeutet,
folglich bleibt der Bruch in seinem vorigen Werth;
und blos die niedern Einheiten die ihn ausmachen,
sind durch jene Multiplication geändert worden.

Eben diese Betrachtungen erstrecken sich auch
auf die Division. In je weniger Theile man die
ganze Einheit theilt, desto größer werden die neuen
Einheiten. Nimmt man also deren um so vielmal
weniger, um wie vielmal sie größer geworden sind,

so

so hat man dem Werth nach, wieder was man
vorhin hatte.

## §. 68.

**Aufg.** Einen Bruch, ohne seinen Werth zu
ändern, durch kleinere Zahlen auszudrücken.

**Aufl.** Man suche die Factoren des Zählers und
Nenners und dividire mit denen die in jedem vorkommen, sowohl Zehler als Nenner. Z. B. $\frac{15}{21}$
hier besteht 15 aus 3. 5 und 21 aus 3. 7; der gemeinschaftliche Factor ist also 3 und hiermit verrichtet man die Rechnung so:

$$\overset{\overset{3}{\frown}}{\frac{15}{21}} \Big| \frac{5}{7} \quad \text{so ist} \quad \frac{15}{21} = \frac{5}{7}$$

Wenn Zähler und Nenner durch Factoren ausgedrückt, und in beyden einer oder mehrere
überein sind, so kann man diese gegen einander
ausstreichen z. B. $\frac{3.\,5}{3.\,7} = \frac{5}{7}$

Man muß übrigens bedenken, daß wenn auf diese
Weise einmal oben oder unten alles ausgestrichen
würde, nun nicht etwa 0, sondern jedesmal 1 bleibt
Z. B. $\frac{3}{3.7} = \frac{1}{7}$ oder: $\frac{2.\,5}{5} = \frac{2}{1} = 2$

## §. 69.

**Anm.** Man pflegt dies Geschäfte das Aufheben
der Brüche zu nennen. Zur Erfindung der Factoren

toren hat man besondere Tafeln; auch für Factoren die nicht über 9 gehen, leichte Regeln. Z.
B. wenn sich die niedrigste Ziffer einer Zahl durch
2 theilen läßt, so ist 2 ein Factor dieser Zahl
sie mag so groß seyn als sie will. Wenn man die
Ziffern einer Zahl als bloße Einer ansieht und
die Summe derselben durch 3 theilbar ist, so ist
3 ein Factor dieser Zahl; ist eine solche Summe
durch 9 theilbar, so ist 9 ein Factor der Zahl.
Zahlen wo die 2 niedrigsten Ziffern durch 4 theilbar sind, haben die 4 zum Factor, und 8, wenn
die 3 letzten Ziffern derselben durch 8 theilbar sind.
Eine Zahl deren niedrigste Ziffer 5 oder 0 ist,
hat allemal 5 zum Factor.

Ueberhaupt läßt sich jeder größte gemeine
Theiler von zwey Zahlen nach folgender Regel finden: 1) Man dividire die kleine Zahl in die
große; bleibt kein Rest, so ist die kleine Zahl
selbst der gemeine Theiler 2) bleibt aber ein
Rest, so dividire man mit demselben in den vorigen Divisor und diese Arbeit setze man so lange
fort, bis man auf eine Division gekommen ist,
wo kein Rest bleibt. Die Zahl die bey derselben
der Divisor gewesen ist, wird der verlangte
größte gemeinschaftliche Theiler seyn. Z. B. man
sucht den gemeinen Theiler von $\frac{95}{171}$ so steht die
Rechnung so 9 5 | 1 7 1 | 1.

$$\qquad | \ 9\ 5. |$$

$$\qquad\quad 7\ 6\ |\ 9\ 5\ |\ 1$$

$$\qquad\qquad | \ 7\ 6 |$$

$$\qquad\qquad\quad 1\ 9\ |\ 7\ 6\ |\ 4$$

$$\qquad\qquad\qquad | \ 7\ 6\ |$$

$$\qquad\qquad\qquad\qquad 0$$

Die

Die gesuchte Aufhebezahl ist also 19, nemlich

$\frac{19}{\underset{171}{25}|\frac{5}{6}}$ auf die bey den Divisionen erhaltenen Quo:
tienten wird hier nicht geachtet. Wenn die Di:
vision so lange fortgesetzt werden muß, daß end:
lich der Divisor 1 wird, so ist es ein Zeichen
daß der Bruch unter keiner kleinern Gestalt dar:
gestellt werden kann und die Zahlen des Zählers
und Nenners heißen nun Primzahlen unter sich,
(numeri primi inter se) z. B. bey dem
Bruch $\frac{9}{16}$.

## §. 70.

**Aufg.** Eine Zahl zu finden in welcher sich
mehrere andere ohne Rest dividiren lassen.

**Aufl.** Man multiplicire sie alle durch einander
so wird das Product die verlangte Zahl seyn.
Diese wird aber bisweilen so groß werden, daß
man zum bequemern Gebrauch eine kleinere
wünscht; um nun eine solche wenigstens in man:
chen Fällen zu erhalten, verfahre man so: 1) Man
nehme die größte von den gegebenen Zahlen vor
sich und multiplicire sie mit der kleinsten die nicht
hat darinnen aufgehen wollen.

2) Dieses Product multiplicire man abermals
mit der nächst größern, die nicht darinnen aufge:
hen will u. s. w. bis ans Ende, so wird man eine
erhalten, in welcher sie alle aufgehen. Z. B. Die
Zahlen sind 2, 3, 5 und 9, so geht 2 nicht in 9
auf, also sagt man 2. 9 = 18; in 18 geht 3
auf.

auf, also braucht man hier nicht zu multipliciren;
5 aber geht nicht in 18 auf, also nimmt man
5. 18 = 90, worinn alle aufgehen müssen.

**Beweis.** Die zuletzt gefundene Zahl hat alle
übrigen zu Factoren, folglich muß sie auch durch
jede theilbar seyn. (41)

### §. 71.

**Aufg.** Brüche von verschiedenen Nennern
unter einerley Benennung zu bringen.

**Aufl.** 1) Man suche nach (70) eine Zahl in
welche sich alle vorhandenen Nenner ohne Rest dividiren lassen.

2) Man dividire wirklich mit jedem Nenner in
dieselbe.

3) Mit dem erhaltenen Quotienten multiplicire
man Zähler und Nenner desjenigen Bruchs dessen
Nenner in voriger Nummer war gebraucht worden, so werden alle Brüche die in no. 1 gesuchte
Zahl zu ihrem gemeinschaftlichen Nenner bekommen.
Z. B. Man hat die Brüche $\frac{1}{2} \frac{2}{3} \frac{3}{5} \frac{7}{9}$, so ist die zu
suchende Zahl 90 und die Multiplicirzahl für den
ersten Bruch $\frac{90}{2}$ = 45; für den 2ten 30, für den
dritten 18 und für den 4ten 10; und die neuen
Brüche werden seyn: $\frac{45}{90}$; $\frac{60}{90}$; $\frac{54}{90}$; $\frac{70}{90}$.

**Beweis.** Daß die neuen Brüche den vorigen
gleich sind, erhellet aus (67), und daß alle Nen-

E nner

ner der nach no. 1. gesuchten Zahl, folglich unter
einander selbst, gleich werden, folgt aus (41 und 6).

### §. 72.

**Anm.** Wenn die Nenner der Brüche nicht lauter
Primzahlen sind, sondern manche einen gemeinschaftlichen Factor haben, so kann man zum gemeinschaftlichen Nenner zuweilen noch eine kleinere
Zahl erhalten als sie die Aufgabe (71) giebt.
Z. B. die Brüche wären $\frac{1}{3}$ $\frac{5}{6}$ $\frac{7}{15}$ so geht 3 u
15 auf, aber 6 nicht; da nun die Factoren von
6 $=$ 2. 3 und die von 15 $=$ 5. 3 folglich der
Factor 3 beyden Zahlen 6 und 15 gemeinschaftlich ist, so braucht man 15 nur noch mit 2 zu
multipliciren, wo alsdann das Product 30 all
Nenner als Factoren enthalten wird.

### §. 73.

**Anm.** Wenn man blos 2 Brüche hat, so kann
man auch so verfahren: Man multiplicirt jedes
Bruchs Zähler und Nenner mit dem Nenner des
andern Bruchs. Bey mehrern Brüchen kann
man nach (70 Aufl.) jedes Bruchs Zähler und
Nenner mit dem Product aller übrigen Nenner
multipliciren, wodurch aber meist sehr große Zahlen entstehen, die man in vielen Fällen vermeidet
wenn man nach (71) verfährt.

### §. 74.

**Aufg.** Brüche zu addiren.

**Aufl.** 1. Wenn sie einerley Nenner haben
so addire man die Zähler nach (26) und setze unter
die Summe den gemeinschaftlichen Nenner. 2.

Wen

Wenn der Nenner nicht grösser ist als der Zähler, so dividire man damit in denselben, um die in der Summe enthaltenen ganzen Einheiten zu bekommen.

3. Wenn die Brüche nicht einerley Benennung haben, so bringe man sie nach voriger Aufgabe dazu und verfahre dann wie vorhin. Z. B. $\frac{1}{8} + \frac{3}{8} + \frac{5}{8} = \frac{9}{8} = 1\frac{1}{8}$ oder: $\frac{1}{3} + \frac{5}{6} + \frac{7}{15}$; dies setze man so:

$$
\begin{array}{rl|l|l}
& & \overset{30}{\frown} & \\
10) & \frac{1}{3} & \frac{10}{30} & 10 \\
5) & \frac{5}{6} & \frac{25}{30} & 25 \\
2) & \frac{7}{15} & \frac{14}{30} & 14 \\
\hline
& & \frac{49}{30} = & 1\frac{19}{30}
\end{array}
$$

**Beweis.** Brüche sind so gut Zahlen als die welche aus ganzen Einheiten bestehen (56) Durch den Nenner aber wird die Art ihrer Einheiten bestimmt; haben sie also einerley Nenner, so können sie wie andere ganze Zahlen behandelt werden, und man hat blos nöthig die Art der Einheiten immer in Andenken zu erhalten, welches dadurch geschieht, daß man den Nenner wieder unter die Summe setzt. Der Beweis für No. 2. folgt aus (66).

### §. 75.

Zus. Befinden sich auch Ganze bey den Brüchen, so addirt man sie ebenfalls wenn man mit den Brüchen fertig ist, und nimmt die von den Brüchen erhaltenen ganzen Einheiten mit dazu. Z. B.

E 2     man

man hätte ausser den obigen Brüchen auch noch 6 und 8 Ganze gehabt, so gäben diese in der Summe 14 und die aus den Brüchen gefundene Einheit dazu = 15.

### §. 76.

**Aufg.** Einen kleinern Bruch von einem grössern zu subtrahiren.

**Aufl.** Wenn die Brüche gleiche Nenner haben, so subtrahire man blos die Zähler von einander und setze unter den Rest wieder den gemeinschaftlichen Nenner. Bey ungleichen Nennern nimmt man vorher wieder die Reduction zu gleicher Benennung vor. Z. B. $\frac{5}{9} - \frac{3}{7} = \frac{2}{7}$ oder $\frac{8}{9} - \frac{7}{15}$; dies setzt man so:

$$\begin{array}{r} \overbrace{45} \\ 5)\quad \frac{8}{9} \mid 40 \\ 3)\quad \frac{7}{15} \mid 21 \\ \hline \underset{45}{2} \end{array}$$

Der Beweis ist wie in der vorigen Aufgabe.

### §. 77.

**Zus.** Wenn noch Ganze bey den Brüchen stehen, so subtrahirt man sie ebenfalls von einander, wenn die Subtraction bey den Brüchen beendigt ist. In solchen Fällen kann auch der Minuend bey den Brüchen kleiner als der Subtrahend seyn; man borgt alsdann eine Einheit von den Ganzen des Minuends und verwandelt sie in einen Bruch, dessen Zähler und Nenner so viel betragen als der gemein=

meinschaftliche Nenner der Brüche Einheiten hat. Von diesem und dem Minuend wird sich dann allemal der Subtrahend abziehen lassen.

§. 78.

**Aufg.** Einen Bruch mit einem andern zu multipliciren.

**Aufl.** Man multiplicire den Zähler des einen mit dem Zähler des andern; und auch den Nenner des einen, mit dem Nenner des andern; und setze beyde Producte in der vorigen Ordnung wieder Bruchweise unter einander. Z. B. $\frac{3}{4} \cdot \frac{2}{5} = \frac{6}{20} = \frac{3}{10}$.

**Beweis.** Nach (36) soll das Product den einen Factor so vielmal enthalten, als der andere die ganze Einheit enthält; nun enthält hier der Factor $\frac{2}{5}$ den 5ten Theil der Einheit 2 mal; man muß also auch vom andern Factor erstlich den 5ten Theil suchen und diesen hernach 2 mal nehmen. Dieser 5te Theil muß vom Zähler genommen werden, da der Nenner nur blos dazu vorhanden ist, um die Art der Einheiten zu bemerken. Vom Zähler 3 läßt sich aber der 5te Theil nicht bequem nehmen; also verwandle man den Bruch $\frac{3}{4}$ in einen andern wo der Zähler so beschaffen ist, daß er sich ohne Rest mit 5 dividiren läßt; dies geschieht wenn man Zähler und Nenner mit der Divisionszahl 5 multiplicirt; es entsteht also statt $\frac{3}{4}$ nun $\frac{15}{20}$; von diesem Bruch wird nun der 5te Theil $\frac{3}{20}$ und der 2 malige 5te Theil $\frac{6}{20}$ seyn. Aus dieser Betrach-

E 3                          tung

tung, die mündlich noch weiter ausgeführt werden kann, ist die obige Regel entstanden.

## §. 79.

**Anm.** Der Sinn, den man mit diesem Product verbinden muß, ist dieser: Wenn man eine ganze Einheit in 4 Theile getheilt und 3 davon genommen hat, und nun das aus diesen 3 Theilen bestehende Stück wieder in 5 Theile theilt und 2 derselben nimmt, so erhält man eben so viel, als wenn man die vorige Einheit in 20 Theile getheilt, und 6 davon genommen hätte. Z. B. die ganze Einheit sey 1 Centner, ihr 4ter Theil 25 ℔, das 3 fache davon 75 ℔; der 5te Theil von diesen ist 15 ℔; und das doppelte hiervon 30 ℔. Dies ist eben so viel als wenn man vom Centner den 20sten Theil d. i. 5 ℔, 6 mal genommen hätte.

## §. 80.

**Anm.** Der obige Beweis scheint zwar blos für das gegenwärtige Beyspiel geführt worden zu seyn, allein man sieht leicht, daß sich ganz dieselben Schlüsse auch bey allen übrigen Fällen wiederholen lassen; und in sofern ist der Beweis wirklich allgemein. Dies gilt überhaupt von allen Beweisen die auf solche Art geführt werden.

## §. 81.

**Zus.** Wenn einer von beyden Factoren eine ganze Zahl, oder eine ganze Zahl mit einem anhängenden Bruch ist, so kann man sie nach (63, 64) in einen unreinen Bruch verwandeln und dann nach der allgemeinen Regel verfahren. Z. B. $\frac{5}{4}$ mal

mal $4. = \frac{5}{8}. \frac{4}{1} = \frac{20}{8} = 3\frac{2}{8} = 3\frac{1}{3}$; oder $2\frac{1}{3}.$
$3\frac{1}{4} = \frac{7}{2}. \frac{13}{4} = \frac{91}{12} = 7\frac{7}{12}.$

### §. 82.

Zuſ. Hieraus ergiebt ſich, daß, wenn ein Bruch mit einer ganzen Zahl zu multipliciren iſt, man blos den Zähler deſſelben damit zu multipliciren hat. Dieſes folgt auch ſchon aus (67); auch ergiebt ſich aus eben dem Lehrſatz, daß man blos den Nenner des Bruchs mit der ganzen Zahl dividiren und den Zähler unverändert laſſen kann, wenn man den Bruch mit dieſer Zahl multipliciren will. Z. B. $\frac{5}{8}$ mal $3 = \frac{15}{8}$ oder $\frac{5}{8} = 2\frac{1}{2}.$

### §. 83.

Zuſ. Wenn der Bruch, mit welchem eine ganze Zahl multiplicirt werden ſoll, zum Zähler 1 hat, ſo wird es nach geſchehener Multiplication anzuſehen ſeyn, als ob die ganze Zahl mit dem Nenner des Bruchs dividirt wäre z. B. 6 mal $\frac{1}{3} = \frac{6}{3}.$ Es iſt alſo einerley, ob man eine Zahl durch eine andere dividirt, oder ſie mit einem Bruche multiplicirt deſſen Zähler 1, der Nenner aber die Zahl iſt, die den Diviſor abgeben ſollte.

### §. 84.

Lehrſ. Jedes Product, wo der Multiplicator ein reiner Bruch war, iſt kleiner als der Multiplicand.

Beweis. Wenn der Multiplicand mit einem reinen Bruch multiplicirt wird, ſo theilt man ihn vor-

vorher in eine Anzahl gleicher Theile und nimmt deren nicht wieder so viel, als sie sämmtlich betragen, folglich wird das was man erhält, weniger als was man vorher hatte. Z. B. $6 \cdot \frac{2}{3} = 4$.

### §. 85.

Zuf. Weil der Multiplicand auch die Stelle des Multiplicators vertreten kann, so wird, wenn dieser eben sowohl wie der Multiplicator, ein reiner Bruch ist, das Product kleiner als jeder der beyden Factoren seyn. Z. B. $\frac{1}{2} \cdot \frac{2}{3} = \frac{1}{3}$.

### §. 86.

Anm. Die Multiplication in Brüchen ist also dem Anschein nach eher eine Verminderung als Vermehrung zu nennen; Dies muß aber auch seyn, weil man hier den Multiplicand nicht mehr als einmal, sondern weniger als einmal nehmen soll. Indessen kann doch auch hier in sofern eine Vermehrung angenommen werden, als wirklich der zu nehmende Theil des Multiplicands allemal vermehrt wird, wenn nur der Zehler des Multiplicators mehr als 1. ist.

### §. 87.

Aufg. Einen Bruch durch einen andern zu dividiren.

Aufl. 1) Man kehre den Divisor um und setze den Dividend unverändert darneben.

2) Man multiplicire die obern und auch die untern Zahlen der beyden Brüche, wie bey der

Multipli=

Multiplication durch einander; und schreibe die Products wieder in voriger Ordnung Bruchweise unter einander.

Z. B. der Divisor sey $\frac{2}{3}$ und der Dividend $\frac{4}{5}$, so steht die Rechnung folgendergestalt $\frac{3}{2} \cdot \frac{4}{5} = \frac{12}{10}$ $= 1\frac{2}{10} = 1\frac{1}{5}$.

**Beweis.** Hätten die beyden Brüche einerley Nenner, so würde der eine in dem andern so viel mal enthalten seyn, als der Zähler des einen im Zähler des andern enthalten ist. Z. B. der Divisor wäre $\frac{3}{5}$ und der Dividend $\frac{8}{5}$ so wäre der Quotient $\frac{8}{2} = 4$. Sind nun die Brüche nicht von einerley Benennung, so kann man sie nach (71) das zu bringen, und dies geschieht z. B. bey den obigen Brüchen so: $\frac{2}{3}$ und $\frac{4}{5}$ sind $= \frac{5 \cdot 2}{5 \cdot 3}$ und $\frac{3 \cdot 4}{3 \cdot 5}$; und nun den Zähler des Divisors unter den Zähler des Dividends gesetzt, giebt den Quotienten $\frac{3 \cdot 4}{5 \cdot 2}$. Der Zähler dieses Quotienten ist also entstanden, indem man den Nenner des Divisors mit dem Zähler des Dividends multiplicirt; und der Nenner des Quotienten ist entstanden, indem man den Zähler des Divisors mit dem Nenner des Dividends multiplicirt. Die obige Auflösung aber enthält eben diese Vorschrift blos abgekürzt.

## §. 88.

**Anm.** Der gefundene Quotient will so viel sagen: Von einem Stück welches zwey Drittel einer Einheit enthält, steckt in einem andern, welches vier

E 5    Fünftel

Fünftel einer solchen Einheit enthält, der 10te Theil 12 mal. Z. B. die Einheit sey 1 Stunde, so ist der 3te Theil 20 Min. und 2 Drittel 40 Min. 4 Fünftel einer Stunde sind 48 Min. also steckt der 10te Theil von 40 d. i. 4 Min. in 48 Min. 12 mal; oder die 40 Min. stecken in 48 Min. 1 mal völlig, und der 10te Theil von ihnen überdies noch 2 mal.

## §. 89.

Zus. Ist der Divisor oder Dividend eine ganze Zahl, an der auch wohl noch ein reiner Bruch hängt, so giebt man ihr die Gestalt eines unreinen Bruchs (63, 64) und verfährt wie bey reinen Brüchen. Z. B. der Divisor sey 5 der Dividend $\frac{2}{3}$ so schreibt man erstlich $\frac{5}{1}$ und kehrt hernach diesen Bruch um, da dann der Quotient $\frac{2}{15}$ seyn wird. Der Divisor $\frac{3}{4}$, Dividend 6, giebt $\frac{4}{3} \cdot \frac{6}{1} = \frac{24}{3} = 8$; oder der Divisor $1\frac{2}{3}$, Dividend $2\frac{3}{4}$, so sind diese Zahlen $\frac{5}{3}$ und $\frac{11}{4}$ und der Quotient $= \frac{33}{20} = 1\frac{13}{20}$.

## §. 90.

Zus. Wenn also ein Bruch durch eine ganze Zahl soll dividirt werden, so braucht man nur den Nenner des Bruchs mit dieser ganzen Zahl zu multipliciren und den Zähler unverändert beyzubehalten. Dieses, und daß man auch blos den Zähler des Bruchs durch die ganze Zahl dividiren kann, wenn er ein vielfaches von ihr ist, folgt auch aus (67). Z. B. 3 in $\frac{9}{7} = \frac{9}{21}$ oder $\frac{3}{7}$

§. 91.

## §. 91.

Zuf. Soll aber eine ganze Zahl durch einen Bruch dividirt werden, so wird ebenfalls des Bruchs Nenner damit multiplicirt, hernach aber wird der Bruch umgekehrt. Z. B. $\frac{2}{3}$ in 5 giebt erstlich $\frac{2}{15}$ und dies umgekehrt: $\frac{15}{2}$, den Quotienten.

## §. 92.

Lehrs. Wenn der Divisor ein reiner Bruch ist, so wird der Quotient allemal grösser als der Dividend.

Beweis. Wenn der Divisor eine ganze Einheit betrüge, so würde der Quotient, dem Dividend gleich seyn; dies fällt von selbst in die Augen wenn der Dividend eine ganze Zahl ist; ist aber der Dividend ein Bruch, so erhellet es so: Man drücke die den Divisor vorstellende Einheit als einen Bruch aus, der den Nenner des Dividends hat. Z. B. der Dividend sey $\frac{5}{8}$ so setze man 1 = $\frac{8}{8}$ und hiermit in $\frac{5}{8}$ dividirt, giebt nach (86) wieder $\frac{5}{8}$. Eben dies erhellet, wenn der Dividend ein uneigentlicher Bruch z. B. $\frac{15}{8}$ wäre. — Ist nun der Divisor ein reiner Bruch, so ist er kleiner als 1, muß also mehr mal im Dividend enthalten seyn als vorhin, da er 1 war, folglich wird sein Quotient mehr als der Dividend betragen müssen.

## §. 93.

## §. 93.

Anm. Wenn man den Quotienten von einer ganzen Zahl und einem Bruch, oder von zwey Brüchen nach Art der Quotienten bey ganzen Zahlen in (48) ausdrückt, so erhält man Brüche wo 3 oder 4 Zahlen übereinander stehen, oder Zähler und Nenner wieder Brüche sind. Was man sich bey solchen Brüchen gedenken müsse, zeigt Hr. Hofr. Kästner in seiner Arithmetik Kap. I. 85. bemerkt aber auch dabey, daß ihre Bedeutung verständlicher und sie zur fernern Rechnung bequemer werden, wenn man sie so ausdrückt, daß Zähler und Nenner ganze Zahlen sind. Z. B.

$$\frac{1\frac{1}{2}}{4} = \frac{1}{8} \; ; \; \frac{\frac{1}{2}}{2\frac{3}{4}} = \frac{4}{2} = \frac{2}{3}.$$

# Von den benannten Zahlen.

## §. 94.

Statt der bisherigen Eintheilung größerer Einheiten in geringere, wo man blos darauf sah, daß die erforderliche weitere Division geschehen könnte, theilt man die Einheiten von solchen Dingen, welche im gemeinen Leben, Handel und Künsten vorkommen, in eine bestimmte Menge von kleinern Theilen; diesen giebt man eigne Namen, welche nicht von der Theilungsart hergenommen sind, weshalb sie dann auch nicht das Ansehen von Brüchen, sondern von ganzen Zahlen einer niebern Klasse erhalten. Da sie aber im Grunde Brüche von festgesetzten Nennern sind, so hat ihre

Berech-

Berechnung vieles mit der Bruchrechnung gemein. Diese Art der Eintheilung betrift nun Münzen, Gewichte, Maaße, Zeiträume und solche Dinge, die man im besondern Verstande Zahlen nennt. Z. B. Schocke, Mandel ꝛc.

## §. 95.

**Erklär.** Die Rechnung mit solchen Zahlen heißt die mit benannten Zahlen. Sie kommen häufig beym buchhalterischen Rechnungswesen vor, und man hat in praktischen Rechenbüchern und anderwärts, weitläuftige Verzeichnisse, welche die bestimmten Unterabtheilungen mit ihren Namen angeben. Man muß sie also auswendig wissen oder immer bey der Hand haben.

## §. 96.

**Aufg.** Benannte Zahlen von mehreren Unterabtheilungen zu addiren.

**Aufl.** 1) Man ordne die Posten so zusammen, daß gleichartige Zahlen untereinander kommen und die Theile so auf einander folgen wie es ihre Abstufung erfordert.

2) Man fange das Addiren bey den geringsten Zahlen an, und setze die Summe unter diese Reihe, wenn sie noch nicht so viel Einheiten beträgt, als zu einer einzigen Einheit der nächst höhern Gattung gehören.

3) Wenn die Summe so viel, oder mehr als eine solche Menge von Einheiten beträgt, so dividire

dire man sie durch diese Menge; der Quotien
wird anzeigen, wie viel Einheiten der höheren Gat
tung vorhanden sind, und der etwanige Rest,
wie viel noch von den eben addirten übrig bleiben.

4) Den Rest setzt man unter die addirte Reihe,
den Quotienten aber nimmt man mit zur fol:
genden.

**Beweis** No. 1 und 2 sind nöthig, damit die
aus den Summen der geringern Einheiten erhal:
tenen größern, an den Stellen wo sie hingehören,
mituntergebracht werden können. No. 3 hat sei:
nen Grund in (24 und 66). Denn gesetzt man
hat 60 Pfen. gefunden, so werden darinn eben
so viel Groschen enthalten seyn, als vielmal die
Zahl 12 in der 60 enthalten ist. Z. B. man soll
addiren.

| | 13 rthlr. | 18 gl. | 4 pf. | $1\frac{1}{2}$ hl. |
|---|---|---|---|---|
| | 5 ⸗ | 22 ⸗ | 8 ⸗ | $\frac{3}{4}$ — |
| | 10 ⸗ | 16 ⸗ | 10 ⸗ | $1\frac{1}{4}$ — |
| so ist die Summe | 30 rthlr. | 9 gl. | 11 pf. | $1\frac{1}{2}$ hl. |

Beyspiele für die übrigen Sorten nähmen hier zu
vielen Raum ein, sie können aber in den Vorle:
sungen beygebracht werden.

## §. 97.

**Aufg.** Benannte Zahlen von verschiedenen
Unterabtheilungen von einander abzuziehen.

**Aufl.**

Aufl. 1) Man ordne Minuend und Subtrahend so an, wie vorhin die Posten.

2) Man fange die Subtraction bey den geringsten Einheiten an, und wenn deren nicht genug vorhanden seyn sollten; so hole man eine von den nächsthöhern Einheiten herüber, welche hier so viel gelten wird, als man in den (95) erwähnten Verzeichnissen findet. Von diesen und den etwa schon vorhandenen wird sich dann die Subtraktion verrichten lassen.

3) Ist in der nächsthöhern Stelle keine Einheit vorhanden, so gehe man immer weiter bis man eine antrift; diese verwandelt man zuerst in Einheiten der nächstniedrigern Stelle, nimmt von diesen eine und trägt sie auf ähnliche Art immer weiter fort, bis man in diejenige kommt, wo das Abziehen nicht geschehen konnte. Es versteht sich, daß die Zahl, von welcher man eine 1 geholt hat, Eins weniger gilt.

**Beweis.** Man kann den für die vorige Aufgabe gegebenen Beweis leicht auch auf die gegenwärtige anwenden. Z. B.

| | | | | | | | |
|---|---|---|---|---|---|---|---|
| der Minuend sey | 6. Ctnr. | 10. ℔. | 0. Loth. | 1 Qntl. |
| der Subtrahend | 4 | 12 | 18 | 3 |
| Die Differenz | 1 | 97 | 13 | 2 Qutl. |

Hier kann man 3 Qtl. von 1 nicht abziehen, also holt man 1 Loth, da aber vor der Hand keine Lothe

Lothe vorhanden sind, so nimmt man von den 10 Pfunden eines und legt es in die Stelle der Lothe, wo es 32 giebt; von diesen 32 legt man dann 1 in die Stelle der Qtl. so werden hier 5 entstehen; bey den Lothen werden noch 31 liegen bleiben, und statt 10 ℔ wird man nur 9 haben.

### §. 98.

Zus. Auf diese Art kann man aus dem Anfang und Ende einer Begebenheit, ihre Dauer, z. B. das Alter eines Menschen berechnen. Es ist Jemand gebohren 1751 den 27 Jun. früh ¾ auf 4 Uhr; wie alt ist er 1791 den 30sten April Nachm. halb 3 U? So sind vom Anfang unserer Zeitrechnung bis auf den Punkt für welchen man das Alter wissen will, verflossen 1790 J. 3 M. 29 T. 14 St. 30 M. und bis auf den

| Zeitpunkt der | | | | |
|---|---|---|---|---|
| Geburt · 1750 ; | 5 ; | 26 ; | 3 ; | 45 ; |
| also das Alter = 39 ; | 10 ; | 3 ; | 10 ; | 45 ; |

Wenn ein Monat geborgt werden muß, so rechnet man für denselben so viel Tage als derjenige hat, in welchem der Anfang der Begebenheit, z. B. der Geburtstag fällt.

### §. 99.

Anm. Wenn geborgt wird, so verwandelt man Eine höhere Einheit in die nächst geringere z. B. 1 Tag in 24 Stunden. Sollten nun mehrere höhere

höhere Einheiten in geringere z. B. 8 Tage in Stunden verwandelt werden, so wird man ohne Zweifel 8 mal 24 Stunden erhalten. Dies Verfahren kommt häufig vor und wird insgemein die absteigende Reduktion genannt. Die allgemeine Regel hiezu wäre folgende: man multiplicirt die Anzahl der zu reducirenden Einheiten mit der Zahl, welche anzeigt wie viel Einheiten der geringern Gattung auf eine einzige der höhern gehen. Die aufsteigende Reduction geschieht durch das dividiren, und das Verfahren ist bereits in (95 no. 3) mit angezeigt worden.

## §. 100.

**Aufg.** Benannte Zahlen von verschiedenen Gattungen zu multipliciren.

**Aufl.** 1) Man fange bey der geringsten an die Ziffern wie unbenannte Zahlen zu multipliciren, und gebe dem Product wieder den Namen des Multiplicands.

2) Wenn dieses Product so groß ist, daß es eine oder mehrere Einheiten von der höhern Gattung enthält, so reducire man es dazu.

3) Man multiplicire dann auch die höhern Gattungen und addire zum Product die nach voriger Nummer etwa erhaltenen Einheiten.

**Beweis.** Da der Multiplicator durch seine Einheiten blos angiebt wie vielmal der Multiplicand zu sich selbst gesetzt werden soll, so kann er niemals eine benannte Zahl seyn. Z. B. 3 rthlr.

F                                    mit

mit 2 rthlr. zu multipliciren gäbe gar keinen Sinn. Es wird also das Product als ein vielfaches von Multiplicand, wieder den Namen deſſelben erhalten müſſen. Mit den Reductionen hat es dieſelbe Bewandniß, wie bey der Addition. Z. B.

3 Fuder 10 Eymer 20 Kannen
multiplicirt mit                5

19 ; 4 ; 20 K.

Bekanntlich hat 1 Fuder 12 Eymer, und 1 Eymer 40 Kannen.

### §. 101.

Anm. Wenn der Multiplicator eine etwas große Zahl iſt, ſo wird dieſes multipliciren ſehr beſchwerlich; man zerfället ihn deshalb entweder in Factoren und verfährt wie in (38), oder wenn dies nicht angeht, bringt man alle Theile des Multiplicands nach (98) zur kleinſten Gattung multiplicirt alsdann dieſe Zahl mit dem Multiplicator und verwandelt das Product wieder durch die aufſteigende Reduction in die höhern Gattungen.

### §. 102.

Aufg. Benannte Zahlen von verſchiedenen Gattungen mit einer unbenannten zu dividiren.

Aufl. 1) Man dividire den Diviſor in alle Theile des Dividends und fange bey der höchſten Gattung an.

2) Wenn

2) Wenn bey einer höhern Gattung ein Rest bleibt, so reducire man ihn zur niedrigern und nehme die Einheiten welche etwa schon in der Stelle der niedrigern stehen, mit dazu.

3) Man gebe den Theilen des Quotienten wieder dieselben Namen, welche der Dividend gehabt hat.

**Beweis.** Der für die vorige Aufgabe läßt sich leicht auch auf die gegenwärtige anwenden.

Divisor     Dividend

```
5 | 19 Fud.  4 En. 20 R. | 3 Fud. 10 En. 20 R.
    15      48 En.
    ──      ────
    4       52
            50        80
            ──        ───
            2         100
                      100
                      ───
                       0
```

### §. 103.

**Anm.** Da man mit jedem Quotienten in den Dividend dividiren kann, und alsdann den vorigen Divisor zum Quotienten erhält, so wird hier sowohl Dividend als Divisor aus benannten Zahlen und selbst aus solchen, die von mehrern Gattungen sind, bestehen können, der Quotient wird aber alsdann eine unbenannte Zahl seyn welche nemlich anzeigt, wie vielmal man den benannten Divisor aus dem eben so benannten Dividend wegnehmen könne. Beyspiele dieser letztern Art kommen aber weit seltner vor als die der erstern. Die Verfahrungsart ist übrigens so: man sehe wie

viel-

vielmal die höchſte Gattung des Diviſors in de
höchſten des Dividends enthalten iſt und nehm
an, daß alsdann auch der ganze Diviſor wenig
ſtens in dem Theil des Dividends ſo vielmal ent
halten ſey, der Glieder von einerley Namen mi
den im Diviſor befindlichen, hat. Zu mehrere
Sicherheit multiplicirt man mit der Ziffer de
Quotienten alle Theile des Diviſors und zieht di
reſpectiven Theile des Products von den ir
Dividend ſtehenden Gliedern ab. Z. B.

| 3 Fud. 10 Ey. 20 K. | 19 Fud. 4 Ey. 20 K. | 5 |
|---|---|---|
| | 19 · 4 · 20 — | |
| | 0. | |

### §. 104.

**Anm.** Iſt der Diviſor eine unbenannte, aber etwa
große Zahl, ſo zerfälle man ihn in Factoren wen
es angeht, und dividire, wie in (101) gelehrt
worden. Er ſey 15, und der Dividend 70 Balle
8 Rieß 12 Buch und 16 Bogen Papier ſo ver
fährt man auf folgende Art.

$$15 = \begin{matrix} 3 \\ \times \\ 5 \end{matrix} \begin{vmatrix} 70\ \text{B.} & 8\ \text{R.} & 12\ \text{Bch.} & 16\ \text{Bg.} \\ 23 \cdot & 6 \cdot & 4 \cdot & 5\frac{1}{3} \\ \hline 4 \cdot & 7 \cdot & 4 \cdot & 20\frac{4}{15} \end{vmatrix}$$

Weil hier allemal kleine Reſte bleiben, ſo ſet
man die Quotienten ſogleich unter die Theil
des Dividends und reducirt auch die Reſte gleic
in Gedanken zur niedrigern Gattung. Inder
man gegen das Ende mit der 5 in die Bogen
deren mit dem zuvorgebliebenen reducirten Re
101 werden, dividiren ſoll, bekommt man zur
Quotienten 20 und 1 bleibt übrig, dieſen ver
wandelt

wandelt man, wegen des anhängenden Bruchs in 3 Drittel und den anhangenden Drittel dazu, giebt $\frac{4}{3}$ diesem dann mit 5 dividirt, oder den Nenner blos mit 5 multiplicirt, giebt $\frac{4}{15}$.

### §. 105.

Anm. Man kann auch hier alle Glieder des Dividends durch die absteigende Reduction zur niedrigsten Gattung bringen; und mit dem Divisor dividiren. Ist nun dieser eine unbenannte Zahl so wird der Quotient wieder durch die aufsteigende Reduction in höhere Einheiten verwandelt. Besteht er hingegen aus benannten Zahlen, so muß er vorher zu eben solchen Einheiten wie der Dividend reducirt werden, und der Quotient, bedarf als unbenannte Zahl, sodann keiner weitern Reduction.

## Von den entgegengesetzten Größen.

### §. 106.

Bisher sind die Größen blos in sofern betrachtet worden, als sie eine gewisse Menge von Einheiten dieser oder jener Art enthielten. Da es aber Größen giebt die von einem Punkt aus nach völlig einander entgegengesetzten Seiten wachsen können, so muß man die Werthe die sie auf der einen Seite haben, von denen unterscheiden, die ihnen auf der andern eigen sind. Dies giebt Veranlassung, jede Größe in einer gewissen, sich auf den Begriff des Entgegengesetzten beziehenden Rücksicht zu betrachten. Z. B. wenn man eine Summe Geldes betrachtet, so kann man sich dieselbe so-

wohl

wohl als das Vermögen, oder auch als die Schuld eines Menschen gedenken. Eben so eine Länge von 10 Ellen kann angesehen werden, als ob sie sich von einem Punkt nach der Höhe, oder von eben demselben nach der Tiefe; von ihm nach der rechten, oder nach der linken Seite erstreckte. Vermögen und Schulden; Höhe und Tiefe; Rechts und Links u. s. w. sind Etwas das man einander entgegengesetzt nennt. Es liegt nun in der Natur des Entgegengesetzten, daß wenn es in gleichen Maaße beysammen gedacht wird, es sich selbst vernichtet und im ungleichen Maas sich wenigstens allemal vermindert. Eben so viel Vermögen als Schulden zusammen gedacht, führen auf den Begriff der absoluten Armuth. Wenn Jemand an einem Floß in eben der Zeit 10 Ellen weit den Strom entgegen geht, als das Floß vom Strom 10 Ellen weit abwärts geführt wird, so hat er in absoluten Raum oder in Rücksicht eines Gegenstandes am Ufer sich nicht von der Stelle bewegt. Hat aber Jemand bey 10 Rthlr. Vermögen auch 6 Rthlr. Schulden, so ist er zwar nicht absolut arm aber doch auch nicht so reich als wenn er die 6 Rthlr. Schulden nicht zugleich mit seinen 10 Thalern Vermögen hätte. Diese Betrachtungen werden hinreichen, das Folgende richtig zu verstehen.

### §. 107.

**Erklär.** Entgegengesetzte Größen sind solche gleichartige, die einander wechselseitig vermindern wenn man sie einer Vereinigung betrachtet.

Zus

## §. 108.

Zuf. Nichtentgegengesetzte Größen werden also einander allemal bey einer solchen Vereinigung vermehren, dies ist auch völlig dem gemäs, was (Einl. 2 und 3) gesagt worden ist.

## §. 109.

Grundf. Wenn eine entgegengesetzte Größe so verändert wird, daß sie nach und nach bis auf Nichts abnimmt, so erhält sie, wenn die vorige Veränderung immer gleichförmig fortgeht, nach der Vernichtung einen dem vorigen entgegengesetzten Werth, und die vorige Abnahme verwandelt sich nun in eine Zunahme.

## §. 110.

Zuf. In wiefern also die Veränderung nach der Abnahme bis auf Nichts noch immer weiter fortgegangen ist, kann man sagen, die zur entgegengesetzten Größe gewordene sey kleiner als Nichts; sie enthält nemlich weniger als Nichts von der entgegengesetzten. In wiefern sie aber nach dem Uebergang durch das Nichts gewachsen ist, ist sie mehr als Nichts und folglich noch immer eine wirkliche Größe, nur nicht mehr zur vorigen Klasse gehörig. Z. B. es hat Jemand 10 Rthlr. er zehrt davon bis er alles ausgegeben hat; zehrt er nun noch weiter fort, so geräth er in Schulden, die immer größer werden, je länger das Fortzehren dauert. Dieses Zehren also kann eben sowohl Verminderung des Vermögens als Vermehrung der Schuld verursachen. Wer 10 Rthlr. bezahlen soll,

F 4                                                hat

hat als Schuld Etwas, aber als Vermögen weni=
ger als Nichts. Das Nichts also wovon hier die
Rede ist, muß als ein relatives, nicht aber als
ein absolutes betrachtet werden.

§. III.

Willk. Satz. Von entgegengesetzten Größen be=
zeichnet man die der einen Klasse mit + und die
der entgegengesetzten mit —. Das erstere Zeichen
spricht man gewöhnlich durch plus und das letztere
durch minus aus. Gemeiniglich giebt man das
erstere Zeichen solchen, die bey irgend einer Betrach=
tung zuerst vorkommen, oder durch eine Zusam=
mensetzung mehrerer Einheiten entstanden sind,
weshalb sie auch positive oder bejahende heißen;
für die letztern hingegen schickt sich das Zeichen der
Subtraction in sofern, als man sich nach 109)
vorstellen kann, daß sie aus einer bis über die
Vernichtung hinausgegangenen Verminderung der
positiven entstanden wären, deshalb heisen sie auch
fehlende oder negative. Einer bejahenden Größe
die in einem Satze zuerst steht, pflegt man gewöhn=
lich gar kein Zeichen vorzusetzen. Z. B. statt
✠ 3 — 2 setzt man 3 — 2.

Entgegengesetzte Größen welche bey ihrer sonsti=
gen Gleichartigkeit auch einerley Zeichen haben, kön=
nen eben so zusammengesetzt und von einander ab=
gezogen werden, als oben die absoluten; sobald sie
aber verschiedene Zeichen haben, sind sie nicht mehr
ganz gleichartig und ihre Addition ist mehr eine Ab=
rechnung, als eine Zusammenhäufung zu nennen.

Aufg.

### §. 112.

**Aufg.** Entgegengesetzte Größen mit verschiedenen Zeichen, zu addiren.

**Aufl.** Man nehme die kleinere von der größern hinweg und setze vor den Rest wieder das Zeichen der größern, so wird dieser die Summe vorstellen z. B.

$$
\begin{array}{cc}
+\ 8 & -\ 8 \\
-\ 3 & +\ 3 \\
\hline
+\ 5 & -\ 5
\end{array}
$$

**Beweis.** Man theile die größere in 2 Theile so, daß der eine Theil so viel Einheiten hat als die kleinere Größe, so geben die beyden gleichen und entgegengesetzten Größen nach 106 zusammen Null und es bleibt deshalb der andere Theil der größern nur noch allein übrig.

### §. 113.

**Anm.** Hat man mehrere bejahende und verneinende Größen so addirt man erstlich alle bejahende und alle verneinende besonders und vergleicht am Ende noch die beyderley Summen nach (112) z. B. $+ 3$ $- 4 - 2 + 5 + 7 - 9 + 8.$ so setzt man:

$$
\begin{array}{ccc}
+\ 3 & -\ 4 & \text{und nun. } +\ 23 \\
+\ 5 & -\ 2 & -\ 15 \\
+\ 7 & -\ 9 & \overline{\phantom{--}} \\
+\ 8 & \overline{-\ 15} & +\ 8 \\
\overline{+\ 23} & &
\end{array}
$$

### §. 114.

**Lehrs.** Eine als entgegengesetzte Größe betrachtete von einer andern abziehen, ist eben so viel als die entgegengesetzte von jener zuerstgenannten zur letztern addiren.

F 5        **Beweis.**

**Beweis.** Nach (111) sind Addition und Subtraktion einander auf eben die Art entgegengeſetzt wie bejahende und verneinende Größen, verwechſelt man alſo mit der Natur der Größe auch zugleich die Natur der vorzunehmenden Rechnungsart, ſo wird der erſtere Fehler durch den letztern wieder aufgehoben. Z. B. jemanden 10 Rthlr. von ſeinem Vermögen nehmen, oder ihm eine Schuld von 10 Rthlr. aufwälzen; iſt einerley. Eben ſo auch Jemanden eine Schuld von 10 Rthlr. abnehmen iſt ſo gut als ſein Vermögen um 10 Rthlr. vergröſſern.

### §. 115.

**Aufg.** Entgegengeſetzte Größen von einander zu ſubtrahiren.

**Aufl.** Man verwandle das Zeichen derjenigen die man abziehen ſoll, in das entgegengeſetzte und addire ſie hernach. Z. B.

$$\frac{\begin{array}{r} + \ 8 \\ - \ 3 \\ (+) \end{array}}{+ \ 11}$$

**Beweis.** Er folgt unmittelbar aus dem vorigen Lehrſatz.

### §. 116.

**Anm.** Dies iſt die kürzeſte Art zum Zweck zu gelangen; will man indeſſen eigne Regeln für dieſe Subtraktion haben, ſo laſſen ſie ſich folgendergeſtalt für die verſchiedenen Fälle entwickeln.

I. Fall

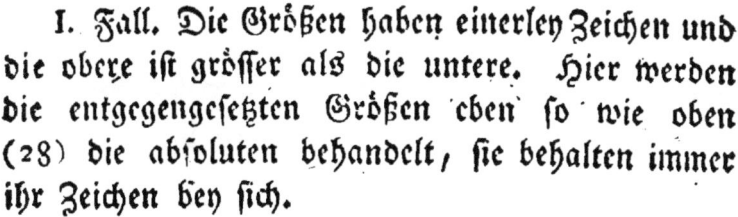

I. Fall. Die Größen haben einerley Zeichen und die obere ist grösser als die untere. Hier werden die entgegengesetzten Größen eben so wie oben (28) die absoluten behandelt, sie behalten immer ihr Zeichen bey sich.

II. Fall. Die Zeichen sind zwar überein, aber der Minuend ist kleiner als der Subtrahend. Z. B. Min. $= + 5$; Subtr. $= + 8$

Man drücke den Minuend so aus: $+ 5 + 3 — 3$
und den Subtrahend zerlege man
in die beyden Theile :

$$+ 5 + 3$$

so wird bleiben $\quad — 3$

oder: Min. $= — 5$; Subtr. $= — 8$.

so schreibe man $\quad — 5 — 3 + 3$
und 8 zerlege man in $\quad — 5 — 3$

so bleibt $\quad + 3$

Hieraus ergiebt sich die Regel: man ziehe den Minuend vom Subtrahend ab und setze vor den Rest das entgegengesetzte Zeichen.

III. Fall. Wenn Minuend und Subtrahend verschiedene Zeichen haben. Z. B. Min. $= + 8$; Subtr. $= — 5$. Man drücke den Minuend so aus: $— 5 + 5 + 8$
und den Subtrah.
lasse man $— 5$

so bleibt $\quad + 5 + 8 = + 13$

oder

oder Min. $=$ – 8; Subtr. $=$ ✠ 5; man setze

$$\text{Min.} \quad — 8 = ✠\, 5 — 5 — 8$$
$$\text{Subtrah.} \quad = ✠\, 5$$
$$\text{so bleibt} \quad — 5 — 8 = — 13$$

Hieraus ergiebt sich die Regel: Man addire die Größen und setze vor die scheinbare Summe das Zeichen des Minuends, so hat man die wahre Differenz.

In den gebrauchten Beyspielen war die Zahl der Einheiten im Minuend grösser als im Subtrahend; da aber mit den Größen allemal eine Addition vorgenommen wird, so kann es nichts ausmachen, wenn sie kleiner als im Subtrahend ist.

IV. Fall. Wenn der Minuend 0 ist, und der Subtr. z. B. $=$ ✠ 5; Man drücke den Minuend so aus: ✠ 5 — 5

$$\text{Subtrahend} \quad ✠\, 5$$
$$\text{Rest} \quad — 5$$

oder: Es sey wieder 0 $=$ ✠ 5 — 5
$$\text{und der Subtr.} \quad = \quad — 5$$
$$\text{Rest} = ✠\, 5$$

Die Regel ist also: Man setze den Subtrahend mit entgegengesetzten Zeichen unter die Größen, so hat man den Rest.

Ist der Subtrahend 0, so hat gar kein Abzug statt und der Minuend ist mit dem Rest völlig einerley.

§. 117.

### §. 117.

Zuſ. Man kann allemal die Größen welche den Subtrahend vorſtellen, rechts hinter die Größen des Minuends in einer Reihe fortſchreiben, dieſes anſetzen iſt aber eine wirkliche Addition, alſo muß es auf die Art geſchehen, daß zugleich alle Zeichen des Subtrahends in ihre entgegengeſetzten verwandelt werden. Z. B.

$$\begin{array}{lrr} \text{Min.} & +\,3 & +\,4 \\ \text{Subtr.} & +\,8 & -\,6 \\ \hline \text{Diff.} & -\,5 & +\,10 = +\,5 \end{array}$$

oder: $+\,3 + 4 - 8 + 6 = +\,5.$

### §. 118.

Aufg. Größen mit entgegengeſetzten Zeichen in einander zu multipliciren.

Aufl. Man multiplicire die Größen wie in (40) und wenn beyde Factoren einerley Zeichen haben, ſo ſetze man vor das Product +, wenn ſie aber verſchiedene haben, —.

Beweis. Nach (36) kann man das verlangte Product als eine Zahl anſehen, welche aus dem einen der beyden Factoren eben ſo entſteht, wie der andere aus der Einheit (die man durchaus als bejaht anſehen kann) entſtanden iſt. Nun hat man überhaupt vier Fälle, nemlich die Factoren ſind entweder 1) beyde bejahend, oder 2) beyde verneinend; oder 3) der obere bejahend und der untere verneinend, oder 4) umgekehrt.

I. Fall.

I. **Fall.** Der eine Factor sey z. B. ✚ 3 der andere ✚ 2 so entsteht ✚ 3 aus der positiven Einheit, indem man sie dreymal hinsetzt und addirt, also wird auch das Product entstehen, wenn man ✚ 2 dreymal hinsetzt und addirt; es wird also ✚ 6 seyn.

II. **Fall.** Der eine Factor sey — 3 und der andere — 2 so entsteht — 3 indem man das Entgegengesetzte der ✚ 1 d. i. die — 1 dreymal hinsetzt und addirt; also wird auch das Product entstehen, wenn man das Entgegengesetzte der — 2 d. i. ✚ 2, dreymal hinsetzt und addirt; es wird also hier wieder ✚ 6 seyn.

III. **Fall.** Der eine Factor sey ✚ 3 der andere — 2 so entsteht ✚ 3, wenn die positive Einheit dreymal genommen und addirt wird; also wird das Product entstehen wenn der andere Factor: — 2 dreymal genommen und addirt wird; es ist also $=$ — 6.

IV. **Fall.** Da es erlaubt ist die Factoren zu verwechseln (37), so ist dieser Fall mit dem vorigen einerley; indessen läßt er sich auch leicht besonders beweisen. Es sey der eine Factor — 3 der andere ✚ 2, so entsteht — 3 aus der ✚ 1, wenn man ihr Entgegengesetztes dreymal nimmt und addirt, also wird das Product entstehen, wenn man das Entgegengesetzte der ✚ 2 dreymal nimmt und addirt, folglich wieder — 6 werden.

Wegen

Wegen des Umstandes, daß man die Einheit be=
jahend annimmt, s. m. Käſtn. Arithm. Kap. 1,
§. 101.

§. 119.

**Aufg.** **Entgegengeſetzte Größen zu Divi=
diren.**

**Auflöſ.** Man dividire ſie wie in (43) und ge=
be dem Quotienten das Zeichen + wenn Diviſor
und Dividend einerley, — aber, wenn ſie verſchie=
dene Zeichen haben. Z. B. + 3 | + 1 2 | + 4;
— 3 | — 1 2 | + 4; + 3 | — 1 2 | — 4;
— 3 | + 1 2 | — 4.

**Beweis.** Nach (42) erhält man den richtigen
Quotienten, wenn er mit dem Diviſor multipli=
cirt, den Dividend giebt; iſt nun z. B. der Di=
viſor verneinend und der Dividend bejahend, ſo
muß der Quotient nothwendig verneinend werden,
ſonſt könnte er mit dem verneinenden Diviſor
multiplicirt, nicht ein bejahendes Product geben.
Eben dieſer Schluß läßt ſich auch auf die drey
übrigen Fälle anwenden. Uebrigens könnte man
auch den Beweis für jeden Fall, ganz auf die Art
wie vorhin bey der Multiplication, führen.

§. 120.

**Zuſ.** Da jeder Bruch als ein Quotient anzu=
ſehen iſt, von welchem der Zehler den Dividend
und der Nenner den Diviſor vorſtellt, ſo wird je=
der Bruch bejahend, wenn entweder ſein Zähler
und Nenner beyde bejahend, oder beyde vernei=
nend ſind; und verneinend wird er ſeyn, wenn

von

von Zähler und Nenner der eine bejahend und der
andere verneinend ist. z. B.

$$\frac{\pm 3}{\pm 4} = + \frac{3}{4}; \quad \frac{-3}{-4} = + \frac{3}{4}; \quad \frac{\pm 3}{-4} = - \frac{3}{4} \text{ 2c.}$$

## Von der Buchstabenrechnung.

### §. 121.

Größen bey welchen es nicht auf eine bestimm=
te Menge von Einheiten oder Theile derselben an=
kommt, sondern welche blos in Rücksicht einer ge=
wissen an sich habenden Eigenschaft in der Rech=
nung gebraucht werden sollen, drückt man nicht
mehr durch eine Ziffer, sondern um der Allgemein=
heit willen, durch ein anderes Zeichen aus. In=
dessen legt man doch immer solchen allgemeinen
Zeichen bestimmte Ziffern unter, wenn man von
den Resultaten der Rechnung Gebrauch machen
will, wie solches aus der Folge deutlicher erhellen
wird.

### §. 122.

**Willk. Satz.** Zum Zeichen einer allgemeinen
Größe bedient man sich eines Buchstabens, z. B.
die Länge eines gewissen Weges heiße $=$ a und
die eines andern $=$ b so ist die Summe dieser
zwey Wege $=$ a $+$ b die man wieder durch einen
einzigen Buchstaben z. B. s, ausdrücken könnte.
Der Unterschied zwischen diesen beyden Wegen
wäre

wäre a — b welchen man ebenfalls wieder durch den einzigen Buchstaben z. B. d, ausdrücken könnte; und dieses d würde eine bejahende Größe seyn, wenn a größer als b, und beyde bejahend gewesen wären; hingegen verneinend, wenn unter voriger Voraussetzung b > a, gewesen wäre. Das Product von zwey Buchstaben drückt man dadurch aus, daß man sie ohne weiteres Zeichen blos neben einander setzt, z. B. das Maas einer Sache, welches überhaupt durch m vorgestellt würde, sollte mehrmal genommen werden und die Zahl welche anzeigt wie vielmal es geschehen soll, wäre durch n ausgedrückt, so würde das ganze Product seyn: n m. Wäre die Zahl, womit multiplicirt werden sollte auch $=$ m, so würde das Product eine Potenz vom m seyn und so ausgedrückt werden können: $m^2 = m\,m$ (35). Wenn eine Größe durch die andere soll dividirt werden, so drückt man den Quotienten eben so aus, wie in (48) ist bemerkt worden z. B. $\frac{p}{q}$ oder p : q.

§. 123.

Zus. Der Allgemeinheit wegen kann jeder Buchstabe alle Arten von Zahlen, ganze, gebrochne und solche die erst noch in der Folge vorkommen werden, bedeuten, und in so fern sagt man, daß a + b der allgemeine Ausdruck für jede Summe; der a — b für alle Differenzen, a b für alle Producte und $\frac{a}{b}$ für alle Quotienten oder Brüche wäre. Sobald nun z. B. a den Werth von 5 Rthlr. und

G b den

b den Werth von 3 Rthlr. hätte, so wäre a $+$ b
$=$ 8 rthlr. u. s. w.

### §. 124.

**Anm.** Durch besondere Umstände kann indessen jene Willkühr zuweilen etwas eingeschränkt werden. Z. B. man wollte eine allgemeine Vorstellung von einer geraden Zahl geben, so wäre sie nach (34) eine solche die 2 zum Factor hätte, da nun der andere Factor eine ganze Zahl seyn muß, wenn sein zweyfaches eine solche seyn soll, so läßt sich im allgemeinen die gerade Zahl durch den Ausdruck 2 m darstellen, und m kann eine Zahl bedeuten was es für eine will, nur muß es unter diesen Umständen eine ganze seyn; eben so würde der Ausdruck: 2 m $+$ 1 jede ungerade Zahl andeuten.

### §. 125.

**Zus.** Wenn ein und dieselbe Größe bey einerley Rechnung mehrmal vorkommt, so drückt man sie nicht durch einen neuen Buchstaben aus, sondern man behält wieder den vorigen für sie, drückt auch die Mehrheit nicht nach Art der Addition, sondern nach Art der Multiplikation aus z. B. a $+$ a $+$ a $=$ 3 a, und wenn zu a $+$ a $+$ a noch a $+$ a kommen sollte, so hätte man 3 a $+$ 2 a $=$ 5 a und 5 a $-$ 3 a $=$ 2 a.

### §. 126.

**Erklär.** Die Größe die vor einem Buchstaben steht und anzeigt, wie vielmal er zu nehmen sey, z. B. im letztern Beyspiel die 3, heißt der Coefficient

cient von dem Buchstaben und ein solcher Coefficient kann zuweilen selbst ein Buchstabe seyn.

### §. 127.

Zus. Wenn Größen die durch einerley Buchstaben ausgedrückt sind, zusammen addirt oder von
einander subtrahirt werden sollen, so wird die
Addition oder Subtraction blos mit ihren Coefficienten vorgenommen, und nachdem wegen des Zei-
chens das beobachtet worden, was in (113,115) vor-
geschrieben ist, wird zur Summe oder Differenz
wieder der gemeinschaftliche Buchstabe gesetzt. Es
haben aber alle Größen ihre Coefficienten, und
wenn ein Buchstabe allein steht, so ist es anzusehen
als ob sein Coefficient 1 wäre.

### §. 128.

Aufg. Buchstaben mit Coefficienten und
Zeichen zu addiren und zu subtrahiren.

Aufl. 1) Man setze diejenigen unter einander
die gleichartig sind d. i. die einerley Buchstaben
haben.

2) Man addire oder subtrahire die Coefficienten nach (113, 115).

3) Man setze den gemeinschaftlichen Buchstaben
wieder dazu. Beyspiel zur Addition

$$+\ 3a - 5b - \phantom{0}c + 2f - g$$
$$+\ 5a + \phantom{0}b - 6c - \phantom{0}f + h$$
$$\text{Summe} +\ 8a - 4b - 7c + \phantom{0}f - g + h$$

G 2

Zieht

Zieht man von der Summe eine der beyden Posten ab, so hat man ein Beyspiel zur Subtraction und zugleich eine Probe der Rechnung. Neml.

$$+ 8\,a - 4\,b - 7\,c + \quad f - g + h$$
$$+ 5\,a + \quad b - 6\,c - \quad f \quad \cdot \quad + h$$

Rest $+ 3\,a - 5\,b - \quad c + 2\,f - g$

Beweis. Er folgt unmittelbar aus dem vorigen Satz und aus (113, 115).

## §. 129.

Anm. Zur Erläuterung kann man sich statt, a. b, 2c benannte Zahlen (95, gedenken und, wenn es angeht, alle Theile bejahend ausdrücken. Z. B. Es bedeute a Centner, b Pfunde, c Lothe, f Quentchen, g Pfenniggew. h Hellergew. so hat man:

2 Ctr. 94 ℔ 31 Lth. 1 Qutl. 3 Pfgew.
5 Ctr. 0 ℔ 25 Lth. 3 Qutl. 0 Pfgew. 1 Hlgew
_____
7 Ctr. 95 ℔ 25 Lth. 0 Qutl. 3 Pfgew. 1 Hlgew

## §. 130.

Anm. Wäre der Minuend $=$ $+ 6\,m - 3$ r
der Subtrahend $+ 5\,p - 2$ (
so kann man die Differenz nach (117) gleich so ausdrücken $+ 6\,m - 3\,n - 5\,p + 2$ (

## §. 131.

Aufg. Buchstabengrößen mit Coefficienter und Zeichen in einander zu multipliciren.

**Aufl.** 1) Man multiplicire jedes Glied des Multiplicands mit jedem des Multiplicators so, daß man die Buchstaben nach (122) blos neben einander setzt, die aus Ziffern bestehenden Coefficienten aber nach dem Einmaleins multiplicirt und das Product links neben das Product der Buchstaben setzt.

2) Das Zeichen bestimme man nach (118).

3) Die einzelnen Producte die sich addiren lassen, addire man nach (128).

**Beweis.** Nach (125) stellt schon jeder Buchstabe mit seinem Coefficienten ein Product aus 2 Factoren vor; also könnte man beyde Factoren abermals neben einander setzen um das Product, welches sie geben, auszudrücken. Da es nun nach (37) gleich viel ist, in welcher Ordnung die Factoren eines Products neben einander stehen, so kann man die Factoren welche die Coefficienten vorstellen, besonders, und die Buchstaben auch besonders neben einander setzen; und wenn die Coefficienten aus Ziffern bestehen, solche nach dem Einmaleins in einander multipliciren z. B.

$$
\begin{array}{r}
+\ a\ +\ b \\
+\ a\ -\ b \\
\hline
-\ ab\ -\ bb \\
+\ aa\ +\ ab \\
\hline
+\ aa\quad -\quad bb\ \text{oder:}\ a^2 - b^2
\end{array}
$$

Oder:

Oder:

$(3\,a - 2\,b) \cdot (2\,a \oplus 4\,b)$ wird so multiplicirt:

$$
\begin{array}{r}
\oplus\ 3\,a - 2\,b \\
\oplus\ 2\,a \oplus 4\,b \\
\hline
\oplus\ 12\,ab - 8\,bb \\
\oplus\ 6\,aa - 4\,ab \\
\hline
\oplus\ 6\,aa \oplus 8\,ab - 8\,bb
\end{array}
$$

oder:

$$
\begin{array}{r}
\oplus\ 3\,f - g \\
- 2\,h \oplus 3 \\
\hline
\oplus\ 9\,f - 3\,g \\
- 6\,hf \oplus 2\,hg \\
\hline
- 6\,hf + 9\,f + 2\,hg - 3\,g
\end{array}
$$

### §. 132.

**Anm.** In den beyden letztern Gliedern stellt g al
lein den gemeinschaftlichen Buchstaben vor und die
Coefficienten sind — 3 und ✚ 2 h, also kann
man im Product setzen: ✚ (2 h — 3) g
Eben so statt der beyden erstern Glieder: ✚ (9
— 6 h) f. Auch die Summe od. Diff. der beyden Glie
der: — 6 h f ✚ 2 h g kann man so ausdrü
cken, daß man ihren gemeinschaftlichen Factor oder
Buchstaben nur einmal setzt, neml. ✚ (2 g
— 6 f) h. Das Einklammern ist allemal nö
thig, wenn man anzeigen will, daß mehrere durch
✚ oder — getrennte Glieder als etwas zusam
men gehöriges Ganzes angesehen werden sollen;
so sind z. B. 2 h — 3 der ganze zu g gehörige
Coefficient. Ausdrücke von der Art kommen sehr
häufig vor, und gewähren oft den Vortheil beym
Calculiren, die unbekannte Größe von den be
kannten,

kannten, womit sie vermischt ist, abzusondern. Gesetzt es käme der Ausdruck vor l — l k so kann man sich vorstellen, daß er so aussehe 1. l — k l und nun l als gemeinschaftlichen Buchstaben nur einmal setzen: neml. (1 — k) l. oder:

$$p — q s \text{ multiplicirt mit}$$
$$\underline{+\ t\ s\ \text{giebt zum Product}}$$
$$p t s — q t s s = (p — q s) t s$$

### §. 133.

Anm. Wenn man hier solche Erläuterungen durch Ziffern, wie in (129) zu haben wünscht, so darf man für die Buchstaben keine benannten Zahlen setzen, weil man nach (100) mit solchen nicht multipliciren kann. unbenannte aber lassen sich brauchen. Z. B. wenn a = 10; b = 5; c = 1, so ist 3 a — 4 b + c = 11 u. s. w. Eben diese Bemerkung gilt auch zum Theil für die Division.

### §. 134.

Aufg. Größen dergleichen in voriger Aufgabe betrachtet worden sind, in einander zu dividiren.

Aufl. 1) Man dividire zuerst die Coefficienten nach (43), und darnach auch die Buchstaben durch einander. Letzteres geschieht so, daß man nach (48) den Quotienten wie einen Bruch schreibt; kommen aber im Dividend und Divisor einerley Buchstaben vor, so streicht man in Gedanken diejenigen, welche im Divisor stehen aus denen im

G 4 Divi-

Dividend, hinweg, und die nun noch ſtehenblei=
benden geben den Quotienten. Die Zeichen wer=
den nach (119) beſtimmt. Z. B. $+3a \mid +12ab \mid$
$+4b$; oder $-4 \mid -8c \mid +2c$; oder $d \mid 6dc \mid 6e$;
oder $+mn \mid -s \, mpnq \mid -spq$; oder $-3x \mid$
$+abx \mid -\frac{1}{3}ab$; oder $+3f \mid -2gh \mid -\frac{2gh}{3 \, f}$

2) Wenn der Diviſor nur aus Einem Gliede
beſteht, der Dividend aber aus mehreren, ſo ver=
fahre man mit jedem Gliede des Dividends ſo,
wie in No. I. gelehrt worden. Z. B.

$+3v \mid +9vw -6vx +2z \mid +3w -2x +\frac{2z}{3v}$

3) Wenn Diviſor und Dividend aus mehreren
Gliedern beſtehen, ſo ordne man in beyden die
Glieder ſo, daß die Buchſtaben in einerley Ord=
nung auf einander folgen, dividire alsdann das
erſte Glied des Dividends durch das erſte des Di=
viſors, multiplicire mit dem Quotienten alle Glie=
der des Diviſors und ziehe ſie von den Gliedern
des Dividends ab, wo dieſes nicht unmittelbar an=
geht, ſetze man nach (116, IV.) das abzuziehende Pro=
tuct mit entgegengeſetzten Zeichen als Reſt hin,
und fahre mit dieſer Arbeit ſo lange fort, bis nichts
mehr im Dividend vorhanden iſt. Z. B.

$$2a +4b \mid 6aa + 8ab -8bb \mid 3a -2b$$
$$6aa +12ab$$
$$0 -4ab -8bb$$
$$-4ab -8bb$$
$$0$$

oder

oder:

$$3a-2b \,\big|\, 6aa \maltese\ 8ab-8bb \,\big|\, 2a \maltese 4b$$
$$\phantom{3a-2b \,\big|\,} 6aa - 4ab$$
$$\phantom{3a-2b \,\big|\,} \overline{\phantom{6aa}}$$
$$\phantom{3a-2b \,\big|\,} 0 \maltese 12ab-8bb$$
$$\phantom{3a-2b \,\big|\,} \maltese 12ab-8bb$$
$$\phantom{3a-2b \,\big|\,} \overline{\phantom{12ab-8bb}}$$
$$\phantom{3a-2b \,\big|\,} 0$$

oder: 

$$a \maltese b \,\big|\, aa - bb \,\big|\, a-b$$
$$\phantom{a \maltese b \,\big|\,} aa \maltese ab$$
$$\phantom{a \maltese b \,\big|\,} \overline{\phantom{aa-bb}}$$
$$\phantom{a \maltese b \,\big|\,} 0 - ab - bb$$
$$\phantom{a \maltese b \,\big|\,} - ab - bb$$
$$\phantom{a \maltese b \,\big|\,} \overline{\phantom{ab-bb}}$$
$$\phantom{a \maltese b \,\big|\,} 0$$

oder: 

$$1-x \,\big|\, 1 \,\big|\, 1 \maltese x \maltese x^2 \maltese x^3$$
$$\phantom{1-x \,\big|\,} 1-x \,\big|\, \overline{1-x}$$
$$\phantom{1-x \,\big|\,} \overline{\phantom{1-x}}$$
$$\phantom{1-x \,\big|\,} 0 \maltese x$$
$$\phantom{1-x \,\big|\,} \maltese x - xx$$
$$\phantom{1-x \,\big|\,} \overline{\phantom{x-xx}}$$
$$\phantom{1-x \,\big|\,} 0 \maltese xx$$
$$\phantom{1-x \,\big|\,} \maltese xx - xxx$$
$$\phantom{1-x \,\big|\,} \overline{\phantom{xx-xxx}}$$
$$\phantom{1-x \,\big|\,} \maltese xxx$$

An diesem letztern Beyspiel sieht man, daß die Division ohne Ende fortgehen und lauter Potenzen von x enthalten wird. Der Dividend ist in solchen Fällen kein Product aus dem Divisor in eine endliche Menge solcher Glieder, dergleichen die drey ersten des Quotienten sind. Man sucht also von ihnen so viel als man will und hängt, um den Quotienten vollständig zu machen, am Ende noch einen Bruch an, dessen Zähler der jedesmalige letzte Rest und der Nenner der Divisor ist.

Dieß

Diesen angehängten Bruch nennt man die Er=
gänzung, und die unbestimmte Menge der zu
findenden Glieder, eine unendliche Reihe. Es
ist wichtig auf diese Ergänzung Rücksicht zu neh=
men, weil man sonst bey Betrachtung solcher Rei=
hen, wo statt der Buchstaben bestimmte Ziffern ge=
setzt werden, auf Resultate geleitet werden könnte,
welche etwas widersinniges an sich haben. Z. B.
wenn $x = 1$ gesetzt wird, so wird der Divisor
$= 0$ und der Quotient $1 + 1 + 1$ bis ins Un=
endliche, also eine unendlich große Zahl, welches
auch mit ( 60 ) übereinstimmt wo $\frac{1}{0} = \infty$ war.

Wenn man aber zum Divisor nimmt $1 + x$
und zum Dividend wieder: $1$, so erhält man nach
voriger Art.

$$1 + x \,\big|\, \begin{array}{l} 1 \\ 1 + x \end{array} \,\big|\, 1 - x + x^2 - x^3 \ldots$$

$$0 - x$$
$$- x - x^2$$
$$+ x^2$$
$$+ x^2 + x^3$$
$$- x^3$$

Setzte man auch hier wieder $x = 1$, so wäre
$1$ durch $2$ zu dividiren, welches $= \frac{1}{2}$; nach dem
hier gefundenen Quotienten aber $= + 1 - 1$
$+ 1 - 1$ 2c. Da nun dieses, wenn man eine
gerade Anzahl von Gliedern nimmt, $0$ giebt, so
scheint es, als ob $\frac{1}{2} = 0$ wäre; nimmt man aber
eine

eine ungerade Anzahl, so scheint es als ob $\frac{1}{1} = 1$ wäre. Diese Ungereimtheit verschwindet nun, sobald man die Ergänzung mit in Betracht zieht, denn bey der ungeraden Anzahl der Glieder erhält man: $1 - \frac{1}{2} = \frac{1}{2}$ und bey der geraden Anzahl $0 + \frac{1}{2} = \frac{1}{2}$.

Der Beweis für alle diese Divisionsfälle kann kürzlich so zusammengefaßt werden: Man erhält nach der Vorschrift jedesmal einen Quotienten, der mit dem Divisor multiplicirt, den Dividend giebt, folglich ist er der richtige.

## §. 135.

Anm. Die Bruchrechnung mit Buchstaben hat keiner besondern Regeln von nöthen, sondern kann blos durch ein paar Beyspiele erläutert werden z. B um $\frac{a}{b}$ zu $\frac{c}{d}$ zu addiren, oder eins vom andern zu subtrahiren, bringt man beyde zu einerley Benennung nach (71, 73) $\frac{a\,d}{b\,d}$ und $\frac{c\,b}{b\,d}$ und es ist dann die Summe $= \frac{a\,d + c\,b}{b\,d}$ und die Differenz $= \frac{a\,d - c\,b}{b\,d}$

Soll man zu a addiren $\frac{b}{c}$, so verwandle man a in einen Bruch dessen Nenner c nach (63) neml. $a = \frac{a\,c}{c}$, und nun wird die Summe seyn $\frac{a\,c + b}{c}$ oder die Differenz $\frac{a\,c - b}{c}$

Sollte

Sollte zu m — n addirt, oder davon abge-
zogen werden $\frac{a}{b}$, so ist m — n $\frac{(m-n)\,b}{b}$ =
$\frac{mb-nb}{b}$, also die Summe $\frac{mb-nb+a}{b}$ und
die Differenz $\frac{mb-nb-a}{b}$.

Sollte $\frac{a}{b}$ mit $\frac{c}{d}$ multiplicirt werden, so wäre
das Product $\frac{ac}{bd}$. oder: $\frac{a}{b}$ dividirt durch $\frac{c}{d}$,
wäre der Quotient: $\frac{ad}{cb}$; oder m — n mult. mit
$\frac{f}{g} = \frac{mf-nf}{g}$; und p — q divid. durch $\frac{h}{k}$
wird geben: $\frac{pk-qk}{h}$. Alles dies erfordert bloße
Verbindungen der in der Bruch= und Buchsta-
benrechnung gegebenen Regeln.

## Von den zehntheiligen = oder Decimal-brüchen.

### §. 136,

Erkl. Da es willkührlich ist in wie viel kleinere
Theile man eine größere Einheit theilen will, so kann
man die Theilung so einrichten, daß man die Einheit
blos in 10, 100, 1000 u. s. w. nemlich immer
in eine zehnmal größere Menge von kleineren Einheiten theilt. Von dieser Einrichtung des Nenners werden die Brüche zehntheilige genannt.
z. B. $\frac{3}{10}$, $\frac{4}{100}$ ꝛc. Der Nenner eines jeden Decimalbruches ist eine Potenz der Zehne; denn
100 = $10^2$ (35)

§. 137,

## §. 137.

**Anm.** Man wird von selbst auf diese Art von Brüchen geleitet, wenn man das Dekadische Gesetz (11) rechts über die Einer hinaus noch weiter erstreckt. Da nemlich jeder Einer nur den zehnten Theil von dem Werth hat, welchen er in einer Stelle weiter zur linken gehabt haben würde, so wird auch nun eine Ziffer die eine Stelle weiter rechts neben der Stelle der Einer steht, Zehntheile der Einheit bedeuten müssen. Ferner, eine Einheit rechts neben den Zehntheilchen wird den zehnten Theil eines Zehntheils bedeuten; dieser ist aber ein Hundertheil, wie man sieht wenn man $\frac{1}{10}$ nach (90) mit 10 dividirt, und so geht es auf ähnliche Art ohne Ende fort. Dieses hat den Vortheil, daß man diese Art von Brüchen nach eben der Art wie die ganzen Zahlen behandeln kann.

## §. 138.

**Willk. Satz.** Man setze, wenn Decimalbrüche vorkommen, jedesmal ein Komma neben diejenige Ziffer zur rechten welche in der Stelle der Einer steht. Ist keine geltende Ziffer in dieser Stelle vorhanden, so setzt man eine 0 mit dem Komma das hin; auch in die Stellen der Zehntheile, Hunderttheile ꝛc. setzt man Nullen wenn keine geltenden Ziffern für sie vorhanden sind, und doch weiter rechts noch dergleichen vorkommen. Z. B. 36 ganze Einheiten $\frac{3}{10}$ und $\frac{4}{100}$ schreibe man so: 36, 34 oder $\frac{5}{1000}$ und $\frac{7}{100\,000}$ schreibe man: 0, 00507.

Oder: Man setze über diejenigen Decimalbrüche, welche 10 zum Nenner haben, wieder die Ordnungsziffer

ziffer 1; über die welche hundert haben 2 u. f. w. Da aber diese Ordnungsziffern denen in ( 18 ) aus gegebenen entgegengesezt sind, so bezeichne man die in (18) mit ✚ und die für die Decimalbrüche mit —. Z. B. obige Zahlen schreibe man so:

$$\overset{+10}{3}\,\overset{}{6}\,\overset{-1}{3}\,\overset{-2}{4} \quad \text{und} \quad 0, 00507 \text{ so: } 5\,0\,\overset{-5}{7},$$

so daß die Ordnungsziffer wieder so viel negative Einheiten enthält als sonst Stellen rechts neben dem Komma vorhanden wären.

## §. 139.

**Aufg.** Einem gemeinen Bruche die Gestalt eines Decimalbruches zu geben.

**Aufl.** Man hänge an den Zähler so viel Nullen als die Absicht erfordert und dividire mit dem Nenner hinein, so wird man für Eine angehängte Null, Zehntheile, für zwey, Hunderttheile u. f. w. im Quotienten erhalten, die man dann nach vorigem §. bezeichnet.

**Beweis.** Bey dem gemeinen Bruch sollen die ganzen Einheiten, welche der Zähler enthält, mit dem Nenner dividirt werden (57), wenn man nun eine o an sie hängt, so werden ihrer zehnmal, und wenn man zwey Nullen anhängt, hundertmal mehr u. f. w. (39) Also wird im ersten Fall jede der zehnmal mehrern Einheiten, zehnmal kleiner, d. i. es werden izt Zehntheilchen und im zweiten Fall Hunderttheilchen; dividirt man sie also mit dem

dem Nenner, so wird der Quotient gleichfalls Zehntheilchen, Hundertheilchen ꝛc. enthalten müſ= ſen. Z. B. ½ ſteht ſo: $2 | 10 | 5 = 0,5$; ¾ giebt:

$$\begin{array}{r} 4 \ |\ 30\ |\ 75 = 0,75; \\ 28 \\ \hline 20 \\ 20 \\ \hline 0 \end{array}$$

⁵⁄₆₄ giebt: $= 0,0078125$; oder: 15/4 giebt 3,75.

### §. 140.

Zuſ. Wenn der zu verwandelnde Bruch unter einer kleinſten Geſtalt ausgedrückt iſt und ſein Nenner Factoren hat, welche nicht auch Factoren von 10 ſind, ſo wird die Diviſion nie aufgehen; man wird alſo auch keinen Decimalbruch erhalten können der dem gemeinen völlig gleich wäre, ſon= dern man wird ſich blos dem Werth deſſelben immer mehr nähern, auf jemehr Stellen man ihn berech= net. Z. B. ⅔ giebt $3 \ |\ 20\ |\ 666$ u. ſ. w.

$$\begin{array}{r} 18 \\ \hline 20 \\ 20 \\ \hline 20 \end{array}$$

oder 1/12 giebt $0,0833\ldots$

### §. 141.

Erklär. Brüche wie die im vorigen Zuſ. be= ſchriebenen, heißen **unendliche Decimalbrüche.**

§. 142.

§. 142.

**Aufg.** Decimalbrüche zu addiren und zu subtrahiren.

**Aufl.** 1) Man setze sie so unter einander, daß jedesmal die von gleicher Benennung zusammen kommen.

2) Man fange das Zusammenzählen oder das Abziehen bey den kleinsten Theilen an und verfahre übrigens wie oben in (26, 28).

**Beweis.** Er ist eben so wie oben in (26, 28). Z. B. die Posten sind:

$$36,047$$
$$0,9082$$
$$70,80054$$

so ist die Summe $107,75574$

oder: der Minuend wäre: $8,075$
der Subtrahend: $0,3804$
so ist der Rest: $7,6946$

§. 143.

**Aufg.** Decimalbrüche zu multipliciren.

**Aufl.** 1) Man setze über die letzte Ziffer zur Rechten die Ordnungsziffer nach (138) und lasse dann die bloßen linker Hand stehenden Nullen, hinweg.

2) Man multiplicire alsdann die Factoren wie in (40).

3) Ueber

3) Ueber die letzte Ziffer des Products zur rechten, setze man als Ordnungsziffer die Summe von den Ordnungsziffern der Factoren, so läßt sich mit Hülfe derselben das Product wieder so ausdrücken wie in (40. II.).

**Beweis.** Wenn man die Decimalbrüche mit ihren Nennern ausdrücken wollte, so müßten sowohl die Zähler als die Nenner in einander multiplicirt werden; (78) nach No. 2 der Aufl. aber wird das Product der Zähler gefunden. Da nun jeder Nenner der Factoren eine 1 mit so viel anhängenden Nullen ist, als die Ordnungsziffer Einheiten hat, und ein Product aus Zahlen die aus 1 mit anhängenden Nullen bestehen, wieder aus einer 1 besteht, an welcher so viel Nullen hängen, als in den Factoren zusammen waren, (39) so hat man nur nöthig im Product die hinter die 1 des Nenners gehörigen sämmtlichen Nullen anzuzeigen; dies geschieht aber wenn man die Ordnungsziffern addirt.

Z. B. 4, 0 3 mult. mit 0, 0 0 1 6 steht so:

$$
\begin{array}{r}
4\,0\,3\;^2 \\
1\,6\;^4 \\
\hline
2\,4\,1\,8 \\
4\,0\,3 \\
\hline
6\,4\,4\,8\;^{-6} = 0{,}006448
\end{array}
$$

H                    §. 144.

### §. 144.

Zuf. Besteht einer der beyden Factoren au ganzen Einheiten, so ist die Ordnungsziffer der selben 0, also bekommt das Produkt wieder di Ordnungsziffer des andern Factors d. i. es ent hält wieder eben solche Decimaltheile wie der Fc ctor der ein Decimalbruch war. Z. B. 0,012 mult. mit 24, steht so:

$$
\begin{array}{r}
1.2\,\overset{-}{6}{}^{4} \\
\overset{o}{2\ 4} \\
\hline
5\ 0\ 4 \\
2\ 5'2 \\
\hline
3\ 0\ 2\,\overset{-}{4}{}^{4} = 0,3\,0\,2\,4
\end{array}
$$

### §. 145.

Zuf. Ist der eine Factor eine ganze Zahl a welcher Nullen hängen, so kann man ihn nac (18) mit einer bejahenden Ordnungsziffer aus drücken und nach eben den Regeln verfahren wi vorhin. Z. B. 13000 mult. mit 0,07 steht so

$$
\begin{array}{r}
1\,\overset{+3}{3} \\
\overset{-2}{7} \\
\hline
9\,\overset{+1}{1} = 9\ 1\ 0
\end{array}
$$

### §. 146.

Aufg. Decimalbrüche in einander zu divi diren.

Aufl

Aufl. 1) Man drücke Divisor und Dividend wieder mit ihren Ordnungsziffern aus.

2) Man dividire wie in (43).

3) Dem Quotienten gebe man zur Ordnungsziffer diejenige welche entsteht, wenn man die des Divisors von der des Dividends abzieht, und drücke ihn mit Hülfe derselben wieder wie in (138) aus.

Beweis. Man erhält auf diese Art einen Quotienten, der mit dem Divisor multiplicirt, den Dividend giebt, folglich den richtigen. Denn wenn nach geschehener Multiplication zur Ordnungsziffer des Divisors eine addirt wird, welche die Differenz zwischen ihr und der des Dividends ist, so muß die des Dividends wieder heraus kommen. Weiter kann dieses auch dadurch noch erläutert werden, daß man die Decimalbrüche nach Art der gemeinen mit ihren Nennern ausdrückt z. B. Divisor: 0,03; Dividend: 0,0015,

so setze man: $\overset{-2}{3} \mid \overset{-4}{15} \mid \overset{-2}{5} = 0,05$

oder: nach der gemeinen Bruchrechnung ist $0,03 = \frac{3}{100}$ und $0,0015 = \frac{15}{10000}$ also der Quot. nach (87) $\frac{1500}{30000}$ Mit 100 aufgehoben, giebt $\frac{15}{300}$ also ist 15 mit 3. 100 d. i. erstlich mit 3, und dann noch mit 100 zu dividiren, 3 in 15 aber giebt 5, und dies mit 100 divid. $\frac{5}{100} = 0,05$ wie vorhin. Oder: Divis. 0,004; Dividend 0,16

Ҕ 3                                        steht

steht ſo: $\overset{-3}{4}$ | $\overset{-2}{1\,6}$ | $\overset{+1}{4}$ = 40. Wünſchte man
es ſo zu haben, daß die Ordnungsziffer des Di-
viſors nie größer als die des Dividends wäre,
ſo dürfte man nur an den Dividend ſo viel Nullen hängen, als zu ſeiner Ordnungsziffer noch Einheiten fehlen, um ſo groß als die des Dividends
zu werden, ſo wird alsdann die des Quotienten
0, und folglich er ſelbſt eine ganze Zahl.

### §. 147.

Zuſ. Wenn bey der Diviſion ein Reſt bleibt,
ſo kann man Nullen daran hängen und weiter
fort dividiren; alsdann aber muß man auch zur
Ordnungsziffer des Dividends ſo viel Einheiten
addiren, als man Nullen angehängt hat. Auf
dieſe Weiſe läßt ſich die Diviſion entweder ſo weit
fortſetzen, bis kein Reſt mehr bleibt, oder bis man
wenigſtens den Quotienten ſo weit hat, daß man
auf den noch bleibenden Reſt nicht mehr zu achten
braucht. Z. B. Diviſ. 0, 025; Divid. 0, 0034

$$
\begin{array}{c|c|c}
2\,\overset{-3}{5} & 3\,\overset{-4}{4} & 136 \\
& 2\,5 & \\
\hline
& 1\,9\,0 & \\
& 7\cdot5 & \\
\hline
& 1\,5\,0 & \\
& 1\,5\,0 & \\
\hline
& 0 &
\end{array}
$$

Hier hat man beym Fort-
ſetzen der Diviſion noch
2 Nullen angehängt, alſo
wird ſtatt — 4 die Ord-
nungsziffer — 6 und
hiervon — 3 abgezogen
bleibt für die des Quo-

tienten: — 3, alſo iſt der Quot. $1\,3\,\overset{-3}{6}$ = 0, 136

§. 148.

## §. 148.

Zuſ. Diviſor oder Dividend, oder beyde, kön‐
nen auch ganze Zahlen, und der Diviſor von einer
höheren Ordnung, als der Dividend ſeyn, und
man wird immer nach obigen Regeln verfahren
können. Einige Beyſpiele werden dies erläutern.

Es ſey Diviſ. 8; Divid. 0, 048 alſo: $8 \mid \overset{0}{4} \overset{-3}{8} \mid \overset{-3}{6}$
$= 0, 006$ oder: Diviſ. 0, 04; Divid. 1600

alſo: $\overset{-2}{4} \mid \overset{+2}{1} \overset{+2}{6} \mid \overset{+4}{4} = 40000$ oder: Diviſ. 6000

Divid. 120 alſo: $\overset{+3}{6} \mid \overset{+1}{1} \overset{}{2} \mid \overset{-2}{2} = 0,02$

## §. 149.

Aum. Bey Multiplikationen und Diviſionen, wo
in den gegebenen Zahlen unendliche Decimal‐
brüche vorkommen, kann das Product oder der
Quotient nicht genau gefunden werden. Man
kürzt deshalb die Multiplikation und Diviſion
ſo weit ab, daß man blos diejenigen Ziffern be‐
kommt, die man für die richtigſten halten kann.
M. ſ. davon der Käſtneriſchen Arithm. III.
Kap. 13 ꝛc.

## Von den ſechszigtheiligen ‐ oder Sexage‐ ſimalbrüchen.

## §. 150.

Erkl. Die Eintheilungen der Alten nach
Schocken und Sechszigtheilen, welche bey dem
Stunden und Kreisbogenmaaß vorkommt, hat
Anlaß gegeben auch ſolche Brüche zu betrachten,

H 3 wo

wo der Nenner eine Potenz der 60 ist (35) z. B.
$\frac{3}{60^1}$; $\frac{17}{60^2}$; $\frac{23}{60^3}$ ꝛc. sind Sexagesimalbrüche; hingegen 3. 60 sind 3 Schocke (Sexagenae) 5. $60^2$
sind 5 Schocke von Schocken ꝛc.

### §. 151.

**Anm.** Die Theile der Stunden oder der Grade
von Kreisbogen welche durch Division der $60^1$
entstanden sind, nennt man auch Minuten; die
durch $60^2$ entstandenen **Sekunden** u. s. w.
**Tertien, Quarten,** so daß, wie man sieht,
der Exponent des Nenners Anlaß zu dieser Benennung gegeben hat.

### §. 152.

**Willk. Satz.** Da diese Brüche den zehntheili-
gen ziemlich ähnlich sind, so hat man die Nenner
eben so wie bey jenen weggelassen, und die Zähler
mit Ordnungsziffern bezeichnet, und dazu die Exponenten der Nenner mit dem Zeichen —, gewählt; so wie für die Schocke, ✛ 1 und die
Schocke von Schocken, ✛ 2 ꝛc. Die ganzen Einheiten aber werden wieder mit 0 bezeichnet. Z. B.

$$3. 60 ✛ 5 + \tfrac{7}{60} ✛ \tfrac{1}{60.60} = \overset{+1}{3} + \overset{0}{5} ✛ \overset{-1}{7} + \overset{-2}{1}$$

### §. 153.

**Aufg.** Sexagesimalbrüche zu addiren und
zu subtrahiren.

**Aufl.** Man verfahre mit ihnen völlig so wie
mit den benannten Zahlen in (96, 97). So oft man
nemlich

remlich bey dem Zuſammenzählen über 60 erhält, werden die geringern Einheiten zu den höhern durch Diviſion mit 60 reducirt; und wenn beym ſubtrahiren eine Einheit geborgt wird, ſo gilt ſie 60 Einheiten in der nächſtniedrigern Stelle.

$$\text{Z. B.} \quad \overset{0}{36} \quad \overset{-1}{44} \quad \overset{-2}{8} \quad \overset{-3}{57}$$
$$9 \text{ : } 36 \text{ : } 54 \text{ : } 28$$

Summe: 46 : 21 : 3 : 25

Unterſchied 27 : 7 : 14 : 29

### §. 154.

**Aufg.** Mit ſolchen Brüchen die Multiplication zu verrichten.

**Aufl.** Man multiplicire alle Glieder des Multiplicands mit allen des Multiplikators und gebe je dem einzelnen Product zur Ordnungsziffer diejenige welche entſteht, wenn man die Ordnungsziffer der Factoren ſummirt. So oft das Produkt über 60 iſt, wird es wie in voriger Aufgabe zur höhern Gattung reducirt. Am Ende addirt man die einzelnen Producte welche einerley Ordnungsziffern haben. (143)

**Beweis.** Er iſt iſt eben ſo wie der für die Multiplication der Decimalbrüche, (143).

$5\ 4$      Z. B.

3. B. der Multiplikand:

$$
\begin{array}{ccc}
\overset{0}{4} & \overset{-1}{8} & \overset{-3}{12} \\
 & \overset{-1}{9} & \overset{-2}{10} \\
\hline
\overset{-2}{41} & \overset{-3}{22} & \overset{-4}{0} \\
\overset{-1}{37} & \overset{-2}{13} & \overset{-3}{48} \\
\hline
\overset{-1}{37} & \overset{-2}{55} & \overset{-3}{10}
\end{array}
$$

§. 155.

**Aufg.** Die Division mit diesen Brüchen zu verrichten.

**Aufl.** 1) Nachdem man alle Glieder gehörig geordnet hat, dividirt man mit dem höchsten Gliede des Divisors in das höchste des Dividends und giebt dem Quotienten zur Ordnungsziffer diejenige welche übrig bleibt, wenn man die des Divisors von der des Dividends abzieht.

2) Mit dem Quotienten multiplicirt man alle Glieder des Divisors und zieht die Producte von den ihnen entsprechenden Gliedern des Dividends ab.

3) Wenn das erste Glied zu klein wäre, als daß man hinein dividiren könnte, so reducirt man es zur nächstniedrigern Klasse und nimmt die etwa schon vorhandenen Einheiten dieser Klasse mit das zu. So verfährt man bis ans Ende.

**Beweis.** Der so bestimmte Quotient giebt auch hier mit dem Divisor multiplicirt, ein Produkt, welches

welches dem Dividend gleich ist, und ist mithin richtig.

$$\text{3. B. } \overset{-1}{9} \; \overset{-2}{10} \; \Big| \; \overset{-1}{37} \; \overset{-2}{55} \; \overset{-3}{10} \; \Big| \; \overset{0}{4} \; \overset{-1}{8} \; \overset{-2}{12}$$

$$
\begin{array}{rr}
37 & 55 \\
36 & 40 \\
\hline
& 15 \\
1 = & 60 \\
\hline
\overset{-2}{75.} & \overset{-3}{10} \\
73 & 20 \\
\hline
& 50 \\
1 = & 60 \\
\hline
& \overset{-3}{110} \\
& \overset{-3}{110} \\
\hline
& 0
\end{array}
$$

### §. 156.

**Anm.** Um das Multipliciren sowohl, als die Reduction durch 60 zu erleichtern, hat man nach Art des Einmaleins auch für diese Rechnung eine Tafel verfertigt, worin sich nicht allein das Product für alle Faktoren die noch unter 60 sind, findet, sondern wo auch zugleich die Reduction, wo sie nöthig, mit besorgt ist. Man findet sie unter dem Namen: Canon Sexagenarum in verschiedenen z. B. Strauchs, Tafeln.

## Von den Potenzen oder Dignitäten.

### §. 157.

**Erkl.** Was man unter Potenz oder Dignität, Wurzel und Exponenten überhaupt versteht, ist bereits

reits in (35) kürzlich erklärt worden. Hier ist noch zu bemerken, daß man auch die zweite Potenz das Quadrat, die dritte den Würfel oder Kubus; die 4te das Biquadrat, nennt. Die höhern nennt man gewöhnlich nach der Zahl der Einheiten ihres Exponenten z. B. die 5te; 6te ꝛc. so ist z. B. 64 der Kubus von 4, und 16 das Biquadrat von 2.

### §. 158.

**Erkl.** Eben so heißt nun auch die Wurzel von der 2ten Potenz die Quadratwurzel; die von der dritten, die Kubikwurzel u. s. w. Man bezeichnet sie mit: $\sqrt{}$ z. B. $\sqrt{9} = 3$. Wenn die Wurzel einer höhern Potenz soll angezeigt werden, so schreibt man in das Wurzelzeichen noch die Ziffer welche den Grad der Potenz anzeigt. Z. B. $\sqrt[3]{8}$ heißt die Kubikwurzel von 8 welche $= 2$. Im Quadratwurzelzeichen kann man sich die 2 vorstellen.

### §. 159.

**Zus.** Wenn die Wurzel, oder erste Potenz $= a$ ist, so wird das Quadrat durch $a^2$; der Kubus, oder die dritte Potenz, durch $a^3$ und die welche aus so viel Factoren besteht, als eine gewisse Zahl z. B. n, Einheiten hat, oder die nte Potenz, wird durch $a^n$ ausgedrückt. Der Ausdruck $\sqrt[n]{a}$ bedeutet eine Größe, die, wenn sie als Factor, n mal neben einander gesetzt und in sich multiplicirt wird, die Größe a hervorbringt. Man sieht hieraus,

daß

daß die Potenz um einen Grad erhöht wird, und
nithin der Exponent um 1 zunimmt, wenn man
ie aufs neue mit der Wurzel multiplicirt. –

### §. 160.

Zuf. Wenn ein Bruch zu einer gewissen Potenz
z. B. n erhoben werden soll, so wird man sowohl
seinen Zähler, als seinen Nenner zu dieser Potenz
erheben, und dann beyde wieder Bruchweise schreiben müssen; d. i. $\left(\dfrac{a}{b}\right)^n = \dfrac{a^n}{b^n}$, z. B. $\left(\dfrac{2}{3}\right)^3 = \dfrac{2^3}{3^3} = \dfrac{8}{27}$ (78). Hinwiederum folgt hieraus,
daß wenn eine gewisse Wurzel aus einem Bruch
gezogen werden soll, solche sowohl aus dem Zähler, als aus dem Nenner besonders zu ziehen und
dann wieder Bruchweise auszudrucken ist. So ist
z. B. $\sqrt{\left(\dfrac{a}{b}\right)} = \dfrac{\sqrt{a}}{\sqrt{b}}$ oder: $\sqrt{\dfrac{4}{9}} = \dfrac{\sqrt{4}}{\sqrt{9}} = \dfrac{2}{3}$.

### §. 161.

Aufg. Potenzen zu addiren und zu subtrahiren.

Aufl. Es geschieht ganz auf die Art, als es
in (128) von Buchstaben gelehrt worden ist.

### §. 162.

Aufg. Potenzengrößen in einander zu multipliciren.

Aufl.

**Aufl.** I. Fall. Wenn sie von einerley Wurzel sind, so addire man blos die Exponenten und setze deren Summe wieder als Exponent über die Wurzel, so wird dies das Product seyn. Z. B. $4^3$ $4^2 = 4^5$; oder $a^3 \cdot a^2 = a^{3+2} = a^5$; oder $x^m \cdot x^n = x^{m+n}$; oder $y^n \cdot y = y^{n+1}$ (159)

II. Fall. Wenn die Wurzeln und Exponenten verschieden sind, so werden die Größen blos neben einander gesetzt, wie in (122). Z. B. $3^2$ mal $2^3$ $= 3.^2 \, 2^3$; oder $a^3$ mult. mit $b^2 = a^3 \, b^2$; $x^m \cdot y^n$ $= x^m \, y^n$.

III. Fall. Wenn bey verschiedenen Wurzeln die Exponenten einerley sind, so multiplicirt man die Wurzeln in einander und giebt dem Product den gemeinschaftlichen Exponenten. Z. B. $2^3 \cdot 3^3$ $= 6^3$ oder $a \cdot b^3 = (ab)^3$ oder $x^m \cdot y^m = (xy)^m$

**Beweis,** für I. Da der Exponent die Anzahl der Factoren anzeigt und diese bey der Multiplication neben einander gesetzt werden, so wird das Product aus so vielen bestehen, als die Factoren deren zusammen enthalten haben, nemlich statt $a^3 \cdot a^2$ kann man setzen: $aaa \cdot aa = aaaaa = a^5$. Da ferner jeder Buchstabe eine Potenz, und zwar die erste von sich vorstellen kann, so kann man $y^1$, statt $y$ setzen, folglich $y^n \cdot y^1 = y^{n+1}$ Das Verfahren bey der Multiplication der Decimal- und Sexagesimalbrüche, und selbst der ganzen Zahlen wo Ordnungsziffern gebraucht werden, bezieht sich mit auf diesen Fall.

Für

Für II. ist der Beweis wie oben bey der Multiplication in Buchstaben (122, 131).

Für III. Man setze statt $a^3 \cdot b^3$ die mehrern Factoren selbst hin, nemlich a a a b b b; da es nun auf die Ordnung der Factoren nicht ankommt, (37) so kann man das letzte Produkt auch so ausdrücken: a b a b a b d. i. es besteht aus drey Factoren deren jeder $= $ a b ist, folglich kann man dafür setzen: $(a b)^3$, (35).

## §. 163.

**Aufg.** Potenzengrößen durch einander zu dividiren.

**Aufl.** I. Fall. Wenn Divisor und Dividend von einerley Wurzel sind, so nehme man diese Wurzel wieder in den Quotienten und gebe ihr die Differenz zwischen den Exponenten des Dividends und Divisors zum Exponenten. Z. B. $4^2|4^5|4^3$ oder $x^m|x^{m+n}|x^n$ oder $y|y^n|y^{n-1}$

II. Fall. Wenn die Wurzeln und Exponenten verschieden sind, so drücke man den Quotienten Bruchweise aus, oder verfahre wie in (134) z. B. Divis. $a^2$, Divid. $b^3$, so ist der Quot. $\frac{b^3}{a^2}$ oder

$x^m$ div. durch $y^n = \frac{x^m}{y^n}$ oder $b^2|a^3 \, b^2|a^3$

III. Fall. Wenn die Exponenten gleich sind, so kann man blos die Wurzeln Bruchweise schreiben, und

und dem Bruch wieder den vorigen Exponente
geben z. B. $a^3$ div. durch $b^3 = \dfrac{a^3}{b^3} = \left(\dfrac{a}{b}\right)$
Dieſer Fall kommt, wie man ſieht, mit (160) übe=
ein, wo von Bruchpotenzen die Rede war.

Der Beweis für alle dieſe Fälle iſt eben ſo
wie für die vorhergehenden Diviſionen. Er ergieb
ſich nemlich von ſelbſt, wenn man bedenkt, da
die Diviſion das umgekehrte Verfahren der Mu=
tiplication iſt.

## §. 164.

Zuſ. Wenn man eine Potenz durch ſich ſelb
dividirt, ſo iſt der Quotient 1, wie überhaupt be
jeder Größe wo dieſes geſchieht. Verrichtet ma
indeß dieſe Diviſion nach (163. I.) ſo wird de
Quotient wieder die Wurzel, mit dem Exponen
ten 0. Hieraus folgt, daß jede Größe in der Po
tenz 0, allemal $= 1$ iſt, die Größe ſelbſt ma
ſo groß oder ſo klein ſeyn, als ſie will z. B
$$\frac{a}{a} = \frac{a^1}{a^1} = a^0 = 1.$$

## §. 165.

Zuſ. Dividirt man $a^0$ weiter durch $a^1$, ſo gieb
dies nach (163. I.) $a^{-1}$, nach der gemeinen Ar
aber: $\dfrac{a}{a^1}$ oder $\dfrac{1}{a}$, folglich iſt $a^{-1} = \dfrac{1}{a}$ und nac
eben der Betrachtung $a^{-2} = \dfrac{1}{a^2}$; überhaupt $a^{-n} = \dfrac{1}{a^n}$
Potenzen mit negativen Exponenten ſtellen alſ
Brüch

Brüche vor, deren Zähler 1, und der Nenner eben dieselbe Potenz, aber mit positivem Exponenten ist.

### §. 166.

**Aufg.** Eine Potenz aufs neue zu einer Potenz zu erheben.

**Aufl.** Man multiplicire den Exponenten der zu erhebenden Potenz, mit der Zahl welche den Grad anzeigt, zu welchem sie aufs neue erhoben werden soll, das Produkt schreibe man als Exponenten über die vorige Wurzel. Z. B. $a^2$ soll zum Kubus erhoben werden, so hat man $(a^2)^3 = a^{2 \cdot 3} = a^6$ oder $(x^n)^m = x^{nm}$

**Beweis.** Man muß die vorhandene Potenz als Factor so vielmal neben sich selbst setzen, als der Grad der verlangten neuen Potenz Einheiten hat, z. B. $a^2$ zur 3ten Potenz erhoben, giebt $a^2 \cdot a^2 \cdot a^2$ dies ist aber nach (162. I.) $= a^6$

### §. 167.

**Zus.** Man wird also hinwiederum die Wurzel eines gewissen Grades aus einer Potenz ziehen, wenn man den Exponenten der Potenz mit der im Wurzelzeichen stehenden Zahl dividirt. Z. B. $\sqrt[3]{a^6} = a^{\frac{6}{3}} = a^2$; $\sqrt[n]{a^m} = a^{\frac{m}{n}}$. Da es nun Fälle geben kann, wo $n > m$ oder auch $\frac{m}{n}$ ein unreiner Bruch ist, so wird man Potenzen mit gebrochenen Exponenten erhalten; diese stellen also aus-

gezo-

gezogene Wurzeln vor. Z. B. $\sqrt[2]{9} = 9^{\frac{1}{2}} = 3$. Auch: $\sqrt{\frac{1}{a}} = a^{-\frac{1}{2}}$, (165).

## §. 168.

Zus. Da man die Wurzelgrößen als Potenzen ansehen kann, so wird auch die Rechnung mit ihnen, von der mit Potenzen, nicht unterschieden seyn. Z. B. die Summe von $3\sqrt{a}$ und $2\sqrt[3]{b}$ $= 3\sqrt{a} + 2\sqrt[3]{b}$ oder $m\sqrt[n]{x}$ und $n\sqrt[n]{x}$ $= (m+n)\sqrt[n]{x}$;

Eben so die Differenz zwischen $5\sqrt{3}$ und $3\sqrt{3} = 2\sqrt{3}$. oder $m\sqrt[n]{x} - n\sqrt[n]{x} = (m-n)\sqrt[n]{x}$.

Das Product von $\sqrt[n]{a}.\sqrt[n]{a}$ ist $= a$ oder $(\sqrt[n]{a})^n = a$; oder $\sqrt{(ab)} = \sqrt{a}\sqrt{b}$; oder $\sqrt{24} = \sqrt{4}.\sqrt{6} = 2.\sqrt{6} = 2\sqrt{6}$.

Rückwärts ist der Quotient von a divid. durch $\sqrt{a} = \sqrt{a}$. (41) Dies erhellet auch so: man setze: $\frac{a}{\sqrt{a}}$ und multiplicire oben und unten mit $\sqrt{a}$, so erhält man $\frac{a\sqrt{a}}{a} = \sqrt{a}$ (134).

Von

# Von der Ausziehung der Quadrat = und Kubikwurzel.

## §. 169.

Erkl. Wenn man eine Wurzel als die Summe zweyer einzelnen Theile ausdrückt, so heißt sie eine zweytheilige oder binomische. Z. B. 10 + 2 oder a + b. Besteht sie aus 3 Theilen z. B. a + b + c so heißt sie dreytheilig, und überhaupt vieltheilig, polynomisch, wenn sie aus mehr als 2 Theilen besteht.

## §. 170.

Zus. Da man jede ungetheilte Größe nach Gefallen theilen kann (6 Einl.) und eine Menge Theile sich eben so willkührlich in einen einzigen zusammenfassen lassen, so wird man jede Wurzel als eine zweytheilige ansehen können. Da der Gebrauch derselben in der Folge oft vorkommen wird, so soll itzt umständlicher von ihr gehandelt werden.

## §. 171.

Aufg. Die Natur des Quadrats einer zweytheiligen Wurzel zu untersuchen.

Aufl. Man multiplicire ihren allgemeinen Ausdruck in sich selbst, so werden sich folgende drey Bestandtheile des Quadrats zeigen: 1) das Quadrat des einen Theils 2) das Product des einen Theils in den andern, doppelt, und 3) das Quadrat des andern Theils.

J                          Es

Es sey diese Wurzel $=$ a$+$b   oder   10$+$2

$$a+b \qquad 10+2$$

$$+ab+b^2 \qquad +20+4$$
$$a^2+ab \qquad 100+20$$

also $(a+b)^2 = a^2+2ab+b^2$   $100+2.20+4 = 144$

### §. 172.

Zuf. Wäre die Wurzel a$+$b$+$c, so könnt
man sie in die beyden Theile (a$+$b) und c the
len und ihr Quadrat wäre nach vorigem §. $=$
$(a+b)^2 + 2(a+b)c+c^2$. Käme zu vorige
drey Theilen noch der vierte: d, so könnte nu
der erste Theil $=$ (a$+$b$+$c) und der andere
seyn. Also wieder das Quadrat (a$+$b$+$c)
$+ 2(a+b+c)d + d^2$. Man sieht alse
wenn die Wurzel a ist, so ist ihr Quadrat $=$ a
(159); kommt zu ihr ein neuer Theil b, so komm
zu ihrem Quadrat ein doppeltes Product aus de
vorigen Wurzel in den neuen Theil nebst der
Quadrat des neuen Theils. Kommt abermals ei
neuer Theil c, dazu, so kommt zum nächstvor
hergehenden Quadrat wieder ein doppeltes Pr
duct aus der nächstvorhergehenden Wurzel in de
neuen Theil, nebst dem Quadrat des neuen Theil
und so bis ins Unendliche.

### §. 173.

Zuf. Wüßte man also nur aus dem Quadr
einer wirklich zweytheiligen Wurzel diese Wurz

zu finden, so könnte man nach eb n den Regeln
auch jede vieltheilige finden; man dürfte nur je=
desmal alle bereits gefundenen Theile zusammen
als einen einzigen, nemlich wieder als den ersten,
ansehen, und auf eben die Art wie man zum aller=
ersten den zweiten fand, nun den neuen suchen.

## §. 174.

**Willk. Satz.** Man theile jede Zahl des de=
cadischen Gesetzes die als Wurzel betrachtet wird,
nach ihren Einern, Zehnern, Hundertern ꝛc., in
mehrere Theile, und sehe nach (172) zuerst die
Ziffer der höchsten Ordnung als den ersten, und
die nächste Ziffer als den zweiten Theil an, indem
man auf die übrigen, welche nach ihr folgen, vor
der Hand noch gar keine Rücksicht nimmt. Hier=
auf betrachte man die beyden höchsten Ziffern zu=
sammen als den ersten, und die nächste abermals
als den zweiten Theil, und so fort bis man auf
die letzte gekommen ist. Z. B. wenn $a + b + c$
$300 + 20 + 4 = 324$ bedeuten, so sind anfangs
die 3 Hunderter als der erste und die 2 Zehner
als der zweite; alsdann aber die 32 Zehner als
der erste, und die 4 Einer als der zweite Theil
anzusehen.

## §. 175.

**Anm.** Die Quadrat= und Kubikzahlen der einzelnen
Ziffern sind in folgendem Täfelchen enthalten:

J 2

Wur=

| Wurzeln: | 1 | 2 | 3 | 4 | 5 | 6 | 7 | 8 | 9 |
|---|---|---|---|---|---|---|---|---|---|
| Quadrate: | 1 | 4 | 9 | 16 | 25 | 36 | 49 | 64 | 81 |
| Würfel: | 1 | 8 | 27 | 64 | 125 | 216 | 343 | 512 | 729 |

## §. 176.

**Lehrſ.** Jede Wurzel die aus einer Ziffer beſteht, hat im Quadrat nicht weniger als eine, und nicht mehr als 2 Ziffern; jede aus n Ziffern beſtehende, nicht weniger als 2 n - 1 und nicht mehr als 2 n; z. B. bey 2 in der Wurzel, im Quadrat nicht weniger als 3, und nicht mehr als 4 ꝛc.

**Beweis.** Das erſte erhellet aus dem Wurzeltäfelchen, und von dem folgenden wird man überzeugt, wenn man die Grenzzahlen zu Quadraten macht. Z. B. die kleinſte Zahl mit 2 Ziffern iſt 10 und deren Quadrat = 100, welches 3 Ziffern hat; die größte mit 2 Ziffern iſt 99 deren Quadrat = 9801 aus 4 Ziffern beſteht, und ſo erhellet es auch von den folgenden.

## §. 177.

**Zuſ.** Wenn man also ein nach dem decadiſchen Geſetz ausgedrücktes Quadrat von der rechten nach der linken in Klaſſen abtheilt, und jede Klaſſe 2 Ziffern giebt, auch dabey die letzte Ziffer zur linken, wenn ſie etwa einzeln ſtünde, auch für eine ganze Klaſſe rechnet, ſo wird die Wurzel allemal ſo viel Ziffern haben, als man Klaſſen erhält. Z. B. das Quadrat von 10 = 100 und

das

das von 99 $=$ 9801, giebt 2 Klaſſen; das von
100 $=$ 10000 ſchon 3 Klaſſen u. ſ. w.

### §. 178.

Lehrſ. Wenn eine Wurzel aus 2 der Ord;
nung nach zunächſt auf einander folgenden
Ziffern beſteht, ſo fangen ſich 1) die Einhei;
ten welche zum Quadrat der niedrigern Ziffer
gehören in der erſten Stelle zur rechten an
und erſtrecken ſich höchſtens bis in die 2te
Stelle zur linken. 2) Die zum doppelten Pro;
duct gehörigen fangen ſich in der genannten
2ten Stelle an, und erſtrecken ſich bis in die
4te zur linken, aber auch dieſe und die vori;
gen Einheiten zuſammengenommen, erſtrecken
ſich nicht weiter als in eben dieſe Stelle.
3) Die zum Quadrat der höhern Ziffer gehö;
rigen, fangen ſich in der 3ten Stelle an, und
erſtrecken ſich auch nur bis in die vierte. 4)
Die aus No. 1 und 2 mit in die dritte und
vierte Stelle kommenden Einheiten vermeh;
ren das Quadrat der höhern Ziffer nicht ſo
beträchtlich, daß die hierdurch entſtehende
Zahl das Quadrat einer Zahl werden könnte,
welche um eine Einheit mehr betrüge, als die
höhere der beyden angenommenen Ziffern iſt.

Beweis. No. 1, 2 und 3 erhellen, wenn man
zu den beyden Ziffern, die größten wählt, die es

giebt;

giebt, nemlich: 9 9 und die Bestandtheile des
Quadrats so dar: 9 9

$$
\begin{array}{rcl}
8\ 1 & = & 81\ \Big) \\
\left.\begin{array}{r} 8\ 1 \\ 8\ 1 \end{array}\right\} & = & 162\ \Big\} = 1\ 7\ 0\ 1 \\
8\ 1 & = & 81 \quad = 8\ 1 \\
\hline
& & 9\ 8\ 0\ 1
\end{array}
$$

Sieht man die 9 linker Hand in der Wurzel als
neun Zehner an, so müßten, wenn No. 4. nicht
wahr wäre, die Ziffern 98 in der 3ten und 4ten
Stelle zur Wurzel zehn Zehner haben können,
welches aber nicht andem ist, indem ihnen hierzu
noch 2 Einheiten von der 3ten Stelle fehlen; also
ist auch No. 4 außer Zweifel.

### §. 179.

Zuf. Die beyden 9 9 können einen Werth haben was sie für einen wollen. Kommt zu ihnen
rechts noch ein neuer Theil, so sieht man sie nach
(174) beyde zusammen als den ersten an, und die
Behauptungen des vorigen Lehrsatzes werden sich
auf ähnliche Art bey dieser neuen zweytheiligen
Wurzel wiederholen lassen. Mündlich kann dieses
weiter erläutert werden. Die vollständige Theorie
aber findet man in der Kästn. Arithm. Kap. IV.

### §. 180.

Aufg. Aus einer Zahl die drey und mehr
Ziffern hat, die Quadratwurzel zu ziehen.

Aufl.

**Aufl.** 1) Man theile sie in Klassen nach (177)

2) Man suche die Zahl welche in der letzten Klasse zur linken steht im Wurzeltäfelchen unter den Quadraten auf, oder wenn diese nicht vorhanden seyn sollte, die nächstgeringere, so wird die über ihr stehende Wurzel der erste Theil der gesuchten seyn.

3) Die unter den Quadraten aufgesuchte Zahl ziehe man von den Ziffern der letzten Klasse ab, und nehme zum Rest die Ziffern der nächsten Klasse.

4) Man verdoppele den gefundenen ersten Theil der Wurzel und fange dieses Duplum unter der Ziffer, die in der neuen Klasse die linke Stelle einnimmt, zu schreiben an.

5) Die in No. 3. zuletzt erhaltenen Ziffern sehe man als ein Dividend, und die nach No. 4. erhaltenen als den Anfang eines demselben zugehörigen Divisors an, dessen Ergänzung man findet, wenn man mit seiner ersten Ziffer in die über derselben stehenden dividirt.

6) Diese gefundene Ergänzung hänge man also noch an den Divisor und multiplicire ihn dann gewöhnlichermasen mit eben der Zahl die vorhin als Ergänzung angesehen wurde; läßt sich dieses Product von den als Dividend betrachteten Ziffern abziehen, so ist der Quotient, der als Ergänzung des Divisors angesehen wurde, auch zugleich der zweite Theil der Wurzel. Läßt sich aber das Pro-

J 4        duct

duct, nicht abziehen, so vermindert man den erwähnten Quotienten so lange, um 1 Einheit, bis die Abziehung geschehen kann.

7) Wenn ein Rest bleibt und noch eine Klasse vorhanden ist, so nimmt man zu ihm wieder wie in No. 3. die Ziffern dieser neuen Klasse; sieht die beyden gefundenen Ziffern zusammen als den ersten Theil an, und verfährt völlig wieder wie in No. 4, 5 und 6, so findet man nach und nach alle Theile der Wurzel.

Beweis. No. 1 bis 4 sind Resultate aus den unmittelbar vor der Aufgabe hergegangenen Betrachtungen. No. 5 erhellet, wenn man die allgemeine Quadratformel aus (171) betrachtet. Wenn nemlich die Abziehung des Quadrats vom ersten Theil geschehen ist, so stellen die am Ende von No. 3 erhaltenen Zahlen das doppelte Product aus dem ersten Theil in den andern, nebst dem Quadrat des andern Theils, oder in der Formel, die 2 a $+$ b$^2$ vor. Dieser Ausdruck läßt sich als ein Product ansehen, welches aus den beyden Factoren: 2 a $+$ b mal b besteht. Der letzte Factor ist der zweite Theil der Wurzel, den man zu haben wünscht; wäre nun der erste bekannt, so dürfte man mit demselben nur in das Product dividiren, so würde der andere zum Quotienten kommen. Vom ersten Factor ist aber nur der Anfang, 2 a bekannt, den man erhält, wenn man dengefundenen ersten Theil der Wurzel, a, duplirt.

‐lirt. Da man nun bey jeder Division, wo der Divisor aus mehreren Theilen besteht, doch nur mit dem ersten Theil desselben die Division ver‐richtet (43), so kann man auch die Division einst‐weilen mit 2 a vornehmen, und das b welches man erhält, einmal als Ergänzung des Divisors, und dann auch noch als den Quotienten, der den gesuchten andern Factor des Products giebt, an‐sehen, und dies ist der Grund von No. 5 und 6. Die No. 7 gründet sich auf (179). Z. B. die Zahl sey:

$$
\begin{array}{c}
a \quad b \\
\overline{a \quad b} \\
\overline{a \quad b}
\end{array}
$$

$$
\begin{array}{lcccccc}
 & 5 & 3\,0 & 8\,4 & 1\,6 & 2\,3\,0\,4 \\
a^2 = & 4 & & & & \\
\hline
2\,ab+b^2 = 1 & 3\,0 & & & & \\
2\,a+b\;\cdot\;\cdot & 4\,3 & & & & \\
(2\,a+b)\,b = 1 & 2\,9 & & & & \\
\hline
2\,ab+b^2 = & 1\,48 & & & & \\
2\,a+b = & 4\,8 & & & & \\
(2\,a+b)\,b = & 0\,0\,0 & & & & \\
\hline
2\,ab+b^2 = & 1\,8\,4 & 1\,6 & & & \\
2\,a+b = & 4\,8 & 4 & & & \\
(2\,a+b)\,b = & 1\,8\,4 & 1\,6 & & & \\
\hline
 & 0 & & & &
\end{array}
$$

J 5 §. 181.

### §. 181.

Zuf. Wenn bey der letzten Klasse ein Rest
bleibt, so kann man sich vorstellen, daß noch ein
neue Klasse vorhanden wäre, deren beyde Ziffern
aus Nullen bestünden; diese beyden Nullen kann
man also an den Rest hängen, und nach der gegebenen Vorschrift weiter fortfahren. Der neue
Theil der Wurzel wird dann abermals um ein
Ordnung niedriger seyn, als der nächst vorher
gehende; ist nun dieser, wie z. B. hier die 4, ein
Einer gewesen, so wird dieser neue Theil der
Wurzel Zehntel enthalten, (137) und so kann man
bey einem abermaligen Reste durch beständige Wie-
derholung des vorigen Verfahrens Hundert-Tau-
send-Theile u. s. w. erhalten, die man dann auch
wieder durch ein Komma von den Ganzen absön-
dert. Z. B. die Zahl sey 12, also:

$$
\begin{array}{r|l}
12 & 3,46\ldots \\
\underline{9} & \\
3 & 00 \\
 & \cancel{6}\,\cancel{4} \\
2 & 56 \\
\hline
 & 44\,|\,00 \\
 & \cancel{6}\,|\,\cancel{8}\,\cancel{6} \\
 & \underline{41\,|\,16} \\
\hline
 & 2\,84 \text{ u. s. w.}
\end{array}
$$

Di

Dieses Verfahren läßt sich noch mehr durch folgende Betrachtung rechtfertigen. Wenn man finnet, daß von einer Zahl, wie hier 12, die Quadratwurzel nicht durch ganze Einheiten dargestellt werden kann, und verlangt deshalb noch Zehntheile dazu, so kann man sich vorstellen, daß alsdann die ganze Wurzel in Zehntheilen ausgedrückt wäre (170). Um also in der Wurzel Zehntheile zu bekommen, muß man die Quadratzahl in Hunderttheilen ausdrücken (160), und dies geschieht, wenn man die ganze Zahl nach (63) in einen Bruch verwandelt, dessen Nenner 100 ist, nemlich so: $\frac{1200}{100}$; die Wurzel aus dem Zähler wird nach obigen Regeln werden: 34, und die aus dem Nenner: 10, also die aus dem Bruche, $\frac{34}{10} = 3, 4$ wie vorhin. Hätte man Hunderttheile in die Wurzel verlangt, so wäre die ganze Zahl durch $\frac{120000}{10000}$ auszudrücken gewesen. u. s. w.

## §. 182.

**Anm.** Die Erfahrung wird lehren, daß wenn man einmal hat Nullen anhängen müssen, alsdann jedesmal ein Rest bleibt, man mag die Arbeit fortsetzen so lange man will. Man nähert sich also bloß der Wurzel immer mehr, ohne sie je völlig zu erhalten. Einen Beweis hierzu findet man im IV Kap. der Kästn. Arithm. wo $\frac{u}{x}$ einen uneigentlichen und in seiner kleinsten Gestalt (68) ausgedrückten Bruch bedeutet.

§. 183.

## §. 183.

**Anm.** Die Probe wird gemacht, wenn man di Wurzel mit sich selbst multiplicirt und zum Product den etwa gebliebenen Rest addirt, da dann die Zahl mit den etwa angehängten Nullen wieder herdus kommt.

$$
\begin{array}{r}
\overset{-2}{3\ 4\ 6} \\
\overset{-2}{3\ 4\ 6} \\
\hline
2\ 0\ 7\ 6 \\
1\ 3\ 8\ 4\ \ \\
1\ 0\ 3\ 8\ \ \ \\
\hline
2\ 8\ 4 \quad \text{Reft} \\
\hline
\overset{-4}{1\ 2\ 0\ 0\ 0\ 0} = 1\ 2
\end{array}
$$

Z. B.

## §. 184.

**Aufg.** Die Natur des Würfels einer zwey theiligen Wurzel zu unterfuchen.

**Aufl.** Man multiplicire das in (171) gefun bene Quadrat nochmals mit der Wurzel, fo wer den fich die Beftandtheile deffelben eben fo, wie beym Quadrate, zeigen.

Es war das Quadrat: $a^2 + 2\,ab + b^2$

Die Wurzel: $\qquad a + b$

$$+ a^2 b + 2\,ab^2 + b^3$$
$$a^3 + 2\,a^2 b + \ ,\ ab^2$$

Der Würfel: $a^3 + 3\,a^2 b + 3\,ab^2 + b^3$

Man

Man findet also hier folgende 4 Bestandtheile.
1) Den Würfel des einen Theils: $a^3$. 2) Das Quadrat des einen Theils in den andern dreyfach: 3. $a^2$. b. 3) Den einen Theil in das Quadrat des andern, gleichfalls dreyfach: 3. a. $b^2$ und 4) Den Würfel des andern Theils: $b^3$

Es seyn z. B. die Theile wieder 10 ✛ 2 = 12
so ist

$$a^3 = 1000$$
$$3\,a^2 b = 600$$
$$3\,a.\,b^2 = 120$$
$$b^3 = 8$$
$$\overline{\phantom{xxxxxx}}$$
$$1728 = (12)^3$$

## §. 185.

Zuf. Aus dieser Darstellung ergiebt sich, daß die niedrigste Ziffer von $b^3$ in eben derselben Ordnung ihre Stelle hat, in welcher b selbst ist. Die niedrigste Ziffer von 3 a $b^2$ ist um eine Ordnung; die von 3 $a^2$ b um zwey, und die von $a^3$ um drey Ordnungen höher, als jene von $b^3$

## §. 186.

Zuf. Aus dem Wurzeltäfelchen (175) erhellet, daß der Würfel einer Zahl die unter Zehen ist, 1, 2, auch 3 Ziffern haben kann. Von 10 als der kleinsten Zahl mit 2 Ziffern, ist der Würfel
1000,

1000, eine Zahl die schon 4 Ziffern hat; von 9
ist der Würfel 970 299, welche aus 6 Ziffern be
steht. Stellt man eben diese Untersuchung mit 10
und 999 an, so wird man finden, daß der Wür
fel der erstern aus 7, und der letztern ihrer, aus
9 Ziffern besteht, und so steigt die Anzahl der Zif
fern vergleichungsweise immer um drey, wie di
Potenz der 10 um eine Einheit höher wird; theil
man also eine Kubikzahl in Klassen von der Rech
ten zur Linken, und giebt jeder Klasse drey Ziffern
wo blos die äußerste zur Linken wieder auszuneh
men ist, welche auch nur 2, oder Eine Ziffer
enthalten kann, so wird wieder die Wurzel so vie
Theile haben, als man Klassen bekommt.

## §. 187.

Zus. Wenn man den Würfel von der 99 be
trachtet, so enthält die Klasse rechter Hand, nem
lich die 299, nichts vom Würfel der höhern 9
in der Zahl 99 (178). Die Klasse linker Hand,
nemlich die 970 enthält aber außer dem Würfel
der höhern 9, noch Manches von $3 a^2 b$ u. s. w.
Dieses alles zusammen beträgt aber doch noch
nicht so viel, daß die Kubikwurzel in dieser linken
Klasse um eine Einheit größer als 9, werden
könnte, denn um zehn zu werden, müßte statt der
970, die Zahl 1000 darinn stehen, welches aber
auch schon um deswillen nicht denkbar ist, weil
alsdann diese Klasse mehr als 3 Ziffern haben
müßte.

müßte. Die Wurzel dieser linken Klasse wird also
der höchste Theil der ganzen Wurzel seyn. Ausser
diesem läßt sich nun hier wieder die Betrachtung
anstellen, die in (179) über Quadrate deren Wurzeln mehr als 2 Theile haben, angestellt wurde.

§. 188.

**Aufg.** Aus einer Zahl die vier und mehr
Ziffern hat, die Kubikwurzel zu ziehen.

**Aufl.** 1) Man theile sie in Klassen nach
(186).

2) Man suche die Zahl in der letzten Klasse
zur Linken, oder die nächst kleinere im Wurzeltäfelchen unter den Kubikzahlen auf, und nehme die
in der ersten Reihe über ihr stehende Zahl für den
ersten Theil der gesuchten Wurzel an.

3) Die unter den Würfeln aufgesuchte Zahl
ziehe man von den in der erwehnten Klasse befindlichen ab, und nehme zum Rest die Ziffern der
nächsten Klasse.

4) Man nehme vom gefundenen ersten Theile
der Wurzel das dreyfache Quadrat und schreibe
es so unter die nach No. 3. am Ende erhaltenen
Ziffern, daß die niedrigste Ziffer unter diejenige
zu stehen kommt, welche in der heruntergenomme-
nen

nen neuen Klaſſe die Dritte von der Rechten zu
Linken iſt.

5) Dieſes dreyfache Quadrat ſehe man als
den erſten Theil eines Diviſors an, und dividir
damit in die eine oder mehreren Ziffern, welch
nach No. 4. über ihm zu ſtehen gekommen ſind
Der Quotient iſt nicht allein der zweite Theil der
Wurzel, ſondern dient auch nebſt dem erſten nach
der gleich folgenden Anleitung, zur Ergänzung des
Diviſors.

6) Man nehme das dreyfache Product des
erſten Theils der Wurzel in den zweiten, und
ſetze es unter den erſten Theil des Diviſors ſo,
daß die niedrigſte Ziffer dieſes dreyfachen Pro
ducts um eine Stelle weiter zur Rechten ſteht, als
die niedrigſte Ziffer des dreyfachen Quadrats vom
erſten Theil; ferner ſetze man unter die vorigen
Zahlen noch das Quadrat des zweiten Theils ſo,
daß deſſen niedrigſte Ziffer um noch eine Stelle wei
ter zur Rechten als vorhin, zu ſtehen kommt.

7) Dieſe drey Beſtandtheile des Diviſors ad
dire man nun zuſammen, und multiplicire die
Summe oder den ganzen Diviſor mit dem
neuen Theile der Wurzel und ziehe das Product
von den nach Ende der No. 3. erhaltenen Ziffern
ab; geht dieſes nicht, ſo muß man den neuen
Theil

Theil der Wurzel so lange um eine Einheit vermin=
dern, bis es geht.

8) Wenn ein Rest bleibt, und noch eine
Klasse vorhanden ist, so nimmt man wie in
No. 3, die Ziffern der neuen Klasse noch zu ihm;
sieht die beyden gefundenen Ziffern der Wurzel
wieder zusammen als den ersten Theil an, und
verfährt völlig so, wie in No. 4, 5, 6 und
7, so findet man nach und nach alle Theile der
Wurzel.

**Beweis.** Die Regeln gründen sich über=
haupt wieder wie bey voriger Aufgabe, auf die
unmittelbar vorhergegangenen Zusätze. No. 4
bis 7 ergiebt sich besonders, wenn man die 3
letzten Glieder in der Formel (184) $3 a^2 b +$
$3 a b^2 + b^3$ in die beyden Factoren: $3 a^2 +$
$3 a b + b^2$, und $b$, zerlegt. Der Grund von
No. 8 ist, daß von dem neuen Theil der Wur=
zel nicht alle Ziffern die durch denselben in den
Würfel kommen, auch blos in der neuen Klasse
vorhanden sind, sondern daß eben so, wie einige
vom zweiten Theil in die erste Klasse kämen, itzt
einige vom neuen dritten Theil mit in die zweite
Klasse gekommen sind; diese müssen dann in Ge=
stalt des erhaltenen Restes wieder zu den Ziffern
der neuen Klasse zurückgegeben werden. Das
weitere läßt sich am besten mündlich zeigen. Z.
B. die Zahl sey:

$$K \qquad\qquad a b$$

$$\overset{\displaystyle a\ b}{\overbrace{a\ b}}\ :$$

$$
\begin{array}{r|c|c|c}
 & 1 & 8\,6\,0 & 8\,6\,7 & 1\,2\,3 \\
a^3 = & 1 & & & \\
\hline
3\,a^2b \boldsymbol{+} 3\,ab^2 \boldsymbol{+} b^3 = & & 8\,6\,0 & & \\
3\,a^2 = & & 3 & & \\
3\,ab = & & 8 & & \\
b^2 = & & 4 & & \\
\hline
 & & 3\,6\,4 & & \\
(3\,a^2 \boldsymbol{+} 3\,ab \boldsymbol{+} b^2)b = & 7\,2\,8 & & & \\
\hline
3\,a^2 b \boldsymbol{+} 3\,ab^2 \boldsymbol{+} b^3 = & 1\,3\,2 & 8\,6\,7 & & \\
3\,a^2 = & 4\,3 & 2 & & \\
3\,ab = & 1 & 8\,8 & & \\
b^2 = & & 9 & & \\
\hline
 & 4\,4 & 7\,8\,9 & & \\
(3\,a \boldsymbol{+} 3\,ab \boldsymbol{+} b^2)b & 1\,3\,2 & 8\,6\,7 & & \\
\hline
 & & 0 & &
\end{array}
$$

1. ſtatt 2

## §. 189.

Zuſ. Bliebe hier bey der letzten Klaſſe wieder
ein Reſt, ſo könnte man nach der Aehnlichkeit mit
(181) noch eine Klaſſe von drey Nullen dazu nehmen und einen neuen Theil der Wurzel finden, welcher Zehntheilchen enthält, wenn der vorige Einer
enthalten hat. Es iſt nemlich anzuſehen, als ob man
die Zahl des Reſtes in Tauſendtheilen ausgedrückt
hätte;

hätte; da nun die Kubikwurzel von 1000, Zehn ist, so stellt der neue Theil der Wurzel einen Zähler vor, dessen Nenner 10 ist. Der folgende Theil wird dann Hunderttheilchen u. s. w. enthalten. Z. B.

```
2 | 7 9 0 | 1 4,  0 7
1 |

1 | 7 9 0
      3
      1 7
        1 6
      4 3 6
1   7 4 4

    4 6 | 0 0 0
    5 8 | 8

    4 6 | 0 0 0 | 0 0 0
    5   | 8 8 0 | 0
        |   7 9 | 4 0
        |       | 4 9
    5   | 9 0 9 | 4 4 9
    4 1 | 3 6 6 | 1 4 3

        4 6 3 3  8 5 7
```

§. 190.

Anm. Es gilt hier eben das, was in (182) ist bemerkt worden.

K 2                    §. 191.

## §. 191.

Anm. Die Probe wird gemacht, wenn man die Theile der Wurzel erstlich mit sich selbst, und dann das Product nochmals mit denselben multiplicirt, und wenn ein Rest geblieben ist, solchen am Ende addirt. Da alsdann das Product wieder die Zahl mit den Nullen giebt, wenn dergleichen sind angehängt worden. Z. B.

$$
\begin{array}{r}
1\,4\,0\,\overset{-2}{7} \\
1\,4\,0\,\overset{-2}{7} \\
\hline
9\,8\,4\,9 \\
5\,6\,2\,8\phantom{\,9} \\
1\,4\,0\,7\phantom{\,99} \\
\hline
1\,9\,7\,9\,6\,4\,\overset{-4}{9} \\
1\,4\,0\,\overset{-2}{7} \\
\hline
1\,3\,8\,5\,7\,5\,4\,3 \\
7\,9\,1\,8\,5\,9\,6\phantom{\,3} \\
1\,9\,7\,9\,6\,4\,9\phantom{\,33} \\
\hline
2\,7\,8\,5\,3\,6\,6\,1\,4\,\overset{-6}{3} \\
\text{Rest}\qquad 4\,6\,3\,3\,8\,5\,7 \\
\hline
2\,7\,9\,c{,}0\,0\,0\,0\,0\,0\,0
\end{array}
$$

## §. 192.

Anm. Man kann die Formel in (184) auch für die 4te und folgenden Potenzen einrichten, wenn man sie aufs neue mit a + b multiplicirt. In der Algebra wo sie in ihrer allgemeinsten Gestalt für alle Potenzen dargestellt wird, führt sie den Namen des Binomiums. Eine Biquadratwur-
zel

zel kann man überdem auch finden, wenn man erstlich die Quadratwurzel, und aus ihr eben dieselbe aufs neue wieder auszieht. (166)

## §. 193.

Anm. Für nicht allzugroße Zahlen hat man die Quadrate und Würfel mit ihren Wurzeln in eigne Tafeln gebracht, die also bey diesen Rechnungen viel Bequemlichkeit gewähren; man muß sich aber auf ihre Correctheit verlassen können. Solche Tafeln können leicht durch die Addition verfertigt werden, wozu man die Regeln durch Anwendung der Buchstabenrechenkunst findet. Gesetzt man hat ein Quadrat mit seiner Wurzel und will das Quadrat für die folgende die um eine Einheit größer ist, finden, so setze man die erste Wurzel $= n$, und die nächste $n + 1$, so ist das Quadrat der erstern $= n^2$ und das der

letztern $= n^2 + 2n + 1$ (171) Man ziehe nun das
$$n^2$$
erstere von diesem letztern ab, so ist
der Unterschied $= 2n + 1 = n + (n + 1)$.
Hieraus entspringt die Regel:
Man addire zu dem vor sich habenden Quadrate seine Wurzel und die des nächstfolgenden Quadrats welches man zu haben wünscht, und man wird es in dieser Summe erhalten. Z. B. man hätte die Wurzel 12 und ihr Quadrat 144, und wollte das von $12 + 1 = 13$ haben, so nimmt man $144 + 12 + 13 = 169 = (13)^2$. Für den Würfel nehme man $(n + 1)^3 = n^3 + 3n^2 + 3n + 1$ (184) und ziehe davon ab
den Würfel von $n = n^3$

so ist der Unterschied $= 3n^2 + 3n + 1$

K 3

Dieser

Dieſer Unterſchied läßt ſich in die beyden Theile zerlegen 1) in $n^2 + 2n + 1$ und 2) in $2n^2 + n$ (wie man ſieht, wenn man beyde wieder addirt) der erſtere Theil aber, oder $n^2 + 2n + 1$ iſt $= (n + 1)^2$ wie man vorhin geſehen hat; alſo kann man die Regel für die Erfindung des nächſten Würfels ſo abfaſſen: Man addire zum vor ſich habenden Würfel erſtlich das Quadrat von der Wurzel des nächſtfolgenden, ferner das doppelte Quadrat von der Wurzel des vor ſich habenden und endlich noch die Wurzel des vor ſich habenden Würfels ſelbſt, ſo giebt die Summe den verlangten nächſten Würfel. Z. B. Man hat den Würfel von $12 = 1728$ und will den von 13 haben;

$$
\begin{array}{rcl}
& 1728 & \\
(13)^2 =\!\!\!\!\! & 169 & \\
2.(12)^2 =\!\!\!\!\! & 288 & \\
12 =\!\!\!\!\! & 12 & \\
\hline
2197 = & (13)^3 &
\end{array}
$$

Wenn dieſe Rechnung bequem ſeyn ſoll, ſo muß man annehmen, daß die Quadrattafeln für die Wurzeln bereits vorhanden ſind. Von ſolchen Tafeln und ihrem Gebrauch findet man am Ende des IV. Kap. der Käſtn. Arithm. Nachricht.

### §. 194.

**Aufg.** Aus einem Decimalbruche die Quadrat: oder Kubikwurzel zu ziehen.

**Aufl.**

**Aufl.** 1) Man theile die Zahl in Klassen, aber nicht wie oben (180, 188) von der Rechten zur Linken, sondern umgekehrt von der Linken zur Rechten, so daß der Abschnitt da geschieht, wo das Komma nach (138) zu stehen kommt, und gebe dann wieder bey der Quadratwurzel jeder Klasse 2, und bey der Kubikwurzel 3 Ziffern.

2) Wenn die letzte Klasse zur Rechten noch nicht die gehörige Anzahl von Ziffern enthält, so ergänze man die fehlenden Stellen mit Nullen.

3) Man verfahre dann völlig so wie in (180, 188).

**Beweis.** Wenn man die Wurzel wieder in Decimaltheilen haben will, so muß das Quadrat zum Nenner 100, und der Würfel 1000 haben, wenn die Wurzel Zehntheilchen enthalten soll u. s. w. Dies wird aber geschehen, wenn man nach der Vorschrift verfährt, wie aus der Natur der Decimalbrüche erhellet. Z. B. $\sqrt{0,436}$.

$$\begin{array}{|c|c|c|}
\hline
4\,3 & 6\,0 & 66 = 0,66\ldots \\
3\,6 & & \\
\hline
7 & 6\,0 & \\
7 & 2\,6 & \\
\hline
7 & 5\,6 & \\
\hline
\end{array}$$

$$4$$

oder

oder $\sqrt[3]{0,0538}$ steht so:

```
 0 5 3 | 8 0 0 | 3 7 = 0, 3 7 . . .
 2 7   |       |
-------+-------+
 2 6   | 8 0 0 |
  7    |  7    |
-------+-------+
       6 7
       4 9
     ---------
     3 3 7 9
   2 3 6 5 3
   ---------
     3 1 4 7
```

Es ist übrigens für sich klar, daß man auch hier noch mehrere Decimaltheile in die Wurzel bekommen kann, wenn man an den Rest neue, aus bloßen Nullen bestehende Klassen hängt. (181, 189)

## §. 195.

**Anm.** Da man die Wurzeln in (181 ꝛc.) weder in ganzen Einheiten, noch irgend einer Art von Theilen der Einheit völlig darzustellen im Stande ist (182), so kann man sagen, daß sie in gar keiner bestimmten Verhältniß zur Einheit stehen, und man nennt sie deshalb Irrationalzahlen. Wenn man sie nicht durch Näherung wie in (181 ꝛc.) ausdrücken will, so bezeichnet man sie so wie die Wurzelgrößen in (158) und rechnet auch so mit ihnen.

Von

# Von den Verhältnissen.

### §. 196.

Bisher sind die Zahlen immer nur an sich, d. . nach der ihnen zukommenden Menge von Einheiten oder Theilen der Einheit, betrachtet worden; es ist aber nicht weniger vortheilhaft auch mehrere gegen einander zu halten und dabey blos auf das Rücksicht zu nehmen was ihnen in dieser wechselseitigen Beziehung zukommt.

### §. 197.

**Erklär.** Wenn man zwey gleichartige Zahlen oder Größen so gegen einander hält, daß man auf ihre Einerleyheit oder Verschiedenheit Rücksicht nimmt, so nennt man diese Vergleichung eine **Verhältniß** (ratio).

### §. 198.

**Erkl.** Die verglichenen Größen werden **Glieder** der Verhältniß genennt, und man unterscheidet bey denselben das vorhergehende (antecedens) und das folgende (consequens).

### §. 199.

**Erklär.** Eine Verhältniß heißt arithmetisch wenn man die Vergleichung so anstellt, daß man untersucht wie viel Einheiten in dem einen Gliede mehr oder weniger als in dem andern enthalten sind; geometrisch aber, wenn bey der Vergleichung das eine von beyden Gliedern selbst zum Maasstab genommen

nommen und unterſucht wird, wie vielmal es in
dem andern, oder was für ein Theil von ihm in dem
andern enthalten iſt. Z. B. wenn man 4 und 12
ſo gegen einander hält, daß man darauf Rückſicht
nimmt, daß in 12 acht Einheiten mehr als in 4,
oder in 4 acht weniger als in 12, enthalten ſind,
ſo betrachtet man ſie in einer arithmetiſchen; hin=
gegen wenn man bemerkt, daß 12 dreymal größer
als 4, oder 4 der dritte Theil von 12 iſt, ſo betrach=
tet man ſie in einer geometriſchen Verhältniß.

### §. 200.

Zuſ. Es kommt alſo bey jeder Verhältniß nicht
auf die Größe der Zahlen ſelbſt, ſondern blos auf
die Größe ihrer Verſchiedenheit an. Die Zahl wel=
che dieſelbe angiebt, wird der Name der Verhält=
niß genannt und bey der arithmetiſchen durch die
Subtraktion gefunden, wo er beſonders Denomi=
nator heißt. Bey der geometriſchen hingegen ge=
ſchieht dieſes mittelſt der Diviſion und er heißt als=
dann der Exponent.

### §. 201.

Anm. Daß man die erſtere Art der Verhältniſſe,
arithmetiſche genannt hat, kommt daher, weil
die Vergleichung hier durch Abzählung der Ein=
heiten, womit ſich eigentlich die Arithmetik be=
ſchäftigt, geſchieht. Bey der geometriſchen hin=
gegen geſchieht die Vergleichung der beyden Zah=
len auf eben die Art, wie man einen geometriſchen
Gegenſtand z. B. eine Linie mit einer andern ver=
gleicht,

gleicht, d. i. wo man unterſucht wie vielmal ſich die kleinere in der größern überſchlagen läßt.

## §. 202.

Zuſ. Da es bey Beſtimmung der Größe einer Verhältniß blos auf die Größe der Zahl ankommt welche der Name derſelben genannt wird, ſo hat man die arithmetiſchen eben ſo, wie in (122) die Differenzen, bezeichnet. Z. B. 12 — 4 und die geos metriſchen ſo, wie man, beſonders ehedem, die Quos tienten bezeichnete. Z. B. 12 : 4. Nachdem es aber gewöhnlich geworden iſt, jede vorzunehmende Diviſion und den dadurch erhaltenen Quotienten durch einen Bruch darzuſtellen, ſo kann man auch die Verhältniſſe wie Brüche ausdrücken, wo das eine Glied den Zähler und das andere den Nenner abgiebt. Auſſerdem aber müſſen Verhältniſſe und Quotienten oder Brüche, wohl von einander unters ſchieden werden.

## §. 203.

Zuſ. Wenn man alſo bey einer geometriſchen Verhältniß beyde Glieder durch einerley Zahl muls tiplicirt, oder dividirt, ſo wird dadurch dieſe Vers hältniß nicht geändert (67) alſo 12 : 4 $=$ 2. 12 : 2, 4 $= \frac{12}{2} : \frac{4}{2}$.

## §. 204.

Zuſ. Zwey Verhältniſſe die einerley dritten gleich ſind, ſind auch einander ſelbſt gleich; da man ſich

nems

nemlich diefelben als Brüche, mithin als Größen vorftellen kann (202), fo folgt diefer Zuf. mit aus (6). Z. B. 2 : 3 $=$ 4 : 6

$$8 : 12 = 4 : 6$$

alfo 2 : 3 $=$ 8 : 12

### §. 205.

**Aufg.** Die Verhältniß zweyer Brüche durch ein paar ganze Zahlen auszudrücken.

**Aufl.** Wenn die Brüche gleiche Nenner haben, fo find ihre Zähler felbft die gefuchten Verhältniß-zahlen; find fie aber nicht von gleicher Benennung, fo bringe man fie dazu (71).

Z. B. $\frac{3}{5} : \frac{2}{3} = \frac{9}{15} : \frac{10}{15} = 9 : 10$

oder $\frac{a}{b} : \frac{c}{d} = \frac{ad}{bd} : \frac{cb}{bd} = ad : cb$

**Beweis.** Wenn man bey den Brüchen die glei-chen Nenner wegläßt, fo ift es fo viel als wären fie mit einerley Zahl, nemlich der des gemein-fchaftlichen Nenners, multiplicirt worden (82).

### §. 206.

**Zuf.** Wenn zwey Brüche einerley Zähler haben, fo verhalten fie fich verkehrt wie ihre Nenner; denn man fetze, die Brüche feyen $\frac{a}{b} : \frac{a}{c}$ fo verhal-ten fie fich wie $\frac{ac}{bc} : \frac{ab}{bc} = ac : ab$ (205) $=$ c : b (303).

§. 207.

## §. 207.

**Erkl.** Man pflegt auch die Verhältniſſe ein=
zutheilen, in Verhältniſſe der Gleichheit und der
Ungleichheit, je nachdem beyde Glieder einander
gleich, oder nicht gleich ſind. Letztere heißen wie=
der Verhältniſſe der größeren oder kleineren Un=
gleichheit, je nachdem das größere oder das klei=
nere Glied das vorhergehende iſt.

## §. 208.

**Zuſ.** Von den Verhältniſſen der Gleichheit
muß man die gleichen Verhältniſſe unterſcheiden,
welche allemal vorhanden ſind, wenn zwey arith=
metiſche Verhältniſſe einerley Denominator, oder
zwey geometriſche einerley Exponenten haben.

## §. 209.

**Erkl.** Eine Verhältniß heißt rational oder
irrational, je nachdem der Denominator und Ex=
ponent eine Rational= oder Irrationalzahl iſt. Z.
B. $4 - \sqrt{12}$ iſt eine arithmetiſche und $4 : \sqrt{12}$
eine geometriſche Irrationalverhältniß.

## §. 210.

**Zuſ.** Eine irrationale Verhältniß kann einer
rationalen immer näher kommen, wenn man die
Irrationalzahl, wie in (181 ꝛc.) durch Näherung
ausdrückt. Z. B. da $\sqrt{12} = 3, 46\ldots$ ſo iſt
bey der Verhältniß $4 : \sqrt{12}$ der Exponent $= \frac{3}{4}$;
näher: $\frac{3,4}{4}$ noch näher: $\frac{3,46}{4} = 0, 86\ldots$

§. 211.

## §. 211.

Zuf. Zwey Irrationalzahlen können eine Rationalverhältniß haben, denn bey $4 \sqrt{12} : 8 \sqrt{12}$ wird der Exponent $= 2$ seyn.

## §. 212.

Anm. Die arithmetischen Verhältnisse kann man allgemein so darstellen; a — a ∓ d; wo a das vorhergehende: a ∓ d das nachfolgende Glied, und d der Denominator ist. Daß das nachfolgende Glied als die Summe des vorhergehenden und des Denominators angesehen werden kann, erhellet unmittelbar aus dem vorigen allgemeinen Ausdruck, und wenn das nachfolgende kleiner als das vorhergehende ist, so kann man d als verneinend ansehen. Die geometrischen können in ihrer Allgemeinheit so ausgedruckt werden: a : a e, wo a wieder das vorhergehende, a e das nachfolgende und e der Exponent ist. Daß das nachfolgende ein Product aus dem ersten in den Exponenten ist, ergiebt sich wieder aus dem allgemeinen Ausdruck. Wenn das nachfolgende das kleinere Glied ist, so bedeutet e einen reinen Bruch.

## §. 213.

Erkl. Verhältnisse deren Glieder aus Produkten bestehen, nennt man zusammengesetzte Verhältnisse und man sagt, sie seyen aus den Verhältnissen ihrer Factoren zusammengesetzt. Z. B. a c : b d ist eine Verhältniß welche aus denen a : b und c : d zusammengesetzt ist.

§. 214.

## §. 214.

Zuſ. Wenn in den Verhältniſſen der Factoren
ein folgendes Glied in der einen und ein vorherge-
hendes in der andern, einerley ſind, ſo beſteht die
zuſammengeſetzte Verhältniß aus den übrigen Gliedern, die nicht einerley waren. Z. B.

$$a : b \qquad\qquad \text{oder} \quad 1 : 3$$
$$b : c \qquad\qquad\qquad\qquad\quad 3 : 9$$

$$\overline{ab : cb} = a : c \ (203). \qquad 1 : 9$$

## §. 215.

Zuſ. Wenn die einzelnen Verhältniſſe einerley
Exponenten haben, alſo einander gleich ſind, ſo
nennt man die zuſammengeſetzte, eine vervielfäl-
tigte, beſonders eine verdoppelte (duplicata) wenn
ſie aus zwey; eine verdreyfachte (triplicata) wenn
ſie aus drey gleichen einzelnen zuſammengeſetzt iſt.
Z. B. wenn in (214) $a = 1$ und b eine Quadrat-
wurzel bedeutet, auch $\frac{a}{b} = \frac{b}{c}$, ſo iſt c das Quadrat
derſelben (157), und $1 : c$ d. i. die Verhältniß
der 1 zum Quadrat iſt noch einmal ſo groß als
die Verhältniß der 1 zur Wurzel. Auf gleiche
Weiſe wird die Verhältniß der 1 zum Würfel eine
dreymal größere, als die 1 zur Kubikwurzel ſeyn. Z.
B. die Kubikwurzel ſey $= 3$, alſo ihr Würfel 27,
ſo hat man $\quad 1 : 3$
$$\qquad\qquad 3 : 9$$
$$\qquad\qquad 9 : 27$$

alſo $\ 1 : 27$ welche aus 3 Verhältniſſen,
jede ſo groß als $1 : 3$, zuſammengeſetzt iſt.

§. 216.

### §. 216.

Zuf. Sieht man in (215) 1 : c als eine ganze Verhältniß an, so kann man in dieser Beziehung 1 : b die Hälfte derselben nennen, oder sie ist ratio subduplicata von der 1 zum Quadrat. Eben so ist 1 : 3 der dritte Theil (subtriplicata) von der 1 : 27.

### §. 217.

Anm. Glieder zusammengesetzter Verhältnisse, kommen z. B. vor, wenn von Vergleichung zweyer Flächen oder zweyer Körper die Rede ist. Denn erstlich übertrift die eine Fläche die andere um so vielmal als die Länge der einen die Länge der andern übertrift und ausserdem aufs neue so vielmal, als die Breite der einen die Breite der andern übertrift. Wäre nun die Länge der einen Fläche der Länge der andern gleich, so wäre die Verhältniß der Längen wie 1 : 1, also würden die Glieder der zusammengesetzten noch dieselben seyn, als die Glieder welche die verschiedenen Breiten der Flächen vorstellen, und man sagt alsdenn wenn die Längen gleich sind, so verhalten sich die Flächen wie die Breiten, und so in ähnlichen Fällen. Ferner kommen auch zusammengesetzte Verhältnisse vor bey Dingen welche man als Ursachen ansehen kann, die in einem gewissen Zeitraum irgend eine Wirkung hervorbringen z. B. Kapitalien und Zinßen. Diese letztern werden neinlich einmal nach der Größe des Kapitals und dann auch noch nach der Länge der Zeit in der es ist benutzt worden, zu bestimmen seyn. Also sind hier die Glieder der zusammengesetzten Verhältniß Producte, aus der Größe der wirkenden Ursach in die

die Länge der Zeit, wo sie gewirkt hat. Noch mehrere Fälle werden unten vorkommen.

## Von den Proportionen.

### §. 218.

**Erkl.** Wenn zwey gleiche Verhältnisse (208) durch das Zeichen der Gleichheit miteinander verbunden werden, so nennt man diese Zusammenordnung eine **Proportion**, welche arithmetisch oder geometrisch heißt, je nachdem die Verhältnisse arithmetisch oder geometrisch gewesen sind. Z. B. $4 - 12 = 5 - 13$ oder $4 : 12 = 5 : 15$.

### §. 219.

**Anm.** Wenn von Verhältnissen und Proportionen überhaupt oder ohne Zusatz die Rede ist, so pflegt man allemal **geometrische** zu verstehen; besonders im ältern Sinne des Worts.

### §. 220.

**Erkl.** Eine Proportion heißt **unterbrochen**, (proportio discreta) wenn alle 4 Glieder verschieden sind; **stetig** (continua), wenn das zweyte und dritte einerley sind. Die Beyspiele in (218) gehören zur erstern Art. Von letzterer ist $4 - 12 = 12 - 20$ ein Beyspiel der arithmetischen, und $4 : 12 = 12 : 36$ eins der geometrischen. Man kann die stetige so ausdrücken: daß das 2te und 3te Glied nur einmal vorkommt. Z. B. $\div 4 - 12 - 20$ und $\div 4 : 12 : 36$.

## §. 221.

Lehrſ. In jeder arithmetiſchen Proportion
iſt die Summe des erſten und 4ten Gliedes ſo
groß, als die des 2ten und 3ten.

Beweis. Man ſtelle die Glieder nach (212) in
allgemeinen dar, z. B. a — (a ✚ d) = c — (
✚ d). Nimmt man nun das erſte und 4te Glied
zuſammen, ſo hat man a ✚ c ✚ d d. i. erſtes
drittes und Denominator; beym 2ten und dritten
aber gleichfalls a ✚ c ✚ d alſo müſſen beyde Sum
men gleich ſeyn. Z. B. bey 4 — 12 = 5 — 13
iſt 4 ✚ 13 = 12 ✚ 5 = 17.

## §. 222.

Zuſ. Bey der ſtetigen wird alſo die Summe
des erſten und vierten dem Duplum des mittlern
gleich ſeyn, denn ihr allgemeiner Ausdruck wird
ſeyn: a — (a + d) = (a + d) — (a + 2 d)
Kommt alſo das erſte Glied a, noch zum 4ten, ſo
erhält man 2 a ✚ 2 d = 2. (a ✚ d) (132) oder
das Beyſpiel in (220) gebraucht 4, ✚ 20 = 2. 12

## §. 223.

Anm. Man nennt das 1ſte und 4te Glied zuſammen
die äuſſern, und das 2te und 3te die innern; die
beyden erſten aber und beyden letzten, jedes Paar
beſonders, die gleichnahmigen.

§. 224.

## §. 224.

Aufg. Aus drey gegebenen Gliedern einer arithmetischen Proportion das 4te zu finden.

Aufl. 1) Wenn ein äusseres gesucht wird, so addire man die innern und subtrahire von der Summe das gegebene äussere, so ist der Rest das gesuchte.

2) Wenn ein inneres gesucht wird, so addire man die äussern, und subtrahire von der Summe das innere, so ist wieder der Rest das gesuchte.

Z. B. Es ist aus (221) gegeben: 4, 12, 5 man sucht das 4te, so ist $12 + 5 = 17$ und $17 - 4 = 13$. Oder es fehlt das zweite, und ist gegeben 4, 5, 13 so hat man $4 + 13 = 17$ und $17 - 5 = 12$.

Bew. Es sey die
Proportion $m - n = p - q$
so ist $m + q = n + p$ (221)
man subtrahire beyderseits $m - m$

so ist: $q = n + p - m$ (49)
Auf ähnliche Art läßt sich auch der Beweis für die übrigen Fälle führen.

## §. 225.

Zuf: Wenn bey der stetigen Proportion das erste oder letzte Glied fehlt, so zieht man vom Doppelten des mittlern das letzte oder erste ab; und wenn das mittelste fehlt, so halbirt man die Sum-

me

me des erſten und letzten. Denn es ſey die Pro=
portion : ÷ x — y — z

so iſt x ✚ z = 2 y (222)

Man halbire bey=
derſeits, so iſt x ✚ z = y (49) u. ſ. w.

$$\frac{x + z}{2}$$

### §. 226.

**Anm.** Aus der letzten Formel läßt ſich eine Regel
für ſolche Fälle machen, wo man aus zwey be=
kannten aber nicht zuverläßigen Werthen, von wel=
chen man vermuthet, daß der eine über, und der
andere unter dem richtigen ſey, einen mittlern
findet, welcher der Richtigkeit näher als jene, zu
ſeyn ſcheint.

### §. 227.

**Lehrſ.** In einer geometriſchen Proportion
iſt das Product der beyden innern Glieder ſo
groß, als das Product der beyden äuſſern.

**Erſter Beweis:** Man ſtelle ſie im allgemeinen
nach (212) dar, nemlich a : ae = b : be, ſo be=
kommt man bey Multiplicirung der beyden äuſſern
ein Product welches aus den drey Factoren a, b
und e, d. i. aus dem erſten und dem dritten Gliede
nebſt dem Exponenten beſteht. Bey Multiplicirung
der innern aber erhält man im Product eben die=
ſelben Factoren, mithin auch eben daſſelbe Product
Z. B. wenn 4 : 12 = 5 : 15, ſo iſt 4 . 15 =
12 . 5 = 60.

**Anderer Beweis:** Man drücke die beyden glei=
chen Verhältniſſe, welche die Proportion ausmachen,
als

als Brüche aus. Wenn z. B. die Glieder der Proportion wären: $m : n = p : q$

so setze man $\frac{m}{n} = \frac{p}{q}$ (202) man bringe

beyde Brüche unter einerley Benennung $\frac{mq}{nq} = \frac{np}{nq}$ Man multiplicire beyderseits durch $q\,n$ so kommt $mq = np$

### §. 228.

Zuf. Bey der stetigen wird also das Produkt der äussern Glieder dem Quadrat des mittlern gleich seyn. Ihr allgemeiner Ausdruck wird nemlich seyn

$$a : ae = ae : ae^2 \text{ also } a \cdot ae^2 = a^2 e^2 = (ae)^2$$

### §. 229.

Lehrf. Aus 2 paar Factoren zweyer gleichen Producte läßt sich jedesmal eine geometrische Proportion machen, bey welcher das Product der äussern Glieder das eine, und das der innern, das andere, von jenen Producten giebt.

Erster Beweis: Die beyden Producte seyen $mq = np$ und die Größen in der Ordnung wie sie als Glieder der Proportion stehen sollen: $m, n, p, q$. Man multiplicire $p$ und $q$ durch $m$, so erhält man $mp$ und $mq$ und es ist $mp : mq = p : q$ (203); man setze in dieser Proportion statt $mq$ das ihm gleiche $np$, so hat man folgende: $mp : np = p : q$ man dividire die Glieder der ersten Verhältniß durch $p$, so kommt: $m : n = p : q$.

Ande=

**Anderer Beweis.** Es seyen die Producte m q = n p; man dividire beyde durch n q, so wird $\frac{m\,q}{n\,q} = \frac{n\,p}{n\,q}$ (48). Man hebe den ersten Bruch mit q und den andern mit n auf, so kommt $\frac{m}{n}$ = $\frac{p}{q}$; drückt man nun diese Brüche wieder als Verhältnißglieder aus, wie in (20:), so erhält man m : n = p : q. Es wird nemlich angenommen, daß wenn es verstattet ist, Verhältnisse als Brüche auszudrücken, es auch hinwiederum angehe, Zähler und Nenner der Brüche als Verhältnißglieder an= zuordnen. Der Grund hievon liegt in (59, 200).

## §. 230.

Zus. Da jede Zahl als ein Product anzusehen ist welches 1 und sich selbst zu Factoren hat, so kann man, wenn sie keine Primzahl ist und folglich noch ein paar andere, eigentliche Factoren hat, allemal eine geometrische Proportion aus ihr bilden z. B. 15 besteht aus 1. 15 und auch aus 3. 5 und es ist 1 : 3 = 5 : 15 oder bey dem Product a b wird 1 : a = b : ab d. i. bey jedem Product verhält sich die Einheit zum einen eigentlichen Factor, wie der andere zum Product; welches auch mit (36) über= einstimmt. Sieht man a b als einen Dividend; a als den Divisor und b als den Quotienten an, so kann man sagen, 1 verhalte sich eben so zum Divisor, wie der Quotient zum Dividend; oder wenn a den Quotienten und b den Divisor vorstellt, 1 zum

t zum Quotienten, wie der Divifor zum Dividend (42).

## §. 231.

Lehrſatz. Wenn 4 Glieder einer geometriſchen Proportion, wie a : ae ═ b : be auf folgende Weiſe verändert werden, ſo machen ſie
auch dann noch eine geometriſche Proportion.

I. rückwärts: ae : a ═ be : b.

II. verwechſelt a : b ═ ae : be

III. die vorhergehenden und folgenden Glieder ſummirt: a + b : ae + be ═ a : ae

oder ſie von einander abgezogen:

a — b : ae — be ═ a : ae

IV. Umgekehrt:

a : a + ae ═ b : b + be

oder a : a — ae ═ b : b — be

V. Zuſammengeſetzt:

a + ae : ae ═ b + be : be

oder getheilt: a — ae : ae ═ b — be : be

VI. Zu Potenzen erhoben, oder Wurzeln
ausgezogen.

$$a^n : a^n e^n = b^n : b^n e^n$$

$$\sqrt[n]{a} : \sqrt[n]{a}\sqrt[n]{e} = \sqrt[n]{b} : \sqrt[n]{b}\sqrt[n]{e}$$

VII.

VII. Jedes der 4 Glieder mit dem ihm entsprechenden Gliede einer andern geometrischen Proportion multiplicirt, oder dividirt

$$\eta \; : \; ae \; = \; b : \eta e$$
$$m \; : \; mn \; = \; q : q\mathbf{u}$$
$$am : aemn = bq : bequ$$

**Beweis.** In allen diesen Fällen geben die beyden äussern Glieder eben dasselbe Product als die beyden innern, folglich sind die Glieder in einer geometrischen Proportion (229).

### §. 232.

**Anm.** Beweise für solche Sätze, nach Art der in (229) mit beygebrachten, findet man im Vten Kap. der Kästn. Arithm. Man pflegt sonst unter diesen Fällen auch noch den mit anzuführen, wo ein paar gleichartige Verhältnißglieder mit einerley dritten Zahl multiplicirt oder dividirt werden, er ist aber schon in (203) vorhanden.

### §. 233.

**Zuf.** Wenn $a : b = c : d$    oder $a : b = c : d$

und $b : f = d : h$        $b : f = h : c$

so ist $a : f = c : h$      $a : f = h : d$

Dies folgt aus (231 VII. u. 203); die erste dieser Formen ist unter dem Ausdruck: ordinatim et ex aequo und die andere unter dem: perturbate et ex aequo, bekannt.

§. 234.

## §. 234.

Aufg. Aus den ersten 3 gegebenen Gliedern einer geometrischen Proportion das 4te zu finden.

Aufl. Man multiplicire das 2te mit dem 3ten und dividire das Product durch das erste, so ist der Quotient das 4te. Z. B. Die 3 ersten seyen: a, b, c, so ist das 4te $= \dfrac{b\,c}{a}$ oder: die ersten seyen 2, 3, 4, so ist das 4te $= \dfrac{3 \cdot 4}{2} = 6$.

Beweis. Man nenne das gesuchte vierte einstweilen x, so ist $a : b = c : x$

$$a\,x = b\,c \quad \text{nach (227)}$$

div. d. a) $\rule{4cm}{0.4pt}$

$$x = \dfrac{b\,c}{a} \quad \text{nach (48)}$$

## §. 235.

Anm. Da man nach (231) jedes der 4 Glieder zu einem letzten machen kann, so gilt diese Auflösung auch für solche Fälle, wo das 1ste, 2te, oder 3te Glied aus den übrigen gefunden werden soll.

## §. 236.

Anm. Diese Auflösung heißt die Regel de tri, oder auch wegen ihres weit ausgebreiteten Nutzens, die goldne Regel. Man theilt sie in die ordentliche oder directe, und in die verkehrte. Die erstere kommt bey solchen Fällen vor, wo man im allgemeinen sagen kann: Je mehr dies, desto mehr jenes; oder auch je weniger dies, desto weniger jenes. Z. B. Je mehr Arbeit,

L 5

desto

desto mehr Lohn. Die verkehrte hingegen hat
statt, wenn man sagen muß: je mehr dies, desto weniger jenes; oder auch je weniger dies,
desto mehr jenes. Z. B. Je mehr Leute an
einer Arbeit sind, desto weniger brauchen sie Zeit
zu deren Vollendung. Die erstere wird deswegen
die ordentliche genannt, weil man bey ihr die
beyden gleichnahmigen Verhältnißglieder in eben
der Ordnung, wie sie in der Aufgabe genannt
werden, in Ansatz bringen kann. Z. B. 5 ℔
kosten 20 Rthlr. wie viel kosten 6 ℔; hier setzt
man: $5 ℔ : 6 ℔ = 20 \text{ Rthlr.} : \frac{6 \cdot 20}{5} =$
24 Rthlr.

Die verkehrte aber hat ihren Namen daher,
daß man in den für sie gehörigen Fällen die beyden gleichnahmigen Glieder in umgekehrter Ordnung ansetzen muß, wenn die Aufgabe nach der
natürlichen Art zu reden vorgetragen wird. Z. B.
Wenn der Scheffel Korn 2 Rthlr. gilt, so wiegt
das Groschenbrod 3 Pfund; wie viel wird es
wiegen müssen, wenn der Scheffel 1 Rthlr.
kostet? Hier muß man setzen: 1 Rthlr. : 2 Rthlr.
$= 3 \text{ Pfund} : \frac{2 \cdot 3}{1} = 6 \text{ Pfund}.$

## §. 237.

Anm. Man muß beym Gebrauch der Regel de tri
noch auf folgende Punkte Rücksicht nehmen.

I. Man darf sie nie anbringen, als wo wirklich
eine Proportion unter den in der Aufgabe vorkommenden Dingen vorhanden ist. Z. B. Wenn
aus einem Fasse, das nicht beständig voll gehalten wird, in 1 Min. 2 Kannen herausgelaufen
sind, so werden nicht in 10 Min. 10mal 2 Kannen,

nen, sondern weniger, herausgelaufen seyn, weil
mit der Abnahme des obern Drucks auch die Ge-
schwindigkeit des Laufens abnimmt.

II. Es müssen allemal 2 Größen gleichartig
seyn, und die dritte muß sich auf eine dieser
gleichartigen eben so beziehen, wie sich die gesuchte 4te auf die andere beziehen soll. Z. B.
5 Pf. kosten 4 Rthlr. wie viel kosten 3 Centner?
Hier sind die 5 Pfund und 3 Centner nicht ganz
gleichartig, und man muß deshalb erst eine Reduction vornehmen, ehe man die Regel de tri an-
wendet, dies kann geschehen, entweder wenn man
nach (99) die Centner in Pfund; oder nach
(95) die Pfund in Centner verwandelt; nemlich

$$5 \text{ Pf.} : 300 \text{ Pf.} = 4 \text{ Rlr.} : \frac{4 \cdot 300}{5} \text{ Rlr.} = 240 \text{ Rlr.}$$

$$\text{oder } \tfrac{1}{20} \text{ C.} : 3 \text{ C.} = 4 \text{ Rlr.} : \frac{3 \cdot 4 \cdot 20}{1} \text{ Rlr.} = 240 \text{ Rlr.}$$

III. Wenn mehr oder weniger als 3 Zahlen in
der Aufgabe vorkommen, so muß sie sich so ein-
kleiden lassen, daß nicht mehr als 3 Zahlen erscheinen, sonst kann die Regel de tri nicht angebracht werden. Z. B. Wenn Jemand täglich 2
Rthlr. verzehrt, wie viel wird er jährlich brauchen; dies muß so eingekleidet werden: 1 Tag :

$$365 \text{ Tagen} = 2 \text{ Rthlr.} : \frac{2 \cdot 365}{1} = 730 \text{ Rthlr.}$$

oder: in 1 Mühle welche 2 Gänge hat, können in
3 Tagen 20 Scheffel gemahlen werden, wie viel
werden in eben der Zeit in einer andern gemahlen
werden können, welche 5 Gänge hat? hier wird
so wohl die 1 bey der Mühle als die 3 bey den
Tagen ganz aus der Rechnung gelassen, weil diese
Dinge für beyde Fälle, einerley sind, also die
Verhältniß nicht ändern, und die Rechnung steht

so:

fo: 2 Gänge : 5 Gängen $=$ 20 Schffl. : $\frac{5 \cdot 10}{2} =$
50 Scheffel, oder: 100 Rthlr. bringen in 1 Jahr
5 Rthlr. Zinß, wie viel werden 30 Rthlr. 16 gr.
6 pf. in diefer Zeit bringen? Hier machen die
100 Rthlr. das erfte; die 30 Rthlr. 16 gr. 6 pf.
nach geschehener Reduction (entweder zu lauter
Pfennigen oder zu lauter Rthlr. wo die 16 gr.
6 pf. einen Bruch vom Thaler machen) das zweite
und die 5 Rthlr. Zinß als ungleichartig mit den
vorigen, das dritte Glied aus, und die Rechnung fteht fo:

$$100 \text{ Rthlr.} : 30 \text{ Rthlr. } 16 \text{ gr. } 6 \text{ pf.} = 5 \text{ Rthlr.}$$

$$
\begin{array}{ll}
24 & 24 \\
\hline
2400 & 736 \\
12 & 12 \\
\hline
4800 & 1478 \\
24 & 736 \\
\hline
22800 \text{ Pfn.} & 8838 \text{ Pfn.}
\end{array}
$$

$8838 \text{ Pfn.} = 5 \text{ Rlr.} = \frac{5 \cdot 8838}{22800} \text{ Rlr.}$

oder: Da 16 gl. 6 pf. $= 16 \frac{1}{2}$ gl. $= \frac{33}{2}$ gr. (64)

$= \frac{33}{2 \cdot 24}$ Rthlr. (99) $= \frac{11}{16}$ Rthlr. fo hat man:

$100 \text{ Rthlr.} : 30 \frac{11}{16} \text{ Rthlr.}$

oder 100 Rlr. : $\frac{491}{16}$ Rlr. $= 5$ Rlr. : $\frac{5 \cdot 491}{100 \cdot 16}$ Rlr.

$= \frac{491}{20 \cdot 16} = 1 \frac{171}{320}$ Rthlr.

Den am Rthlr. hängenden Bruch $\frac{171}{320}$ kann man

nach (99) zu Groschen machen, neml. $\frac{171 \cdot 24}{320}$

$= 12$

$= 12 \frac{264}{320}$ gr. und auf ähnliche Art kann man den Bruch vom Groschen in Pfennige verwandeln.

### §. 238.

Anm. Wenn das dritte Glied aus einander unter-geordneten Zahlen, die beyden erstern aber aus kleinen, oder doch in kleine Factoren zerfällbaren Zahlen besteht, so braucht man die Reduction nicht, und kann nach (100) verfahren. Z. B. 12 Pfund kosten 10 Rthlr. 6 gr. 4 pf. wie viel 105 Pf? also: 12 : 105 $=$ 10 Kr. 6 gl. 4 pf. 5

oder nach(203)3) 4 : 35    5 Kr. 7 gl. 8 pf. X mult.

359 Kr. 5 gl. 8 pf. 7

div. 4) 89 Kr. 19 gl. 5 pf.    Der verlangte Betrag.

### §. 239.

Anm. Diese und ähnliche Abkürzungen, pflegt man die welsche Practik zu nennen und in practi-schen Rechenbüchern eine Menge Beyspiele aufzu-führen bey welchen sie angebracht werden kann. Unmathematischen Köpfen beschweren sie nur das Gedächtniß und mathematische erfinden sie aus der Theorie leicht selbst.

### §. 240.

Anm. Wenn die Rechnung aus zusammengesetzten Verhältnissen geführt werden muß, so kann man statt derselben auch die einzelnen Verhältnisse brauchen aus welchen sie zusammengesetzt sind. Sind dieser einzelnen Verhältnisse zwey, so wer-den sie nebst dem einzelnen Gliede welches mit dem gesuchten gleichnahmig ist, fünf Glieder in den An-

satz

satz bringen; davon hat die Regel für solche Aufgaben den Namen **Regel de quinque** erhalten. Man verfährt bey ihr so, daß man erstlich aus der einen von beyden Verhältnissen allein, nebst dem einzelnen Gliede, das vierte sucht; dieses vierte Glied ist sodann bey der Anwendung der andern von den beyden Verhältnissen wieder als das einzelne, oder dritte Glied anzusehen; und das zu diesem abermals gefundene vierte wird die aus der zusammengesetzten Verhältniß zu berechnende Zahl seyn. Wenn man aber wie in (234) die bey der Rechnung zu machenden Producte und Quotienten vorläufig durch Factoren ausdrückt, so wird es sehr in die Augen fallend, wie die Regel de tri-Rechnung aus einer zusammengesetzten Verhältniß, mit der, wo die Regel de tri zweymal hintereinander angewandt wird, übereinstimmt. Z. B. Ein Capital von 100 Rthlr. giebt in 1 Jahr 5 Rthlr. Zins, wie viel geben 250 Rthlr. in 8 Jahren? Hier bestehen die Verhältnißglieder nach welchen der Zins berechnet wird, aus den Producten der Capitalien in die Zeiten des Ausstehens derselben (217), also stünde die Rechnung so: $100. 1 : 250. 8 = 5$ Rthlr. $: \frac{250. 8. 5.}{100. 1.}$

Nimmt man aber die Sache so, daß man sich anfangs vorstellt, das andere Capital habe eben so lange ausgestanden als das erste, so hat man $100$ Kapit. $: 250$ Kap. $= 5$ Zins $: \frac{250. 5.}{100.}$ Zins und nun berichtigt man diesen Zins weiter nach Maaßgabe der verschiedenen Zeiten, so wird: $1$ Jahr $: 8$ Jahren $= \frac{250. 5.}{100}$ Zins $: \frac{8. 250. 5.}{1. 100.}$ wie vorhin. Wenn oben und unten aufgehoben wird, so erhält man den gesuchten Zins $=$ $100$ Rthlr.

§. 241.

## §. 241.

**Anm.** Kommen noch mehr als 2 Verhältnisse vor, so kann man ganz auf dieselbe Weise verfahren. Die Regel hiezu hat man die Regel **Multiplex** genannt. Z. B. 10 Maurer haben in 15 Wochen, worinn sie 6 Tage, und täglich 12 Stunden arbeiteten, eine Mauer verfertigt, welche 400 Fuß lang 12 Fuß hoch 3½ Fuß dick war; wie viel Wochen werden 24 Maurer zubringen, wenn die Mauer 160 Fuß lang, 14 Fuß hoch, 2½ Fuß dick ist, wöchentlich aber nur 5 Tage und täglich 10 St. gearbeitet wird. Wenn man die Verhältnisse in dieser Aufgabe nach (236) einzeln untersucht, so findet man, daß diejenigen welche die Zahl der Arbeiter, und die Zeiten in welchen sie gearbeitet haben, betreffen, verkehrt; diejenigen aber welche die Abmessungen der Mauer betreffen, ordentlich, oder direct sind; wenn man nun noch die ganzen Zahlen woran Brüche hängen nach (64) ausdrückt, so wird man folgenden Ansatz erhalten:

$$
\begin{array}{llll}
\text{M. M.} & \text{W.} & & \dfrac{10.\,15\ \text{Wochen}}{24} \\[2ex]
24:10 & 15 & \cdot & \\[2ex]
\text{T. T.} & \dfrac{10.\,15}{24} & \cdot & \dfrac{6.\,10.\,15}{5.\,24} \\[2ex]
5:6 & & \cdot & \\[2ex]
\text{St. St.} & \dfrac{6.\,10.\,15}{5.\,24} & & \dfrac{12.\,6.\,10.\,15}{10.\,5.\,24} \\[2ex]
10:12 & & \cdot & \\[2ex]
\text{Lang L.} & \dfrac{12.\,6.\,10.\,15}{10.\,5.\,24} & & \dfrac{160.\,12.\,6.\,10.\,15}{400.\,10.\,5.\,24} \\[2ex]
400:160 & & \cdot & \\[2ex]
\text{Hoch H. H.} & \dfrac{160.\,12.\,6.\,10.\,15}{400.\,10.\,5.\,24} & & \dfrac{14.\,160.\,12.\,6.\,10.\,15}{12.\,400.\,10.\,5.\,24} \\[2ex]
12:14 & & \cdot & \\[2ex]
\text{Dick D.} & \dfrac{14\ 160.\,12.\,6.\,10.\,15}{12.\,400.\,10.\,5.\,24} & & \dfrac{2.\,5.\,14.\,160.\,12.\,6.\,10.\,15}{7.\,2.\,12.\,400.\,10.\,5.\,24} \\[2ex]
\frac{7}{2}:\frac{5}{2} & & \cdot &
\end{array}
$$

Dies

Dies giebt nach dem Aufheben: 3 Wochen. Die jedesmaligen vierten Glieder welche hernach wieder in die 3te Stelle kommen, braucht man bey praktischen Arbeiten nicht wirklich hinzuschreiben, es ist hier blos zu dem Ende geschehen, um es in die Augen fallend zu machen, daß die verlangte Zahl als ein Bruch anzusehen ist, dessen Zähler das Product aus allen zweiten Gliedern nebst dem dritten, und der Nenner ein Product aus allen ersten Gliedern ist. Man könnte deshalb auch das Aufheben sogleich mit den im Ansatz stehenden Zahlen selbst vornehmen. Von den Brüchen müßte man übrigens vor dem Aufheben die Nenner aus der zweiten und dritten Reihe in die erste, und die aus der ersten in die zweite, setzen, die Zähler aber unversetzt lassen. Die in manchen praktischen Rechenbüchern vorkommende Reesische Regel beruht auf diesen Gründen.

§. 242.

**Antw.** Rechnungen dieser Art kommen auch bey den Reductionen der Münzen, Maaße und Gewichte vor, wo die Vergleichung zwischen zweyen durch mehrere Mittelvergleichungen bewerkstelligt wird. Z. B. Man will wissen wie viel Mariengroschen auf 1 Dukaten gehen. Gesetzt nun man wisse, daß 3 Mariengr. 2 guten gr.; 16 ggr. 1 Gulden; 3 Gulden 2 Rthlr. und 11 Rthlr. 4 Dukaten betrügen, so könnnte man den Ansatz so machen:

$$2 \text{ ggr. } 16 \text{ ggr. } = 3 \text{ Mgr. } : \frac{3 . 16}{2}$$

$$1 \text{ fl. } \quad 3 \text{ fl. } = \frac{3 . 16}{2} \quad : \quad \frac{3 . 3 . 16}{1 . 2}$$

$$2 \text{ Rhr. } 11 \text{ Rhr. } = \frac{3 . 3 . 16}{1 . 2} \quad : \quad \frac{11 . 3 . 3 . 16}{2 . 1 . 2}$$

$$4 \text{ Duk. } 1 \text{ D. } = \frac{11 . 3 . 3 . 16.}{2 . 1 . 2} \quad : \quad \frac{1 . 11 . 3 . 3 . 16.}{4 . 2 . 1 . 2.}$$

welcher Bruch nach dem Aufheben 99 Mgl. giebt.

Man

Man pflegt aber auch diese Rechnungen so an-
zuordnen  daß man die erste Verhältniß mit eben
der Münzsorte anfängt von welcher die Frage ist
und dieselbe mit einer andern vergleicht, mit welcher die folgende Verhältniß wieder angefangen
und dieselbe mit einer dritten verglichen wird, so
daß jede Verhältniß mit eben der Sorte anfängt,
mit welcher die vorige aufhört, bis man auf diejenige Sorte kommt in welcher die Antwort stehen
soll. Z. B.   4 Duf.   11 Rthlr.

  2 Rthlr.   3 fl.

  1 fl.   16 ggr.

  2 ggr.   3 Mgr. = 1 Duf. Di-
vidirt man nun wieder das Product aller zweiten
Glieder nebst dem dritten, durch das Product aller ersten, so erhält man auch wieder die verlangte
Zahl.  Wegen dieses Zusammenhangs des vorhergehenden letzten Gliedes mit den nachfolgenden
ersten, hat man dieses Verfahren die **Ketten-
rechnung** genannt.

## §. 243.

Zuf. Noch eine Anwendung der Regel Detri
kommt vor, wenn irgend ein Ganzes und einer
seiner Theile nebst noch einem andern Ganzen gegeben ist, zu welchem derjenige Theil verlangt wird,
der sich eben so zu ihm verhält, wie jener erstere
Theil zu seinem Ganzen. Z. B. es hat Jemand an
einem Kapital von 1000 Rthlr. einen Antheil von
300 Rthlr. wenn nun mit jenem Kapital 80 Rthlr.
wären gewonnen worden, wie viel würde dem,
der jenen Antheil hatte, davon zukommen müssen?
Es ist natürlich, daß dieser Gewinn ein eben so

M     großes

großes Stück von den 80 Rthlr. seyn muß, als
300 Rthlr. von den 1000 sind, also setzt man:
$$1000 : 300 = 80 : \frac{80 \cdot 300}{1000} = 24 \text{ Rthlr.}$$

Auſſer jenen 300 können nun noch verſchiedene
andere Perſonen an den 1000 Rthlr. Antheil haben
die ſich zuſammen bis auf 700 Rthlr. belaufen,
und ihre Antheile am Gewinn laſſen ſich auf eben
die Art berechnen; man braucht nur die Regel De:
tri ſo vielmal anzuwenden, als Antheile vorhan:
den ſind.

## §. 244.

Anm. Man ſieht, daß dieſe Rechnung gebraucht
werden kann, wenn mehrere in einer Geſellſchaft
ſich befindende Perſonen einen Gewinn und Ver:
luſt nach Proportion einer gewiſſen Theilnahme
beſtimmen wollen. Sie wird deshalb auch die
Geſellſchaftsrechnung genannt. Man pflegt
ſie in die einfache und zuſammengeſetzte einzu:
theilen, je nachdem die Theilnahme einfach oder zu=
ſammengeſetzt iſt. Z. B. wenn das vorhin erwehn:
te Kapital von 1000 durch drey Intereſſenten iſt
zuſammen geſchoſſen worden, von welchen der erſte
300; der zweite 400 und der 3te 500 gegeben,
und einer ſein Geld ſo lange als der andere in
der Handlung gelaſſen hat, ſo werden die Antheile
am Gewinn nach der einfachen Geſellſchaftsregel
berechnet; hätte aber der erſte ſeine 300 Rthlr.
2 Jahre; der zweite ſeine 400 Rthlr. 1 Jahr
und der dritte ſeine 500 Rthlr 3 Jahre in der
Handlung gelaſſen, ſo muß nothwendig auf dieſe
Zeiten bey der Theilnahme mit Rückſicht genom=
men werden. Dieſes geſchieht, wenn man nach

(217)

(217) die Zahl des Kapitals in die Zahl der Zeit multiplicirt, denn ein Antheil von 300 Rthlr. auf 2 Jahre, wird eben so anzusehen seyn, als einer von 2. 300 oder 600 Rthlr. auf 1 Jahr ꝛc. Auf solche Art reducirt man die sämmtlichen Zeiten auf 1 und nun kann man wieder wie bey der einfachen Gesellschaftsrechnung verfahren. Es sind nemlich die Zahlen der Theilnahme.

$$
\begin{array}{r}
6\ 0\ 0 \\
4\ 0\ 0 \\
1\ 5\ 0\ 0 \\
\hline
\end{array}
$$

das Ganze $2\ 5\ 0\ 0$ also: $2500 : 600 = 80$:

$$\frac{600.\ 80}{2500}$$ u. s. w.

## §. 245.

Zus. Wenn man bey einer zusammengesetzten Sache weiß, wie sich ein gewisser Bestandtheil derselben zur ganzen zusammengesetzten Sache verhält, so kann man wie vorhin finden, wie viel sein ähnlicher Bestandtheil bey einer andern zusammengesetzten Sache betragen muß, die im Ganzen mehr oder weniger, als die vorige beträgt. Diese Rechnung nennt man deßhalb die Alligations- oder Vermischungsrechnung. Z. B. wenn man 42 Loth Schießpulver hat, so beträgt der dabey befindliche Salpeter 1 ℔ oder 32 Loth wie viel wird er betragen, wenn man 100 ℔ Schießpulver haben wollte? dies gäbe 42 L. : 32 L. $= 100$ ℔.: $\frac{32.\ 100}{42}$ ℔.

M 2        Eben

Eben so können auch die Antheile von Schwefel und Kohlen berechnet werden.

### §. 246.

Zuſ. Eine andere Art von Vermiſchungsrechnung, wo auch die Regel Detri gebraucht wird, kommt vor, wenn man mehrere Dinge von einerley Art aber verſchiedenem Werthe und verſchiedener Menge zuſammenmiſcht, und nach dem mittlern Werthe fragt. Z. B. es hat Jemand 20 Maas Rheinwein wo das Maas 12 gl. koſtet und 30 Maas wo das Maas 16 gr. koſtet, wie viel wird 1 Maas vom vermiſchten Werth ſeyn.

Hier hat man: 1 : 20 $=$ 12 gr. : 10 Rthlr.

ferner 1 : 30 $=$ 16 — : 20 Rthlr.

alſo 50 Maas 30 Rthlr. folglich 1 Maas $\frac{3}{5}$ Rthlr.

### §. 247.

Zuſ. Wenn man die Frage ſo ſtellt: Es ſind 2 gleichartige Dinge von verſchiedenem Werthe vorhanden, wie viel muß man von jedem nehmen, das mit das vermiſchte einen gegebnen Mittelwerth erhalte. Z. B. 1 Maas Rheinwein koſtet 12 gr. ein anderes 18 gr. wie viel iſt von jedem nöthig um 1 Maas zu erhalten welches 16 gr. werth iſt? Um hierzu eine allgemeine Regel zu finden, nenne man das Maas $=$ 1 den Werth der beſſern Sorte $=$ a; den der geringern b und den gegebnen mittlern $=$ c; den Theil eines Maaßes der von der beſſern Sorte genommen werden muß. $=$ x ſo wird der

von

von der geringern Sorte seyn $= 1 - x$ nun sage man nach' der Regel Detri

1 M. kostet $a$, wie viel $x$ Maas? $a x$. Ferner: 1 M. kostet $b$, wie viel $1 - x$ Maas? $b - b x$, diese beyden Werthe sollen nun nach Innhalt der Frage zusammen den gegebnen Mittelwerth eines Maaßes, nemlich $c$, ausmachen,

also kann man setzen:
$$c = a x + b - b x$$

man subtrahire auf beyden Sei= ten $b$, so hat man
$$c - b = a x - b x$$

Man zerfälle das was rechter Hand des Gleichheitszeichens steht, in Factoren (132)
$$c - b = (a - b) x$$

Man dividire beyders. d. a $-b$, so erhält man
$$\frac{c - b}{a - b} = x$$

Sieht man den Bruch linker Hand an, als wäre er in 1 multiplicirt, so kann man aus der gefundenen Formel folgende geometrische Propor= tion machen: $a - b : c - b = 1 : x$ und es läßt sich sonach der Antheil von der bessern Sorte durch die Regel Detri finden, wenn man zum er= sten Glied die Differenz zwischen dem größten und kleinsten; zum zweiten die zwischen dem mittlern und kleinsten Werth und zum dritten die Einheit nimmt. In den Zahlen des Beispiels wird $x = \frac{2}{3}$ folglich $1 - x = \frac{1}{3}$. Es beträgt aber auch wirk= lich $\frac{2}{3}$ Maas à 18 gr. — — 12 gr. und $\frac{1}{3}$ Maas à 12 gr. — — 4 gr.

folglich 1 Maas vermischter — 16 gr.

§. 248.

## §. 248.

Zuf. Sollte man statt Eines Maaßes gemischten eine Menge derselben finden, so läßt sich abermals die Regel Detri gebrauchen. Z. B. man verlangte 100 Maas à 16 gr. wie viel Maas à 18 gr., und wie viel à 12 gr. müßten dazu genommen werden? Nach (247) gehören zu 1 Maas $\frac{2}{3}$ des bessern, also zu 100 M. $\frac{100.\frac{2}{3}}{3} = 66\frac{2}{3}$ folglich vom geringern das was an 100 fehlt, nemlich $33\frac{1}{3}$. Diese Rechnungen werden auch zu Beschickung des Tiegels bey Metallkompositionen und dergl. angewendet.

## §. 249.

Zuf. Wenn eine gegebene Zahl in verschiedene Theile soll getheilt werden, von welchen man bloß die Verhältnisse angiebt, so läßt sich, um die Größe jedes Theils selbst zu finden, ebenfalls die Regel Detri anbringen. Z. B. ein Vater hat 3 Söhne, welchen er ein Vermögen von 1000 Rthlr. hinterläßt, darein sollen sie sich so theilen, daß der mittelste Bruder doppelt so viel als der älteste, und der jüngste wieder doppelt so viel als die beyden älteren zusammen, erhalte. Man nehme hier an, um die Verhältnisse in Ziffern zu bestimmen, der älteste bekomme 1 Rthlr. so wird der mittlere 2 Rthlr. und der jüngste 6 Rthlr. erhalten. Dieses macht aber zusammen erst 9 Rthlr. nach dem Exempel aber sollen 1000 Rthlr. vertheilt werden, also

also setze man 9 : 1 = 1000 u. s. w. Da
es hier scheint, als ob man aus der falschen
Voraussetzung, daß der älteste Sohn z. B. nur
1 Rthlr. bekäme, am Ende seinen richtigen Antheil
berechnet, so hat man dieses die Regel Falsi ge‡
nannt; es ist aber wie man sieht, nichts eigentli‡
ches Falsches dabey.

## Von den Progreßionen oder Reihen.

### §. 250.

**Erklär.** Wenn man zu den Gliedern einer ste‡
tigen arithmetischen Proportion mit Hülfe des Na‡
mens der Verhältniß, mehrere sucht, so erhält
man an ihnen eine arithmetische Progreßion z. B.
1, 3, 5, 7, 9 u. s. w. Wenn die folgenden
Glieder, wie in dem gegebnen Beyspiel immer
grösser werden, so heißt sie steigend, und wenn
sie kleiner werden, fallend.

### §. 251.

**Zus.** Wenn man das erste Glied überhaupt mit
a, den Namen der Verhältniß mit d; das letzte
Glied mit y und die Anzahl der Glieder mit n be‡
zeichnet, so läßt sich jede arithmetische Progreßion
so darstellen.

I.   II.   III.   IV.   V.

$a; \quad a + d; \quad a + 2d; \quad a + 3d; \quad a + 4d; \quad a + (n-1)d \ldots$

woraus man sieht daß das letzte Glied, oder $y =$
$a + (n-1) d$ ist.

### §. 252.

Zuſ. Aus dieſer Förmel, in welcher 4 Größen vorkommen, kann man aus 3 bekannten allemal die vierte berechnen. Geſetzt man ſollte a finden, ſo ziehe man auf beyden Seiten $(n-1)$ d ab, ſo erhält man $y-(n-1)$ d $=$ a ſo iſt bey dem Exempel in (250) y $=$ 9; n $=$ 5 und d $=$ 2 alſo a $=$ 9 $-$ 8 $=$ 1.

Um d zu finden ziehe man a erſtlich benderſeits ab, ſo erhält man $y-a = (n-1)$ d und nun dividire man beyderſeits durch $n-1$, ſo wird $\frac{y-a}{n-1} =$ d.

Wollte man n haben, ſo müßte man in der Formel $y-a = (n-1)$ d beyderſeits mit d dividiren, da kommt $\frac{y-a}{d} = n-1$ und nun auf beyden Seiten 1 addiren, alsdann wird $\frac{y-a}{d}$ $+$ 1 $=$ n.

### §. 253.

Lehrſ. In jeder arithmetiſchen Progreßion iſt die Summe des erſten und letzten Gliedes ſo groß als die Summe zweyer andern, welche vom erſten und letzten gleich weit abſtehen.

Beweis. Man drücke die in (251) vorgeſtellte Progreßion ſo aus:

I.

$$\overset{\text{I.}}{a + (n-6)d}; \quad \overset{\text{II.}}{a + (n-5)d}; \quad \overset{\text{III.}}{a + (n-4)d};$$

$$\overset{\text{IV.}}{a + (n-3)d}; \quad \overset{\text{V.}}{a + (n-2)d}; \quad \overset{n}{a + (n-1)d} \ldots$$ und
addire nun jedes Paar solcher Glieder, wie sie im
Satze genannt sind, so wird jede Summe $= 2a$
$+ (2n-7)d$.

## §. 254.

Zuf. Nähme man so viel solcher Summen als
Glieder in der Progreßion sind, so würden sie zu-
sammengenommen doppelt so viel geben, als die
Summe aller Glieder der Progreßion beträgt.

## §. 255.

Aufg. Die Summe aller Glieder einer arithmetischen Progreßion aus dem ersten und letzten Gliede und der Anzahl der Glieder zu
finden.

Aufl. 1) Man addire das erste und letzte
Glied.

2) Man multiplicire diese Summe mit der Anzahl der Glieder.

3) Man halbire dieses Product. Z. B. die
Summe der natürlichen Zahlen von 1 bis 100 ist
$$\frac{101 \cdot 100}{2} = 5050$$

Beweis. Er folgt unmittelbar aus (254).

M 5                              §. 256.

§. 256.

Anm. Wenn man die Summe ſ, nennt, ſo läßt
ſich die vorige Auflöſung in folgender Formel dar-
ſtellen: ſ $= \frac{(a \pm y) \cdot n}{2} = \frac{1}{2} (a \pm y) \cdot n =$
$\frac{1}{2} n \cdot (a \pm y)$.

§. 257.

Erkl. Eine geometriſche Progreßion entſteht,
wenn man zu den Gliedern einer ſtetigen geometriſchen Proportion mit Hülfe des Exponenten mehrere Glieder ſucht. Z. B. 1, 2, 4, 8, 16 ꝛc.
Auch dieſe Progreßionen ſind ſteigend und fallend.

§. 258.

Zuſ. Wenn das erſte Glied einer geometriſchen
Progreßion nicht 1 iſt, ſo kann man ſie in eine andere verwandeln, deren erſtes Glied 1 iſt und wo die
Glieder nach eben dem Geſetze fortſchreiten, wenn
man ſie alle durch das erſte dividirt (203) z. B.
die Progreßion ſey:

$$3 \quad 6 \quad 12 \quad 24 \ldots$$
div. 3) 1    2    4    8 ... wo der Exponent
eben ſo, wie bey der vorigen, 2 iſt.

§. 259.

Zuſ. In dieſem letztern Fall ſind alle Glieder
als Potenzen des zweiten Gliedes anzuſehen; nennt
man alſo das zweite Glied a, ſo wird der Exponent

nt auch a, und wenn die Anzahl der Glieder n ist,
läßt sich die Progreßion so ausdrücken:

) $a^0$ $a^1$ $a^2$ $a^3$ $a^4$ $a^{n-1}$. Es sey z. B, $a = 10$
ist die Progr. II) $10^0$, $10^1$, $10^2$ $10^3$ $10^4$
      oder III) 1,   10   100   1000  10000
e Exponenten IV) 0    1    2    3    4

### §. 260.

Zuf. Wenn man die Exponenten unter die Glie-
er der Progreßion III. setzt, so sieht man, daß vom
Anfang an so viel Verhältnisse in ihr vorkommen,
ls der jedesmalige Exponent Einheiten hat. Z.
B. unter 1 steht 0 und hier ist noch keine Verhältniß vorhanden, weil zu einer Verhältniß wenig-
tens 2 Glieder gehören, unter 10 steht 1 und
: 10 ist Eine Verhältniß u. s. w. In dieser Rück-
icht hat man die Exponenten der Potenzen Anzahl
er Verhältnisse oder Logarithmen, von den
griechischen Wörtern λογος und αριθμος, genannt.
Sie machen, wie man sieht, eine arithmetische
Progreßion.

### §. 261.

Lehrs. Wenn Glieder aus der geometrischen Progreßion in (259. III) in einander multiplicirt, oder dividirt werden sollen, so läßt
sich das Product oder der Quotient durch Addition oder Subtraction der ihnen zugehörigen
Logarithmen finden.

                            Beweis.

Beweis. Diese Glieder sind anzusehen als Po
tenzengrößen, und die Logarithmen als ihre Expo
nenten (260), folglich ist die in (162, 163) ge
lehrte Rechnung auf sie anzuwenden.

Z. B. man soll 10 mit 100 multipliciren, so
kann man 1 zu 2 addiren, die Summe 3 gehör
zu 1000, welche das verlangte Product seyn wird
oder man soll 10000 durch 1000 dividiren, so zieh
man den zum Divisor gehörigen Logarithmen 3
von dem zum Dividend gehörigen 4, ab und de
Rest 1, gehört zu 10, welche der verlangte Quo
tient ist.

### §. 262.

Zus. Da man nach (48, 57) die Quotienten
als Brüche ausdrücken kann, so wird der Loga
rithme eines Bruchs herauskommen, wenn man
den Log. des Nenners vom Log. des Zählers ab
zieht; bey einem reinen Bruch wird er also nega
tiv seyn. Z. B. Log. $\frac{1}{10}$ oder Log. 0, 1 $=$ 0 $-$
1 $=$ $-$ 1. Dies zeigt sich auch so, wenn man
die Progr. III. und IV. weiter linker Hand fort
setzt.

### §. 263.

Zus. Um eine Zahl aus der geometrischer
Progr. zu einer Potenz zu erheben, kann man
ihren Logarithmen mit der Zahl welche den Grad
der Potenz anzeigt, multipliciren und die Zahl
welche zu diesem Logarithmen gehört, wird die
vel

verlangte Potenz seyn. Hinwiederum wenn man
die Wurzel eines gewissen Grades aus einer sol=
chen Zahl ziehen soll, so dividirt man ihren Log=
arithmen mit der Zahl welche diesen Grad anzeigt,
und die Zahl in der geom. Progr. die zu diesem
Quotienten gehört, wird die verlangte Wurzel
seyn, dies folgt beydes aus (166, 167). Z. B. 10
soll zum Würfel erhoben werden, so nimmt man
die 1 als ihren Logarithmen 3 fach, und die über
3 stehende Zahl 1000, ist der verlangte Würfel;
oder aus 10000 die Quadratwurzel zu ziehen, divi=
dirt man ihren Log. 4 durch 2, so gehört zum
Quotienten 2 die Zahl 100 als die verlangte Qua=
dratwurzel.

## §. 264.

Anm. Wenn in der Progreßion (259 III. und IV) etwa
ein Glied fehlte, so könnte man es aus (228, 225)
finden, wenn man zwischen den unmittelbar vor
und nach ihm liegenden die mittlere Proportional=
zahl suchte, nemlich die geometrische bey III. und
die arithmetische bey IV. Diese Betrachtung lei=
tet auf den Gedanken zwischen die Glieder der
Progreßionen in III. und IV. noch andere so lange
einzuschieben, bis die Progr. III. alle zwischen 1 und
10; 10 und 100 2c. enthaltenen natürlichen Zahlen,
und die in IV. die zu ihnen gehörigen Logarith=
men enthält. Der Vortheil hievon wäre, daß
man nun alle mit denselben vorzunehmenden Mul=
tiplikationen in Additionen u. s. w. verwandeln
könnte.

§. 265.

## §. 265.

**Aufg.** Den Logarithmen von einer ganzer Zahl zu finden, die nicht mit in der Progr (259 III.) vorhanden ist. Z. B. von der Zahl 2

**Aufl.** 1) Da die 2 zwischen 1 und 10 fällt so suche man zwischen beyden die mittlere geom Proportionalzahl und drücke sie, weil sie nicht gan genau gefunden werden kann, wenigstens bis au zehn Milliontheilchen aus; zugleich suche mar auch den ihr zugehörigen Logar. welcher die mittl arithmetische Proportionalzahl zwischen den Logar von 1 und 10 seyn wird.

2) Da die gefundene mittlere geom. Propor tionalzahl nicht 2, sondern 3, 1622777. und ihr zugehöriger Log. = 0, 5 ist, so such man zwischen ihr und 1 abermals eine mittlere geom. Proportionalzahl nebst den ihr zugehörigen Log. so wird diese der 2 schon näher kommen, als die vorhergehende.

3) Aus den Zahlen nun die man vor sich hat nehme man allemal diejenigen beyden, welche am nächsten an diejenige grenzen deren Logar. man verlangt, und suche zwischen denselben die mittle re geometrische Proportionalzahl, und jedesmal den derselben zugehörigen Logarithmen, so wird man nach einer 26 mal wiederholten Arbeit endlich eine Zahl finden, welche von der 2 um kein zehn faches Milliontheilchen mehr unterschieden ist, diese sieht man dann für die 2 selbst und den zuletzt ge gejun

gefundenen Logarithmen für den zur 2 gehörigen an. Mündlich läßt sich hiervon nähere Erläuterung geben.

**Beweis.** Er folgt unmittelbar aus (264).

### §. 266.

**Zuf.** Man braucht auf diese Art die Logarithmen blos für die Primzahlen zu suchen, denn für die Zusammengesetzten finden sie sich leicht nach (261).

### §. 267.

**Anm.** Man hat für diese Logarithmen besondere Tafeln, in welchen sie neben den ihnen zugehörigen Zahlen aufgestellt sind. Die größten aber enthalten nur Logarithmen bis auf die Zahl 102100. Zum bequemen Gebrauch unterscheidet man bey jedem Logarithmen seine ganze Einheit, oder die **Kennziffer**, und die an denselben hängenden Decimaltheile, oder die **Mantisse**. Es ergiebt sich nemlich von selbst, daß alle zwischen 0 und 1 enthaltenen Logarithmen in (259 IV.) größer als 0, und kleiner als 1 sind, folglich aus reinen Brüchen, und alle zwischen 1 und 2 enthaltenen aus 1 mit einem anhangenden reinen Bruch u. s. w. bestehen werden. Jede zu einem Logarithmen gehörige Zahl der geom. Progr: enthält eine Ziffer mehr, als die Kennziffer desselben Einheiten enthält.

### §. 268.

**Zuf.** Wenn man die Kennziffer eines Log. um 1, 2, 3 Einheiten vergrößert, so ist die Zahl welcher

cher nun der Logarithme zugehört, anzusehen als
ob sie mit 10, 100, 1000, multiplicirt worden
wäre, und hinwiederum ist die dem Logar. zugehörige Zahl anzusehen, als ob sie durch 10, 100 ꝛc.
dividirt wäre, wenn man seine Kennziffer um 1
oder 2 Einheiten verringert. Z. B. wenn Log.
124 = 2. 0934217, so ist Log. 1240 = 3.
0934217 und Log. 12, 4 = 1. 0934217 dies
folgt aus (261).

## §. 269.

Zus. Um also den Log. von einem Decimalbruche zu finden, sucht man den Log. von der Zahl
die seinen Zähler ausmacht, indem man sie als
eine ganze Zahl ansieht, und zieht dann von der
Kennziffer desselben so viel Einheiten ab, als seine
negative Ordnungsziffer deren enthält. Z. B.
Log. 0, 124 = — 1. 0934217. Da nun das
Zeichen — sich blos auf die Kennziffer, und nicht
zugleich auch auf die Mantisse bezieht, (268) so
setzt man zu Vermeidung aller Zweydeutigkeit, die
negative Kennziffer lieber hinter die Mantisse, und
in die gewöhnliche Stelle der Kennziffer eine o.
Z. B. Log. o, 124 = o. 0934217 — 1.

## §. 270.

Anm. Will man den Logar. einer Zahl haben, die
in den Tafeln nicht steht, und auch keine Factoren hat, mittelst deren er nach (261) gefunden
werden könnte, so würde es sehr mühsam seyn,
ihn

ihn nach (265) zu suchen; auch die leichtern Wege
welche die höhere Mathematik hierzu gezeigt hat,
würden noch zu beschwerlich seyn. Man verfährt
deshalb am füglichsten auf folgende Art welche
zwar nicht in aller Schärfe richtig ist, aber doch
auch keinen beträchtlichen Fehler giebt.

Man soll z. B. den Log. von $7986457$
suchen, so zerlege man sie in $7986000 \pm 457$.
Der erste Theil besteht aus $7986. 1000$. Da
nun von diesen beyden Factoren die Log. in den
Tafeln stehen, so addire man sie nach (261) zusammen, um den von $7986000$ zu haben.
Eben so suche man auch den Log. von $7987000$
und ziehe den vorigen von ihm ab, der Unterschied wird seyn: 544. Nun kann man nach der
Regel Detri setzen: Der Unterschied zwischen beyden Zahlen: 1000 giebt zum Unterschied der Logarithmen: 544, wie viel giebt 457 als die Zahl
um welche $7986457$ von der $7986000$ unterschieden war? man findet beynahe 249 solcher
Theile; diese addirt man nun zum Logar. von
$7986000$ und erhält 6. $9023542$ als den
gesuchten Log.

## §. 271.

Anm. Wenn man einen Log. hat der nicht in den
Tafeln steht, und verlangt die ihm zugehörige
Zahl, so nimmt man, wenn wenigstens seine
Kennziffer noch in den Tafeln steht, die Differenz der Logarithmen von den beyden Zahlen zwischen welche er zunächst fällt, und dann auch die
Differenz zwischen dem vor sich habenden, und
dem nächst kleinern, und setzt nach der Regel Detri: die erste Differenz giebt bey den Zahlen welchen die Log. zugehören, eine Differenz von 1,

N                    wie

wie viel giebt die zweite Differenz? Z. B. mai
will die Zahl welche zum Log. 3. 5976293 ge
hört, so fällt dieſer zwiſchen die Log. 3.597585
und 3. 5976952, zu welchen die Zahlen 395
und 3960 gehören, welche um 1 unterſchiede
ſind; die Differenz ihrer Log. aber iſt 1097, un
die Differenz zwiſchen dem, wozu man die Zah
ſucht, und dem kleinern von jenen beyden iſt: 438
alſo ſetzt man 1097 giebt 1, wie viel 438
und findet 0, 4. Dieſe addirt man nun zu
kleinern von den beyden Zahlen, und erhäl
3959, 4 als die Zahl welche zum Log. 3
5976293 gehört.

### §. 272.

Anm. Iſt aber auch die Kennziffer des vor ſich h
benden Logar. nicht in den Tafeln, ſo nimm
man wieder wie in (271) die Logarithmen au
den Tafeln zwiſchen deren Mantiſſen (267) di
Mantiſſe des vor ſich habenden zunächſt fällt, un
vergröſſert die ihnen zugehörigen Kennziffern um ſ
viel Einheiten, damit ſie der Kennziffer des vo
ſich habenden Log. gleich werden, ſo werden ſi
alsdann ein paar Zahlen zugehören, die man i
den Tafeln aufſuchen kann, und an welche noc
ſo viel Nullen gehangen werden, als Einheite
zu den Kennziffern gekommen ſind. Aus dieſe
ſucht man nun wieder wie vorhin, den Propo
tionaltheil. Z. B. Der Log. zu welchem man di
Zahl verlangt, iſt 5. 1135690, ſo nimmt ma
aus den Tafeln die Log. 3. 1132747 und 3
1136091 welche, wenn man zu ihren Kennziffer
2 addirt, zu den Zahlen 129800 und 12990
gehören. Die Differenz von den Logg. iſt 3344 un
die von den zugehörigen Zahlen: 100. Di
Differenz zwiſchen dem vor ſich habenden, un
nächſ

nächſt kleinerm Log. iſt 2943, alſo ſetzt man: 3344 giebt 100, was 2943? und findet 88... Dieſes wird zur kleinern Zahl geſetzt, und man erhält 129888... als die zum Log. 5. 1135690 gehörige Zahl.

## §. 273.

**Anm.** Einige Anwendungen der Logarithmen laſſen ſich bey folgenden Fragen machen.

I. 13913 pariſer Fuß geben beynahe 14400 rheinländiſche, wie viel giebt 1 pariſer Fuß in rheinländiſchem Maas? Man ſetze:

$$13913 \; : \; 14400 = 1 \text{ parif. Fuß:}$$

$$\text{Log. } 14400 = 4. \; 1583624$$
$$\text{Log. } 1 = 0. \; 0000000$$

$$\text{Summe} = 4. \; 1583624$$
$$\text{Log. } 13913 = 4. \; 1434207$$

Diff. $= 0. \; 0149417$. Dieſer Log. findet ſich in den Tafeln nicht genau; um aber doch die ihm zugehörige Zahl bis auf Tauſendtheile der Einheit zu haben, vermehre man ſeine Kennziffer um 3 Einheiten, und ſuche ihn dann auf; der Log. von 1035 wird ihm am nächſten kommen. Wird nun dieſe Zahl wegen der um 3 Einheiten vergrößerten Kennziffer mit 1000 dividirt, ſo erhält man 1, 035 und ſo viel beträgt 1 parif. Fuß beynahe, an rheinländiſchen.

II. Umgekehrt: man fragt wie viel beträgt 1 rheinländiſcher Fuß an pariſer? Man ſetze:

14400 : 13913 = 1 rheinl. F. :
die Log. der beyd. letzt. Glied. geb.: 4. 1434207
und Log. 14400 = 4. 1583624

$$\overline{\phantom{xxxxx} 0. 9850583 - 1.}$$

Weil

Weil sich hier die untere Zahl von der obern nicht abziehen läßt, so setze man zur Kennziffer der obern noch so viel Einheiten, daß der Abzug geschehen kann. Z. B. hier 1, und bemerke dieselbe mit dem Zeichen — hinter der Differenz damit man wisse, daß die zum Log. gehörige Zahl, hier mit 10 dividirt werden müsse, da die Zahl welche zum obersten Log. gehört, durch Zusetzung der 1 zu seiner Kennziffer anzusehen ist als ob sie mit 10 multipl. worden wäre (268) Sucht man nun den gefundenen Log. auch noch unter der Kennziffer 3 auf, so muß die Zahl abermals mit 1000, dividirt werden, oder man muß in allen 4 Decimalstellen von ihr abschneiden sie wird seyn beynahe 0, 9662.

Man könnte auch im Exempel den obern Log. vom untern abziehen, und den Rest negativ nehmen; hierdurch erhielt man aber die verlangt Zahl nicht in Gestalt eines Decimal . sonder. eines gemeinen Bruchs. Diese Differenz wär nemlich $= - 0. 0149417$, und da dieses anzusehen ist, als $0 — 0. 0149417$, so muß die zu 0 gehörige Zahl 1, mit der zu 0. 014941? gehörigen: 1, 035, oder $\frac{1035}{1000}$ dividirt werden dies gäbe nach (91) $\frac{1000}{1035} = \frac{200}{207}$. Wenn man diesen Bruch nach (139) verwandelt, so erhält man auch 0, 9662 welcher sich aber nach der vorigen Methode sogleich ohne weitere Reduction zeigt.

III. Man soll $\sqrt[5]{\dfrac{7329^3}{1984^2}}$ finden. Man triplir den Log. des Zählers $= 3. 8650447$ (263)

so erhält man : $11. 5951341$

Nu

Nun verdopple man den Log.

des Nenners: 3. 2975417 (263)

dies giebt: 6. 5950834

Dieses Doppelte ziehe man von jenem Dreyfachen ab (261) so kommt: 5. 0000507 und dies dividire man durch 5. (263) so ist der Quotient: 1. 0000101 der Log. der verlangten Wurzel, welche also etwas über 10 seyn wird.

IV. Ein Kapital von 1000 Rthlr... ist zu 5 Procent ausgeliehen worden; wenn nun das Interesse am Ende des Jahrs wieder zum Kapital geschlagen wird, so fragt man wie groß dieses Kapital nach 10 Jahren seyn werde?

Das Kapital wird am Ende des ersten Jahrs 1050 Rthlr. betragen; dies findet sich wenn man setzt 100 giebt 105 was 1000? Antw. $\frac{105}{100}$. 1000 Für das zweite Jahr kann man wieder setzen: 100 giebt 105, was $\frac{105}{100}$. 1000 Antw. $\frac{105.\ 105}{100.\ 100}$. 1000 $= \left(\frac{105}{100}\right)^2$. 1000 und so sieht man leicht. daß nach 10 Jahren der Werth seyn wird $\left(\frac{105}{100}\right)^{10}$. 1000.

Um nun den linker Hand stehenden Bruch zur 10ten Potenz zu erheben, kann man seinen Logar. nach (263) mit 10 multipliciren. Wird dann hierzu der Log. von 1000 noch addirt, so giebt die zum erhaltenen Log. gehörige Zahl den verlangten ganzen Betrag des Kapitals.

N 3

Es

Es ist nun Log. 105 $=$ 2. 0211893
und Log. 100 $=$ 2. 0000000

Log. $\frac{105}{100}$ $=$ 0. 0211893
und das Zehnfache: $=$ 0. 2118930
hierzu Log. 1000 $=$ 3

Log. des Kapitals $=$ 3 2118930 gehört beynahe zu 1628, 9 also beträgt das Kapital 1628 Rthlr. 21 gr. 7 pf. Dieses Beyspiel gehört zur Interusurienrechnung.

Wenn man im allgemeinen statt 1000 Rthlr des Kapit. $=$ a; statt 5 Rthlr. den jährlichen Zinß $=$ b; statt 100 den Buchstaben c; und statt 10, die Zahl der Jahre $=$ n setzt, so hat man statt des Werthes $\left(\frac{100 + 5}{100}\right)^{10} . 1000,$ itzt im allgemeinen $\left(\frac{c + b}{c}\right)^{n} . a$ und der Log. davon ist $=$ n Log. (c + b) — Log. c + Log. a.

### §. 274.

Aufg. Aus dem ersten Gliede, dem Exponenten und der Anzahl der Glieder einer geometrischen Progreßion das letzte Glied zu finden.

Aufl. 1) Man erhebe den Exponenten zu der Potenz welche 1 Grad weniger als die Anzahl der Glieder beträgt.

2) Man multiplicire diese Potenz mit dem ersten Gliede, so ist das Product das letzte Glied.

Beweis

Beweis. Man nenne das erſte Glied a, den Exponenten e, die Anzahl der Glieder n und das letzte Glied y, ſo läßt ſich die Progreßion allgemein ſo ausdrücken:

I.　II.　III.　IV.　　n

$$a,\ ae,\ ae^2,\ ae^3\ ae^{n-1}.$$ Hieraus ergiebt ſich, daß $y = ae^{n-1}$ woraus die obige Auflöſung entſtanden iſt. Z. B. $a = 3$; $e = 2$; $n = 5$, ſo iſt $y = 16. 3 = 48$.

### §. 275.

Zuſ. Dividirt man in der Formel: $y = ae^{n-1}$ auf beyden Seiten mit $e^{n-1}$ ſo erhält man $a = \dfrac{y}{e^{n-1}}$. Dividirt man hingegen mit a und zieht dann die $\sqrt[n-1]{\ }$ aus, ſo findet man $e = \sqrt[n-1]{\dfrac{y}{a}}$. Um n zu finden, muß man ſich der Logarithmen bedienen. Man nehme wieder

$$y = ae^{n-1}$$

ſo iſt $\text{Log.}y = \text{Log.}a + (n-1)\,\text{Log.}e\,(263)$

oder: $\text{Log.}y = \text{Log.}a + n\text{Log.}e - \text{Log.}e\,(132)$

Man ſubtr. beyderſ. Log.
a u. add. Log.
e ſo kommt: $\text{Log.}y - \text{Log.}a + \text{Log.}e = n\text{Log.}e$

Man div.beyderſ. mit Log.
e, ſo wird $\dfrac{\text{Log.}y - \text{Log.}a + \text{Log.}e}{\text{Log.}e} = n$

Es sey z. B. a $=$ 5; e $=$ 2; y $=$ 80, so ist
$$\text{Log. } y = 1,9030900$$
$$\text{Log. } a = 0,6989700 \text{ subtr.}$$
$$\overline{\qquad\qquad 1,2041200}$$
abb. Log. e $= 0,3010300$
$$\overline{\qquad\qquad 1,5051500}$$
div. d. Log. e $= 0,3010300$ giebt zum Quot. 5 $=$ n

I.   II.   III.   IV.   V.
Die Progreßion ist also: 5, 10, 20, 40, 80.

## §. 276.

**Aufg.** Die Summe aller Glieder einer geometrischen Progreßion aus dem ersten Gliede, dem Exponenten und der Anzahl der Glieder zu finden.

**Aufl.** 1) Man erhebe den Exponenten zu dem Grade der Potenz welcher der Anzahl der Glieder gleich ist, und multiplicire diese Potenz mit dem ersten Gliede.

2) Man ziehe von diesem Product das erste Glied ab.

3) Man dividire diesen Rest mit dem um 1 verminderten Exponenten, so giebt der Quotient die Summe der Progreßion.

**Beweis.** Man setze die Summe $=$ s, und nehme aus (274).

$$a + ae + ae^2 + ae^3 + ae^{n-1} = f$$

mult. bey⸗ _____
derſ. mit e $ae + ae^2 + ae^3 + ae^{n-1} + ae = fe$

subtr. $a + ae + ae^2 + ae + ae^{n-1} \quad = f$
_____

ſo bleibt $-a + ae^n$ oder: $ae^n - a = fe - f = (e-1)f$ (132)

divid. durch $e - 1$, giebt: $\dfrac{ae^n - a}{e - 1} = f$ aus welcher For⸗ mel die obige Auflöſung überſetzt iſt. Weil $a\,e^{n-1}$ den Werth des letzten Glieds ausdrückt, und $a\,e^n$ herauskommt, wenn man jenen Ausdruck mit $e$ multiplicirt (161), ſo kann man no 1 der Aufl. auch ſo abfaſſen: man multiplicire das letzte Glied wenn es bekannt iſt, mit dem Exponenten.

3. B. Es hat Jemand itzt und noch auf 10 Jahre hinaus eine Rente von 100 Rthlr. zu beziehen, ge⸗ ſetzt er wollte dieſe gegenwärtig für baares Geld verkaufen, wie viel wird ſie werth ſeyn, wenn 5 Procent Zinßen gerechnet werden?

Man ſieht, daß nach dieſer Vorausſetzung 105 Rthlr. die nach 1 Jahr zahlbar ſind, itzt nur 100 Rthlr. werth ſind; d. i. wenn das Capital überhaupt $= a$ geſetzt wird, ſo wird der Werth den es 1 Jahr früher hat, gefunden, wenn man ſetzt: 105 giebt 100 oder, welches einerley: 21 giebt 20, was $a$? Antw. $\frac{20}{21}a$. Um zu finden, wie viel es wieder ein Jahr früher werth iſt, ſetzt man aufs neue 21 giebt 20, was $\left(\frac{20}{21}\right)a$? und findet $\left(\frac{20}{21}\right)^2 a$. Ueberhaupt wird alſo der Werth n Jahre

früher

früher $\frac{20}{21})^n$ a ſeyn; und der Werth der ganzen Rente wird gegenwärtig betragen a $+ (\frac{20}{21})$ a $+ (\frac{20}{21}.^2$ a .... $+ (\frac{20}{21},^n$ a, wo man alſo eine geometriſche Progreßion, deren erſtes Glied a; der Exponent $\frac{20}{21}$, und die Anzahl der Glieder n $+$ 1 iſt, ſummiren muß. Wenn nun das leßte Glied mit dem Exponenten multiplicirt wird, ſo hat man $(\frac{20}{21})^{n+1}$ a; davon das erſte ſubtrahirt, bleibt $(\frac{20}{21})^{n+1}$ a — a; dieſes mit $\frac{20}{21}$ — 1 $= -\frac{1}{21}$ dividirt, oder mit — 21 multiplicirt (87), giebt nach (276) die verlangte Summe $=$ — 21. $(\frac{20}{21})^{n+1} + 2100$ oder 2100 — 21. $(\frac{20}{21})^{n+1}$ a.

Iſt nun a $=$ 100 und n $=$ 10, ſo hat man

Log. 20 $=$ 1.3010300  
Log. 21 $=$ 1.3222193 ſubtr.  

0.9788107 — 1  

mult. mit   11  

9788107  
9.788107  

10.7669177 — 11  

Log. 2100 $=$ 3.3222193   add.  

3.0891370 gehört zu 1228.

Dieſe Zahl alſo abgezogen von obigen 2100, bleibt 872 Rthlr. als der gegenwärtige Werth der Rente.

Die

# Die Geometrie.

### §. 1.

Die stetigen Größen mit denen sich die Geometrie nach (10 Einl.) beschäftigt, lassen sich alle auf die verschiedenen Ausdehnungen die man sich im Raume gedenken kann, zurückbringen.

### §. 2.

Erkl. Diejenige Ausdehnung welche man sich nach allen möglichen Richtungen zugleich gedenken kann, wird die körperliche genannt; und man unterscheidet an derselben besonders die **Länge**, **Breite** und **Dicke**, unter welchen alle Richtungen begriffen werden können.

### §. 3.

Erkl. Ein ringsum begrenztes Stück Raum heißt ein geometrischer **Körper**. Die Grenze dieses Körpers selbst, eine Fläche; die in einer Fläche wieder angenommene Grenze, eine **Linie**, und die Grenze einer Linie, ein **Punkt**.

### §. 4.

Zus. Es können also der Fläche nur 2 Ausdehnungsarten, nemlich die Länge und Breite; der Linie kann nur eine, nemlich die Länge, und dem Punkte gar keine, zukommen.

§. 5.

## §. 5.

**Anm.** Flächen, Linien und Punkte kann man als bloße Grenzen nicht anders als in Verbindung mit dem Körper, darstellen, von welchem sie die Grenzen sind. So ist z. B. ein geometrischer Punkt an dem äussersten Ende einer genau zugespitzten Nadel vorhanden, der mit einer solchen Spitze gemachte Stich ist aber schon eine Grube welche eine körperliche Ausdehnung hat, die man deshalb auch einen blos physischen Punkt nennen kann, es sey denn, daß man sich auch nur wieder die feinste Grenze dieser Grube besonders vorstellt.

## §. 6.

**Zus.** Man gedenke sich, daß bey der Bewegung eines Körpers an welchem sich zugleich auch ein geometrischer Punkt mit bewegt, dieser Punkt Spuren der Bewegung hinter sich ließ, so werden diese Spuren das Bild einer Linie darstellen. Bey einer solchen Bewegung kann der Punkt niemals an zwey Orten zugleich seyn, sondern man muß sich gewisse Absätze bey derselben, oder kleine Linien vorstellen, aus welchen die große zusammengesetzt ist. Man muß übrigens diese Absätze so klein annehmen, daß es nicht möglich ist durch irgend eine Zahl den Werth dieser Kleinheit zu bestimmen; sie sind blos etwas mehr als ein geometrischer Punkt, aber kleiner als alles was sich durch irgend ein Maas bestimmen läßt. Einen solchen unendlich kleinen Theil einer Linie nennt man ein **Element** von ihr.

§. 7.

## §. 7.

**Anm.** Da man sich in einer Linie allenthalben Gren=
zen oder Punkte gedenken kann, so kann man sich
auch allenthalben zwischen zwey zunächst aneinander
liegenden Punkten, Elemente gedenken.

## §. 8.

**Erkl.** Wenn jedes Element gegen sein angren=
zendes nach allen Seiten einerley Neigung hat, so
heißt die Linie gerade z. B. a b Fig. 1.; wird hin=
gegen diese Neigung auf einer Seite grösser als
auf der andern, so ist die Linie, wenigstens an die=
ser Stelle, krumm: z. B. cd Fig. 2.

## §. 9.

**Anm.** Aus diesem Begriffe folgt, daß man das ein=
zelne Element selbst weder als gerade noch als
krumm ansehen kann. Uebrigens läßt sich der Be=
griff von einer geraden Linie auch noch so bilden:
Man gedenke sich, daß von der Fläche acb Fig. 3.
die Endpunkte ihrer Grenze a b im Raum so be=
festigt werden, daß sie immer in einerley Stelle
bleiben wenn übrigens die ganze Fläche acb in Ge=
danken vom Papier aufgehoben und um die un=
veränderlichen Punkte herumgeführt wird. Ist als=
dann die Linie a b so beschaffen, daß alle ihre
Punkte, während des Umdrehens immer in ein
und eben derselben Stelle bleiben, so ist sie ge=
rade. Kommen bey einer krummen Linie einige
Punkte, wie a b c Fig. 4. vor, die bey dem erwehn=
ten Umdrehen ihre Stellen nicht ändern, so kann
man auch von solchen Punkten wirklich sagen, daß
sie, einzeln betrachtet, in einer geraden Linie liegen.

§. 10.

## §. 10.

Grundſ. Zwiſchen jeden 2 gegebnen Punkten läßt ſich eine gerade Linie ziehen, aber auch nicht mehr, als eine einzige. Man kann ſie nemlich zuerſt durch den einen Punkt ziehen und ſie dann ſo lange um denſelben drehen bis ſie den andern erreicht. Thut man nun eben dies mit noch einer andern geraden Linie, ſo wird ſie entweder ganz in die vorige hineinfallen, oder ſie wird nicht wie die vorige immer in einerley Stelle bleiben können, wenn man eine ſolche Umdrehung wie in (9) damit vornimmt, und folglich in dieſem letztern Falle keine gerade Linie ſeyn.

## §. 11.

Grundſ. Eine gerade Linie allein kann keinen Raum einſchließen. Denn wenn dies geſchehen ſollte, ſo müßten ihre beyden Endpunkte aneinander ſtoßen und die Elemente müßten auf der Seite, wo dieſer Zuſammenſtoß geſchieht, eine gröſſere Neigung gegen einander haben, als auf der andern, welches aber gegen den Begriff der geraden Linie in (8) ſtreitet.

## §. 12.

Grundſ. Eben ſo wenig können auch 2 gerade Linien allein, einen Raum einſchließen. Es müßte nemlich jedes Paar von ihren Endpunkten zuſammenſtoßen, alsdann aber würde aus beyden wieder nur Eine gerade Linie werden (10).

§. 13.

### §. 13.

**Grundſ.** Drey gerade Linien können einen Raum einſchließen. Denn 2 derſelben können nach (10) mit dem einen Paar ihrer Endpunkte aneinander ſtoßen und zwiſchen dem andern Paar kann die dritte gerade Linie gezogen werden.

### §. 14.

**Erkl.** Eine Fläche, worauf ſich nach allen Richtungen gerade Linien ziehen laſſen und deren Punkte auch ſämmtlich in ihr liegen, heißt eine Ebne, (planum).

### §. 15.

**Erkl.** Wenn zwey Linien in einer Ebne mit ihren Endpunkten zuſammenſtoßen, ſo heißt die Neigung welche ihre erſten beyden Elemente, vom Zuſammenſtoßungspunkt an gerechnet, gegen einander haben, ein ebner **Winkel.** Der Punkt des Zuſammenſtoßes wird der Scheitel und die Linien ſelbſt werden die Schenkel des Winkels genannt. Wenn die Neigung wie bey den Elementen der geraden Linie, auf beyden Seiten gleich iſt, ſo kann man den Winkel gleichgültig nennen, iſt ſie aber auf der einen Seite gröſſer als auf der andern, ſo heißt er im erſten Fall hohl oder eingezogen und im letztern erhaben oder hervorſpringend.

### §. 16.

**Anm.** Man pflegt den Winkel entweder nur mit einem Buchſtaben zu bezeichnen, den man an ſeinen

nen Scheitel setzt, oder auch mit dreyen von welchen einer am Scheitel, die andern aber an den
Enden der Schenkel stehen. Bey Nennung des
Winkels steht der am Scheitel befindliche Buchstabe in der Mitte. Z. B. der Winkel c, oder
a c b, Fig. 5. welcher oberwärts hohl und unterwärts erhaben ist.

### §. 17.

**Anm.** Da die Elemente unendlich klein sind (6),
so wird ihre Neigung schwer wahrzunehmen
seyn; da aber bey der geraden Linie alle Neigungen der einzelnen Elemente gleich sind, so werden
auch gerade Linien in jeder beliebigen Länge eben
dieselbe Neigung gegen einander haben, welche ihre ersten Elemente gegen einander hatten, und
man kann deshalb auch die Neigung der ganzen
Schenkel für den Winkel annehmen. Bey krummen Linien aber muß man, um den Winkel deutlicher darzustellen, die zusammenstoßenden Elemente zu geraden Linien verlängern.

### §. 18.

**Erkl.** Ein paar gerade Linien a b und c d, Fig. 6.
in einer Ebne, welche vor- und rückwärts verlängert, nie zusammenstoßen, heißen gleichlaufend
oder parallel. Liegen sie aber so, daß sie bey der
Verlängerung immer näher zusammen rücken, so
heißen sie convergirend und auf der andern Seite
wo sie sich immer weiter von einander entfernen,
**divergirend.** Z. B. e f und g h Fig. 7.

### §. 19.

## §. 19.

Erkl. Zwey Winkel in einer Ebne a b c und
c b d Fig. 8. welche einen Schenkel b c gemein has
sen und wo die beyden übrigen b a und b d ohne
auf einander zu liegen, eine gerade Linie zusam:
men machen, heisen Nebenwinkel (anguli con:
igui oder deinceps positi.

## §. 20.

Erkl. Wenn der gemeinschaftliche Schenkel c b
bey Nebenwinkeln so gegen die gerade Linie a d
steht, daß die Winkel auf beyden Seiten gleich wer:
den, so heißt er eine auf den Schenkeln senkrecht
oder lotbrecht stehende Linie (linea perpendicularis
l. normalis) oder auch geradehin ein Perpendikel.
Der Winkel selbst den das Perpendikel mit jedem
Schenkel b a und b d Fig. 9. macht, ein rechter
oder gerader (angulus rectus). Steht aber b c
Fig. 8. so, daß die Winkel ungleich werden, so
heißt er gegen a d schiefstehend und die Nebenwin:
kel werden ebenfalls schiefe (obliqui) genannt; be:
sonders heißt der grössere a b c stumpf (obtusus)
und der kleinere c b d spitzig (acutus).

## §. 21.

Erkl. Ein mit Linien begrenzter Raum heißt
eine Figur und zwar eine geradlinigte, wenn die
Grenzlinien gerade sind; krummlinigt wenn sie
krumm, und vermischtlinigt wenn sie theils gera:

O                    de:

de, theils krumm ſind. Die einzelnen Linien ſelbſ
werden Seiten der Figur genannt.

### §. 22.

Grundſ. Eine krumme Linie kann allein einen
Raum einſchlieſſen. Denn da ſich ihre Element
auf der einen Seite mehr als auf der andern gege:
einander neigen, ſo kann es durch den Anwach
dieſer Neigungen bey fortgeſetzter Verlängerung de
krummen Linie geſchehen, daß ſie wieder an de
Ort gelangt, von welchem ſie ausgegangen iſ
Zieht man, ehe jener Zuſammenſtoß erfolgt, zw
ſchen den noch entfernten Endpunkten der krumme
Linie, eine gerade (10), ſo erhellet, daß zwe
Linien, von welchen die eine krumm, und die and
re gerade iſt, ebenfalls einen Raum einſchließen.

### §. 23.

Erkl. Wenn ſich eine gerade Linie a c Fig. 1
in einer Ebne um einen von ihren Endpunkten ſ
bewegt, daß dieſer immer an einerley Stelle bleib
der andere aber ſo lange nach einerley Richtun
fortgeht, bis er wieder in ſeine erſte Lage gekor
men iſt, ſo beſchreibt ſie einen Kreis (circulus
Die gerade Linie a c heißt der Halbmeſſer de
Kreiſes (ſemidiameter ſ. radius). Die Stelle
des unbeweglich gebliebenen Punktes, der Mitte
punkt (centrum). Die vom beweglichen Punkt
beſchriebene krumme Linie a d e b f a, der Umkre
(peripheria). Die vom Umkreis eingeſchloſſe
Fläc

Fläche die **Kreisfläche** (area circuli). Eine gerade
Linie d e von einem Punkt des Umkreises bis zu einem andern, eine **Sehne** (chorda) und wenn sie
zugleich durch den Mittelpunkt geht, wie a b, ein
**Durchmesser** (diameter). Ein beliebiger Theil des
Umkreises, wie ed, ein **Bogen** (arcus). Ein Stück
Kreisfläche a c f welches von zwey Halbmessern
und einem Bogen eingeschlossen wird, ein **Ausschnitt** (sector). Ein anderes Stück wie d e d welches zwischen einem Bogen und seiner Sehne enthalten ist, ein **Abschnitt** (segmentum).

### §. 24.

**Grunds.** Alle Halbmesser eines Kreises sind
einander gleich. Sie sind nemlich insgesammt der
a c gleich (6. Ar.).

### §. 25.

**Grunds.** Eine Linie deren einer Endpunkt m
näher, und der andere n weiter vom Mittelpunkt
ist, als die Länge des Halbmessers beträgt, schneidet
den Kreis. Denn der erstere Punkt befindet sich
innerhalb und der letztere ausserhalb desselben.

### §. 26.

**Grunds.** Jeder Durchmesser ist doppelt so groß,
als der Halbmesser und theilt den Kreis in zwey
gleiche Theile. Da nemlich der Durchmesser eine
gerade Linie ist, so hat er auf der einen Seite alle
die Eigenschaften die er auf der andern hat (8); es
kann also eine andere gerade Linie a c die auf ihm

D 2
*liegt,*

liegt, beym Umdrehen um c, bis sie in cb fällt
genau dasselbe verrichtet wenn sie oberwärts geht
als wenn sie unterwärts geht.

## §. 27.

**Erkl.** Eine gerade Linie b g welche einen Bogen an seiner äussern Seite nur in einem einzigen
Punkte berührt, und bey ihrer Verlängerung immer auf dieser Seite bleibt, heißt eine Tangent
von ihm.

## §. 28.

**Anm.** Die verschiedenen Lagen in welche der Halbmesser bey Beschreibung des Kreises kommt, machen, daß man die Kreisfläche als ein Aggregat
von Winkeln ansehen kann, deren Schenkel sämmtlich von einerley Länge sind und zwischen deren
oberen Enden Bögen liegen, die zusammen den
Umkreis ausmachen. Wenn nun der Halbmesser
von a nach f gerückt ist, so hat er den Winkel
a c f, und sein Endpunkt den Bogen a f beschri-
ben. Man stelle sich vor, daß der Halbmesser und
der Winkel mit ihm, von f nach b zu fortrücke
bis der Schenkel a c in f c liegt, so wird er einen
neuen, dem vorigen völlig gleichen Winkel beschri-
ben haben und der neue Bogen zwischen den Endpunkten der Schenkel wird auch dem vorigen
völlig gleich seyn. Setzt man diese Betrachtung
weiter fort, so erhellt, daß, so vielmal ein kleiner Winkel in einem größern enthalten ist, auch
eben so vielmal sein Bogen im grössern enthalten seyn müsse, und daß sich also die Bögen
wie die Winkel verhalten werden, wenn auch
gleich die Verhältniß irrational wäre (209).
De

Denn Winkel und Bögen wachsen ganz gleichförmig Diesen Umstand hat man benuzt, Winkel
mittelst der Kreisbögen zu messen, die zwischen
ihren Schenkeln aus ihrem Scheitel als aus einem Mittelpunkte, beschrieben werden. Auf die
Größe des Halbmessers kommt es hiebey nicht an,
da ein Winkel in seiner Größe nicht geändert
wird, seine Schenkel mögen so lang genommen
werden als man will (17). Für die Einheit
dieses Maaßes nimmt man den 360sten Theil des
Umkreises an und nennt denselben einen Grad.
Diesen Grad theilt man aufs neue in 60 Minuten
u. so fort, daß die kleinern Theile lauter Sexagesimalbrüche werden (150 Ar.). Den Grad bezeichnet man mit 0 und die Sexagesimalbrüche desselben mit I, II, III, ꝛc. Auf den ganzen Kreis
werden also 360°, auf den halben 180° auf den
vierten Theil oder Quadranten 90° u. s. w.
kommen.

### §. 29.

Heischef. Man soll über einer geraden Linie
aus einem in ihr gegebnen Punkt einen Halbkreis
beschreiben.

### §. 30.

Lehrf. Die beyden Nebenwinkel a b c und
c b d Fig. 8. machen zusammen 180°.

Beweis. Man beschreibe aus b über a d einen
Halbkreis (29), von diesem wird a c das Maas von
a b c und c d das von c b d seyn. Da nun der Halbkreis 180° (28) hält, so folgt das was im Satze behauptet worden.

D 3

§. 31.

## §. 31.

Anm. Wenn man also von zwey Nebenwinkeln nur einen messen kann, so läßt sich das Maas des andern finden, wenn man des erstern seines von 180° abzieht. Denn es seyen die Nebenwinkel x und y, so ist $x + y = 180°$; beyderseits x subtrahirt, giebt $y = 180 - x$ (49 Ar.).

## §. 32.

Zus. Wenn man die Linie c b unterhalb a d verlängert, so entstehen hier ebenfalls wieder ein paar Nebenwinkel; auch zu beyden Seiten von c e sind dergleichen vorhanden, die also gleichfalls zusammen 180° machen.

## §. 33.

Zus. Wenn die Nebenwinkel rechte sind, wie Fig. 9. so ist das Maas eines jeden 90 oder ein Quadrant (28) und es sind deshalb alle rechte Winkel einander gleich; auch machen jede 2 Nebenwinkel so viel als 2 rechte.

## §. 34.

Zus. Jeder stumpfe Winkel hat über, jeder spitzige unter 90° zu seinem Maaße (20).

## §. 35.

Lehrs. Wenn 2 Winkel, wie a b c und c b d Fig. 8. einen Schenkel c b gemein haben, und zusammen 180° betragen, so machen die andern Schenkel a b und b d eine gerade Linie und die Winkel sind deshalb Nebenwinkel.

Be:

**Beweis.** Man nehme an, bd sey nicht die gerade Verlängerung von ab, so müßte es eine andere Linie geben die man als eine solche Verlängerung ansehen könnte, und diese müßte entweder über, oder unter bd fallen; gesetzt sie sey bf, so müßte sowohl acdf nach (26) als auch acd nach der Voraussetzung des gegenwärtigen Satzes, ein Halbkreis seyn. Da aber von diesen Bögen einer in Theil des andern ist, so können beyde einander nicht gleich seyn (5. Ar.) folglich kann auch das was der Satz behauptet nicht bezweifelt werden.

### §. 36.

**Zuf.** Jeder hohle Winkel hat weniger, und jeder erhabene mehr als 180° zu seinem Maaße und das Maaß des gleichgültigen ist 180° selbst (26).

### §. 37.

**Lehrs.** Alle um einen Punkt herum befindliche Winkel machen zusammen 360° oder 4 rechte Winkel.

**Beweis.** Man beschreibe aus ihrem gemeinschaftlichen Scheitel einen ganzen Kreis, so werden alle Theile desselben als Maaße der sämmtlichen Winkel anzusehen seyn, und diese betragen zusammen 360° (28).

### §. 38.

**Erkl.** Wenn 2 gerade Linien ab, cd, **Fig. 24.** einander schneiden, so heisen die an den entgegengesetzten Seiten des Durchschnittspunkts m liegenden

Win-

Winkel, a m d und c m b, oder a m c und d m b
Scheitel: oder Vertikalwinkel.

## §. 39.

Lehrs. Die Vertikalwinkel sind einander
gleich.

Beweis.   a m d $+$ d m b $=$ 1 8 0° ⎫
          c m b $+$ d m b $=$ 1 8 0° ⎭ (30).

also a m d $+$ d m b $=$ c m b $+$ d m b (6. Ar.)

d m b $=$ d m b (3. Ar.)

subtr.      a m d $=$ c m b      (49. Ar.)

Auf eben diese Art wird auch bewiesen, daß a m c
$=$ d m b.

## §. 40.

Anm. Es kommt oft vor, daß man einen Winkel
nicht unmittelbar messen kann, wenn nun dieses
etwa mit seinem Vertikalwinkel angeht, so kann
man das Maaß desselben für jenen brauchen.

## §. 41.

Erkl. Der Raum, welchen 3 gerade Linien einschließen, heißt ein geradlinigtes Dreyeck (triangu-
lum) a b c Fig. 11. Sind alle 3 Seiten desselben
gleich, so heißt es gleichseitig (triang. aequilaterum)
Sind nur 2 gleich, d e f Fig. 12. gleichschenklich (aequicrurum s. isosceles). Ist keine der andern gleich, ungleichseitig (scalenum) g h i Fig. 13.

§. 42.

### §. 42.

Zuf. Da die 3 Seiten 6 Endpunkte haben und je 2 und 2 beym Zusammenstoßen einen Winkel machen, so müssen in jedem Dreyeck auch 3 Winkel vorkommen. Sind diese nun alle 3 spitzig, so heißt daß Dreyeck spitzwinklich (tr. acutangulum) a b c Fig. 11. Ist einer ein rechter, wie f in Fig. 12. so heißt es rechtwinklicht (tr. rectangulum). Ist einer stumpf wie h Fig. 13, so heißt es stumpfwinklicht (obtusangulum).

### §. 43.

Anm. Nach der Aehnlichkeit sollte wie beym spitzwinklichen, ein Dreyeck nur dann recht - oder stumpfwinklicht genant werden, wenn die Winkel alle drey, rechte oder stumpfe wären; allein die Folge wird zeigen, daß solche Dreyecke nicht möglich sind.

### §. 44.

Erklär. Der Raum, welchen 4 gerade Linien einschließen, heißt ein Viereck. Sind hier die Seiten und Winkel gleich, wie a b c d Fig. 14. so heißt das Viereck ein Quadrat; sind die Seiten gleich, aber die Winkel nicht, wie e f g h, Fig. 15. so hat man die Raute (Rhombus); Sind die Winkel sämmtlich, von den Seiten aber nur, die einander gegenüberstehenden gleich, wie i k l m Fig. 16. so erhält man das Rechreck (Rectangulum, oder quadr. oblongum). Sind bey den einander gegenüberstehenden gleichen Seiten die

D 5 Winkel

Winkel ungleich, wie n o p q, so hat man das rauten ähnliche Viereck (Rhomboides); die übrigen zu keiner der vorhergehenden Arten gehörigen Vierecke nennt man **Trapezien**, z. B. r s t u Fig. 18.

### §. 45.

**Erkl.** Wenn ein Raum von mehr als 4 geraden Linien eingeschlossen wird, so entsteht überhaupt ein Vieleck (polygonum) welches man besonders 5, 6, 7 Eck u. s. w. nennt, je nachdem es aus 5, 6, 7 ꝛc. Seiten besteht. Man unterscheidet ausserdem bey den Vielecken blos **reguläre** und irreguläre. Regulär heißt ein Vieleck, wenn so wohl alle seine Seiten als Winkel einander gleich sind a b c d e f Fig. 19. Gleiche Seiten mit ungleichen Winkeln, oder ungleiche Seiten mit gleichen Winkeln, geben eben so wie ungleiche Seiten und ungleiche Winkel, **irreguläre Vielecke** Fig. 20. g h i k l m.

### §. 46.

**Erkl.** Wenn die Peripherie eines Kreises durch alle Ecken einer Figur geht, a b c d e Fig. 21, so sagt man sie sey in den Kreis beschrieben; berühren hingegen alle ihre Seiten den Kreis, so sagt man, sie sey **um den Kreis** beschrieben Fig. 22. f g h i.

### §. 47.

**Erkl.** Aehnlich heißen ein paar Dinge wenn sie einerley **Merkmale** haben.

§. 48.

## §. 48.

Zuf. Da bey geraden Linien die Merkmale in einer Reihe von Elementen und den überall gleichen Neigungen die sie gegen einander haben, bestehen, so werden alle gerade Linien einander ähnlich seyn. Bey einem Winkel sind die Merkmale sein Scheitel, seine Schenkel und die Neigung der letztern gegeneinander, da nun diese bey allen Winkeln vorkommen, so werden sie ebenfalls alle einander ähnlich seyn. Bey Figuren bestehen die Merkmale in den Verhältnissen ihrer Seiten und den Größen der von ihnen eingeschlossenen Winkel, und deshalb werden 2 Figuren nur alsdann einander ähnlich seyn wenn ihre Seiten in einerley Ordnung gleiche Verhältnisse zu einander haben, und einerley Winkel mit einander machen.

## §. 49.

Zuf. Gerade Linien und Winkel müssen einander wechselseitig decken, wenn sie gleich sind; Figuren werden dieses aber nur alsdann thun, wenn sie außer ihrer Gleichheit auch Aehnlichkeit haben, man nennt sie alsdann **Congruent.**

## §. 50.

**Heischesätze.** I. Man soll durch einen oder 2 gegebene Punkte eine gerade Linie ziehen.

II. Man soll eine gerade Linie in gleicher Richtung nach Belieben verlängern.

III. Man

III. Man soll eine gerade unbegrenzte Linie aus einem gegebenen Punkte mit einem Kreisbogen an zwey verschiedenen Orten schneiden.

Die Möglichkeit dieser letztern Forderung erhellet so: Man nehme in der gegebnen Linie a c Fig 23. nach Gefallen einen Punkt c, und ziehe nach ihm von f eine gerade Linie f c (50. I.) diese Linie verlängere man über c hinaus (50. II.); mit dieser verlängerten Linie als Halbmesser wird sich der verlangte Kreisbogen beschreiben lassen. Der Kreis nemlich, wozu dieser Bogen gehört, wird rings um f Punkte haben, und einige derselben werden jenseits, andere diesseits der Linie a b liegen, indem c jenseits und f diesseits derselben liegt.

## §. 51.

Lehrs: Wenn in den beyden Dreyecken a b c und α β γ Fig. 25, 26, die Seite a b der α β und die a c der α γ auch der Winkel a dem α einander gleich sind, so congruiren die Dreyecke.

Beweis. Man gedenke sich, daß die beyden Seiten mit dem eingeschlossenen Winkel Fig. 25. auf Fig. 26. so gelegt werden, daß a auf α, a b auf α β und a c auf α γ zu liegen kommt, so werden sich diese Linien und Winkel decken (49); der Punkt b wird auf β und c auf γ liegen und c b wird deshalb auch in γ β fallen (10). Der Winkel c wird γ, und b wird β decken.

§. 52.

## §. 52.

Zuſ. Wenn alſo in zweyen Dreyecken, zwey Seiten mit dem eingeſchloſſenen Winkel einander gleich ſind, ſo ſind nicht blos die Dreyecksflächen, ſondern auch die übrigen gleichnamigen Seiten und Winkel einander gleich.

## §. 53.

Lehrſ. In einem gleichſchenklichen Dreyecke ſind die Winkel welche die gleichen Schenkel mit der dritten Linie, oder der Grundlinie, machen, einander gleich.

Beweis. Man nehme an, daß in den Dreyecken des vorigen Lehrſ. $ab = ac$ und $\alpha\beta = \alpha\gamma$ ſey, ſo läßt ſich beym aufeinander legen $ab$ auf $\alpha\gamma$ und $ac$ auf $\alpha\beta$ legen und die Dreyecke müſſen noch immer kongruiren; alſo wird itzt der Winkel

$$b = \gamma \text{ und, in (51) war}$$
$$b = \beta \text{ folglich}$$
$$\overline{\beta = \gamma} \text{ (6. Ax.).}$$

## §. 54.

Lehrſ. Wenn in den beyden Dreyecken $abc$ und $\alpha\beta\gamma$ Fig. 25, 26 die Seite $bc = \beta\gamma$; der Winkel $b = \beta$ und $c = \gamma$ ſo congruiren die Dreyecke.

Beweis. Man kann ſich wieder vorſtellen, daß $bc$ auf $\beta\gamma$ ſo gelegt werde, daß $b$ in $\beta$, und $c$ in $\gamma$ trift,

γ trift, und es werden sich alsdann diese Seiten
und Winkel decken. folglich wird auch der Punkt
in welchem sich a b und a c schneiden, kein anderer
seyn als α, in welchem sich αβ und αγ schneiden.
Es wird also a b $=$ αβ, a c $=$ αγ und a $=$ α seyn.

<h2 style="text-align:center">§. 55.</h2>

Lehrſ. Wenn in einem Dreyecke die Winkel
an der Grundlinie gleich ſind, ſo iſt das Dreyeck gleichſchenklich.

Beweis. Man kann alsdann in den mehr erwehnten Dreyecken b auf γ und c auf β legen und
die Dreyecke werden noch immer congruiren. Es
wird alſo gegenwärtig a b $=$ αγ ; in (54) war

$$a\,b = α β \text{ folglich}$$
$$α γ = α β \text{ (6. Ar.).}$$

<h2 style="text-align:center">§. 56.</h2>

Lehrſ. In einem gleichſeitigen Dreyecke ſind
alle Winkel gleich; und wenn in einem Dreyecke alle Winkel gleich ſind, ſo iſt es ein gleichſeitiges.

Beweis. Der erſte Theil des Satzes erhellet
daraus, daß man ein gleichſeitiges Dreyeck in dreyerley Rückſichten als ein gleichſchenklichtes anſehen
kann. Die Wahrheit des letztern Theils ergiebt
ſich, wenn man bedenkt, daß ſo oft 2 Winkel gleich
ſind, auch eben ſo oft 2 Seiten gleich werden (55).

§. 57.

## §. 57.

Zuſ. Das gleichſeitige Dreyeck gehört alſo zu den regulären Figuren (45).

## §. 58.

Lehrſ. Wenn in zwey Dreyecken a c d und a b d Fig. 27, 28, 29 (wo a d zwey Stellen vertritt) alle drey Seiten einander gleich ſind, ſo kongruiren die Dreyecke.

Beweis. Wenn man die Dreyecke ſo aneinander legt, daß eine Seite gemeinſchaftlich wird, ſo giebt es nicht mehr als die 3 in den angezeigten Figuren enthaltenen Lagen, nimmt man nun zuerſt Fig. 27, ſo iſt, weil a c $=$ a b, der Winkel c $=$ b (53) und weil nun auch noch c d $=$ d b, ſo kongruirt △ a c d mit △ a b d (51).

Für Fig. 28. ziehe man die Hülfslinie c b, ſo iſt   a c b $=$ a b c (53)
ferner d c b $=$ d b c (53) man ſubtrah. ſo wird
a c d $=$ a b d (49. Ar.) da nun auch wieder a c $=$ a b und c d $=$ b d, ſo kongruirt △ a c d mit △ a b d (51).

Für Fig. 29. ziehe man wieder die Linie c b, und die Winkel c und b werden gleich, wenn man die einzelnen gleichen a c b; a b c und b c d; c b d (53) zuſammen addirt. Nimmt man nun wieder zu ihnen die gleichen Seiten a c; c d und a b; b d von welchen ſie eingeſchloſſen werden, ſo folgt die

Kon-

Kongruenz der Dreyecke wieder wie in den vorigen Fällen.

## §. 59.

3:f. In gleichen Dreyecken stehen also gleichen Seiten, gleiche Winkel, und gleichen Winkeln, gleiche Seiten entgegen, und die verschiedene Lage eines Dreyecks ändert an seinen sonstigen Beschaffenheiten nichts.

## §. 60.

**Anm.** Aus der Betrachtung der Fig. 27, 28, 29, ergiebt sich, daß zwen Dreyecke auch alsdann einander gleich werden, wenn 2 Seiten und ein nicht von ihnen eingeschlossener Winkel in beyden gleich sind z. B. a c, a d und a b, a d nebst dem Winkel a c d und a b d; nur wird erfordert, daß von den vorkommenden Seiten diejenigen welche den einen Schenkel des gleichfalls vorkommenden Winkels bilden, Winkel von einerley Art gegen sich über stehend haben, nemlich beyderseits rechte, oder stumpfe oder spitzige; denn wenn Fig. 30, a d c stumpf, und a b d spitzig ist, so werden die Dreyecke a c d und a b d nicht mehr gleich seyn, obschon noch immer a c ⸗ a b; a d ⸗ a d und c ⸗ b wäre. Eben so, beschreibe man Fig. 31. aus d mit einem Halbmesser der kleiner als d a ist, f c b und ziehe a b so, daß sie den Bogen in c und b schneidet. In die Durchschnittspunkte ziehe man d c und d b, so werden die Winkel c b d und b c d gleich (24, 53) und, wie in der Folge bewiesen werden wird, auch zugleich beyde spitzig seyn, d c a als Nebenwinkel von d c b wird also stumpf (20). Nun ist in den beyden Dreyecken a c d und a b d

die

die a d nebſt dem Winkel a gemeinſchaftlich
und d c $=$ d b. (24) folglich in beyden Drey⸗
ecken zwey Seiten und ein nicht von ihnen einge⸗
ſchloſſener Winkel, gleich, aber deswegen doch
nicht △ acd $=$ △ abd weil eines ein Theil
des andern iſt; und dieſe Ungleichheit rührt daher
weil die a d in dem einen Dreyeck einem ſtumpfen
Winkel adc, und in dem andern einem ſpitzigen a b d
entgegen ſteht. Ein anderer Fall den die vorigen
Lehrſäze noch nicht mit enthalten, iſt, daß auch
2 Dreyecke alsdann, und zwar ohne alle Einſchrän⸗
kung einander gleich ſind, wenn in ihnen 2 Win⸗
kel und eine Seite, die nicht, wie in (54) vor⸗
ausgeſezt wurde, zwiſchen den Winkeln liegt,
gleich ſind. Es wird nemlich in der Folge, un⸗
abhängig von dieſem Saze, bewieſen werden,
daß in jedem Dreyeck wenn nur 2 Winkel einan⸗
der gleich ſind, auch alsdann alle 3 gleich ſind,
und ſobald die iſt, ſo verwandelt ſich dieſer Fall
in den von (54). Auſſerdem iſt er auch noch auf
eine beſondere Art weiter unten im §. 85. be⸗
wieſen worden. Auf ſolche Weiſe ſind unter den
obigen Einſchränkungen 2 Dreyecke allemal einan⸗
der gleich, wenn in ihnen 3 Stücke unter welchen
wenigſtens Eine Seite iſt, einander gleich ſind.
Sind blos alle 3 Winkel gleich, ſo wird in der
Folge gezeigt werden, daß dieß bey den Dreyecken
nichts weiter als Aehnlichkeit hervorbringt. Die⸗
ſe Anmerkung habe ich nicht als zum Syſtem ge⸗
hörig, hier beygebracht weil manches in ihr an⸗
genommen wird, wovon die Gründe erſtlich im
folgenden vorkommen. Sie ſchien mir aber nüzlich,
um vorläufig zu überſehen, was es mit der Con⸗
gruenz der Dreyecke überhaupt für eine Bewand⸗
niß habe.

P                    §. 61.

### §. 61.

**Aufg.** Man soll über oder unter einer gegebenen Linie a b Fig. 25. ein gleichseitiges Dreyeck beschreiben.

**Aufl.** 1) Man fasse a b mit dem Zirkel und
beschreibe damit aus a einen Kreis.

2) Man setze den unveränderten Zirkel in b und
beschreibe abermals einen Kreis.

3) Aus dem Punkt c wo sich die Kreise schneiden ziehe man grade Linien nach a und b, so werden diese nebst der a b das verlangte Dreyeck geben.

**Beweis.** Daß sich die Kreise wirklich schneiden werden, erhellet aus (−, 26) und wenn dieses
ist, so sind die gezogenen Linien als Halbmesser
von gleichen Kreisen anzusehen und folglich einander gleich (24).

### §. 62.

**Aufg.** Man soll einen gegebnen Winkel c a b
Fig. 29. halbiren.

**Aufl.** 1) Man nehme aus dem Scheitel a mit
einerley Eröfnung des Zirkels a c = a b.

2) Man ziehe c b und beschreibe darüber ein
gleichseitiges Dreyeck c d b (61).

3) Man ziehe die Linie a d, so ist c a d = b a d

**Beweis.** Es sind nach der Auflösung in den
beyden Dreyecken a c d und a b d alle Seiten ein

ander gleich, folglich auch die in no. 3. der Aufl. genannten Winkel (59).

### §. 63.

Zuf. Man kann diese Halbirungen nach Gefallen fortsetzen, so erhält man 4, 8 ꝛc. Theile, so daß wenn die Zahl der Halbirungen n ist, die Anzahl der Theile $2^n$ seyn wird.

### §. 64.

Aufg. Eine gegebne Linie a b Fig. 34. zu halbiren.

Aufl. 1) Man beschreibe über ihr ein gleichseitiges Dreyeck.

2) Man halbir den Winkel desselben d der a b gegenüber steht und ziehe die Halbirungslinie von d bis c, so ist a c $=$ c b $= \frac{1}{2}$ a b.

Beweis. Da die ganze a b zwischen den Schenkeln des halbirten Winkels liegt, so werden die Dreyecke a d c und d c b entstehen, diese sind congr. (51), folglich auch a c $=$ c b.

### §. 65.

Zuf. Man kann hier ebenfalls wie in (63) die Halbirungen weiter fortsetzen.

### §. 66.

Zuf. Weil a c d $=$ d c b, so steht die Halbirungslinie d c auf a b senkrecht (20).

P 2　　　　　§. 67.

**Aufg.** Aus einem gegebnen Punkt a, in einer gegebnen Linie m n Fig. 35. ein Perpendikel aufzurichten.

**Aufl.** Man sehe die gerade Linie als einen Winkel an (15, 36), dessen Scheitel der gegebne Punkt a ist und dessen Schenkel die Linien a m und a n sind, und halbire denselben nach (62) so wird a d das verlangte Perpendikel seyn.

**Beweis.** Die Winkel c a d und d a b werden itzt Nebenwinkel und sind einander gleich, folglich steht ihr gemeinschaftlicher Schenkel a d, auf m n senkrecht (20).

## §. 68.

**Aufg.** Aus einem gegebnen Punkte d, auf eine unbegrenzte Linie m n Fig. 36. ein Perpendikel zu fällen.

**Aufl.** 1) Man beschreibe aus d einen Kreisbogen welcher m n in 2 beliebigen Punkten c, b schneidet (50. III.) und ziehe die Linien d c und d b

2) Man halbire den dadurch entstandenen Winkel (62)· und ziehe die Halbirungslinie von d bis a, so ist d a das verlangte Perpendikel.

**Beweis.** Die Dreyecke c d a und d a b sind congruent, also c a d = d a b, folglich d a ein Perpendikel (20).

§. 69.

## §. 69.

Anm. Man könnte auch über c b auf der Seite
wo d liegt ein gleichseitiges Dreyeck beschreiben,
alsdann aber müßte man d c so genommen haben,
daß sie der c b nicht gleich würde, indem sonst die
Spitze des Dreyecks mit d zusammen fiel und die
Lage der d a unbestimmt ließ.

## §. 70.

Lehrs. Wenn in einem Dreyecke a b c Fig.
37. eine Seite b c verlängert wird, so ist der
äussere Winkel grösser als der innere welcher
der verlängerten Seite entgegen sieht.

Beweis. Man halbire die Seite des Dreyecks
welche mit der verlängerten zusammen stößt (64), dies
geschehe in f. Man ziehe aus dem gegenüber stehenden Winkel b, die Linie b f e und mache f e =
f b. Man ziehe c e, dies muß geschehen können nach
(10). Nun ist in den Dreyecken b a f und f e c
ausser den Seiten a f, f c und b f, f e auch der
Winkel a f b = e f c (39) folglich congr. △ b a f mit
△ f c e (51) mithin ist der Winkel b a f = f c e.
Es ist aber f c d > f c e (5. Ar.) also auch f c d >
b a f (7. Ar.).

## §. 71.

Zus. Wenn a c verlängert wird, so ist aus eben
dem Grunde b c g > a b c; da nun b c g = a c d
(39), so ist auch a c d > a b c (7. Ar.). Es ist
also der äussere Winkel grösser als jeder der in-

nern

nern die ihm entgegengeſetzt, d. i. nicht Neben⸗
winkel von ihm ſind.

## §. 72.

Anm. Der obige Beweis läſt ſich leicht auch bey
den Verlängerungen anwenden, die man in a und
b machen kann.

## §. 73.

Lehrſ. In jedem Dreyecke betragen 2 Winkel
zuſammen weniger als 180°.

Beweis. $bac < acd$ (70)
$$acb = acb \text{ (3. Ar.)}$$
$$bac + acb < acd + acb \text{ (50. Ar.)}$$
$$acd + acb = 180.$$
$$bac + acb \quad < \quad 180° \text{ (7. Ar.).}$$

## §. 74.

Anm. Wenn man den Beweis für (70) auch auf
die Fälle erſtreckt, welche bey den Verlängerungen
der Seiten in a und b vorkommen, ſo läſt ſich auf
ähnliche Art zeigen, daß auch $bac + acb$, desglei⸗
chen $abc + bca$ d. i. allemal 2 Winkel zuſammen
$< 180°$ ſind.

## §. 75.

Zuſ. Es kann alſo in einem Dreyecke nicht
mehr als ein rechter Winkel ſeyn, denn wenn 2
rechte darinn wären, ſo machten ſie zuſammen 180°
welches gegen (73) ſtreitet. Aus gleichem Grunde
kann auch nicht mehr als ein ſtumpfer darinne ſeyn,
indem

indem 2 ſtumpfe zuſammen ſchon mehr als 2 rechte
machen. Wenn daher einer ein rechter oder ein ſtumpfer
iſt, ſo ſind die beyden andern allemal ſpitzig. Dies
dient zur Beſtätigung deſſen, was in (43) vorläuſ
fig bemerkt wurde.

### §. 76.

Lehrſ. Aus einem Punkte kann auf eine
Linie nicht mehr als ein Perpendikel gefalle
werden.

Beweis. Wenn Fig. 36. d a ein Perpendikel
iſt, und eine andere Linie wie d c oder d b auch
noch eins ſeyn ſollte, ſo müßten in dem △ d c a
oder d a b 2 rechte Winkel ſeyn. Dies ſtreitet aber
gegen (75).

### §. 77.

Zuſ. Wenn ein Dreyeck gleichſchenklich iſt, ſo
iſt eine Linie, welche den zwiſchen den Schenkeln
eingeſchloſſenen Winkel und die demſelben entgegen;
ſtehende Grundlinie halbirt, mit dem Perpendikel
welches aus der Spitze des Winkels auf die Grund;
linie gefällt werden kann, einerley (76).

### §. 78.

Lehrſ. Wenn in einem Dreyecke a b c, Fig.
38. eine Seite gröſſer iſt, als eine andere, ſo
iſt auch der Winkel welcher der gröſſern gegen
über ſteht, gröſſer als der, welcher der kleinern
gegenüber ſteht.

P 4                    Beweis.

*Beweis.* Es sey a c > c b, man fasse c b und schneide damit am auf c a ab, so ist

$$c\,m\,b = c\,b\,m \quad (3.\ \text{Ar.})$$
$$\text{aber } c\,m\,b > c\,a\,b \quad (70)$$
$$\text{folglich } c\,b\,m > c\,a\,b \quad (7.\ \text{Ar.})$$

also noch vielmehr c b a > c a b.

### §. 79.

*Lehrs.* Wenn in einem Dreyeck ein Winkel grösser ist als ein anderer, so ist auch die dem grössern entgegenstehende Seite grösser, als die welche dem kleinern entgegen steht.

*Beweis.* Es sey a b c > b a c, so muß, wenn nicht a c > c b seyn soll, entweder a c = c b; oder a c < c b seyn; das erstere kann aber nicht seyn, weil sonst die erwehnten Winkel auch gleich seyn müßten (53), das letztere auch nicht, weil sonst a b c < b a c seyn müßte (78); folglich bleibt nur der Fall übrig, daß a c > b c sey.

### §. 80.

*Zus.* In einem rechtwinklichen Dreyeck c a d Fig. 40. ist also jedes Perpendikel c d, a d, kleiner, als die dem rechten Winkel gegenüber stehende Seite a c, welche man Hypothenuse nennt (75).

### §. 81.

*Zus.* Die kürzeste Linie welche von einem Punkte c auf eine Linie m n gezogen werden kann, ist das Perpen:

Perpendikel c d; man nennt es die Entfernung zwischen dem Punkt c und der Linie m n.

## §. 82.

Zuſ. Je weiter die Linien c a, c m von d in die Linie m n gezogen werden, deſto länger werden ſie. Wenn nemlich bey d ein rechter Winkel iſt, ſo iſt c a d ſpißig (7?); c a m ſtumpf (20, 70) c m a wieder ſpißig u. ſ. w. Es ſteht alſo die weiter von d durch m n gehende Linie einem gröſſern Winkel entgegen als die näher durchgehende und alſo iſt jene gröſſer als dieſe (79).

## §. 83.

Zuſ. Auch die Winkel welche dieſe Linien mit der m n machen, wachſen beſtändig auf der einen und nehmen ab auf der andern Seite, ſo daß es in der unbegrenzten d m nicht zwey Punkte giebt, in welchen eine aus c gezogene Linie einerley Winkel mit d m machen könnte (70).

## §. 84.

Zuſ. Auf der andern Seite von c d kann man eben dieſelben Betrachtungen anſtellen, und können hier wieder eben ſolche Linien und Winkel entſtehen, wie auf der vorigen Seite, wenn man nur dieſelbigen Entfernungen von d, in der d n beybehält.

P 5 §. 85.

## §. 85.

Lehrf. Wenn in zweyen Dreyecken a b c und α β γ. Fig. 41, 42 zwey Winkel und eine Seite, welche nicht ein gemeinschaftlicher Schenkel dieser beyden Winkel ist, wie in (54) einander gleich sind, so kongruiren doch auch diese Dreyecke.

Beweis. Es sey a b $=$ α β; a $=$ α und c $=$ γ, welche beyderseits spitzig seyn müssen (75) so läßt sich a auf α und a b in α β legen, und es wird a c in α γ fallen; nur fragt sichs noch, ob auch c in γ falle? Man lasse deshalb von b und β die Perpendikel b d und β δ herab (68, so werden diese einander decken (76) und so wohl c als γ werden auf der Seite des Perpendikels liegen, welche der wo a und α liegt, entgegengesetzt ist. Nun giebt es aus b, β welche izt aufeinander liegen, nicht mehr als Eine Linie, welche in der unbegrenzten d c oder δ γ einen gegebnen Winkel macht (83, 84); folglich muß c mit γ zusammen fallen.

## §. 86.

Lehrf. In jedem Dreyeck ist I) die Summe zweyer Seiten jedesmal grösser II) die Differenz zwischen ihnen kleiner, als die dritte. Z. B. Fig. 39. a c $+$ c b $>$ a b. und a c $-$ c b $<$ a b.

Beweis Für I. Man verlängere die eine von den beyden Seiten a c nach d, so daß c d $=$ c b wird, so ist a d $=$ a c $+$ c b; man ziehe d b, so

ist

ist c d b $=$ c b d (53) aber a b d $>$ ç b d (5. Ar.) folglich auch a b d $>$ c d b (7. Ar.) mithin a d $>$ a b (79) d. i. ac $+$ cb $>$ ab. Eben so läßt sich der Satz auch von a b $+$ a c und a b $+$ b c beweisen.

Für II. Es sey Fig. 38. ac — cb $=$ am, so ist c m b $=$ c b m (53) mithin c m b spitzig (75), folglich a m b stumpf (20) folglich a m b $>$ m b a (75) folglich a m, d. i. ac — cb $<$ ab (79).

## §. 87.

Zuf. Wenn man also aus 3 gegebnen Seiten ein Dreyeck verzeichnen soll, so müssen je 2 derselben allemal zusammen grösser seyn, als die dritte.

## §. 88.

Aufg. Aus zwey gegebnen Seiten ein gleich- schenklichtes Dreyeck zu zeichnen. Fig. 12.

Aufl. 1) Wenn die kleinere mehr als die Hälfte von der grössern beträgt, so nehme man eine von ihnen nach Gefallen für die Grundlinie an, sonst aber wähle man zur Grundlinie die kleinere.

2) Mit der andern beschreibe man aus den End- punkten der Grundlinie, Kreise und verfahre übri- gens wie in (61).

Beweis. Die Einschränkung in no. 1. hat ih- ren Grund in (86); denn wenn man die mehr als

doppelt

doppelt so große zur Grundlinie nehmen wollte, so
würden die Kreise einander nicht schneiden; übrigens ist der Beweis wie in (61).

### §. 89.

Anm. Wenn man auf (no. 1.) Rücksicht nimmt,
so kann man bey den Aufgaben (62, 64) auch
gleichschenklichte Dreyecke statt der gleichseitigen
beschreiben.

### §. 90.

Aufg. Aus 3 gegebnen Seiten ein Dreyeck
zu beschreiben. Fig. 13.

Aufl. Wenn bey denselben auf (86) Rücksicht
genommen worden ist, so nehme man eine nach
Gefallen zur Grundlinie und beschreibe aus dem
einen Endpunkte derselben mit der zweiten, und
aus dem andern mit der dritten einen Kreis. Uebrigens verfahre man wie in (61).

### §. 91.

Anm. Es ist in der Ausübung nicht nöthig die ganzen Kreise zu beschreiben, sondern man zieht blos
in der Gegend wo nach dem Augenmaaße die
Kreise einander schneiden werden, ein paar Bogen
die sich schneiden.

### §. 92.

Aufg. An eine gegebne Linie in einem gegebnen Punkt einen gegebnen Winkel zu legen.

Aufl. Wenn der gegebne Winkel in Fig. 41, a,
und die gegebne Linie α γ in Fig. 42. ist, wo der
Winkel

Winkel an α gelegt werden soll, so ziehe man
1) durch seine Schenkel eine Linie b c, daß man
ein Dreyeck erhält.

2) Beschreibe man über α γ, die man nach
Erfordern verlängern oder verkürzen könnte, ein
Dreyeck das eben die Seiten hat, als das in no.
1. erhaltene, so wird es auch die Winkel des vorigen und mithin α = a haben.

**Beweis.** Er beruht auf (59).

### §. 93.

**Lehrſ.** Ein paar Linien a b und c d Fig. 43.
die von einer dritten e f so geschnitten werden,

daß I. die innern entgegengeſetzten Winkel
g h d und h g b zusammen 180° oder so viel als
2 rechte machen,

oder: II. der äussere Winkel e g b = g h d
dem innern entgegengeſetzten,

oder: III. die Wechselwinkel a g h und g h d,
einander gleich ſind, ſind in allen dieſen Fällen
parallel.

**Beweis.** Für I. Zuvörderſt iſt zu bemerken,
daß wenn auf der einen Seite von g h die im Satz
genannten Winkel zweyen rechten gleich ſind, dieses auch allemal von den beyden innern die auf
der andern Seite von g h liegen, der Fall seyn wird.

Es

Es ist nemlich  g h d $+$ c h g $=$ 180°  
Eben so  h g b $+$ h g a $=$ 180°  $\Big\}$ (30)

addirt:

also g h d $+$ c h g $+$ h g b $+$ h g a $=$ 360'

subtr. g h d $\qquad+\qquad$ h g b $\qquad=$ 180'

also $\qquad$ c h g $+$ h g a $\qquad=$ 180'

Wenn nun diese Linien nicht parallel wären so müßten sie auf einer von beyden Seiten nach genugsamer Verlängerung zusammen stoßen, folglich ein Dreyeck bilden in welchem 2 Winkel zusammen so groß, als 2 rechte wären, welches gegen (75) streitet; also sind sie parallel (48).

Für II. Es ist e g b $+$ h g b $=$ 180° (30)  
wenn nun e g b $=$ g h d

so ist auch g h d $+$ h g b $=$ 180° (3. Ar. und der Beweis ist nun wieder wie in I.

Für III. Es ist a g h $=$ e g b (39)  
Ist nun a g h $=$ g h d nach d. Vorausf

so ist e g b $=$ g h d (6. Ar.) folglich wie in II, g h d $+$ h g b $=$ 180° folglich der Beweis wieder wie in I.

## §. 94.

Aufg. Mit einer gegebnen Linie c d eine andere durch einen gegebnen Punkt g parallel zu ziehen.

Aufl.

**Aufl.** 1) Man ziehe nach Gefallen eine Linie e h durch den gegebnen Punkt g bis sie die c d erreicht.

2) Man lege einen Winkel so groß als g h d an g so, daß dessen Schenkel entweder e g und g b; oder g a und g h werden, so wird a g, g b mit c d parallel seyn.

**Beweis.** Er fließt aus (93. II u. III.)

### §. 95.

**Anm.** In der Ausübung pflegt man sich zum Ziehen der Parallelen eines besondern Werkzeugs zu bedienen, welches aus 2 miteinander verbundenen beweglichen Linealen besieht. Noch leichter lassen sich Parallelen mittelst eines Lineals und eines daran herunter zu schiebenden Winkelhakens ziehen. Von der Anwendung dieser Werkzeuge läßt sich mündlich nähere Anleitung geben.

### §. 96.

**Zus.** Wenn a b mit c d nicht parallel ist, so stößt sie allemal auf einer Seite mit c d zusammen, wenn nur beyde Linien lang genug genommen werden und der Abstand beyder Linien von einander kann hierein keinen Einfluß haben. In welcher Entfernung von einem Punkt aber, z. B. von h, dieser erste Zusammenstoß geschieht, läßt sich durch kein Maas bestimmen, weil man sich immer eine Verlängerung der Linie in welcher der Zusammenstoß geschieht, und auf solche Art eine Entfernung von h gedenken kann, die größer ist als die vorige; man

man sagt deßhalb der erste Zusammenstoß geschieht
unendlich weit von h; und Linien die nur in einer
solchen unendlichen Entfernung zusammenstoßen,
sind von Parallelen selbst nicht mehr zu unter=
scheiden.

### §. 97.

Zus. Hinwiederum wird, wenn 2 Linien pa=
rallel sind, der äussere Winkel dem innern, oder
der eine Wechselwinkel dem andern ꝛc. gleich seyn,
wofern es nur durch g keine andere Linie, wie et=
wa gl, Fig. 44. giebt, welche ebenfalls c d nie
schneidet. Um hierüber nähere Untersuchung anstel=
len zu können, führe man ab und gl mit unver=
änderlichem Winkel an ef, so weit herunter, daß vom
ersten Element der gl, der eine Endpunkt in i
und der andere in q liege (6). Dies muß mög=
lich seyn weil gl nach der Vorauss. eine von gl
verschiedene Linie ist. ab hat sich also der cd itzt
so genähert, daß sie in mn liegt und bey solcher
nahen Parallelen wird zufolge dessen was so eben
gesagt worden, keine Linie dazwischen hineingehen,
welche nicht die cd schnitte und aus gleichem Grun=
de auch keine zwischen iq und is, weil man i q
schon als eine annehmen kann, die näher als ir=
gend eine angebliche, an is liegt. Itzt also wird
$qis = iqh = rqt$ seyn.

### §. 98.

Lehrf. Wenn zwey Linien gl, hd, auf ei=
ner dritten ef so stehen, daß die innern entge=
gen

zengesezten Winkel zusammen weniger als 2
rechte betragen, so schneiden sie einander bey
genugsamer geradelinigter Verlängerung.

Beweis. Es sey q l unter den Umständen, welche der vorige Zusaz annimmt, so schneidet sie,
wenn g bis nach i gerückt ist, die cd. Man beschreibe über iq das Dreyeck isq, so daß is $=$ hq
wird; da nun nach (97) auch hqi $=$ qis, so
wird $\triangle$ qhi mit $\triangle$ qis kongruiren (51). Man
lege das ganze Viereck hqsi über is in isvk und
qsk rechts neben sq in qrts, desgleichen auch
rstwv und ksvp, so wird jedes aus 2 Dreyecken
estehen, die sämmtlich mit $\triangle$ hqi, folglich auch
unter sich selbst kongruiren, und die 3 Winkel
unter kt, von welchen s der gemeinschaftliche
Scheitel ist, werden zusammen so viel betragen,
als die 3 rechts neben kh liegenden, welche i
im gemeinschaftlichen Scheitel haben (59). Da
nun kih eine gerade Linie ist, so wird auch kst
eine seyn (36, 8), und auf eben dieselbe Art ergiebt
sich, daß auch vsq; hqt; iqr, gerade Linien
sind. Schiebt man nun das Viereck iqsk mit
seinem anhangenden qrts an se hinauf, bis beyde
s in die Lage von ktwp kommen, so wird iqr
in kst fallen, folglich iq wenn es in gerader
Richtung verlängert wird, auch izt noch die cd
schneiden. Fährt man nun mit diesem Fortrücken
und geradlinigtem Verlängern immer auf die vor-
schriebene Art fort, so kommt man endlich mit

$\Omega$                                          iq

iq in die Lage g l, und g l schneidet also wen‹n›
es genugsam, und geradlinigt verlängert wird
allemal die unbegrenzte c d. Da nun hier ange‹=›
nommen worden, daß die g l unendlich nahe a‹n›
g b läge, oder einen unendlich kleinen Winkel mi‹t›
ihr mache, so wird sie die c d um noch so vie‹l›
gewisser schneiden, wenn sie einen größern Winke‹l›
mit g b hereinwärts nach c d, macht.

## §. 99.

Zuſ. Wenn das nächſte Element von i q nich‹t›
die Lage von q r, sondern etwa von q t hätt‹e›
mithin i q r eine krumme Linie wäre (§) s‹o›
würde eine solche verlängerte i q die c d nich‹t›
mehr schneiden, und sobald der Punkt i mit sei‹=›
ner anhängenden Linie bis noch k hinaufgescho‹=›
ben wäre, so würde sich diese ‹i›q t gänzlich vo‹n›
c d trennen, obgleich der Winkel des erſten El‹e›
ments mit e f noch immer den vorigen Wink‹el›
machte; es kommt also hier darauf an, ob ‹g›
gerade oder krumm iſt.

## §. 100.

Anm. Es kommen in der höhern Geometrie wir‹k›
lich krumme Linien vor, welche sich einer gerad‹en›
zwar immer mehr nähern, aber sie dennoch ‹er›
erreichen, so weit sie auch nach dem Geſetz ihr‹er›
Krümmung verlängert werden, und ohngeacht‹et›
die erſten Elemente der krummen und geraden m‹it›
einer dritten, Winkel machen, die zusammen w‹e›
niger als 2 rechte betragen. Indessen thun di‹e›
s‹o›

ses nicht alle krumme Linien, sondern blos die welche Asymptoten haben, wie ich in meiner Differt: Tentamen, ex notione lineae rectae diftincta et completa, axiomatis XI. Euclidis, veritatem demonftrandi, Ienae 1789. umftändlicher gezeigt habe. In eben diefer Schrift find auch die Gründe des Beweifes (98) weiter auseinander gefetzt, wiewohl ich den Beweis felbft in gegenwärtiger Schrift noch etwas einleuchtender als dort, zu machen gefucht habe. Wegen der Schwierigkeiten die er in Rückficht des Unendlichkleinen das man bey ihm nothwendig zu Hülfe nehmen muß, hat, ift der ihm zugehörige Satz vom Euklid und andern berühmten Mathematikern blos als Grundfatz aufgeführt worden. Viele haben fchon Verfuche gemacht ihn förmlich zu beweifen, immer aber hat man Etwas an den Beweifen auszufetzen gefunden; weshalb ich denn meine geehrteften Lefer bitte, im Fall ihnen aus der gegenwärtige Beweis nicht ganz einleuchten follte, den Satz ebenfalls als einen Grundfatz zu betrachten, denn an feiner Wahrheit felbft, hat noch nie jemand gezweifelt.

### §. 101.

Lehrf. Wenn ein paar Parallelen a b, c d. Fig. 43. von einer dritten Linie e f durchfchnitten werden, fo machen die innern entgegengefetzten Winkel zufammen fo viel als 2 rechte; der äuffere ift dem innern entgegengefetzten, und ein Wechfelwinkel dem andern gleich.

Beweis. Wenn diefes bey den genannten Linien nicht der Fall wäre, fo müßte es eine andere

Pa-

Parallele durch g mit c d geben, bey welcher die Behauptung des Satzes statt fände, da es nun keine solche giebt (98), so muß auch die Behauptung schon bey der a b statt finden.

## §. 102.

Lehrſ. Parallelen zwiſchen Parallelen a c, b d Fig. 45. ſind gleich.

Beweis. Man ziehe c b, ſo iſt in den Dreyecken a c b und c b d die c b beyden gemein; b c d $=$ a b c und a c b $=$ c b d (101) folglich kongruiren die Dreyecke (54) und a b $=$ c d ; a c $=$ b d.

## §. 103.

Lehrſ. Zwey Parallelen a b, c d Fig. 46. haben in allen ihren Punkten gleiche Entfernungen von einander.

Beweis. Man laſſe von den Punkten e, g die Perpendikel e f, g h auf c d herab (68) ſo ſtellen dieſe die Entfernungen dieſer Punkte von c d vor (81). Da nun e f h $=$ g h d (33) ſo iſt e f parallel mit g h (93) folglich e f $=$ g h (102). Da bey h ein rechter Winkel iſt, und h $+$ g $=$ 2 rechten (101) ſo iſt auch g ein rechter Winkel, desgleichen auch e, folglich ſtellen f e und g h auch die Entfernungen der Punkte f und h von der a b vor (81).

§. 104.

## §. 104.

Lehrf. Wenn in einem Vierecke a b c d die einander entgegenstehenden Seiten gleich sind, so laufen sie auch mit einander parallel.

Beweis. Es sind alsdann in den Dreyecken a c b und c b d alle Seiten gleich, folglich auch die gleichnahmigen Winkel, und da diese als Wechsel-winkel an der c b können angesehen werden, so sind die Vierecksseiten parallel (93).

## §. 105.

Zuf. Man nennt solche Vierecke Parallelo-grammen; zu diesen gehört also das Quadrat, die Raute, das Rechteck und Rautenähnliche Viereck (44). Jedes derselben wird durch die Diagonale c b oder a d in 2 gleiche Theile getheilt; seine gegenüberstehenden Winkel sind gleich, und seine innern an einer Seite liegenden machen zusam-men 180°.

## §. 106.

Zuf. Wenn in einem Parallelogramm ein Win-kel ein rechter ist, so sind es auch die übrigen, und dies ist der Fall im Quadrat und Rechteck.

## §. 107.

Aufg. Aus 2 gegebenen Seiten und dem Winkel den sie einschliessen, ein Parallelo-gramm zu zeichnen.

Q 3　　　　　　Aufl.

**Aufl.** An die eine Seite lege man den gegebenen Winkel (92) und mache dessen andern Schenkel der andern Seite gleich, so ergiebt sich ein Dreyeck (51); auf dieses setze man noch eins das eben die Seiten hat (90), und wo diese gleichen Seiten einander gegenüber zu liegen kommen.

**Beweis.** Er fließt unmittelbar aus (105).

### §. 108.

**Lehrs.** In jedem Dreyecke a b c Fig. 47. ist die Summe aller 3 Winkel zweyen rechten oder 180° gleich.

**Beweis.** Man ziehe durch c eine Parallele m n mit a b (94) so ist $a = \alpha$; $b = \beta$ (101) und $\alpha + c + \beta = 180°$ (30) folglich auch $a + b + c = 180°$ (3. Ax.).

### §. 109.

**Zuf.** Wenn man im Dreyeck irgend eine Seite verlängert, so ist der äussere Winkel, so groß als die beyden innern ihm entgegengesetzten zusammen Es sey z. B. dieser äussere Winkel d c b; dieser besteht aus $\beta + \gamma$; es war aber $\beta = b$ und $\gamma$ ist $= \alpha$ (101) folglich b c d $= a + b$.

### §. 110.

**Zuf.** Ist einer von den 3 Winkeln ein rechter so machen die übrigen beyden spitzigen zusammen auch so viel als ein rechter, und wenn das Drey

cc

:ck gleichschenklich ist, so ist jeder von den spitzi=
gen halb so groß als ein rechter, d. i. 45°.

### §. 111.

Zuf. In einem gleichseitigen Dreyeck macht je=
der Winkel 60° (56, 108).

### §. 112.

Aufg. Aus einem gegebenen Winkel in ei=
nem gleichschenklichen Dreyecke die beyden übri=
gen zu finden.

Aufl. I. Wenn der an der Spitze gegeben
ist, so halbire man ihn, und ziehe diese Hälfte von
90° ab, so ist der Rest die Größe eines jeden an
der Grundlinie.

II. Wenn einer von denen an der Grundlinie
gegeben ist, so ziehe man ihn gleichfalls von 90°
ab, und verdoppele den Rest, so hat man den
an der Spitze.

Beweis. Er ergiebt sich von selbst aus den vo=
rigen Zusätzen. Z. B. cbd Fig. 35. sey 80° so
ist c = 50 und b = 50 u. s. w.

### §. 113.

Zuf. Wenn in irgend einem Dreyeck 2 Winkel
gegeben sind, so findet sich allemal der dritte,
wenn man die Summen der gegebenen von 180°
abzieht; oder wenn einer gegeben ist, so findet

D 4                                    man

man die Summe der übrigen wenn man den ge=
gebenen von 180° abzieht.

### §. 114.

Zuf. Wenn also in zweyen Dreyecken 2 Win=
kel einander gleich sind, so ist auch der dritte in
dem einen, dem dritten in dem andern gleich.

### §. 115.

Aufg. In einem gegebenen Vieleck die Sum=
me aller Winkel zu finden. Z. B. in a b c d e f g
Fig. 48.

Aufl. Man multiplicire 180° durch die Zahl
der Seiten und ziehe vom Product 360° ab, so ist
der Rest die verlangte Summe. Z. B. im 7 Eck
hat man (7. 180°) — 360° = 900°.

Beweis. Man ziehe aus einem im Vieleck
willkührlich angenommenen Punkt m, nach allen
Ecken gerade Linien, so entstehen eben so viel
Dreyecke als Seiten sind. Wenn nun die Zahl
der Seiten = n, so ist die Summe aller Winkel
die in diesen Dreyecken vorkommen = n. 180°
(108). Da nun die um m herum befindlichen,
deren Summe 360° macht (37), nicht mit zur
Summe der Vieleckswinkel gehören, so muß man
sie vom vorigen Product abziehen.

Drückt man 360° durch 2. 180° aus, so läßt
sich die Regel so vorstellen (n. 180°) — (2. 180°)
= (n — 2) 180° (132. Ar.).

§. 116.

### §. 116.

Zuſ. Iſt das Vieleck ein reguläres, (45) ſo wird der Vieleckswinkel deſſelben $= \frac{n-2}{n} 180°$. Z. B. im Quadrat (44) $= 90°$

### §. 117.

Anm. Wenn man im irregulären Vielecke keinen Punkt finden könnte- aus welchem ſich nach allen Ecken gerade Linien ziehen ließen, wie z. B. in m n o p q r Fig. 49. wo hohle und erhabene Winkel untereinander vorkommen, ſo kann man es durch eine Linie wie q n theilen, und 2 Punkte s und t ſtatt eines annehmen; alsdann bekommt man 2 Dreyecke, und mithin 2. 180° mehr, als man bekommen hätte wenn nur ein einziger Punkt wäre angenommen worden, dafür werden aber auch beym nachmaligen Abziehen ſtatt einmal, nun 2mal 360° abgezogen, wodurch alſo jenes Ueber-maaß wieder aufgehoben wird.

### §. 118.

Lehrſ. Parallelogrammen die auf einer Grundlinie und zwiſchen einerley Parallelen ſtehen, ſind einander gleich.

Beweis. I. Fall. Es ſeyen die Parallelogram-men Fig. 50. a b d e und a b c d, ſo iſt in den Dreyecken a d e und b c d, a e $=$ d b; a d $=$ b c; a b $=$ e d desgleichen a b $=$ d c. (105) folglich e d $=$ d c (6. Ar.)

alſo

also   △ a d e $=$ △ b c d (58)

add.   △ a b d $=$ △ a b d (3. Ar.)

also in der Figur a b d e $=$ a b c d.

II. Fall. Fig. 51. Es ist wieder af $=$ b d; a c $=$ b c; f d $=$ e c, also auch f d — e d $=$ e c — e d (49. Ar.) d. i. fe $=$ d c folglich △ a e f $=$ △ b c d (58); wenn man nun zu jedem das Trapez a b d e addirt, so wird a b d f $=$ a b c e.

III. Fall. Fig. 52. Man hat wie vorhin a f $=$ b e; a d $=$ b c; f e $=$ d c folglich f e $+$ e d $=$ d c $+$ e d (49. Ar.) d. i. f d $=$ e c

folglich △ a d f $=$ △ b c e (58)

subtr. △ e g d $=$ △ e g d

also   a g e f $=$ b g d c

add.   △ a b g $=$ △ a b g

a b e f $=$ a b c d

## §. 119.

Anm. Ein Perpendikel auf die Grundlinie einer Figur von der ihr gegenüberstehenden Grenze, nennt man die Höhe derselben, da nun Perpendikel zwischen Parallelen gleich sind (103) so sagt man: Parallelogrammen von einerley Grundlinie und Höhe sind gleich.

## §. 120.

Lehrs. Wenn zwey Parallelogrammen gleich sind, und auf einerley Grundlinie stehen,

hen, so liegen die derselben gegenüberstehenden
Seiten in den geradlinigten Verlängerungen derselben von einander, und die Parallelogrammen
liegen mithin zwischen einerley Parallelen.

**Beweis.** Es sey Fig. 53. abcd = abih,
aber es sey h i nicht die Verlängerung von dc,
so ziehe man die Verlängerung von dc, diese sey
cfg, so muß hi so gut parallel mit ab seyn, als
es fg ist (105) und nach der Voraussetzung muß
sowohl abhi als nach (118) abgf = abcd
seyn, welches nicht anders möglich ist, als wenn
abfg und abih, einerley sind, denn wenn dies
nicht seyn sollte, so müßte der Theil dem Ganzen
gleich seyn, welches gegen (5. Ar.) streitet.

### §. 121.

Zus. Dreyecke von gleicher Grundlinie und
Höhe, oder zwischen einerley Parallelen sind ebenfalls gleichen Inhalts. Denn man kann nach
(105) jedes Dreyeck als die Hälfte eines Parallelogramms ansehen, welches einerley Grundlinie
und Höhe mit demselben hat; was also von den
Ganzen galt, muß auch von den Hälften gelten
(45. Ar.).

### §. 122.

Lehrs. Wenn man in der Diagonale ac eines Parallelogramms abcd Fig. 54. einen
willkührlichen Punkt i annimmt, und durch
denselben mit den Seiten Parallelen eg und

hf

hf zieht, so sind von den 4 hierdurch entste-
henden Parallelogrammen die beyden, in welchen von der Diagonale nichts enthalten ist,
einander gleich.

Bew. $\triangle$ adc $=$ $\triangle$ abc (105)
$\triangle$ aei $+$ $\triangle$ ihc $=$ $\triangle$ afi $+$ $\triangle$ igc (105,
und 49. Ar.)

subtr. giebt eihd $=$ fbgi

### §. 123.

Aufg. Ein gegebenes Dreyeck k l i Fig. 55.
in ein Parallelogramm zu verwandeln das
einen gegebnen Winkel ifb und eine gegebene
Seite fb hat.

Aufl. 1) Man halbire die Grundlinie des
Dreyecks (64); dies geschehe in e.

2) Man ziehe durch die Spitze k eine Parallele
mit der Grundlinie kc.

3) Durch e ziehe man bis an die Parallele
eine Linie ed so, daß sie mit der Grundlinie den
gegebenen Winkel macht (92).

4) Man verlängere die Grundlinie, bis i g so
groß, als die gegebene Seite wird.

5) Man ziehe durch i und g Parallelen mit ed
bis an kc.

6) Man

6) Man ziehe die Diagonale ci und verlängere
sie unterhalb lg so weit, bis sie die gleichfalls zu
verlängernde de in a schneidet.

7) Man ziehe ab parallel mit lg, und verlängere hi nebst cg bis sie die ab schneiden, so wird
fbgi das verlangte Parallelogramm seyn.

**Beweis.** Das Parallelogramm eihd $=$ $\triangle$
kli weil es die Hälfte von einem ist, welches
gleiche Grundlinie und Höhe mit $\triangle$ kli hat.
Ferner ist eihd $=$ fbgi (122).

### §. 124.

**Aufg.** Ein Vieleck von einer gewissen Anzahl Seiten in ein anderes zu verwandeln,
welches eine Seite weniger hat.

**Aufl.** Es sey das Vieleck abcde Fig. 56.
Man ziehe 1) eine Linie aus einem Winkel
in den andern, daß ein Dreyeck, wie hier edo
abgeschnitten wird.

2) Man ziehe durch die Spitze des Dreyecks
eine Parallele df mit ec.

3) Man verlängere diejenige Seite an deren
Ende die Linie welche das Dreyeck abschnitt, gezogen wurde, die aber nicht mit zum Dreyeck gehört, bis an die Parallele in f.

4) Man ziehe ef, so wird abfe eine Seite
weniger haben.

**Beweis.**

**Beweis.** Man hat im Vieleck statt des △ ed͜
das ⃝ efc erhalten, welches dem vorigen gleich
ist (121).

### §. 125.

Zuf. Mit dieser Verminderung der Seiten
kann man fortfahren bis man auf das Dreyeck
kommt. Da man nun dieses nach (123) in ein
beliebiges Parallelogramm, und dieses wieder in ein
Rechteck verwandeln kann, wenn man zum Winkel
i f b in (123) einen rechten wählt, so kann auf solche Art jedes Vieleck in ein Rechteck verwandelt
werden, welches eine gegebene Seite hat.

### §. 126.

Zuf. Man kann auch das zu verwandelnde
Vieleck durch Diagonalen in Dreyecke theilen, und
jedes Dreyeck nach (123) in ein Parallelogramm
von bestimmten Winkel und Seite verwandeln,
so lassen sich am Ende alle diese Parallelogramme
an der gemeinschaftlichen Seite und im gemeinschaftlichen Winkel in ein einziges zusammensetzen.

### §. 127.

Lehrs. In einem rechtwinklichen Dreyeck
a b c ist das Quadrat der Hypothenuse a b, gleich
den Quadraten der beyden Perpendikel oder
Katheten a c und c b, die den rechten Winkel
einschließen, d. i. a b f i = c b h d + d e f g.

Beweis.

Beweis. Man bemerke vorläufig, daß weil d c mit h b parallel, k a d $=$ a b h (101); eben so auch l a c $=$ m f g mithin auch d a m $=$ h b i und c a b $=$ g f i weil diese Winkel übrig bleiben, wenn man die vorhin genannten gleichen Winkel von 90°, als dem Quadratwinkel (116) abzieht. Ferner ist a d c eine gerade Linie, weil bey d auf beyden Seiten rechte Winkel sind; und eben so wird auch g h i gerade seyn, wenn b h i ein rechter Winkel wird (116). Endlich da e d $=$ a c so wird e d $+$ d a $=$ a c $+$ d a (49. Ar.) oder e a $=$ d c $=$ h b (44).

Wenn man nun die Figur betrachtet, so liegen von den Quadraten der Käthezen schon die Stücken a b h m und f g m auf dem Quadrat der Hypothenuse; die Stücken a c b und a f e aber liegen noch ausser demselben; dagegen ist vom Raum des Quadrats der Hypothenuse noch f g i und b h i übrig; wenn also diese Räume einander gleich sind, so kann man sie für einander substituiren (3. Ar.).

Es ist aber in den Dreyecken a e f und b h i, nach den vorläufigen Bemerkungen, und aus dem Begriff des Quadrats (44) a e $=$ b h; a f $=$ b i, der Winkel d a f $=$ h b i folgt. $\triangle$ e a f congruent mit $\triangle$ h b i (51) auch der Winkel h $=$ e $=$ 90° (116).

Fer-

Ferner in den Dreyecken acb und fgi, ac $=$ fg; ab $=$ fi (44) und Winkel cab $=$ gfi, also $\triangle$ acb $=$ $\triangle$ fgi (51).

### §. 128.

Anm. Diesen Satz soll Pythagoras zuerst erwiesen und den Musen, wegen der Wichtigkeit desselben in der Mathematik, eine Hekatombe geopfert haben. Daher er auch Theorema Pythagoricum; Hecatombe dignum, und Magister Matheseos ist genannt worden.

### §. 129.

Lehrs. Wenn man 3 Quadrate von welchen Fig. 58. die beyden face $\maltese$ ckib dem dritten abhg gleich sind, mit ihren Ecken so aneinander legt, daß ihre Flächen ausser einander fallen, so schließen die Seiten der beyden kleineren einen rechten Winkel acb ein.

Beweis. Gesetzt acb wäre kein rechter Winkel, so rücke man die beyden kleinern Quadrate so aneinander, daß ihre Seiten einen rechten Winkel machen, und ihre andern Endpunkte auch noch in ab (oder deren Verlängerung) liegen. Diese Lage sey itzt nalm und ldpo so, daß bey l der rechte Winkel, und ad die Hypothenuse wäre, alsdann müßte nach (127) almn $\maltese$ ldpo $=$ adqr seyn; Nach der Voraussetzung aber ist auch almn $\maltese$ ldpo $=$ abhg, also müßte itzt der Theil dem Ganzen gleich seyn, welches gegen (5. Ar.) streitet.

tet. Folglich giebt es sonst keinen rechten Winkel als a c b.

### §. 130.

Aufg. Verschiedene Quadrate in ein einzi= ges zu verwandeln.

Aufl. 1) Man setze von zweyen die Seiten in einem rechten Winkel aneinander, und ziehe die Hypothenuse.

2) An die Hypothenuse setze man eben so die Seite des dritten, und ziehe abermals die Hypothe= nuse, so wird sie die Seite eines Quadrats seyn, das so groß als jene drey ist, und auf diese Art kann man fortfahren bis man sie alle gehabt hat.

Beweis. Er folgt unmittelbar aus (127).

### §. 131.

Zus. Um ein Quadrat zu verdoppeln, zieht man seine Diagonale, so ist diese die Seite des doppelten; um es zu halbiren, nehme man die Hälfte seiner Diagonale, so ist sie die Seite des halben Quadrats. Die halbe Diagonale ist nem= lich anzusehen, als eine Hypothenuse von 2 Qua= dratseiten, deren Quadrate zusammen halb so groß, als das zu halbirende Quadrat sind.

R                    §. 132.

## §. 132.

Aufg. Ein kleineres Quadrat von einem größern so abzuziehen, daß die Differenz wieder ein Quadrat wird. Z. B. F. 58. face von abhg.

Aufl. 1) Man setze 2 unbegrenzte Linien ac, cb in einen rechten Winkel c zusammen.

2) Man trage in den einen Schenkel von c aus, die Seite des abzuziehenden Quadrats, ca.

3) Man fasse die Seite des großen Quadrats mit dem Zirkel, setze den einen Fuß in a und schneide mit dem andern in den andern Schenkel des rechten Winkels bey b, so wird cb die gesuchte Seite der Differenz seyn.

Beweis. Er fließt gleichfalls unmittelbar aus (127).

## §. 133.

Lehrs. Wenn ein Kreis von einer Linie fh F. 59. in den Punkten a und b geschnitten wird, so sind alle ihre zwischen a und b liegenden Punkte näher beym Mittelpunkt, und alle ausserhalb ab liegenden weiter von demselben entfernt, als jeder Punkt des Umkreises.

Beweis. Jeder Punkt des Umkreises ist um den Halbmesser, vom Mittelpunkt entfernt (23). Nun sey der Punkt innerhalb ab in e, und der ausserhalb in d; man ziehe ce und cd nebst den

Halb-

Halbmessern cb und ca, so ist cab $=$ cba (53) aber cea $>$ cba (70) folglich auch $>$ cab (7. Ar.) mithin ac $>$ ce.

Ferner: Wenn cab $=$ cba, so ist cba spitzig (75), folglich cbd stumpf (30), folglich cbd $>$ cdb (75), mithin cd $>$ cb (79).

## §. 134.

Zus. Es können also blos die Punkte a und b gleiche Entfernungen mit den Punkten des Umkreises haben, und deshalb kann die gerade Linie den Kreis nur in 2 Punkten schneiden. — Rückt fd so weit herunter, bis sie mn wird, wo die Punkte a und b in einem Punkt des Umkreises æ zusammen fallen, so wird sie eine Tangente (27).

## §. 135.

Lehrs. I. Wenn aus dem Mittelpunkt c eines Kreises Fig. 60. ein Perpendikel auf die Sehne ab eines seiner Bogen adb gelassen wird, so halbirt es diese Sehne und in der Verlängerung auch den Bogen.

II. Wenn aus dem Mittelpunkt auf die Mitte der Sehne oder des Bogens eine Linie gezogen wird, so steht sie auf der Sehne senkrecht.

III. Wenn ein Perpendikel auf die Mitte einer Sehne gesetzt wird, so geht es verlängert durch den Mittelpunkt des Kreises.

R 2          Beweis.

**Beweis.** Für I. Man ziehe nach den Endpunkten der Sehne, die Halbmeſſer c a, c b, ſo
erhält man ein gleichſchenkliches Dreyeck, in welchem a e $=$ e b (77). Da nun auch der Winkel
a c e $=$ e c b (77), ſo iſt auch das Maaß des einen a d $=$ dem Maaß des andern d b (28).

Für II. In wiefern c e auf der Mitte von a b
ſteht, folgt der Beweis wieder aus (77); in wiefern aber die Linie bey d in die Mitte des Bogens a d b trift, iſt der Winkel a c d $=$ d c b
(28). Da nun a c $=$ c b und c d $=$ c d, ſo
congruirt $\triangle$ a c e mit $\triangle$ e c b (51), folglich
ſind die Winkel bey e gleich, und c e ein Perpendikel (20).

Für III. Wenn die c e welche nach I durch den
Mittelpunkt gieng und a b ſenkrecht halbirte,
nicht mit dem Perpendikel das man in der Mitte
von a b aufrichten kann, einerley wäre, ſo müßte
man aus e mehr als ein Perpendikel aufrichten
können; aber alle Linien aus e über a b die nicht
mit dem Perpendikel e c einerley ſind, fallen zwiſchen c e und e b oder e a und machen mit dieſen
keine rechte, ſondern ſchiefe Winkel, und ſind dem-
nach keine Perpendikel, (20) alſo iſt das Perpendikel von der Mitte der Sehne kein anderes als
e c welches durch den Mittelpunkt geht.

§. 136.

## §. 136.

Zuf. Die Sehne a b gehört auſſer dem Bogen a d b auch a f b zu, und dieſer wird durch die Verlängerung von e c in f ebenfalls halbirt; denn da der Winkel a c e $=$ e c b war, ſo ſind auch die Nebenwinkel a c f und f c b gleich (49. Ar.); folglich a f $=$ f b (28).

## §. 137.

Aufg. Durch 3 gegebne Punkte a, b, c Fig. 61. die nicht in einer geraden Linie liegen, einen Kreis zu beſchreiben.

Aufl. 1) Man beſchreibe aus den Punkten mit dem Zirkel oberhalb und unterhalb ihrer Entfernungen Bogenſchnitte m n, p q wie in (91).

2) Man ziehe m n und p q, ſo iſt r der Mittelpunkt des geſuchten Kreiſes.

Beweis. Man ziehe zwiſchen den Punkten die Linien a b, b c, ſo ſtellen dieſe Sehnen von den Bögen des beſchriebnen Kreiſes vor. Nach der Auflöſung hat man dieſe ſenkrecht halbirt; alſo geht jede Halbirungslinie m n, p q durch den Mittelpunkt dieſes Kreiſes (135), und da die Linien nur den einzigen Punkt gemein haben, ſo muß dies der Mittelpunkt ſeyn.

## §. 138.

Zuf. Daß die Perpendikel zuſammenſtoßen müſſen, ſieht man, wenn man von einem Halbirungs-

R 3        punkte

punkte zum andern die Linie dc zieht; diese de
muß von ab und bc verschieden seyn, weil a, b,
c nicht in einer geraden Linie liegen sollen (133).
Da nun bdr und ber rechte Winkel machen
(137), so find rde + red < 180°, folglich muß
dr mit er zusammenstoßen (98. Wären hingegen a, b, c in gerader Linie, so würden mn
und pq parallel gehen (93), folglich nie zusammenstoßen, und kein Kreis beschrieben werden können. Dies stimmt auch mit (134) überein.

### §. 139.

Zus. Da die Auflösung in (137) nicht mehr
als einen Mittelpunkt und Halbmesser giebt, so
kann durch 3 gegebne Punkte nur ein einziger
Kreis beschrieben werden; wenn also 2 Kreise 3
Punkte mit einander gemein haben sollten, so
müßten sie auch alle übrigen gemein haben, d. i.
zwey Kreise können einander in nicht mehr als 2
Punkten schneiden.

### §. 140.

Lehrs. I. Wenn ein paar Sehnen ab, e
Fig. 62. gleiche Entfernungen vom Mittel
punkt cg, cf, haben, so sind sie gleich; und
wenn sie gleich sind, so haben sie gleiche Entfernungen.

II. Wenn eine ab Fig. 63. eine größere Ent
fernung cg hat, so ist sie kleiner; und wenn
si

sie kleiner ist, so hat sie eine größere Entfernung als die andere.

**Beweis.** Für I. Man gedenke sich in den rechtwinklichen Dreyecken (81) a c g und c e f, Quadrate über den 3 Seiten, so ist Qu. ac — Qu. cg $=$ Qu. ag; und Qu. ec — Qu. cf $=$ Qu. ef. Da nun ac $=$ ec (24) und cg $=$ cf n. d. Vorausf. so werden auch ihre Quadrate, und folglich auch jene Reste gleich seyn (49. Ar.); mithin ag $=$ ef, und da diese die Hälften der Sehnen sind (135), auch ab $=$ ed seyn. Eben so folgt auch, wenn man das was itzt die Reste vorstellt, als die abzuziehenden Quadrate ansieht, daß alsdann jene abzuziehenden Quadrate die Reste werden, und folglich cg $=$ cf ist.

Für II. Wenn cg $>$ cf, so wird dort mehr vom Quadr. des Halbmessers abgezogen als hier, folglich bleibt weniger übrig, und ag $<$ ef; folglich auch ab $<$ ed. Wenn hinwiederum ag $<$ ef, so wird dort weniger abgezogen als hier, folglich dort der Rest größer, also cg $>$ cf.

## §. 141.

Lehrs. I. Wenn man durch das Ende eines Halbmessers d Fig. 64. eine Linie ab senkrecht zieht, so hat sie weiter keinen, als den Berührungspunkt d, mit dem Kreise gemein.

II.

II. Eine Linie ef, welche nicht senkrecht durch das Ende des Halbmessers geht, schneidet den Kreis in 2 Punkten d und f.

Beweis. Für I Man ziehe aus dem Mittelpunkte noch einen beliebigen Punkt m in der Linie cm, so ist cm > cd (82) folglich m weiter als um den Halbmesser von c entfernt, folglich ausserhalb des Kreises.

Für II. Auf der Seite wo ef einen spitzigen Winkel mit cd macht, wird man aus c ein Perpendikel auf sie fallen lassen können (68), dies sey cg; es wird kleiner als cd seyn (82), folglich ist der Punkt g nicht so weit als um die Größe des Halbmessers vom Mittelpunkt entfernt, also innerhalb des Kreises. Eben dies gilt von allen Punkten die zwischen g und d liegen. Nun nehme man auf der andern Seite gf = gd. Da der Winkel cgf = cgd (20) und cg = cg, so wird das △ cgf mit △ cgd congruiren, folglich cf = cd seyn, und der Punkt f in der eh, der mit dem Ende des Halbmessers zusammentrift, im Umkreis liegen. Also wird der Kreis einmal in d, und das anderemal in f geschnitten.

## §. 142.

Aufg. An einen gegebnen Punkt im Umkreise eine Tangente zu ziehen.

Aufl.

**Aufl.** Man ziehe an den gegebnen Punkt einen Halbmesser cd, (den man nach Gefallen verlängern kann) und richte in d ein Perpendikel auf (67); dies ist die Tangente.

**Beweis.** Er fließt unmittelbar aus (141).

### §. 143.

**Aufg.** Von einem gegebenen Punkt d Fig. 65. ausserhalb des Kreises eine Tangente an den Umkreis zu ziehen.

**Aufl.** 1) Man ziehe von d bis in den Mittelpunkt des Kreises eine gerade Linie d c.

2) Durch e wo sie den Umkreis schneidet ziehe man eine Tangente (142).

3) Man fasse cd und schneide aus c, von der Tangente das Stück cb ab und ziehe cb.

4) Von g, wo cb den Umkreis schneidet, ziehe man eine Linie nach d, diese ist die Tangente.

**Beweis.** In den Dreyecken dcg und bce ist der Winkel ecg beyden gemein; dc = cb nach (3 der Auflös.) und ec = cg (24) folglich congruiren die Dreiecke und der Winkel cgd = ceb = 90° (141 und 143. no. 2.)

### §. 144.

**Zuf.** Ein Perpendikel auf die Tangente durch den Berührungspunkt, geht verlängert durch den Mittelpunkt des Kreises (134. 135. III.).

D 3

## §. 145.

Lehrſ. Concentriſche Kreiſe, d. i. ſolche deñ nen einerley Mittelpunkt c Fig. 66. zugehört, haben entweder alle Punkte ihrer Umkreiſe, oder keinen mit einander gemein.

Beweis. Wenn bey beyden die Halbmeſſer gleich ſind, ſo haben in jedem alle Punkte des Umkreiſes gleiche Entfernungen vom Mittelpunkt (24). Iſt aber der Halbmeſſer des einen ca, kleiner als der des andern cb, ſo hat kein Punkt im Umkreis des erſtern die Entfernuñgen welche die des letztern haben, folglich haben ſie keinen gemein.

## §. 146.

Lehrſ. Kreiſe Fig. 67, 68. deren Periphe= rien weder ganz zuſammen fallen, noch ganz auſſer einander liegen, haben nicht einerley Mittelpunkt.

Beweis. Der eine Kreis ſey der, welchem der Bogen a m, und der andere der, welchem der Bogen an zugehört. Der Mittelpunkt von a m ſey c, der Halbmeſſer ac $=$ cm (24). Sollte nun der Mittelpunkt des andern Kreiſes auch in c liegen, ſo müßte cn $=$ ca $=$ cm ſeyn, welches gegen (5. Ar.) ſtreitet.

§. 147

### §. 147.

**Lehrſ.** Ein Kreis der einen andern in einem Punkte ſchneidet, thut dieſes auch noch einmal in einem andern.

**Beweis.** Es ſey Fig. 67. der eine Schnitt in a, ſo kann man aus a nach beyden Mittelpunkten, die auſſer einander liegen müſſen (146), Halbmeſſer ac, aγ ziehen, welche mit der Entfernungslinie der Mittelpunkte cγ, ein Dreyeck machen. An die cγ kann man auf der andern Seite noch ein ſolches Dreyeck cγb legen (90) in deſſen Spitze b alſo die Kreiſe zum zweytenmal einander ſchneiden werden.

### §. 148.

**Zuſ.** Die gerade Linie ab zwiſchen den Durchſchnittspunkten iſt die gemeinſchaftliche Sehne der beyden Bögen, die aus den verſchiedenen Mittelpunkten ſind beſchrieben worden.

### §. 149.

**Zuſ.** Wenn c weiter herunter rückt nach γ, ſo gehen a und b immer näher zuſammen, und die Winkel bey γ werden immer kleiner. Endlich wenn die aγ und γb zuſammen in cγ fallen, ſo verwandeln ſich auch die beyden Durchſchnittspunkte in einen einzigen Berührungspunkt der nun mit den beyden Mittelpunkten in einer geraden Linie liegt wie in (146).

§. 150.

### §. 150.

Aufg. Durch einen Punkt a Fig. 68, 69
zwey Kreise zu beschreiben, die sich blos in
diesem Punkte berühren.

Aufl. Man ziehe durch a eine Linie, und nehme in derselben die beyden Mittelpunkte in beliebiger Entfernung von einander an, so ergeben sich
die erforderlichen Halbmesser mit welchen man die
Kreise beschreiben kann.

Beweis. Er fließt unmittelbar aus (149).

### §. 151.

Zuf. Kreise die einander blos in einem Punkte
berühren, haben daselbst eine gemeinschaftliche
Tangente de indem es nur ein Perpendikel durch
a auf sie giebt, und in diesem liegen die beyden
Mittelpunkte (144). Kreise hingegen die sich schneiden wie Fig. 67, haben am Ende jedes Halbmessers
in a und b besondere Perpendikel, folglich auch
verschiedene Tangenten.

### §. 152.

Lehrs. Wenn zwey Bogen amb, anb Fig.
67. eine gemeinschaftliche Sehne ab haben, so
ist der welcher mit einem größern Halbmesser
beschrieben worden, der Sehne auf der Seite
wo die Mittelpunkte nicht liegen, näher als
der, welcher mit einem kleinern beschrieben
worden.

Beweis.

**Beweis.** Man ziehe durch die Mitte der Sehne das Perpendikel m p (64. 66) dieses geht durch die Mittelpunkte c, $\gamma$ (135 III.). Der kleinere Halbmesser sey c a $=$ c m; der größere a $\gamma$ $=$ n $\gamma$. Nun ist c a $+$ c $\gamma$ $=$ c m $+$ c $\gamma$ (49. Ar.) $=$ m $\gamma$. Aber c a $+$ c $\gamma$ $>$ a $\gamma$ (86) folglich m $\gamma$ $>$ n $\gamma$ (3. Ar.) folglich a n b näher bey a b als a m b.

## §. 153.

*Zuf.* Wenn $\gamma$ in der unbegrenzten m p immer weiter herunter rückt, so kann man beständig mit Halbmessern, die vom folgenden $\gamma$ bis a oder b genommen werden, neue Bögen beschreiben, und in diesen wird n immer näher bey d liegen, also bey einem unendlich großen Halbmesser unendlich nahe; so daß man die Sehne a b und überhaupt jede begrenzte Linie als einen Bogen von einem unendlichen Halbmesser ansehen kann.

## §. 154.

*Lehrf.* Von Kreisen die sich blos in einem Punkte a berühren, und wo beyde Mittelpunkte auf einerley Seite des Berührungspunktes liegen, Fig. 68. befinden sich alle übrigen Punkte des Umkreises, der den größern Halbmesser hat, ausserhalb desjenigen, der den kleinern hat.

**Beweis.**

**Beweis.** Der große Halbmeſſer iſt $a\gamma =$ $\gamma n$, folglich $\gamma n > cm$, alſo iſt n auſſerhalb des kleinern Kreiſes. Wäre nun ein Punkt vom größern Umkreiſe innerhalb des kleinern, ſo müß⸗ ten die Kreiſe einander geſchnitten haben, wel⸗ ches gegen die Vorausſetzung iſt.

## §. 155.

**Zuſ.** Der mit einem größern Halbmeſſer be⸗ ſchriebene Umkreis nähert ſich alſo der geraden de mehr, als der mit einem kleinern beſchriebe⸗ ne, welcher Umſtand mit dem in (153) Aehnlich⸗ keit hat.

## §. 156.

**Anm.** Der Winkel welchen die Tangente mit dem Bogen macht, heißt der Berührungswinkel Da in Fig. 64. jede Linie e h die nicht in der Tangente liegt, den Kreis ſchneidet und alsdann der Bogen d n f zwiſchen ihr und der Tangente durchgeht, ſo kann man ſagen, der Berührungs⸗ winkel ſey kleiner als jeder geradlinigte; da in⸗ deſſen Fig. 68. der Bogen a n wieder zwiſchen der Tangente und dem Bogen a m durchgeht, ſo muß der Winkel den a n mit der Tangente macht, noch kleiner ſeyn als einer der kleiner als jeder geradlinigte iſt, und ſo nach kann der, welchen die Tangente mit a m macht, noch nicht völlig Nichts ſeyn, obgleich wieder zugegeben werden muß, daß ſelbſt ein geradliniger bis auf Nichts abnehmen kann. Aus dieſen Betrachtungen wird begreiflich, wie große Mathematiker über die Be⸗ ſchaffenheit des Berührungswinkels haben ſtreiten können.

können. Vielleicht kann man sich durch folgende
Vorstellung aus der Schwierigkeit heraushelfen.
Wenn man sich bey einem Bogen die drey Elemente, l m n o Fig. 70. besonders vorstellt, so
kann die Tangente a b entweder so an ihn stoßen,
daß sie ein Element m n mit ihm gemein
hat; in diesem Fall müßte man sagen, daß der
Berührungswinkel Null sey, weil er nach (15)
aus der Neigung der ersten Elemente zu bestimmen ist, welche hier ganz aufeinander liegen. Ein
Berührungswinkel welchen dann ein Bogen wie
an Fig. 68. mit der Tangente machte, würde
wie b n i Fig. 70. anzusehen seyn, der seinen
Scheitel gar nicht im Berührungselemente selbst,
sondern erst neben demselben hätte, folglich nicht
für einen Theil des vorigen gehalten zu werden
brauchte. Ein Winkel dessen Schenkel wie e f
Fig. 64. durchs Berührungselement in den Kreis
hinein gieng, könnte angesehen werden, als
b p g Fig. 70. und dieser könnte demjenigen gleich
seyn, den die Tangente mit dem Elemente des
Bogens machte, welches dem Berührungselemente
zunächst liegt, im Fall nemlich p g mit dem letzt-
genannten Elemente gleichlaufend wäre; auch könnte er beym Mangel dieses Parallelismus, größer
oder kleiner seyn. Nimmt man aber an, daß
die Tangente kein Element mit dem Bogen
gemein hat, sondern durch den Scheitel des
Winkels geht, welchen zwey Bogenelemente miteinander machen, Fig. 71. so hat die Sache mehr
Schwierigkeit; man könnte sich zwar alsdann
vorstellen, daß wenigstens ein Element von einer geraden Linie, wie f g, zwischen der Tangente und dem Bogen durchgienge, es widerspricht aber nun (241. II.) So viel sieht man
indessen überhaupt ein, daß die ganze Schwierigkeit

keit darauf beruht, daß sowohl die Elemente der
Linien selbst, als auch die Neigungen der aneinander grenzenden so unendlich klein sind, daß man
sich keine recht deutliche Vorstellung davon zu
machen im Stande ist.

### §. 157.

Lehrs. Wenn von zweyen Winkeln in einem Kreise c, d, Fig. 72, 73, 74 der eine seinen Scheitel im Mittelpunkt, und der andere
den seinigen im Umkreise hat, beyder Schenkel aber auf einerley Bogen ab stehen, so ist
der erstere doppelt so groß, als der letztere.

Beweis. Es können hier dreyerley Fälle statt
finden. 1) Der, wo ein Schenkel vom einen und
einer vom andern Winkel in eine Linie fallen.
Fig. 72. Hier ist acb $=$ a $+$ d (109); aber
a $=$ d (53) folglich acb $=$ 2 d.

2) Wo die Schenkel des Winkels am Mittelpunkte zwischen die des Winkels am Umkreise fallen
Fig. 73. Hier ziehe man durch die Scheitel beyder Winkel die Linie d e, so hat man ace $=$ 2 m
und ecb $=$ 2 n nach no. 1. Also ace $+$ ecb $=$
acb $=$ 2m $+$ 2n $=$ 2 (m $+$ n) $=$ 2d.

3) Wo ein Schenkel des einen von einem
Schenkel des andern geschnitten wird. Fig. 74.
Man ziehe wieder d e durch die Scheitel, so ist
aus no. 1. q $+$ p $=$ 2 (m $+$ n) $=$ 2m $+$
2n und q $=$ 2m, folglich wenn man diesen letzten

ten Ausdruck vom vorigen subtrahirt p $=$ 2m oder a c b $=$ 2 a d b.

## §. 158.

Zuf. Wenn also ein Winkel mit seinem Scheitel im Umkreise steht, so hat er zu seinem Maas halb so viel Grade, als der Bogen welcher sich zwischen seinen Schenkeln befindet (28); beträgt nun dieser Bogen 180° so ist der Winkel ein rechter; a c b Fig 75. beträgt er über 180° so ist er stumpf wie a c d, beträgt er weniger als 180° so ist er spitzig wie a c e.

## §. 159.

Aufg. An das Ende einer Linie a b, Fig. 79. ein Perpendikel zu setzen.

Aufl. 1) Man nehme über der Linie einen Punkt c.

2) Man setze den Zirkel in c, und thue ihn auf bis an das Ende a, wo das Perpendikel hinkommen soll, und bestimme in a b den Punkt d, über a aber reiße man einen Bogen e.

3) Man ziehe durch d und c eine gerade Linie welche den Bogen e schneidet.

4) Durch diesen Schnitt bis a ziehe man eine Linie, diese wird das Perpendikel seyn.

Beweis. Weil c e $=$ c a $=$ c d so kann man von d bis e einen Halbkreis beschreiben, in welchem

S                    chem

chem der Scheitel des Winkels a liegt, dieser ist
= 90° (158) folglich ea ein Perpendikel auf
ab (20).

## §. 160.

**Zuf.** Wenn mehrere Winkel ihre Scheitel im
Umkreise, und einerley Bogen zwischen ihren
Scheukeln haben, so sind sie gleich, wie Fig. 76.
c, d, e.

## §. 161.

**Zuf.** Wenn ein Viereck in einem Kreise beschrieben ist, so machen jede 2 einander gegenüberstehende Winkel zusammen 180°.

## §. 162.

**Lehrf.** Wenn in einem Kreise 2 Sehner
ab, ed, Fig. 77. gleich sind, so sind auch die
ihnen gegenüberstehenden Winkel am Mitte
punkt gleich, und so geben hinwiederum glei
che Winkel am Mittelpunkt, gleiche Sehnen.

**Beweis.** Man ziehe Halbmesser an die End
punkte der Sehnen, so bekommt man 2 congrui
rende Dreyecke (58), folglich acb = dce.

Hinwiederum wenn die Winkel am Mittel
punkte gleich sind, erhält man ebenfalls congru
rende Dreyecke (51) folglich ab = de.

§. 163

## §. 163.

Zuſ. Wenn alſo gleiche Sehnen gleiche Winkel am Mittelpunkte haben, ſo haben ſie auch gleiche Bogen über ſich (28), und gleiche Bogen haben hinwiederum gleiche Sehnen.

## §. 164.

Zuſ. Ungleiche Sehnen haben nicht gleiche Winkel am Mittelpunkte folglich auch nicht gleiche Bogen. Denn man ſetze ab ſey e d nicht gleich, ſo wird ihr anderer Endpunkt nicht in d ſondern etwa in $\delta$ fallen, wenn der eine auf e gelegt wird, und von den Winkeln am Mittelpunkt und den Bögen wird nun einer ein Theil des andern werden.

## §. 165.

Lehrſ. Wenn man den Umfang eines Kreiſes in mehrere gleiche Theile theilt, ſo geben die dazu gehörigen Sehnen ein reguläres Vieleck.

Beweis. Sobald die Bogen gleich ſind, werden auch die Sehnen gleich (163); auch ſtehen nun die Schenkel aller Winkel, welche ein paar Sehnen miteinander machen, auf gleichen Bogen; wenn nemlich die Zahl der Theile $= n$ iſt, ſo beträgt jeder Bogen auf welchem die Schenkel ſtehen, n — 2 ſolcher Theile. Man hat alſo ein Vieleck worinnen alle Seiten und Winkel gleich ſind (160), folglich ein reguläres (45).

§. 166.

## §. 166.

**Zus.** Ein solches Vieleck kann also durch die Halbmesser in lauter gleiche Dreyecke getheilt werden, und wenn die Zahl der Seiten gerade ist, so wird die eine Hälfte der Dreyecke in dem einen, und die andere in dem andern Halbkreise liegen; ein solches Vieleck wird also durch lauter Durchmesser in zwey Hälften getheilt.

## §. 167.

**Zus.** Der Winkel am Mittelpunkte findet sich, wenn man in 360° mit der Zahl der Seiten = n dividirt; zieht man nun diesen Quotienten von 180° ab, bleibt die Summe zweyer halben Vieleckswinkel, folglich so viel als ein ganzer, übrig. Dies stimmt auch mit (116) überein, wenn man die Rechnung so vorstellt: $180 - \frac{360°}{n}$; Denn

dies ist $= \frac{n.\,180° - 360°}{n}$ (64. Ar.) $=$

$\frac{n.\,180° - 2.\,180°}{n} = \frac{(n-2).\,180°}{n}$ (132. Ar.)

## §. 168.

**Anm.** Man pflegt für die verschiedenen regulären Polygone die Centri- und Polygonwinkel in besondere Tafeln zu bringen und in der praktischen Geometrie, besonders aber bey Verfertigung der Festungsrisse Gebrauch davon zu machen.

§. 169

## §. 169.

**Aufg.** Einen in Graden gegebnen Winkel z. B. von 60° an eine Linie ab Fig. 78. zu setzen.

**Aufl.** Man bedient sich hierzu eines in seine 180° getheilten Halbkreises, welcher insgemein von Meßing verfertigt und Transporteur genannt wird.

Den Mittelpunkt dieses Instruments legt man in das Ende der Linie so, daß zugleich der erste Theilungspunkt desselben in die Linie fällt; hierauf zählt man so viel Grade ab als der Winkel haben soll, und zieht von dem Punkte wo man dies bemerkt hat, eine Linie nach dem Punkt der den Scheitel des Winkels abgeben soll.

## §. 170.

**Zuf.** Durch ein ähnliches Verfahren kann man auch einen vorgegebnen Winkel mit dem Transporteur messen.

## §. 171.

**Anm.** Wenn man für einen bestimmten Halbmesser die Sehnen aller Bogen, nach einzelnen Graden, auch wohl Minuten u. s. w. auf ein besonders Instrument trägt, so erhält man einen geradlinigten Transporteur; dessen Gebrauch zwar mehr Genauigkeit giebt, aber auch zugleich etwas umständlicher ist. Wenn der Transporteur die Grade nur bis 90 angiebt, so mißt man, wenn ein stumpfer Winkel vorkommt, seinen spitzigen

Neben-

Nebenwinkel (31). Sollte man einen erhabenen Winkel meſſen, ſo müßte man entweder einen Transporteur von 360° haben, oder mit dem von 180°, den ihm zugehörigen hohlen (36), meſſen und dieſes Maas von 360° abziehen.

### §. 172.

**Aufg.** In einen Kreis deſſen Halbmeſſer gegeben iſt, ein reguläres Vieleck von einer gewiſſen Anzahl Seiten zu beſchreiben. **Fig.** 19.

**Aufl.** 1) Man ſuche den Centriwinkel (167) und ſetze denſelben an den gegebenen Halbmeſſer (169).

2) Man beſchreibe mit dem Halbmeſſer einen Kreis, ſo wird die Sehne des Bogens welcher zwiſchen den Schenkeln des angelegten Winkels enthalten iſt die Seite des Vielecks ſeyn, die man dann in der Peripherie herumtragen kann (163).

**Beweis.** Er ergiebt ſich von ſelbſt aus (165).

### §. 173.

**Zuſ.** Wenn ein reguläres Sechseck beſchrieben werden ſoll, ſo trägt man ſogleich den Halbmeſſer im Kreiſe herum. Denn der Centriwinkel wird hier 60° folglich auch jeder halbe Polygonwinkel (16 alſo die Sehne dem Halbmeſſer gleich (56).

### §. 174.

**Aufg.** Auf eine gegebne Linie ein verlangtes reguläres Vieleck zu beſchreiben. **Fig.** 19.

Au

**Aufl.** 1) Man suche den halben Polygonwinkel (116, 167).

2) Man setze ihn an jedes Ende der gegebnen Linie und verlängere die Schenkel bis sie sich schneiden, so ist der Punkt g wo dieses geschieht der Mittelpunkt des Kreises, den man also beschreiben und die Linie als Seite darinn herumtragen kann.

**Beweis.** Weil die Summe zweyer halben Polygonwinkel gefunden wird, wenn vorher Etwas von 180° abgezogen worden (167), so müssen die Schenkel in no. 2. allemal einander schneiden (98); das übrige folgt aus (165, 167).

## §. 175.

**Zuf.** Wenn man ein reguläres Sechseck verlangt, so braucht man auf die Linie blos ein gleichseitiges Dreyeck zu beschreiben; dessen Spitze wird den Mittelpunkt des Kreises geben, worinn er sich beschreiben läßt (173).

## §. 176.

**Zuf.** Um aus einem regulären Vieleck ein anderes zu machen, das halb = oder doppelt so viel Seiten hat, darf man nur den Bogen verdoppeln, oder halbiren (163, 135).

## §. 177.

**Aufg.** Ein reguläres Vieleck in ein Dreyeck zu verwandeln.

S 4 **Aufl.**

**Aufl.** 1) Man setze in eine gerade Linie alle Seiten des Vielecks aneinander.

2) An dem einen Ende dieser Linie errichte man ein Perpendikel (159).

3) Dieses mache man so groß, als die Höhe eines der Dreyecke beträgt, aus welchem das Vieleck besteht.

4) Vom Ende dieses Perpendikels ziehe man eine Linie bis an das andere Ende der in no. 1. erwehnten, so wird man das verlangte Dreyeck erhalten.

**Beweis.** Alle Dreyecke Fig. 80. haben gleiche Höhe, jede $=$ c k (140) und auch alle gleiche Grundlinien ( 45 ); da nun die in Fig. 81. eben dieselben gleichen Grundlinien und die gemeinschaftliche Höhe c k haben, so müssen beyde einander gleich seyn (121). Die letztern aber machen zusammen das $\triangle$ c k e aus, welches also dem Vieleck a b c d e gleich ist.

## §. 178.

**Aufg.** Aus der gegebnen Sehne eines Bogens a b Fig. 82. die Sehne des halben Bogens a e zu finden.

**Aufl.** 1) Man ziehe das Quadrat der halben Sehne, a d, vom Quadrat des Halbmessers a c ab; aus dem Rest ziehe man die Quadratwurzel so hat man c d (127).

2) Man

2) Man ziehe cd vom Halbmesser ab, so erhält man d e.

3) Das Quadr. von a d addire man zum Qu. von d e und ziehe aus der Summe wieder die Quadratwurzel, so erhält man die verlangte a é.

**Beweis.** Er folgt leicht aus (127).

## §. 179.

Zuf. Weil a e $>$ a d (79, 110) so kommt die Sehne des halben Bogens ihrem Bogen näher, als die des Ganzen dem ihrigen; auch sind die beyden Abschnitte welche die halben Bögen mit ihren Sehnen machen, kleiner als die Hälfte des Abschnitts welchen der ganze Bogen mit seiner Sehne macht; denn sonst müßten sie den beyden Dreyecken a m e ✝ en b gleich seyn, von welchen sie aber nur Theile sind. Es kommen also durch fortgesetzte Halbirungen der Seiten eines regulären in einen Kreis beschriebenen Vielecks, nicht allein die neuen Seiten ihren Bögen, sondern auch die neuen Vielecksflächen, der Kreisfläche im zunehmenden Verhältniß näher, und man sagt deshalb die Seite eines regulären Vielecks von unendlichen Seiten verliere sich in ihrem Bogen und die Fläche eines solchen Vielecks sey der Kreisfläche gleich.

## §. 180.

Anm. Wenn man mit dem Bogen des regulären Sechsecks wo a d die Hälfte des Halbmessers ist (77, 173) die Halbirungen anfängt und sie sehr weit fort-

fortſetzt, ſo kommt man endlich auf eine ſehr klei=
ne Seite die man für den ebenſovielſten Theil des
Umkreiſes annehmen kann, als die Seitenzahl des
itzigen Vielecks beträgt. Multiplicirt man alſo
mit dieſer Zahl den Werth jener kleinen Seite,
ſo erhält man den Umkreis in Theilen des Halb=
meſſers ziemlich genau und kann alſo die Verhält=
niß des Halb = oder Durchmeſſers zum Umkreiſe,
in Zahlen die von der Wahrheit nicht ſehr abwei=
chen, angeben. Archimedes iſt, ſo viel man weiß
der erſte geweſen, der ſich einer ſolchen Annähe=
rungsmethode bediente, indem er den Umfang ei=
nes regulären 96 Ecks ſo wohl in = als um den
Kreis berechnete und daraus fand, daß ſich der
Durchmeſſer zum Umkreis verhielt wie 1 zu 3
und noch einem Stückchen deſſelben, welches klei=
ner als $\frac{10}{70}$ und größer als $\frac{10}{71}$ war. Dieſe Ver=
hältniſſe ſind in ganzen Zahlen 7 : 22 und 71 :
223, von welchen man ihrer Bequemlichkeit we=
gen, die erſte zu brauchen pflegt. Sehr viel lehr=
reiches über dieſe ganze Materie findet man in
den Käſtnerſchen Anfangsgr. der Geom. von S.
268 bis 288 und von S. 304 bis 314. Eine
andere Verhältniß hat Adrianus Metius, durch
113 : 355 angegeben. Am genaueſten iſt die,
welche Ludolph von Ceulen gefunden hat. Nach
ihr iſt, wenn man den Durchmeſſer $=$ 1 ſetzt,
der Umkreis $=$ 3, 141 592 653 589 793
238 462 643 383 279 50 welcher aber noch
etwas zu klein iſt, aber ſchon zu groß wird, wenn
man die 0 in eine 1 verwandelt. Von dieſen
Zahlen braucht man aber gewöhnlich nur 1 : 3,
41 oder 100 : 314 und wenn man genauer rech=
nen will 1000 : 3141. Mit Hülfe dieſer Zahlen
und der Regel Detri läßt ſich nun auf die be=
quemſte Art, der Umfang jedes Kreiſes aus dem

Halb=

Halbmeſſer berechnen, indem an ſeinem Ort gezeigt werden wird, daß alle Kreiſe einander ähnlich ſind. Hierdurch wird es ferner möglich, den Kreis in ein Dreyeck, Rechteck und Quadrat, zu verwandeln. Es hängt alſo mit einer genauen Angabe ſolcher Verhältnißzahlen die Quadratur des Kreiſes zuſammen.

### §. 181.

**Lehrſ.** Parallelogramme a b c d und b e f c Fig. 83. welche gleiche Höhen a d haben, verhalten ſich wie ihre Grundlinien a b und a e, und wenn ſie gleiche Grundlinien haben, wie ihre Höhen.

**Beweis.** Wenn man hier ähnliche Betrachtungen anſtellt wie in (28), ſo findet man daß in eben dem Maaß wie die Fläche a b c d mit ſich ſelbſt parallel auf a e fortrückt, auch die Grundlinie a b ſolches thut. Der wievielſte Theil alſo a b c d von a e f d iſt, der eben ſo vielſte muß auch a b von a e ſeyn.

Sieht man a d als die gemeinſchaftliche Grundlinie an, ſo ſtellen a b und a e die verſchiedenen Höhen vor, und die Betrachtungen ſind wieder dieſelbigen.

### §. 182.

**Zuſ.** Auch Dreyecke die gleiche Höhen haben, verhalten ſich wie ihre Grundlinien und ſo hinwiederum. Es gilt nemlich wieder von ihnen als Hälften was von den Ganzen erwieſen worden (105).

§. 183.

## §. 183.

Lehrſ. I. Wenn in einem Dreyeck a b c Fig. 84. eine Linie d e mit der Grundlinie parallel iſt, ſo haben die gleichnamigen abgeſchnittenen Stücke einerley Verhältniß zu einander. d. i. a d : d c $=$ b e : e c.

II. Wenn d e von den Schenkeln ſolche Stücken abſchneidet, daß ſie einerley Verhältniß gegen einander haben, ſo geht ſie mit der Grundlinie parallel.

Beweis. Für I. Man ziehe die Linien a e und d b, ſo erhält man die Dreyecke a d e und d e c die eine gemeinſchaftliche Spitze e und Grundlinien haben, von welchen die eine die Verlängerung der andern iſt; folglich haben ſie eine gemeinſchaftliche Höhe (119).

alſo △ a d e : △ d e c $=$ a d : d c $\rbrace$ (182)
Ebenſo: △ b d e : △ d e c $=$ b e : e c

aber △ a d e $=$ △ b d e (121)

folglich a d : d c $=$ b e : e c (204. Ar.)

Für II. Wenn a d : d c $=$ b e : e c
und △ a d e : △ d e c $=$ a d : d c $\rbrace$ (182)
ferner △ b d e : △ d e c $=$ b e : e c

oder a d : d c n. d. Vor.

ſo iſt △ a d e : △ d e c $=$ △ b d e : △ d e c.

Da nun △ d e c $=$ △ d e c, ſo iſt auch △ a d e $=$ △ b d e folglich d e mit a b parallel (120, 121).

§. 184.

## §. 184.

Zuſ. Es iſt auch

$$ad : be = dc : ec \quad (231.\ II.\ Ar.)$$
$$und\ ac : bc = dc : ec \quad (231.\ V.\ Ar.)$$

## §. 185.

Lehrſ. I. Eine Linie e d welche den Winkel e an der Spitze eines Dreyecks a e c halbirt,
theilt die Grundlinie dieſes Dreyecks a c in
zwey Theile a d und d c die ſich eben ſo zu einander verhalten, wie die Schenkel des halbirten Winkels a e und c e.

II. Wenn die genannte Verhältniß ſtatt findet, ſo halbirt d e den Winkel.

Beweis. Für I. Man verlängere c e nach b,
e b = e a wird und ziehe a b, ſo iſt

$$cea = eab + eba \quad (109)$$
$$oder \quad cea = 2\,eba \quad (53)$$
folgl. $\frac{1}{2}\,cea = ced = cba \quad (49.\ Ar.)$
alſo d e mit a b parallel und deshalb

$$be : ec = ad : dc \quad (183)$$
$$oder \quad ae : ec = ad : dc.$$

Für II. Man nehme wieder e b = e a ſo iſt
e b : e c = a d : d c n. d. Vorausſetzung, folglich
d e parallel mit a b; folglich e b a = c e d (101)

Nun iſt $cea = eab + eba \quad (109)$
$$oder \quad cea = 2\,eba \quad (53)$$
$$\tfrac{1}{2}\,cea = eba = ced.$$

§. 186.

## §. 186.

Lehrſ. Wenn in zwey Dreyecken a b c und
α β γ Fig. 85, 86, zwey gleichnamige Winkel
einander gleich ſind, wo alsdann auch der dritte, in dem einen, dem dritten in dem andern
gleich iſt (114), ſo haben die gleichnahmigen
Seiten in beyden einerley Verhältniß zu einander.

Beweis. Es verſteht ſich, daß ein $\triangle$ gröſſer als
das andere, denn ſonſt würden ſie wegen der gleichen Winkel völlig congruiren. Man lege alſo das
kleinere $\triangle$ in das gröſſere ſo, Fig. 87. daß ein
gleichnamiger Winkel, α, auf den andern, a, und
auch die gleichnamigen Seiten die dieſen Winkel
einſchlieſſen, aufeinander zu liegen kommen, ſo
wird weil β = b und γ = c iſt, γ β mit c b
parallel ſeyn (93).

Alſo iſt a b : α β = a c : α γ (183). Schiebt
man nun eben ſo β in b und hernach γ in c, ſo
hat man erſtlich a b : c b = α β : γ β und dann
a c : b c = α γ : β γ (183). Man ſieht von
ſelbſt, daß ſich auch dieſe Proportionen nach (231.
Ar.) auf mancherley Art verändern laſſen. Z. B.
a b : a c α β : α γ u. ſ. w.

## §. 187.

Zuſ. Wenn von zwey Dreyecken Fig. 88. eins
ein Theil des andern iſt, und die Seiten mit einander parallel laufen, ſo haben ſie in beyden einerley

len Verhältniß zu einander; denn es werden als=
dann die gleichnahmigen Winkel einander gleich(101).

## §. 188.

Lehrs. Wenn in zwey Dreyecken abc, $\alpha\beta\gamma$
Fig. 85, 86, zwey Seiten in dem einen, eben
die Verhältniß zu einander haben, wie zwey
in dem andern, woraus nach (233. Ar.) folgt,
daß auch die dritte in dem einen, dieselbe Ver=
hältniß zu den übrigen hat, wie die dritte im
andern, so sind die Winkel in der Ordnung wie
sie den proportionirten Seiten entgegen stehen,
einander gleich.

Beweis. Man lege an die Endpunkte einer
Seite des einen Dreyecks z. B. $\alpha\beta$; unterwärts
ein paar Winkel von welchen jeder so groß ist, als
der welcher im andern Dreyeck in den gleichnahmi=
gen Punkten liegt d. i. den Winkel a an $\alpha$ und b
an $\beta$; so ist a b : a c $=$ $\alpha\beta$ : $\alpha\delta$ (186)
aber auch a b : a c $=$ $\alpha\beta$ : $\alpha\gamma$ n. d. Vora.
folglich $\alpha\beta$ : $\alpha\delta$ $=$ $\alpha\beta$ : $\alpha\gamma$ (204. Ar.)

Also $\alpha\delta$ $=$ $\alpha\gamma$; verfährt man eben so mit a b,
b c und $\alpha\beta$, $\beta\delta$ und $\alpha\beta$, $\beta\gamma$, so erhält man
$\beta\delta$ $=$ $\beta\gamma$, da nun $\alpha\beta$ beyden Dreyecken gemein
ist, so congruirt $\triangle$ $\alpha\beta\gamma$ mit $\triangle$ $\alpha\beta\delta$ folglich ist
a $=$ $\gamma\alpha\beta$; b $=$ $\alpha\beta\gamma$ und c $=$ $\gamma$.

## §. 189.

Lehrs. Wenn in zwey Dreyecken a b c und
$\alpha\beta\gamma$ Fig. 85, 86, ein Winkel, a, in dem ei=
nen,

nen, gleich ist einem Winkel, α, in dem andern und die Seiten welche diesen Winkel einschließsen, in dem einen △ eben die Verhältniß zu einander haben wie die in dem andern, d. i· ab : ac = αβ : αγ, so sind auch die übrigen Winkel in der Ordnung, wie sie den proportionirten Seiten entgegen stehen, in beyden Dreyecken einander gleich und auch die übrigen gleichnahmigen Seiten ,haben einerley Verhältniß zu einander.

**Beweis.** Man lege wie im Beweis zum vorigen Satze, unter αβ ein △ αβδ, welches eben die Winkel wie a b c hat, so ist wieder

$$ab : ac = \alpha\beta : \alpha\delta \quad (186)$$
$$\text{und } ab : ac = \alpha\beta : \alpha\gamma \text{ n. d. Vorausf.}$$

folglich αδ = αγ; da nun nach. d. Vor.. a = α also γαβ = δαβ, über dieses αβ gemeinschaftlich ist, so congruirt auch wieder △ αβγ mit αβδ, also sind in den Dreyecken abc und αβγ die gleichnahmigen Winkel gleich und deshalb nach (188) die gleichnahmigen Seiten in einerley Verhältniß.

### §. 190.

Zuf. Nach (48) sind die Dreyecke, wie sie bisher in (183, 186, 188, 189) betrachtet worden, einander ähnlich; also kann man sagen, Dreyecke sind ähnlich, 1) wenn in denjenigen wo eins ein Theil vom andern ist, Seiten ganz auf einander liegen oder mit einan-

einander gleichlaufend sind. 2) Wenn die einzel=
nen Winkel in beyden einander gleich sind. 3)
Wenn die gleichnahmigen Seiten einerley Verhält=
niß zu einander haben. 4) Wenn ein paar Win=
kel einander gleich sind und die dieselben einschließ=
senden Seiten einerley Verhältniß gegen einander
haben.

### §. 191.

Zuf. Es sind also auch Vielecke einander ähnlich,
wenn sie sich in lauter ähnliche und ähnlichliegende
Dreyecke zerlegen lassen (48), und aus (231. Ar.)
läßt sich herleiten, daß sich dann der Umfang des
einen Vielecks zum Umfang des andern, wie eine
Dreyecksseite des einen, zu der ähnlichen des an=
dern, verhält. Zu solchen ähnlichen Vielecken las=
sen sich auch die Kreise rechnen, indem man sich
in ihnen ähnliche Dreyecke gedenken kann, deren
Seiten die Halbmesser und deren Grundlinien die
Elemente des Umkreises sind (179); folglich müssen sich
bey ihnen die Umkreise wie die Halbmesser oder nach
49. Ar.) auch wie die Durchmesser verhalten.

### §. 192.

Aufg. Eine gegebne Linie a c Fig. 89. nach
den Verhältnissen einzutheilen, nach welchen
eine andere a b eingetheilt ist.

Aufl. 1) Man lege a c an die a b in einem
beliebigen Winkel c a b, den man indessen um der

Gefahr

Gefahr zu fehlen, leichter auszuweichen, weder z
 spitzig, noch zu stumpf nehmen muß.

2) Man verbinde die Endpunkte feiner Sche
kel durch eine gerade Linie cb.

3) Man ziehe mit dieser cb durch die The
lungspunkte m, n, Parallelen, so wird ap : a
$=$ pq : mn $=$ qc : nb.

**Beweis.** Es ist

I.    ap : pq $=$ am : mn (183)
also II.   ap : am $=$ pq : mn (231. II. Ar.)
III.   aq : pq $=$ an : mn (231. V. Ar.)
IV.   aq : an $=$ pq : mn (231. II. Ar.)
V.   aq : an $=$ qc : nb (183)
also VI.  pq : mn $=$ qc : nb nach no. IV u. V
also VII. ap : am $=$ qc : nb nach no. II. u. VI

Bey mehrern Theilen kann man auf ähnliche A
weiter schliessen.

## §. 193.

Zuf. Sollte eine Linie wie a c in lauter gleich
Theile getheilt werden, so nimmt man auf ein
andern, wie ab, nach Gefallen so viel gleiche Th
le als verlangt werden und verfährt dann wied
wie vorher; so schneidet sich schon mit der erste
Parallele der gesuchte Theil auf a c ab, den me
dann weiter forttragen kann.

§. 19

## §. 194.

Anm. Wenn der Theile viel sind, so wird man beym Forttragen einen etwa begangenen kleinen Fehler, merklich vergrössern. Um dieses so viel möglich zu verhüten, sieht man, ob sich die Zahl welche die Menge der Theile ausdrückt, in Factoren zerfällen läßt, und theilt alsdann die Linie erstlich in so viel Theile als der eine Factor Einheiten hat, und dann jeden Theil wieder besonders in so viel neue, als der andere Factor Einheiten hat; z. B. statt in 15, erstlich in 5, und dann jeden 5ten wieder in 3.

## §. 195.

Aufg. Zu drey gegebnen Linien a b, a c und d Fig. 90. die vierte geometrische Proportionallinie zu finden.

Aufl. 1) Man zeichne einen Winkel und trage in dessen einen Schenkel vom Scheitel aus, die beyden ersten Linien, und in den andern die dritte Linie.

2) Man verbinde die Punkte welche durch die erste und dritte Linie abgeschnitten worden sind, durch d b, und ziehe damit durch den Endpunkt der zweiten Linie eine Parallele, so schneidet sie die gesuchte vierte a e ab.

Beweis. Nach (183) verhält sich wirklich in der Figur a b : a c = a d : a e.

T 2 §. 196.

## §. 196.

**Zuf.** Wenn man a c und a d einander gleich nimmt, so findet man durch eben dieses Verfahren zu zweyen Linien die dritte geometrische Proportionallinie a e.

## §. 197.

**Aufg.** Zwischen zwey gegebnen Linien a b und b e Fig. 91. die mittlere geometrische Proportionallinie zu finden.

**Aufl.** 1) Man setze die beyden Linien in gerader Richtung an einander und halbire diese Summe in c.

2) Aus c beschreibe man mit c a über a e einen Halbkreis.

3) Aus b wo die beyden Linien an einander stehen, errichte man bis an einen Punkt des Halbkreises das Perpendikel b d, dieses wird die gesuchte Linie seyn.

**Beweis.** Man ziehe a d und d e, so ist a d e ein rechter Winkel (158) und bey b sind auch rechte Winkel (20); a ist dem △ a d e und △ a d b gemein, folglich e = a d b (114) also auch a = b d e, folglich in den Dreyecken a b d und b d e nach (186) a b : b d = b d : b e.

## §. 198.

**Zuf.** Wenn man aus b beyderseits wieder Perpendikel auf die Hypothenusen a d und d e fallen läßt,

läßt, so entstehen neue Dreyecke, von welchen sich
wie vorhin, zeigen läßt, daß sie sowohl unter sich
als den Ganzen ähnlich sind und die eine Menge
solcher Proportionen geben, dergleichen vorhin eine
ist entwickelt worden.

## §. 199.

Anm. Die Aufg. in (195) kann man als die Regel
Detri, und die in (192) als die Gesellschaftsrechnung in Linien betrachten. Wenn man in (195)
a b als die Einheit und a c, a d als ein paar
in einander zu multiplicirende Größen betrachtet,
so stellt a e das Product derselben in Gestalt einer Linie vor. Wenn man hingegen die Linie a c
im Raum so weit hervorführen oder produciren
sollte, als die Große einer andern Linie a d, anzeigt, so stellt das Stück Raum über welches a c
wegstreicht, eine Fläche und zwar ein Rechteck
vor, von welchem a c die Grundlinie und a d die
Seite ist Fig. 93. Nach (196) kann man die Verhältnisse vervielfältigen und nach (197) halbiren,
eben so wie (215, 216. Ar.). Auch läßt sich nach (197)
eine Quadratwurzel in Linien ausziehen, wenn
man die Zahl aus welcher sie gezogen werden soll,
in Factoren zerfällt und für den einen Factor a b
für den andern aber b e (228. Ar.) annimmt, wo
nach (230. Ar.) auch a b die Einheit und b e die
Zahl woraus die Wurzel gezogen werden soll,
selbst vorstellen kann; und auf diese Art lassen
sich Irrationalzahlen wie in (181. Ar.) durch Linien darstellen.

## §. 200.

Aufg. Einen verjüngten Maasstab zum mess-
en der geraden Linien auf dem Papiere, zu
verfertigen.

T 3

Aufl.

**Aufl.** 1) Man beschreibe über einer Linie ab, Fig. 92. ein Rechteck a b c d.

2) Man theile sowohl die Grundlinie, als die Seite desselben in 10 gleiche Theile (193) und ziehe durch die Theilungspunkte Parallelen mit den Grenzlinien.

3) Vom Anfangspunkt des ersten Theils a bis an den Endpunkt desselben in der andern Linie e, ziehe man eine schräge a e und fahre so damit fort, bis man an c kommt.

4) Man verlängere a b und trage das Rechteck a b c d mehreremale darauf ohne indeß etwas weiter als die Parallelen mit a b, beyzubehalten.

**Beweis.** Es ist gewöhnlich, daß man die geometrischen Maasstäbe nach Ruthen, Fußen und Zollen abtheilet und zwar so, daß die Ruthe 10 Fuß und der Fuß 10 Zolle hält. Stellt also a b eine solche Ruthe vor, so wird a k ein Fuß seyn. Daß aber f g ein Zoll ist, ergiebt sich aus folgenden Gründen: in den Dreyecken a f g und a d e ist f g parallel mit d e nach no. 2. also f g : d e $=$ a f : a d (187). Da nun a f : a d $=$ 1 : 10, so ist auch f g $= \frac{1}{10}$ d e folglich 1 Zoll, und so läßt sich auf ähnliche Art zeigen, daß h i zwey Zoll und s. w. ist, welches mündlich weiter erläutert werden kann.

## §. 201.

**Anm.** Die Parallelen k e sind blos des Beweises wegen nöthig, für den praktischen Gebrauch kann man

man sie entbehren. Man kann den Zoll noch weiter in 10 Linien und diese wieder in 10 Strupel u. s. w.
theilen, wenn es auf sehr genaue Messungen ankommt, und dieses läßt sich dadurch bewirken,
daß man zwischen die Punkte a f; h f ꝛc. aufs
neue 9 Parallelen zieht, wenn man Linien, und
99, wenn man Strupel verlangt. Die Ruthen
bezeichnet man übrigens mit o, die Fuße mit I,
die Zolle mit II u. s. w. Der Zusatz verjüngt,
kommt einem solchen Maasstab in so fern zu, als
er das im Kleinen darstellt, was ein in der praktischen Geometrie gebräuchlicher Maasstab im
Großen ist.

§. 202.

**Aufg.** Eine gerade Linie auf dem Papiere
zu messen.

**Aufl.** Man fasse die Linie mit dem Zirkel und
trage sie auf den verjüngten Maasstab so, daß
der eine Fuß des Zirkels allemal in den Anfang irgend einer Ruthe, der andere aber in diejenige ge-
gesetzt wird, welche in einzelne Fuße, Zolle ꝛc. ab-
getheilt ist, so läßt sich durch Abzählen finden, wie
lang die Linie in solchem Maaße ist.

Ist die zu messende Linie länger als der ganze
Maasstab, so schneidet man den Maasstab auf der Linie
so viel mal ab, als es geht, und mißt alsdann blos
den Rest auf die zuerst gelehrte Art, zu welchem man
dann die ganzen abgeschnittenen Ruthen noch addirt.

Der **Beweis** hierzu ergiebt sich von selbst.

T 4

§. 203.

### §. 203.

**Zuf.** Wenn man die auf und absteigende Reduction (99. Ar.) bey diesen Maaßen vornehmen will, so braucht man im erstern Fall nur Ziffern von der Rechten zur Linken abzuschneiden, ohngefähr wie bey der Rechnung mit Decimalbrüchen; und im letztern, hat man nur nöthig Nullen anzuhängen; oder wenn auch Einheiten von niedrigern Maaßen mit vorhanden sind, so setzt man diese sogleich hinter die höhern z. B. 324 Zolle $= 3^{\circ}$, $2^{\mathrm{I}}$, $4^{\mathrm{II}}$ und so hinwiederum $3^{\circ} = 30^{\mathrm{I}} = 300^{\mathrm{II}}$ oder: $3^{\circ}\ 6^{\mathrm{I}} = 36^{\mathrm{I}}$ und $3^{\circ}\ 0^{\mathrm{I}}\ 4^{\mathrm{II}} = 304^{\mathrm{II}}$ ꝛc.

### §. 204.

**Aufg.** Ein Rechteck a c b d Fig. 93. auszumessen.

**Aufl.** 1) Man messe sowohl die Grundlinie, als die Seite desselben nach (202) und drücke beyde in einerley Theilen des Maaßstabes aus.

2) Man multiplicire die Zahlen des Maaßes durch einander, so zeigt das Product die Größe des Raums im Flächenmaaß an.

Z. B. $a c = 6^{\mathrm{I}}$; $a d = 4^{\mathrm{I}}$ so hält das Rechteck 4. 6 $= 24$ Fuß im Flächenmaaß.

**Erläuterung und Beweis.** Wenn man eine Fläche ausmessen will, so muß man auch eine Fläche zum Maaßstab nehmen, denn dieser ist allemal als ein Theil von der auszumessenden Größe anzu-

anzusehen und muß deshalb gleichartig mit ihr seyn (§. Einl.). Zum Flächenmaasstab hat man das Quadrat gewählt, welches auch wegen seiner gleichen Seiten und rechten Winkel vor allen andern Figuren hierzu geschickt ist. Ein Quadrat dessen Seite 1 Ruthe, Fuß, Zoll, Linie ꝛc. wird eine Quadratruthe, ein Quadratfuß u. s. w. genannt und so bezeichnet: $\square^0$, $\square^I$ ꝛc.

Wenn man nun das obige Rechteck ausmessen soll, so muß man finden, wie viel $\square^0$ oder $\square^I$ ꝛc. darinn Raum haben und dies geschieht am leichtesten auf folgende Art: Man sieht zuerst wie viel z. B. Fuß nach Längenmaaß in a c Raum haben; findet man nun deren, wie im angenommenen Beyspiel 6, so fällt in die Augen, daß man auch den Quadratfuß a g f e, 6 mal auf a c neben einander legen könne, wo er alsdann das Stück a g h c bedeckt, welches von der Höhe des Rechtecks nur 1 Fuß wegnimmt. Hat man nun a d ebenfalls in Längenmaaß gemessen und es 4 Fuß groß gefunden, so fällt wieder in die Augen, daß man den Streifen von 6 $\square^I$ die in a g h c lagen, noch dreymal, also in allem 4 mal, über sich selbst legen kann; folglich enthält das ganze Rechteck 4. 6 $=$ 24 Quadr. Fuß. Wenn im allgemeinen die eine Seite des Rechtecks a und die andere b heißt, so drückt man die Fläche durch a b aus.

T 5

§. 205.

### §. 205.

**Anm.** Durch die bloße Multiplikation der beyden Längenmaaße 4 und 6, entsteht also noch kein Flächenmaaß, sondern dadurch, daß man gleichsam stillschweigend das Maaß der Grundlinie 6, in $1\square^{\mathrm{I}}$ den man als Maaßstab gleich anfangs in Gedanken hat, multiplicirt; hierdurch wird die 6 zu $6\square^{\mathrm{I}}$ (100. Ar. no. I.) diese $6\square^{\mathrm{I}}$ werden dann weiter mit 4 als einer unbenannten Zahl multiplicirt, und so giebt das Product $24\square^{\mathrm{I}}$.

### §. 206.

**Zuf.** Wenn sich a c nicht genau durch Fuße ausmessen läßt, so sieht man wie viel auffer den Fußen noch Zolle darinn enthalten sind, und drückt der Gleichförmigkeit wegen nun auch die ganzen Fuße in Zollen aus, und eben so hält man es, wenn auffer den Zollen noch Linien vorkämen, wo man alles in Linien ausdrückt u. s. w. In solchen Fällen ist dann auch der Flächenmaaßstab nun $1\square^{\mathrm{I}}$ oder $1\square^{\mathrm{III}}$. Eine solche Verwandlung muß man auch vornehmen, wenn zwar a c in Fußen 2c. aber a d nicht darinn allein ausgedrückt werden kann. Indessen ist solches nicht zum Messen überhaupt nothwendig, sondern man könnte auch a c allein in Fußen und a d in Zollen ausdrücken und die Zahlen ineinandermultipliciren, nur bleibt alsdann der Flächenmaaßstab kein Quadrat mehr, sondern er wird ein Recteck dessen eine Seite $1^{\mathrm{I}}$ und die andere $1^{\mathrm{II}}$ ist, wie sich mündlich weiter erläutern läßt.

§. 207.

§. 207.

Zuf. Es kann vorkommen daß man nie ein Maas findet, mit welchem sich beyde Linien genau ausmessen lassen. So wird z. B. die Hypothenuse eines rechtwinklichen Dreyecks dessen Katheten gleich sind, als die Quadratwurzel von 2 anzusehen seyn (131); da nun diese irrational ist (195. Ar.), so hat sie mit dem Katheten des Dreyecks kein gemeinschaftliches Maas. In solchen Fällen begnügt man sich nun die Linien so genau mit einerley Maas auszumessen, daß der Fehler nicht mehr in Betracht kommt.

§. 208.

Zuf. Wenn man statt eines Rechtecks ein Quadrat auszumessen hat, so multiplicirt man gleich die Seite desselben in sich selbst, d. i. wenn diese Seite im allgemeinen a heißt, so ist ihr Quadrat $= a^2$. Gesetzt nun die Seite dieses Quadrats hielt $10^I$, so wird sein Flächeninhalt 100 Quadratfuß enthalten, und so wird 1 Quadrat dessen Seite $1^{II}$ ist, wieder 100 Quadr. Zoll u. s. w. enthalten.

§. 209.

Zuf. Wenn man also beym Quadratmaaß die aufsteigende Reduction vornehmen will, so muß man allemal durch 100 dividiren, oder von der Rechten nach der Linken 2 Ziffern abschneiden z. B. $300\square^{II} = 3\square^I$; oder $24835\square^{II} = 2^0 48\square^I 35\square^{II}$. Hinwiederum muß man bey der absteigenden Reduction immer mit 100 multipliciren, oder je 2

und

und 2 Nullen zur Rechten anhängen, statt deren
man aber auch sogleich die niedern Einheiten anhängen kann, wenn dergleichen vorhanden sind,
nur aber, daß man die Stellen nach dem dekadischen Gesetz (11. Ar.) gehörig in Acht nimmt.
Z. B. $50^\circ \ 30^I \ 27^{II} = 5 0 3 2 7 \square^{II}$.

## §. 210.

Zus. Wenn man die Verhältniß zweyer Rechtecke durch ein paar Linien ausdrücken will, so darf
man nur zur Einheit und den beyden Seiten eines
jeden nach (195) die vierte geom. Proportionallinie
suchen, so sind diese die Verhältnißlinien. Bey
Quadraten sucht man zur Einheit und der Seite
des Quadrats die 3te Proportionallinie (196).
Man sieht hieraus zugleich, daß die Verhältniß
zweyer Rechtecke aus den Verhältnissen ihrer Seiten zusammengesetzt ist, wie (217. Ar.) vorläufig
bemerkt worden ist.

## §. 211.

Zus. Da sich alle Vielecke in Dreyecke und diese
wieder in ein Rechteck verwandeln lassen (125): so
erstreckt sich die Ausmessung des Rechtecks (204)
auf die Ausmessung aller dieser Figuren. Da nun
ferner nach (197) aus den beyden Seiten eines
Rechtecks die mittlere geom. Proportionallinie gefunden werden kann, deren Quadrat dem Product
jener beyden Seiten gleich ist (218. Ar.), so sieht
man wie jedes Rechteck, und folglich jede aus

Drey-

Dreyecken bestehende Figur in ein Quadrat verwandelt und als ein solches ausgemessen werden kann. Man pflegt deshalb zu sagen eine Figur sey quadrirt, wenn man sie unter solche Umstände bringen kann, daß sie sich durch Quadratmaaß ausmessen läßt.

### §. 212.

**Aufg.** Ein schiefwinkliches Parallelogramm a b c d Fig. 94 auszurechnen.

**Aufl.** 1) Man messe die Grundlinie a b.

2) Man lasse auf dieselbe aus einem Punkt der ihr gegenüber stehenden Seite d, ein Perpendikel d e herab und messe solches gleichfalls.

3) Man multiplicire die Maaße in einander, so findet sich der gesuchte Inhalt.

**Beweis.** Man findet nach dieser Vorschrift eigentlich den Inhalt eines Rechtecks (204), welches mit dem vorliegenden Parallelogramm gleiche Grundlinie und Höhe hat, da nun solche Figuren gleich sind (119), so kann man den einen Inhalt für den andern annehmen.

### §. 213.

**Zuf.** a d > d e (80), wenn also a d senkrecht auf a b stünde, so könnte man a b mit a d, statt e d, multipliciren und dies würde ein größeres Product geben. Ein paar Parallelogrammsseiten schließen also den größten Raum ein, wenn sie senkrecht auf einander stehen.

§. 214.

§. 214.

Aufg. Den Inhalt eines jeden Dreyecks a b c
Fig. 95, 96 zu finden.

Aufl. 1) Man lasse auf die Linie a b, die man
nach Gefallen als Grundlinie angenommen hat,
oder auf ihre Verlängerung, von der gegen über
stehenden Spitze c ein Perpendikel c d fallen.

2) Man messe sowohl die Grundlinie als dieses
Perpendikel.

3) Man multiplicire beyde Maaße durcheinander und halbire das Product.

Beweis. Durch Multiplication der Grundlinie
und Höhe, findet man den Inhalt eines Parallelogramms a b e c, welches doppelt so groß als das
Dreyeck ist (·21); halbirt man nun dieses, so erhält
man den Inhalt des Dreyecks. Z. B. wenn a b =
$24^I$ und c d = $16^I$, so ist $\triangle$ a b c = $384\square$
= $3^0\ 84^I$.

§. 215.

Zuf. Weil $\frac{ab \cdot cd}{2}$ = $\frac{1}{2}$ a b. c d (83. Ar.) =
$\frac{1}{2}$ cd. ab (37. Ar.) so kann man auch sogleich die halbe
Grundlinie mit der ganzen Höhe; oder die halbe
Höhe mit der ganzen Grundlinie multipliciren.

§. 216.

Aufg. Ein Trapezium a b c d Fig. 97, auszurechnen.

Aufl.

**Aufl.** Man theile es durch die Diagonale db in zwey Dreyecke a d b und d b c; rechne diese einzeln aus und addire ihren Inhalt.

**Beweis.** Er folgt aus dem vorigen §.

### §. 217.

**Zuf.** Man kann die Dreyecke so nehmen, daß die Diagonale ihre gemeinschaftliche Grundlinie wird; alsdann hat man für den Inhalt: $\frac{1}{2}$ an . db $+$ $\frac{1}{2}$ c m . db $=$ $\frac{1}{2}$ (a n $+$ c m) . db $=\frac{1}{2}$ db . (a n $+$ c m) (132. Ar.).

### §. 218.

**Zuf.** Wenn eine Seite d c mit der andern a b parallel ist, so kann man a b und d c für die Grundlinien der Dreyecke annehmen und zwischen den Parallelen ein Perpendikel p q ziehen, welches die gemeinschaftliche Höhe von beyden Dreyecken vorstellen wird (119) und man hat alsdann für den Inhalt $\frac{1}{2}$ (ab $+$ cd). p q.

### §. 219.

**Aufg.** Ein jedes Vieleck a b c d auszurechnen.

**Aufl.** Man theile es durch Diagonalen in Trapeze und Dreyecke, so lassen sich diese einzeln ausrechnen und summiren.

Der **Beweis** ergiebt sich von selbst.

### §. 220.

**Zuf.** Man könnte es auch nach (124) in ein einziges Dreyeck verwandeln und dann ausrechnen,

allein

allein dieß würde beschwerlicher und vielleicht auch
unsicherer seyn._ Wenn man bey einem Vieleck von
mehrern Seiten nicht gern viel einzelne Höhen der
Dreyecke ziehen will, so ziehe man von einem Winkel
in den gegen überstehenden eine gerade Linie wie d b
Fig. 99, darauf setze man ein Perpendikel e m aus
der ersten Ecke e; mit diesem ziehe man hernach
Parallelen durch alle folgende Ecken, d und b aus-
genommen, so bekommt man an den Grenzen ein
paar Dreyecke e d f und a b h, und in der Mitte
Trapeze mit parallelen Seiten, die man nach (218)
ausrechnen und summiren kann.

### §. 221.

Zuf. Wenn unter den Seiten einer Figur krumme Linien, wie b h c Fig. 99. vorkommen, so sehe
man sie an als ob sie aus mehrern geraden bestünden, welche hohle oder erhabne Winkel mit einander
machen. Je mehr man dergleichen annimmt, desto
mehr nähert man sich der Wahrheit.

### §. 222.

Aufg. Ein reguiares Vieleck a b c d e Fig. 80.
auszurechnen.

Aufl. Da man es nach (177) als ein Dreyeck
ansehen kann, dessen Grundlinie der Summe aller
Vielecksseiten und dessen Höhe einem Perpendikel
gleich ist, das man aus dem Mittelpunkt des Kreises in welchen sich das Vieleck beschreiben läßt,
(172) auf eine Vielecksseite fället, so rechne
man

man es als ein solches Dreyeck aus. Wenn also die Seite $=$ a, das Perpendikel $=$ p und die Zahl der Seiten $=$ n so ist der Inhalt $=\frac{1}{2}$ a n p.

Der **Beweis** folgt aus (177, 214).

### §. 223.

Zuf. Wenn der Halbmesser des Kreises worinn sich das Vieleck beschreiben läßt, bekannt ist, so kann man das Perpendikel finden, wenn man das Quadrat der halben Vielecksseite vom Quadrat des Halbmessers subtrahirt und aus dem Rest die Quadratwurzel zieht (77, 127). Wenn man z. B. ein reguläres Sechseck hätte dessen Seite $= 12^{\mathrm{I}}$, so wäre der Halbmesser auch $= 12^{\mathrm{I}}$ (173) das Quadrat desselben $= 144$; das Quadrat der halben Seite $= 36$; der Unterschied zwischen beyden $= 108$, und $\sqrt{108} = 10, 39\ldots$ also der Inhalt des Vielecks $=\frac{1}{2}. 12. 6. 10, 39 = 30^{\square} 74^{\mathrm{I}} 4^{\mathrm{II}}$.

### §. 224.

Lehrf. Aehnliche Dreyecke a b c, α β γ Fig. 41, 42. verhalten sich wie die Quadrate ähnlich liegender Seiten.

Beweis. Wenn b d und β δ die Höhen der Dreyecke sind, so ist der Inhalt des erstern $\frac{1}{2}$ a c. b d und der des letztern $\frac{1}{2}$ α γ. β δ also ist

$$\triangle \, abc : \triangle \, \alpha\beta\gamma = ac.\,bd : \alpha\gamma.\,\beta\delta.$$

Weil nun bey d und δ rechte, folglich gleiche Winkel sind, und a = α

so ist $ab : \alpha\beta = bd : \beta\delta$ (186)

aber auch $ab : \alpha\beta = ac : \alpha\gamma$ n. d. Vorausf.

folglich $ac : \alpha\gamma = bd : \beta\delta$ (204. Ar.)

und $\dfrac{\alpha\gamma.\,bd}{ac} = \beta\delta$ (234. Ar.)

Wenn man nun diesen Werth von βδ in obiger Proportion substituirt, so erhält man

$$\triangle \, abc : \triangle \, \alpha\beta\gamma = ac.\,bd : \alpha\gamma.\,\dfrac{\alpha\gamma.\,bd}{ac}$$

mult. mit ac, $= ac^2.\,bd : \alpha\gamma^2.\,bd$

dibib. durch bd, $= ac^2 \qquad : \alpha\gamma^2$ } (49. Ar.)

## §. 225.

Zuf. Weil $ac : \alpha\gamma = bd : \beta\delta$ (224) so ist auch $ac^2 : \alpha\gamma^2 = bd^2 : \beta\delta^2$ (231. VI. Ar.), also $\triangle \, abc : \triangle \, \alpha\beta\gamma = bd^2 : \beta\delta^2$ d. i. Ein paar ähnliche Dreyecke verhalten sich auch wie die Quadrate ihrer Höhen.

## §. 226.

Zuf. Aehnliche Figuren wie Fig. 100 und 101, verhalten sich ebenfalls wie die Quadrate ähnlich liegender Dreyeckseiten in beyden, denn

I. $\triangle \, abe : \triangle \, \alpha\beta\varepsilon = ab_2 : \alpha\beta^2 = eb^2 : \varepsilon\beta^2$

(224)

Ferner II. $\triangle \, ebd : \triangle \, \varepsilon\beta\delta = eb^2 : \varepsilon\beta^2$

also

also III. $\triangle$ abe : $\triangle \alpha\beta\varepsilon \mathrel{\underline{\underline{\phantom{=}}}} \triangle$ ebd : $\triangle \varepsilon\beta\delta$

(204 Ar.

oder IV. $\triangle$ abe : $\triangle$ ebd $\mathrel{\underline{\underline{\phantom{=}}}} \triangle \alpha\beta\varepsilon : \triangle \varepsilon\beta\delta$

(231. II. Ar.)

Zuſammeng. V. $\triangle$ abe $\ast$ $\triangle$ ebd : $\triangle$ ebd $\mathrel{\underline{\underline{\phantom{=}}}} \triangle \alpha\beta\varepsilon$ $\ast$ $\triangle \varepsilon\beta\delta : \triangle \varepsilon\beta\delta$

d. i. VI. abde : $\alpha\beta\delta\varepsilon \mathrel{\underline{\underline{\phantom{=}}}} \triangle$ ebd : $\triangle \varepsilon\beta\delta$

Es war aber in II. $\triangle$ ebd : $\triangle \varepsilon\beta\delta \mathrel{\underline{\underline{\phantom{=}}}}$ eb$^2$ : $\varepsilon\beta^2$

und nach I. eb$^2$ : $\varepsilon\beta^2 \mathrel{\underline{\underline{\phantom{=}}}}$ ab$^2$ : $\alpha\beta^2$

folglich us VI. abde : $\alpha\beta\delta\varepsilon \mathrel{\underline{\underline{\phantom{=}}}}$ ab$^2$ : $\alpha\beta^2 \mathrel{\underline{\underline{\phantom{=}}}}$ eb$^2$ : $\varepsilon\beta^2$

Schließt man auf dieſe Art weiter fort, ſo erhält man abcde : $\alpha\beta\gamma\delta\varepsilon \mathrel{\underline{\underline{\phantom{=}}}}$ ab$^2$ : $\alpha\beta^2 \mathrel{\underline{\underline{\phantom{=}}}}$ eb$^2$ : $\varepsilon\beta^2$ oder auch $\mathrel{\underline{\underline{\phantom{=}}}}$ an$^2$ : $\alpha\nu^2$.

### §. 227.

Zuſ. Da man die Kreiſe auch als Vielecke, und ihre Durchmeſſer oder Halbmeſſer als Linien, die in ihnen auf ähnliche Art beſtimmt ſind, anſehen kann, ſo werden ſich auch ein paar Kreiſe wie die Quadrate ihrer Durchmeſſer oder die ihrer Halbmeſſer zu einander verhalten.

### §. 228.

Aufg. Aus dem gegebnen Inhalt und der Grundlinie eines Dreyecks, ſeine Höhe zu finden; oder die Grundlinie, aus dem Inhalt und der Höhe.

Aufl. Man verdopple den Inhalt und dividire darein mit der Grundlinie; ſo giebt der Quotient

U 2                                    die

die Höhe; oder man dividire mit der Höhe, so erhält man die Grundlinie.

Beweis. Wenn die Höhe $=$ a; die Grundlinie $=$ b und der Inhalt $=$ c, so ist c $= \frac{a b}{2}$ (214) folglich $\frac{2 c}{b} =$ a und $\frac{2 c}{a} =$ b (49. Ar.).

### §. 229.

Zuſ. Zieht man ein paar Parallelen deren Entfernung, der gesuchten oder gegebnen Höhe gleich iſt, so laſſen ſich für einerley Grundlinie unzählige Dreyecke ziehen, die zwar alle gleich groß ſind, aber sehr verschiedene Gestalten haben. Die sämmtlichen Stellen welche in der einen Parallele die Spitzen und in der andern die Grundlinien dieser Dreyecke enthalten können, nennt man einen geometrischen Ort, und eine Aufgabe die so vielerley Auflösungen verstattet, eine unbestimmte Aufgabe.

### §. 230.

Aufg. Eine Figur a b c d e in etliche gleiche Theile zu theilen, z. B. in drey.

Aufl. 1) Man rechne sie aus (219) und dividire den Inhalt durch die Zahl der Theile.

2) Man sehe jeden solchen Theil als den Inhalt eines Dreyecks an, zu welchem man die Höhe sucht, indem man eine Seite des Vielecks oder eine in demselben gezogne und gemessene Linie als die dazu gehörige Grundlinie annimmt.

3) Mit

3) Mit der angenommenen Grundlinie ziehe man eine Parallele die so weit absteht, als die gesundene Höhe beträgt, so wird sich das Dreyeck beschreiben lassen.

4) Kann oder will man den ganzen Theil nicht in Gestalt eines einzigen Dreyeckes in der Figur abschneiden, so zerlegt man ihn in 2 oder mehrere kleinere Theile und setzt sie in Gestalt von Dreyecken aneinander. Z. B. der Inhalt der ganzen Figur sey $=$ 2 5 4 2 8, so ist der 3te Theil $=$ 8 4 7 6. Wäre der Inhalt des $\triangle$ e c d $=$ 3 6 0 0 so bleibt wenn man es von jenem Drittel abzieht 4 8 7 6; diesen Rest sehe man als den Inhalt eines Dreyecks an, von welchem e c $=$ 1 6 0 die Grundlinie wäre und wozu man die Höhe sucht (228). Diese Höhe ist nun beynahe 6 1; in dieser Weite eine Parallele mit e c gezogen, schneidet a e in f; man ziehe also c f, so ist das erste Drittel von der Figur abgeschnitten. (Man hätte auch einen Punkt wie f in b c bestimmen, und eine Linie von e bis dahin ziehen können.

Um nun das zweite Drittel in Gestalt einer vierseitigen Figur zu erhalten, zerlege man die Zahl 8476$^{II}$ in 2 Hälften und sehe die eine Hälfte 4238$^{II}$ wieder als den Inhalt eines Dreyecks an, dessen Grundlinie f c $=$ 164$^{II}$ wäre und wozu man wieder die Höhe sucht; sie ist fast 51$^{II}$; in dieser

U 3        Weite

Weite ziehe man eine Parallele mit f c, so erhält man den Punkt h, und das △ c f h wird die erste Hälfte des 2ten Drittels seyn. Man sehe f h = 150ᴵᴵ, als die Grundlinie des △ an welches die 2te Hälfte des 2ten Drittels giebt, und suche wieder die Höhe; sie wird seyn beynahe 55ᴵᴵ; zieht man nun in dieser Weite abermals eine Parallele mit f g. so erhält man g, und g h c f wird das 2te Drittel seyn, und der übrige Raum a b h g, ist mithin das 3te Drittel.

## §. 231.

**Anm.** Es fällt von selbst in die Augen, daß man die Theilung auch so hätte einrichten können daß die Theilungslinien von oben nach unten gegangen wären, denn die Methode die Theile durch Dreyecke zusammen zu setzen, ist ganz allgemein.

Sollte die Figur in gewisse proportionirliche Theile getheilt werden, so sucht man sie nach (249. Ar.) aus den gegebnen Verhältnißzahlen und verfährt wie zuvor.

## §. 232.

**Zus.** Wenn die Figur ein Dreyeck ist, a b c Fig. 103. so theilt man blos die Grundlinie in gleiche oder proportionirliche Theile und zieht aus der Spitze nach allen Theilungspunkten, Linien (121, 182).

## §. 233.

**Zus.** Bey einem Parallelogramm a b c d Fig. 104. theilt man ebenfalls blos die Grundlinie und zieht

zieht durch die Theilungspunkte Parallelen mit der Seite (119, 181).

## §. 234.

Inf. Sollte man aber ein Parallelogramm a b c d Fig. 105. aus einem Punkte m in zwey gleiche Theile theilen, so trage man d m aus b nach n und ziehe m n. Es ist nemlich in den Dreyecken a d m und b c n, d m = b n nach d. Vorschr. a d = b c und a d m = n b c (105), folglich △ a d m congruent mit △ n b c, (51) also a m = n c; ferner a n = a m (105. und 49. Ar.) m n = m n also △ a m n ± △ m n a folglich a d m n = m n b c (49. Ar.).

## §. 235.

Aufg. Wenn von einem Kreise der Halbmesser, oder Durchmesser, oder Umkreis, oder Inhalt gegeben ist, so soll man mit Beyhülfe der Verhältnißzahlen in (180) z. B. 1 : 3, 14 .. aus einem von jenen gegebnen Stücken die übrigen finden.

Aufl. und Beweis. Man nenne überhaupt den Halbmesser r; den Durchmesser d; den Umkreis p; und den Inhalt a, so ist

L. r = ½ d (26) und II. d = 2 r.

Ferner ist: 1 : 3, 14 .. = d : p (191) also: III. p = 3, 14 .. d (224. Ar.) und aus II. den Werth von d substituirt.

U 4        IV.

IV. $p = 2 r. 3, 14 ..$ Dividirt man in (III) beyderseits mit $3, 14 ..$ so erhält man: $d = \dfrac{p}{3, 14 ..}$
$= p. \dfrac{1}{3, 14 ..}$ (83. Ar.). Den Bruch $\dfrac{1}{3, 14 ..}$ findet man in Hübschens Arithm. Portenß Th. III. §. 116, in folgenden Decimalbruch verwandelt: 0, 3 1 8 3 0 9 8 8 6 1 8 3 7 9 0 6 7 1 5 3 .. wozu Hr. Hofr. Kästner S. 318. der 4ten Ausg. f. Geom. bemerkt, daß die letzte Ziffer beynahe 4 seyn sollte. Man kann also setzen

V. $d = p. 0, 318 ..$ und die Hälfte genommen.

VI. $r = \frac{1}{2} p. 0, 318 .. = p. 0, 159 ..$ Nach (177, 179) läßt sich der Kreis als ein Dreyeck ansehen, dessen Grundlinie dem Umkreis, und dessen Höhe dem Halbmesser gleich ist, also kann man setzen: $a = \dfrac{p.r}{2} = \dfrac{p.d}{4}$ (214). Nimmt man nun statt p, seinen Werth aus IV, so wird aus dem Ausdruck: $\dfrac{p.r}{2}$, dieser: $\dfrac{2. 3, 14 .. r. r}{2}$ folglich

VII. $a = 3, 14 .. r^2$. Nimmt man aber den Werth von p aus (III.) so erhält man statt des Ausdrucks: $\dfrac{p.d}{4}$, diesen: $\dfrac{3, 14 .. d.d}{4}$ also

VIII. $a = \dfrac{3, 14 1 .. d}{4} = 0, 785 .. d^2$. Substituirt man im erstern Ausdruck von VIII, den Werth

Werth von d, der in der Folge von IV ſteht : p.

$$\frac{1}{3,14..} \text{ ſo erhält man: } a = \frac{3,14..p.p.I.I}{4.3,14...3,14..}$$

$$= \frac{p^2.I}{4.3,14..} = \frac{p^2.0,3183..}{4} \text{ alſo:}$$

IX. $a = p^2. \, 0,0795..$ dividirt man beyderſeits mit $0,0795$, ſo erhält man $p^2 = \frac{a}{2,0795..}$ alſo

X. $p = \sqrt{\left(\frac{a}{0,0795..}\right)}$ dividirt man beym erſtern Ausdruck in (VIII.) beyderſeits mit $\frac{3,14..}{4}$, ſo erhält man $d^2 = \frac{4\,a}{3,14..} = 4\,a. \frac{1}{3,14..} = 4\,a. \, 0,318..$, alſo

XI. $d = \sqrt{(4\,a. \, 0,318..)}$ und die Hälfte genommen,

XII. $r = \frac{1}{2}\sqrt{(4\,a. \, 0,318..)}$

Aus dieſen Formeln laſſen ſich nun leicht beſondere Regeln für eben ſo viel einzelne Aufgaben herleiten z. B. aus III. Es iſt gegeben der Durchmeſſer unſerer Erdkugel, 1720 Meilen, wie viel wird ihr Umfreis betragen? Man multiplicire 1720 mit 3,14.., ſo erhält man dafür 5400, 5.. Meilen. Dieſes Reſultat iſt aber nicht ganz genau, theils weil der Durchmeſſer nicht ganz 1720 Meilen beträgt, theils weil man von der Verhältnißzahl in (180) blos 3 Ziffern genommen hat. Je genauer man alſo das Reſultat haben

U 5                                    will,

will, deſto mehr Ziffern muß man nehmen, dies
gilt überhaupt von allen den in den obigen Formeln enthaltenen Zahlen hinter welchen ſich noch
ein paar Punkte befinden.

Aus V. Es iſt gegeben der Umfang eines
Baums: 10 Fuß, man ſoll ſeinen Durchmeſſer
finden. Man multiplicire ihn mit 0, 318 .. ſo
erhält man dafür 3, 18 .. Fuß, oder $3^I$ $1^{II}$ $8^{III}$ ..

Aus VII. Man ſoll aus dem gegebenen Halbmeſſer eines Tellers: 6 Zoll, ſeine Fläche finden.
Man quadire den Halbmeſſer und multiplicire das
Quadrat 36, mit 3, 14 .. ſo erhält man 113, 04
d. i. $1 \square^I$ $13^{II}$ $4^{III}$

Aus XI. Der Umfang einer Säule enthält $1^\circ$
wie viel beträgt der Inhalt ihres Querſchnitts?
man quadrire den Umfang und multiplicire das
Quadrat mit 0, 0795 .. ſo erhält man 0, 0795 ..
Quadratruthen oder $7 \square^I$ $95^{II}$ ..

Aus XI. Der Inhalt einer Kreisfläche beträgt
$1 \square^\circ$ wie groß iſt ihr Durchmeſſer? Man multiplicire das vierfache des Inhalts $4 \square^\circ$ mit 0,
3 1 8 .. ſo erhält man 1, 272 und hieraus die
Quadratwurzel gezogen, giebt den Durchmeſſer 1,
12 Ruthen $= 1^\circ$ $1^I$ $2^{II}$ .. Hieraus erhellet zur
Genüge wie man auch mit den übrigen Formeln
zu verfahren hat.

§. 236

### §. 236.

**Anm.** Nach dem letztern Ausdruck in VIII. ist a $=$ 0, 785 .. $d^2$; stellt man sich vor, daß der Ausdruck rechter Hand durch 1 dividirt wäre, so kann man aus dieser Formel, folgende Proportion machen 1 : 0, 785 $=$ $d^2$ : a oder $d^2$ : a $=$ 1000 : 785 .. dies drückt man so aus: das Quadrat des Durchmessers verhält sich zur Kreisfläche wie 1000 zu 785 ..

### §. 237.

**Aufg.** Aus den gegebnen Durchmessern zweyer Kreisflächen den Durchmesser einer dritten zu finden, welche die Summe oder Differenz von jenen beyden ist.

**Aufl.** Man verfahre mit diesen Durchmessern wie in (130 und 132) mit den Quadratseiten, so werden die erhaltenen Linien, die verlangten Durchmesser seyn.

**Beweis.** Nach (227) verhalten sich die Kreisflächen wie die Quadrate ihrer Durchmesser; nun erhält man nach der Auflös. Seiten zu Quadraten welche die Summe oder Differenz derjenigen Quadrate sind welche zu den gegebnen Seiten gehören, folglich müssen eben diese Linien auch als Durchmesser angesehen werden können, deren zugehörige Kreise die Summen oder Differenz derjenigen Kreise sind, zu welchen die Linien als Durchmesser gehörten.

§. 238.

## §. 238.

Zuf. Eben so kann man nach (131) Kreise erhalten die das Doppelte, oder die Hälfte eines andern Kreises sind.

## §. 239.

Aufg. Aus dem gegebnen Halbmesser eines Kreises und dem Winkel den ein paar Halbmesser desselben miteinander machen, den Inhalt des zwischen diesen Halbmessern befindlichen Ausschnitts a b c Fig. 106. zu finden.

Aufl. 1) Man suche den Umkreis (235. IV.).

2) Man suche die Länge des zwischen den Halbmessern befindlichen Bogens im Maaß des Durchmessers, indem man setzt: wie 360° zu den Graden welche dem gegebnen Winkel zukommen, so der nach no. 1. gefundene Umkreis im Maas des Durchmessers, zu der Länge des gesuchten Bogens in eben dem Maaße.

3) Das Längenmaaß dieses Bogens multiplicire man mit der Hälfte des Halbmessers, so erhält man den verlangten Inhalt. Es sey z. B. der Halbm. $= 1°$; der Winkel $a\,c\,b = 60°$ so hat man $p = 6, 28$ Ruthen; den Bogen $a\,b = \dfrac{60.\ 6,\ 28}{360}$ und den Ausschnitt $= \dfrac{60.\ 6,\ 28.\ 1}{360\ .\ .\ 2} = \dfrac{1,47}{3} = 0, 5233 ..$ Quadratruthen $= 52\ \square^{I}\ 33^{II} ..$

Beweis.

Beweis. Da der Bogen ab, das Maaß des Winkels acb ist, so wird er ein eben so großer Theil vom Umkreis seyn, als der Winkel von 360° ist (28). Nun kann man den Ausschnitt als eine Menge von Dreyecken ansehen, deren Schenkel und Höhen lauter Halbmesser sind, und deren sämmtliche Grundlinien zusammen den Bogen betragen (191) folglich kann man damit nach (214) verfahren.

## §. 240.

**Aufg.** Aus einer gegebnen Sehne ab und ihrem Bogen aeb, den Inhalt des Abschnitts zu finden.

**Aufl.** 1) Man nehme 3 Punkte im Bogen und suche den Mittelpunkt des Kreises welchem er zugehört (137), so läßt sich der Kreis selbst beschreiben.

2) Man ziehe aus dem Mittelpunkte nach den Endpunkten des Bogens Halbmesser, so erhält man einen Ausschnitt von welchem der zu berechnende Abschnitt ein Theil ist.

3) Man messe den Winkel des Ausschnitts nebst dem Halbmesser und suche seinen Inhalt nach (239).

4) Berechne man auch das Dreyeck abc in dem man die Höhe desselben cd mißt, oder sie nach (178. no. 1.) berechnet.

5) Den

5) Den Inhalt dieses Dreyecks ziehe man von dem des Ausschnitts ab, so bleibt der des Abschnitts übrig.

Der Beweis ergiebt sich von selbst aus den angezogenen § §.

### §. 241.

Zus. Ist der Bogen in Graden gegeben, so hat man den Centriwinkel (28); diesen von 180° abgezogen und den Rest halbirt, giebt den Winkel welchen die Halbmesser mit der Sehne machen, und auf die Art findet man den Mittelpunkt wie in (174); wäre der Bogen 60° und die Sehne $10^I$, so wäre itzt der Halbm. auch 10 (173) mithin die Höhe des Dreyecks $cd = \sqrt{(100-25)} = \sqrt{75} = 8{,}66 ..$ (178. no. I.) also $\triangle\ acb = 43^I\ 30^{II}$ und der Ausschnitt $52^I$, $33^{II}$, folglich der Abschnitt $9^I$, $03^{II}$.

### §. 242.

Zus. Aus der halben Sehne ad und der Höhe des Bogens über ihr, de, läßt sich auch der Halbmesser durch Rechnung finden. Nach (197) ist nemlich $ed : ad = ad : df$ also der Halbmesser $= \dfrac{ed + df}{2}$; und $cd = df - cf$; wie hieraus ferner der Winkel acb durch Rechnung gefunden werden kann, lehrt die Trigonometrie.

§. 243.

### §. 243.

**Aufg.** Aus den gegebnen Halbmeſſern zweyer concentriſchen Kreiſe den Inhalt des zwiſchen
ihren Umkreiſen befindlichen Ringes zu finden.

**Aufl.** 1) Man erhebe jeden Halbmeſſer zum
Quadrat und ziehe das kleinere vom gröſſern ab.

2) Man multiplicire den Reſt mit 3, 14.. ſo
erhält man das verlangte.

**Beweis.** Der Ring iſt eigentlich der Unterſchied zwiſchen den beyden Kreisflächen. Wenn nun
die gröſſere A und ihr Halbmeſſer R heißt, ſo iſt
$A = 3, 14.. R^2$ (235. VII.) wenn man ferner die
kleinere durch a und ihren Halbmeſſer mit r bezeichnet;
ſo iſt $a = 3, 14.. r^2$ folglich der Unterſchied zwiſchen beyden $3, 14.. R^2 — 3, 14.. r^2 = 3, 14..$
$(R^2 — r^2)$ (132. Ar.).

### §. 244.

**Zuſ.** Sollte man nur ein Stück dieſes Ringes
finden, welches durch ein paar Halbmeſſer beſtimmt worden, ſo ſage man: wie ſich verhält 360°
zur Gröſſe des Winkels welchen dieſe Halbmeſſer
einſchlieſſen, ſo verhält ſich der Inhalt des ganzen
Ringes zum Inhalt des geſuchten Stücks (28).

### §. 245.

**Grundſ.** Eine Ebne iſt ihrer Lage nach beſtimmt, ſobald man 3 Punkte a b c Fig. 107. angiebt,

giebt, die nicht sämmtlich in einer geraden Linie liegen.

## §. 246.

**Erkl.** Ein Perpendikel a c auf einer Ebne m n, ist eine Linie welche mit allen durch ihren Endpunkt in der Ebne gezogenen Linien. cb, cd ꝛc. rechte Winkel macht.

## §. 247.

**Erkl.** Der Winkel a b c welchen eine Linie a b mit einer Ebne m n macht, ist derjenige, welchen diese a b mit einer durch ihren Endpunkt b in der Ebne gezognen b c macht, welche so liegt, daß ein auf der Ebne stehendes Perpendikel a c so wohl durch sie, als durch jene Linie geht.

## §. 248.

**Anm.** Die Figuren welche zu diesen und den zunächst folgenden Sätzen gehören, lassen sich auf dem Papiere nicht so deutlich, wie die bisherigen, darstellen, weil zu ihnen Linien gehören, welche nicht in der Fläche des Papiers liegen, sondern sich über dieselbe erheben. Man kann sich aber die Vorstellungen erleichtern, wenn man die über der Ebne des Papiers befindlichen Linien durch Nadeln u. dergl. vorstellt.

## §. 249.

**Grundf.** Wenn zwey Ebnen a b c und m n einander treffen, so ist die Stelle b c wo dieses geschieht, eine gerade Linie, welche beyden Ebnen gemeinschaftlich ist.

§. 250.

§. 250.

Lehrſ. Wenn eine Linie a c auf 2 in einer Ebne mn Fig. 107. gezogenen cb und cd ſenkrecht ſteht, ſo ſteht ſie auch auf jeder andern durch ihren Endpunkt in dieſer Ebne gezogenen, ce, ſenkrecht.

Beweis. Man verlängere die cb und cd in der Ebne mn bis cf ⚊ cb; cg ⚊ cd und ziehe fd, gb. Die nach Belieben angenommene dritte Linie ce ziehe man ſo aus, daß ſie die fd und gb in e und h ſchneidet. Man ziehe ferner aus a nach den Punkten b, d, e, f, g, h Linien, ſo erhält man folgende Dreyecke:

I. △ bcg und △ cdf in welchen

$$
\left. \begin{array}{ccc} bc & = & cf \\ cd & = & cg \end{array} \right\} \text{(n. d. Vorausſ.)}
$$

bcg ⚊ fcd (39) alſo congruiren beyde nach (51). Folglich gb ⚊ fd; cbg ⚊ cfd und bgc ⚊ cdf.

II. △ cgh und △ cde in dieſen iſt

cg ⚊ cd (n. d. Vorausſ)

bgc ⚊ cdf nach (I.)

hcg ⚊ ecd nach (39) ſie congr. alſo nach (54) und es iſt hg ⚊ ed und ch ⚊ ce.

III. △ abc und △ acf; hier iſt

bc ⚊ cf (n. d. V.)

ac ⚊ ac (3. Ar.)

acb ⚊ acb (33) alſo congr. ſie nach (51) und es iſt ab ⚊ af.

X
IV.

IV. △ a c g und △ a c d welche ganz aus denſel‐ ben Gründen wie die in III. congruiren und a g $=$ a d geben.

V. △ a g b und △ a d f hier iſt

gb $=$ f d (I.)

a b $=$ a f (III.)

a g $=$ a d (IV.) ſie congruiren alſo nach (58) und a g h $=$ a d e.

VI. △ a g h und △ a d e in dieſen iſt

a g $=$ a d (lV.)

h g $=$ e d (II.)

a g h $=$ a d e (V.) ſie congr. alſo nach (51) und a h $=$ a e.

VII. △ a c h und △ a c e hierin iſt

h e $=$ c e (II.)

a c $=$ a c (3. Ar.)

a h $=$ a e (VI.) alſo congr. auch dieſe nach (58) und a c h $=$ a c e alſo a c ſenk‐ recht auf c e (20).

## §. 251.

**Lehrſ.** Wenn eine Linie a c auf 3 verſchiede‐ nen, wie b c, d c und e c ſenkrecht ſteht, ſo ſind dieſe 3 Linien in einer Ebne.

**Beweis.** Man ſetze c e wäre nicht in der Ebne b c d, ſo muß es eine andere in der Ebne a e c ge‐ zogne geben, welche ſich in b c d befindet, dieſe ſey c q ſo muß a c q $= 90°$ ſeyn, nach (250). Da nun

nun nach der Vorausſetzung auch a c e = 90° iſt,
ſo müßte der eine rechte Winkel gröſſer ſeyn als
der andere, welches gegen (33) ſtreitet.

### §. 252.

Erkl. Der Winkel welchen 2 Ebnen mit einander machen, iſt derjenige, welchen 2 in 'hnen gezogene Linien mit einander machen, welche be-de
in einem Punkte auf der Durchſchnittslinie der
Ebnen ſenkrecht ſtehen.

### §. 253.

Erkl. Eine Linie oder Ebne läuft mit einer
Ebne parallel, wenn ſie mit derſelben nie zuſam-
menſtößt, die Erweiterung derſelben mag auf jeder
Seite ſo weit gehen, als ſie will.

### §. 254.

Grundſ. Wenn 2 parallele Ebnen von einer
dritten geſchnitten werden, ſo ſind die Linien worinn
ſolches geſchieht auch parallel. Indem nemlich jede
ſolche Durchſchnittslinie mit zu der Ebne gehört,
welche mit der andern parallel iſt (249) kann ſie
auch ſo wenig, als die Ebne ſelbſt, mit der andern zuſammenſtoßen.

### §. 255.

Lehrſ. Eine Ebne g a d Fig. 107. ſteht allemal auf einer andern m n ſenkrecht, wenn eine
Linie a c in ihr, auf dieſer andern ſenkrecht
ſteht.

X 2      Beweis,

**Beweis.** In mn ziehe man auf die Durchschnitts,
linie g d in c, wo die a c in m n trift, ein Perpen,
dikel c b, dieses wird auf a c senkrecht seyn (246). Da
nun diese b c mit a c den Neigungswinkel der bey,
den Ebnen macht (252), und dieser ein rechter ist, so
wird die eine Ebne auf der andern senkrecht seyn.

## §. 256.

**Lehrs.** Wenn 2 Linien a c und α γ auf einer
Ebne mn Fig. 108. senkrecht stehen, so sind sie
parallel.

**Beweis.** Man ziehe eine Linie von c bis γ so
sind die innern Winkel a c γ ╋ α γ c so groß als
2 rechte; wären nun a c und α γ zugleich in einer,
ley Ebne (18) so folgte ihr Parallelismus aus (93).
Daß sie nun unter gegenwärtiger Voraussetzung
wirklich auch in einerley Ebne sind, wird so bewie,
sen: I) Man ziehe a γ, so sind a c, c γ und a γ
in einer Ebne a c γ (245). II) Man setze auf c γ
ein Perpendikel γ d, so groß als a c, und ziehe a d,
so ist in den Dreyecken a c γ und a γ d

$$a c = \gamma d$$
$$c \gamma = c \gamma,$$
$$a c \gamma = c \gamma d \quad (33) \text{ also con,}$$

gruiren die Dreyecke (51) und a γ = c d. Weiter ist
in den △ △ a c d und a γ d

$$a \gamma = c d$$
$$a d = a d$$
$$a c = \gamma d \text{ sie congr. also nach}$$

(58) und es ist der Winkel a c d = a γ d. Es steht also d γ
auf

auf $\gamma\alpha$; $\gamma$a und $\gamma$c senkrecht und es liegen nun diese 3 Linien in einerley Ebne nemlich in a c $\gamma$ 251). Da nun nach I.) a c auch in dieser Ebne liegt, so wird auch a c mit $\alpha$ $\gamma$ in einerley Ebne liegen.

## §. 257.

Lehrs. Wenn von 2 parallelen Linien a c; $\alpha$ $\gamma$ eine, a c, auf die Ebne m n senkrecht ist, so ist es die andere $\alpha$ $\gamma$ gleichfalls.

Beweis. Man ziehe wieder c $\gamma$, setze $\gamma$ d = a c, auf c $\gamma$ senkrecht, und ziehe a d, so erhält man wieder die congr Dreyecke a c $\gamma$ und a $\gamma$ d folglich den Winkel a $\gamma$ d = a c d = 90°, also ist d $\gamma$ auf die Ebne a c $\gamma$ senkrecht (250). Wegen des Parallelismus wird nun $\alpha$ $\gamma$ ebenfalls in der Ebne a c $\gamma$ (18), folglich d $\gamma$ auch auf $\alpha$ $\gamma$ senkrecht seyn (250). Da nun der Winkel a c $\gamma$ ein rechter ist, so muß auch $\alpha$ $\gamma$ c ein rechter seyn (101), also steht $\alpha$ $\gamma$ sowohl auf $\gamma$ c als $\gamma$ d, folglich auf der Ebne m n, senkrecht.

## §. 258.

Lehrs. Zwey Linien a b und c d Fig. 109. welche mit einer nicht in derselben Ebne liegenden dritten e f parallel sind, sind auch unter sich parallel.

Beweis. Man setze in der Ebene a b f e und c d f e ein paar Perpendikel auf e f welche beyde durch einen Punkt g, gehen und a b in h; c d in

$\mathfrak{X}$ 3                    i treffen,

i treffen, so steht fg auf der Ebne igh senkrecht
(250); also auch id und hb (257), folglich sind id
und h b parallel (256).

### §. 259.

**Lehrs.** Wenn 2 nicht in einerley Ebne lie-
gende Winkel a c b und $\alpha \gamma \beta$ Fig. 110. parallele
Schenkel haben, so sind sie gleich.

**Beweis.** Man mache a c $=\alpha\gamma$ und b c $=\beta\gamma$,
so lassen sich die Parallelogrammen a c $\gamma\alpha$ und
b c $\gamma \beta$ beschreiben (107) also a $\alpha$ $=$ c $\gamma$ $=$ b $\beta$
(102); ferner a $\alpha$ parallel mit b $\beta$ (258) und auch
a b parallel mit $\alpha \beta$ (254) weil diese Linien mit den
parallel angenommenen Schenkeln in einerley Ebne
liegen (245, folglich a b $=$ $\alpha \beta$ (102) und $\triangle$ a c b
congruent mit $\triangle$ $\alpha\gamma\beta$ (58) mithin der Winkel
a c b $=$ $\alpha\gamma\beta$.

### §. 260.

**Anm.** Die Winkel könnten parallele Schenkel haben
aber so liegen, daß der Scheitel des einen zu
oberst und der des andern zu unterst gekehrt wäre;
in einem solchen Falle müßte man die Schenkel
des einen rückwärts verlängern um seinen Vertikalwinkel zu bekommen und dann würde man wieder den in der Figur angenommenen Fall haben.

### §. 261.

**Aufg.** Aus einem Punkt a Fig. 111. über einer
Ebne m n ein Perpendikel auf die Ebne zu fällen.

Aufl.

**Aufl.** 1) Man fälle auf eine in der Ebne mn nach Belieben gezogene Linie b d ein Perpendikel a c aus a (68).

2) Man errichte aus c in der Ebne mn ein Perpendikel c f.

3) Man lasse aus a auf c f ein Perp. a f fallen, so wird dieses das verlangte seyn.

**Beweis.** Nach no. 1 und 2. wird b c auf der Ebne a c f senkrecht stehen (250). Man ziehe nun mit b d eine Parallele e g durch f, so wird auch e f auf a c f senkrecht stehen (257). Es steht also a f sowohl auf c f als e f senkrecht, folglich steht es auf der ganzen m n senkrecht (250).

### §. 262.

**Aufg.** Aus einem in der Ebne m n gegebnen Punkt o, ein Perpendikel aufzurichten.

**Aufl.** 1) Man lasse aus einem beliebigen Punkt über der Ebne ein Perpendikel a f auf sie fallen (261).

2) Man ziehe mit demselben durch o eine Parallele (94) diese wird das Perpendikel seyn.

**Beweis.** Er fließt unmittelbar aus (257).

### §. 263.

**Zus.** Von einem Punkt a kann auf eine Ebne nur ein einziges Perpendikel fallen; dies folgt hier eben so wie in (76); auch aus einem Punkte in

X 4

der

der Ebne kann nicht mehr als eins auf die Ebne gesetzt werden; desgleichen kann auch ein Perpendikel auf einer Ebne nicht zugleich auf einer andern welche durch den Punkt geht, wo es in die Ebne trift, senkrecht stehen, weil es sonst 2 rechte Winkel geben müßte, von welchen der eine ein Theil des andern wäre und dies stritte gegen (33).

### §. 264.

Zuf. Ein Perpendikel aus einem Punkt auf eine Ebne ist eben so wie in (81) die kürzeste Linie, welche aus diesem Punkt auf die Ebene kann gezogen werden.

### §. 265.

Lehrf. Zwey parallele Linien a c, α γ Fig. 110. haben gegen einerley Ebne a b β α einerley Neigüng.

Beweis. Man lasse aus den Punkten c und γ Perpendikel c d und γ δ auf die Ebne herab, so sind die Winkel bey d und δ (33) und die bey c und γ (259), folglich auch die bey a und α gleich (114).

### §. 266.

Lehrf. Wenn eine Linie auf 2 Ebnen zugleich senkrecht steht, so müssen dieselben parallel gehen.

Beweis. Wenn sie nicht parallel giengen, so müßten sie einander schneiden und dann würde ein

△ ent-

△ entstehen, in welchem 2 rechte Winkel wären, welches aber gegen (110) streitet.

### §. 267.

**Aufg.** Durch einen gegebnen Punkt a, über einer Ebne m n Fig. 111. eine andere mit jener parallel zu legen.

**Aufl.** 1) Man lasse von a ein Perpendikel auf m n fallen (261) und ziehe durch den Punkt f, wo es in sie trift, ein paar Linien f g nnd f c.

2) Durch a ziehe man eine Parallele a h mit f g und auch eine a i mit f c, so werden die Punkte a i h die parallele Ebne bestimmen.

**Beweis.** Weil a h und a i parallel mit f g und f c, und bey f rechte Winkel sind, so werden auch dergleichen bey a seyn müssen (101); folglich steht f a auf der Ebne a h i senkrecht, und diese ist deshalb mit m n parallel (266).

### §. 268.

**Zus.** Durch a geht nur eine Ebne mit m n parallel, weil nicht mehr als eine Parallele a h, a i, mit f g, f c durch a gehen kann (98). Wenn also eine Linie auf einer von zwey parallelen Ebnen senkrecht steht, so steht sie auch auf der andern senkrecht; dies ist auch schon deshalb nothwendig weil es sonst Parallelen geben würde, wo innere entgegengesetzte Winkel mehr oder weniger als 2 rechte machten.

Lehrſ. Alle Ebnen acf; afg welche durch eine auf einer Ebne mn ſenkrechtſtehende Linie af gehen, ſtehen auf dieſer Ebne ſenkrecht.

Beweis. Die Linie af welche ſich in allen durch ſie gehenden Ebnen befindet, macht den einen Schenkel des Neigungswinkels dieſer Ebnen mit der mn aus (255) und der andere liegt in, der mn ſelbſt; da nun af auf allen dieſen andern Schenkeln ſenkrecht ſteht (250), ſo müſſen auch alle durch ſie gehende Ebnen auf mn ſenkrecht ſeyn.

### §. 270.

Zuſ. Hinwiederum wird der Durchſchnitt af zweyer, auf einer dritten ſenkrechten Ebnen, auf dieſer dritten auch ſenkrecht ſeyn, denn af ſteht auf den beyden verſchiedenen Linien ſenkrecht, in welchen die beyden Ebnen die dritte ſchneiden (250).

### §. 271.

Zuſ. Eine Linie die in einer auf einer andern ſenkrecht ſtehenden Ebne auf beyder Ebnen Durchſchnitt ſenkrecht gezogen wird, ſteht auf dieſer andern Ebne ſenkrecht. Z. B. af welche ſowohl auf fe als dem Schenkel des Neigungswinkels beyder Ebnen fc ſenkrecht iſt (252).

### §. 272.

Lehrſ. Wenn zwey parallele Ebnen abp und edq eine dritte abcd, ſchneiden, ſo ſind ihre Neigungswinkel pmn und qnt gleich.

Beweis.

**Beweis.** Die Durchschnittslinien a b und c d
sind parallel (254) man ziehe m t auf a b senkrecht,
so wird sie auch auf c d senkrecht seyn (101). Man
setze ferner auf a b c d durch m t eine Ebne p m t q
senkrecht, so werden ihre Schnitte p m, q n mit den
parallelen Ebnen auch parallel (254) und deshalb p m n und q n t welche die Neigungswinkel sind
(252), gleich seyn (101).

**§. 273.**

*Lehrs.* Wenn ein paar Ebnen a p b und c d q
mit einer dritten a c d b auf einerley Seite gleiche Neigungswinkel machen und zugleich die
Durchschnittslinien der Ebnen parallel sind,
so sind die Ebnen selbst parallel.

**Beweis.** Man ziehe wieder m t wie im Beweis
des vorigen Satzes, und durch m ziehe man eine
Linie m p in der Ebne a p b senkrecht, daß sie also
mit m t den Neigungswinkel beyder Ebnen macht.
a b steht also auf beyden Schenkeln dieses Neigungswinkels, folglich auf dessen Ebne senkrecht (250)
und n d ebenfalls weil sie mit m b parallel ist (257).
Wo diese Ebne die c q d schneidet, ziehe man die
Linie n q welche auf n d senkrecht, und folglich q n t
der Neigungswinkel der Ebnen c q d und a b c d
seyn wird. Da nun die Neigungswinkel gleich
seyn sollen, so wird m p mit n q parallel seyn (93).
Läßt man nun ein Perpendikel p r aus einem Punkte
der Linie m p auf q n oder deren Verlängerung,
so wird solches auch auf p m senkrecht stehen (101)

und

und sich in der Ebne des Neigungswinkels, p m t, welche auf den Ebnen a p b und c q d senkrecht steht, befinden, folglich auch auf diesen Ebnen senkrecht stehen und die Ebnen selbst werden parallel seyn (266).

### §. 274.

**Erkl.** Wenn mehr als 2 ebene Winkel mit ihren Scheiteln und Schenkeln überall aneinander stoßen, so bilden sie einen Körperwinkel oder eine **Ecke.** Z. B. die Winkel f e d; f e c und d e c Fig. 113. Die Größe eines solchen Körperwinkels wird aus der Größe der genannten einzelnen Flächenwinkel bestimmt.

### §. 275.

**Erkl.** Gedenkt man sich zwischen den andern Endpunkten der Schenkel eines Körperwinkels gerade Linien und Ebnen, welche von diesen Linien eingeschlossen werden, so entsteht ein Körper in der Bedeutung von (3). Sind bey einem solchen Körper alle Ebnen die ihn begrenzen, Figuren von einerley Art, d. i. lauter Dreyecke oder lauter Vierecke ꝛc. von einerley Größe und regulär (45), so heißt der Körper **regulär** und es ist leicht einzusehen, daß alsdann auch alle seine Körperwinkel gleich groß seyn werden (274).

### §. 276.

**Zuf.** Wenn die einzelnen Winkel welche den Körperwinkel bilden, eine Ebne, die sich rings um ihren

ihren gemeinschaftlichen Scheitel befindet, ausfüll=
ten, so betrügen sie zusammen 360° (37); alsdann
aber würden sie auf keiner Seite eine Hohlung bil=
den, und folglich auch keinen körperlichen Raum
einschließen. Ein solcher Fall käme nun vor, wenn
der Körperwinkel aus 6 ebnen, jeder = 60°, wie
es beym regulären Dreyeck der Fall ist (111), be=
stehen sollte. Es kann also keinen regulären Kör=
per geben, wo der Körperwinkel aus 6 ebnen, wel=
che zu regulären Dreyecken gehören, bestünde.
Eben dies ist der Fall bey 4 rechten und also noch
mehr bey 4 stumpfen Winkeln. Weil zu einem
Körperwinkel wenigstens 3 ebne gehören (274), so ist
ein regulärer Körper möglich, dessen Winkel aus
3 gleichseitigen Dreyeckswinkeln = 180° besteht.
Dieser heißt das Tetraedrum. Ferner einer des=
sen Winkel aus 4 dergleichen = 240° besteht; die=
ser heißt Octaedrum. Ferner einer dessen Winkel
aus 5 solchen ebnen = 300° zusammengesetzt ist;
dieser heißt Icosaedrum. Noch einer, dessen Win=
kel aus 3 quadratischen Winkeln = 270° besteht,
und dies ist das Hexaedrum oder der Würfel. End=
lich noch einer, dessen Winkel aus 3 regulären
Fünfeckswinkeln = 324° (116) besteht, und dieser
heißt Dodekaedrum. Wollte man sich einen re=
gulären Körper gedenken, dessen Winkel von 3 re=
gulären Sechseckswinkeln gebildet wäre, so betrü=
gen dieselben zusammen gerade 360° (116) und lä=
gen deshalb wieder eben so wie 6 reguläre Drey=
ecks=, und 4 quadratische Winkel, in einer Ebne.

Drey

Drey Winkel von regulären Vielecken welche mehr als 6 Seiten haben, betragen über 360°, geben also erhabne Körperwinkel deren Schenkel mit den übrigen, gleichfalls erhabnen, divergirend werden, und deshalb noch weniger so zusammenstoßen können, daß ein Raum wie ihn der reguläre Körper erfordert, von ihnen eingeschlossen werden könnte. Diese Betrachtungen mögen hier zureichlich seyn zu übersehen, daß es nicht mehr als die genannten 5 regulären Körper giebt.

### §. 277.

**Erkl.** Wenn sich eine Figur a b c Fig. 113. in einem ihrer Punkte a an einer Linie a f so hinauf bewegt, daß während der Bewegung nicht allein der Winkel den ihre Ebne mit der a f macht, unverändert, sondern auch jeder Theil ihres Umfangs mit sich selbst parallel bleibt, so beschreibt sie ein **Ecksäule** oder ein **Prisma**, welches drey-vierseitig u. s. w. heißt, je nachdem die bewegte Figur drey, vier u. s. w. Seiten gehabt hat. Es heiß **senkrecht** wenn die a f auf der Ebne der bewegten Figur senkrecht, **schief**, wenn sie schief darauf gestanden hat.

### §. 278.

**Zuf.** a f kann auf der bewegten Figur in doppelter Rücksicht schief stehen; indem zum senkrechten Stand erfordert wird, daß sie wenigstens au zwey Linien der Ebne senkrecht stehe (250). Sie kann

kann also blos auf einer, oder auch auf beyden Linien schief stehen und deßhalb giebt es Prismen welche einfach, und doppelt schief sind.

### §. 279.

Zuf. Jedes Prisma ist also ein Raum der in so viel Parallelogrammen eingeschlossen ist, als die sich bewegende Figur Seiten hat, und der überdies noch unten und oben von ein paar mit der bewegten Figur congruirenden Ebnen begrenzt wird; und alle Schnitte die mit der Grund- oder Oberfläche parallel geschehen, congruiren miteinander.

### §. 280.

Zuf. Wenn die sich bewegende Figur ein Parallelogramm ist, so ist das Prisma von lauter Parallelogrammen eingeschlossen. Es wird alsdann ein Parallelepipedum genannt; und dieses heißt wieder ein senkrechtes, wenn a b auf der bewegten Ebne senkrecht gestanden hat. Ein rechtwinklichtes nennt man es, wenn das bewegte Parallelogramm ein Rechteck gewesen ist. Uebrigens congruiren bey jedem Parallelipipedum jede zwey einander gegenüber stehende Seitenflächen miteinander.

### §. 281.

Zuf. Ist beym senkrechten Prisma die bewegte Figur ein Quadrat, und a b der Seite dieses Quadrats gleich, so entsteht der Würfel, welcher also in 6 gleiche Quadrate eingeschlossen ist.

§. 282.

## §. 282.

**Zuf.** Wenn die sich bewegende Ebne ein Kreis ist, und sich in eben derselben Richtung bewegt, wie beym Prisma die eckigte Figur, so entsteht eine Walze oder ein Cylinder, der in eben dem Verstande senkrecht oder schief heißt, wie das Prisma. Ein senkrechter Cylinder wird auch beschrieben, wenn sich ein Rechteck um eine seiner Seiten bewegt.

## §. 283.

**Zuf.** Ein Cylinder kann angesehen werden als ein Prisma von unendlichen Seiten und seine runde Oberfläche ist gleichsam aus unendlich vielen, unendlich schmalen Parallelogrammen zusammengesetzt. Grund- und Oberfläche sind so wie alle damit parallel gehende Schnitte, Kreise. Die Linie welche durch die Mittelpunkte dieser Kreise geht, ist parallel mit af und folglich gerade; man nennt sie die Axe des Cylinders. Wenn der Cylinder mittelst eines Rechtecks beschrieben wird (282), so ist die Seite des Rechtecks um welche die Bewegung geht, die Axe des Cylinders.

## §. 284.

**Aufg.** Ein paar Prismen von gleichen Grundflächen und zwischen Parallelen, Fig. 113. sind gleichen Inhalts.

**Beweis.** Man gedenke sich für jedes Element der af, welche itzt senkrecht auf der Grundfläche der

des Prisma angenommen werde, einen Schnitt des
Prisma der mit seiner Grundfläche parallel ist, so
wird es aus so viel gleichen Elementarscheiben bestehen, als gleiche Elemente in af angenommen werden
können. Ist nun g k ein Perpendikel von der Oberfläche des andern auf seine verlängerte Grundfläche,
so ist g k — a f (103) und man wird in g k eben
solche und eben so viele Elemente annehmen können,
als in a f. Gedenkt man sich also von f und g an,
Linien von den Grenzpunkten der einzelnen Elemente.
in a f und g k so wird zwischen jedes Paar solcher
auf einander folgender Linien eine Elementarscheibe
des Prisma a d und eine eben so große des Prisma a h fallen und die Anzahl von beyden wird
gleich seyn und folglich das eine Prisma mit dem
andern gleichen Inhalt haben.

In der hier gebrauchten Figur congruiren die
Grundflächen der beyden Prismen, allein es folgt
die Gleichheit der Prismen eben so gut, wenn
man die Grundflächen nicht congruent, sondern
blos von gleichem Inhalt annimmt.

§. 285.

Anm. Weil a g > a f, (80) so möchte man denken, daß aus dem schiefen Prisma mehr gleiche
Elementarscheiben geschnitten werden könnten, als
aus dem senkrechten. Allein man muß erwägen,
daß, wenn der Punkt a durch ag nach g geht,
es anzusehen ist, als ob er zugleich den Weg durch
a k und k g gemacht hätte, und nun ist leicht
einzusehen, daß blos in Rücksicht der Bewegung
Y durch

durch k g, die Elementarſcheiben woraus das
Prisma beſteht, aufgehäuft werden, keineswegs
aber in Rückſicht der Bewegung durch a k, denn
dadurch geſchieht nichts weiter, als daß jede folgende Scheibe etwas weiter als die vorige gegen
k g hingerückt wird.

## §. 286.

**Aufg. Ein jedes Prisma auszumeſſen.**

**Aufl.** 1) Man berechne die Grundfläche deſſelben nach (204, 214, 219).

2) Man multiplicire dieſelbe mit der Höhe des
Prisma, nachdem man ſie in eben dem Maaße
ausgedrückt hat, als zu Berechnung der Grundfläche iſt gebraucht worden, ſo giebt das Product
das verlangte Maas des Prisma.

**Beweis.** Man wähle vor der Hand zu dem
auszumeſſenden Prisma ein rechtwinklichtes Parallelepipedum a d Fig. 114, wo z. B. a b $= 4^1$,
b c $= 3^1$ und c d $= 2^1$, ſo muß man hierzu wieder ein Maas nehmen, welches mit der auszumeſſenden Größe gleichartig iſt, nemlich ein körper-
liches. Aus ähnlichen Gründen, warum man zum
Flächenmaas das Quadrat nahm (204), hat man
beym körperlichen den Würfel genommen; und es
heißt ein Würfel deſſen Seite $= 1^0$ oder $1^1$ u. ſ. w. eine
Würfel- oder Kubikruthe, ein Kubikfuß ꝛc. Ein ſolcher Kub. F. ſey nun in der Figur b k, ſo wird er auf
der Grundfläche b c d h ſo vielmal ſtehen können,
als ſie Quadratfuß enthält, hier 6 mal; man erhält

hält also, indem man das Maaß: 1 Kub. Fuß mit
der Zahl 6 multiplicirt, eine Schicht von 6 Kub.
Fuß, und diese Schicht wird von der Höhe des
ganzen Körpers nicht mehr als 1 Längenfuß wegnehmen. Weiß man also, daß diese Höhe 4 Längenfuß beträgt, so haben jene 6 K. F. im ganzen
Körper viermal Raum; also 6 K. F. mit der Zahl
4 multiplicirt, wird für den Inhalt des ganzen
Körpers geben 24 Kub. F.

Heißen überhaupt die 3 auf einander senkrecht
stehenden Eckseiten: a, b, c und sind z. B. in Fußen
ausgedrückt, so wird der Inhalt des Körpers a b c
Kub. F. halten.

Ist die Grundfläche kein Rechteck, sondern irgend eine andere Figur, so stellt man sich vor,
daß sie in ein Rechteck sey verwandelt worden
(125). Eben so, wenn a b nicht senkrecht auf die
Grundfläche, der Körper nemlich ein schiefes Prisma wäre, so nähme man statt a b ein Perpendikel
zwischen der Grund- und Oberfläche und sähe dies
als die Seitenlinie eines andern Prisma an, das
dem welches man vor sich hat, gleich ist (284).
Auf diese Art erhellet, wie die gegebne Auflösung
für alle Prismen paßt, und daß, wenn im Allgemeinen die Grundfläche $= g$, die Höhe $= h$
ist, und durchaus einerley Maas gebraucht wird,
der Inhalt eines jeden Prisma durch das Product
h g ausgedrückt werden kann.

Y 2

## §. 287.

Zuf. Wenn man einen Würfel auszumeſſen hat deſſen Seite a heißt, ſo wird ſein Inhalt ſeyn = $a^3$. Iſt z B. a = $1^0$ = $10^1$, ſo iſt $a^3$ = 1000 Kub. Fuß; d. i. eine Kubikruthe hält 1000 Kub. F. und aus ähnlichen Gründen 1 K. F. wieder 1000 K. Zolle; 1 K Zoll 1000 Kub. Lin. u. ſ. w. ſo daß man hier bey der Reduction immer mit 1000 multipliciren oder dividiren muß.

## §. 288.

Zuf. Beym ſenkrechten Cylinder iſt die Grundfläche g, ein Kreis, und die Höhe h der Are deſſelben gleich. Wenn alſo der Halbmeſſer des Cylinders = r, gegeben iſt, ſo iſt nach (235. VII.) g = 3, 14 .. $r^2$ und der Inhalt des Cylinders = 3, 14 .. $r^2$ h. Wenn z. B. r = 3; h = 4 ſo hält der Cylinder 113, 04 Kub. F. = $113^I$ $40^{II}$.

## §. 289.

Zuf. Am Ende des Beweiſes (286) wurde das Prisma durch h g ausgedrückt; wäre nun eines andern Prisma Höhe = H und ſeine Grundfläche = G, ſo wäre der Inhalt von dieſem H G und es verhielt ſich jenes zu dieſem = h g : HG. Wäre h = H, ſo hätte man = g : G (203. Ar.) oder wenn g = G, ſo hat man zu den Verhältnißgliedern h : H d. i. wenn zwey Prismen (worunter auch Cylinder mit begriffen ſind) gleiche Höhen haben, ſo verhalten ſie ſich wie ihre Grundflächen

und

und wenn sie gleiche Grundflächen haben, so verhalten sie sich wie die Höhen.

§. 290.

Zus. Wären bey den beyden Prismen oder Cylindern, weder Grundflächen noch Höhen, aber die Körper selbst einander gleich, so würde sich die Höhe des erstern zur Höhe des letztern verhalten wie die Grundfläche des letztern zur Höhe des erstern; denn alsdann wäre h g = H G, also nach (229, Ar.) h : H = G : g.

§. 291.

Zus. Da die Grundflächen der Cylinder Kreise sind (282), und sich diese wie die Quadrate ihrer Durchmesser verhalten (22.), so werden sich ein paar Cylinder von gleichen Höhen auch wie die Quadrate ihrer Durchmesser verhalten.

§. 292.

Erkl. Wenn man von einem Cylinder db Fig. 115. den Durchmesser seiner einfachen, ab, doppelten, dreyfachen u. s. w. Grundfläche auf die eine Seite eines Stabes und auf die andere die Höhe dieses Cylinders a d mehreremale trägt, so nennt man diesen einen cylindrischen Visirstab.

§. 293.

Aufg. Einen cylindrischen Visirstab zu verfertigen.

Aufl.

Aufl. 1) Man ſetze auf eine Linie a b Fig. 116. die ſo groß als der Durchmeſſer eines einfachen Cylinders iſt, ein Perpendikel a c von gröſſerer, übrigens aber unbeſtimmter Länge.

2) Man trage a b in a 1 auf dieſem Perpendikel; ferner b 1 aus a in a 2, ſo iſt dies der Durchmeſſer der doppelten Grundfläche. Ferner b 2 aus a in a 3, ſo erhält man den Durchmeſſer der dreyfachen u. ſ. w.

3) Auf die andere Seite des Stabes trägt man die Höhe des Cylinders a d ſo vielmal als es angeht, nemlich in m 1 u. ſ. w.

Beweis. No. 1 und 2. ergeben ſich leicht aus (289, 291) und no. 3. iſt für ſich klar.

### §. 294.

Aufg. Den Inhalt eines Cylinders mittelſt dieſes Viſirſtabes zu finden.

Aufl. 1) Man ſehe wie viel der Durchmeſſer des auszumeſſenden Cylinders an Theilen von a c hält z. B. 6.

2) Man ſehe auch wie viel die Höhe deſſelben von dem Maaße der Linie m n enthält, z. B. 2¼.

3) Man multiplicire beyde Määße durch einander, ſo zeigt das Product an, wie viel ſolcher Cylinder wie a d Fig. 115. den man als die Einheit oder als das Maas annimmt, im auszumeſſenden enthalten ſind; hier nemlich 15.

Beweis

Beweis. Nach no. 1. findet man wie vielmal der Cylinder a d im auszumeſſenden enthalten iſt, wenn dieſer letztere mit jenem gleiche Höhe hätte (291). Da nun dieſer Inhalt doppelt, dreyfach u. ſ. w. vorhanden ſeyn muß, wenn die Höhe doppelt, dreyfach ꝛc. iſt, ſo erhellet die Richtigkeit der Vorſchrift.

## §. 295.

Anm. Man bedient ſich dieſer Viſirſtäbe beſonders um den Inhalt der Fäſſer auf eine leichte Art zu finden Da aber dieſe keine cylindriſche Form haben, ſo reducirt man ſie dadurch zu einer ſolchen, daß man zwiſchen ihrem größten und kleinſten Durchmeſſer m q und p n Fig. 118. das arithmetiſche Mittel v w nimmt (225. Ar.) und dieſes als den Durchmeſſer eines Cylinders s t z y anſieht, der bey gleicher Länge s y mit dem Faſſe, gleichen Inhalt mit demſelben hat. Dieſes Verfahren iſt aber nicht geometriſch genau, ſondern nur ohngefähr richtig. Auch iſt ſelbſt beym Viſiren eines wirklichen Cylinders keine vollkommene Genauigkeit vorhanden, wenn der Durchmeſſer nicht gerade auf eine Zahl in a c Fig. 116, ſondern zwiſchen ein paar derſelben trift. Z. B. wenn er zwiſchen 3 und 4 in die Mitte träfe, ſo wäre er nicht genau der Durchmeſſer eines Cylinders der 3 ½ größer als der zur Einheit angenommene iſt, und dieſes deswegen, weil die Durchmeſſer der vielfachen Grundflächen nicht gleichförmig mit denſelben wachſen.

## §. 296.

Anm. Man hat noch einen andern Viſirſtab den man den cubiſchen nennt und welcher ſich auf

Y 4         den

den Satz gründet, daß sich ähnliche Körper wie
die Kubi ähnlich liegender Seiten von ihnen verhalten. Wenn er zu Fässern soll gebraucht werden, so setzt er voraus, daß die Fässer alle nach
einerley Form gebaut sind, und das Maaß auch
nach der Form eines solchen Fasses gemacht ist.
Ein solches Maaß sey a c Fig. 117; gesetzt es
halte 1 Kanne, so nehme man irgend eine Abmessung von ihm, z. B. a b und trage sie auf
eine Linie a c Fig. 119. in a 1. Das Maaß dieser Linie erhebe man zur dritten Potenz, verdoppele dieselbe und ziehe aus dem Duplum die Kubikwurzel (188. Ar.); diese Wurzel trage man in
a 2, so wird ein Faß von gleicher Form wie Fig.
118, zwey Kannen enthalten, wenn die Linie
m n so groß als a 2 ist. Eben so triplirt, qua-
druplirt ꝛc. man den von a b erhaltenen Kubus
und zieht jedesmal die Kubikwurzel aus, so erhält
man in a c die Punkte 3, 4 u. s. w. Beym Gebrauch dieses Visirstabes hat man also gar keine Rechnung nöthig, sondern man stößt ihn blos in der
Richtung von m n ins Faß und sieht nach, was
für eine Ziffer bey m steht.

### §. 297.

Zuf. Wenn man ein hohles Prisma z. B. die
Bekleidung eines Pfeilers ausmessen sollte, so müßte man die Grundfläche des bekleideten und die
des unbekleideten Pfeilers besonders messen und
den Unterschied zwischen beyden mit der Höhe multipliciren. Auf ähnliche Art erhält man den Inhalt eines hohlen Cylinders z. B. einer Brunnen-
röhre, wenn man den Ring (243) mit der Höhe
multiplicirt.

§. 298.

### §. 298.

**Aufg.** Die Oberfläche eines Prisma aus zurechnen.

**Aufl.** Da seine Seitenflächen nach (279) aus lauter Parallelogrammen bestehen, so rechne man sie einzeln aus (204, 212), addire sie und setze zu ihrer Summe noch das Duplum der Grundfläche, so hat man die ganze Oberfläche.

**Beweis.** Er ergiebt sich aus den angezognen § §. von selbst.

### §. 299.

**Zuf.** Bey einem senkrechten Prisma werden die Seitenflächen Rechtecke und haben eine gemeinschaftliche Höhe, die der des Prisma gleich ist. Heißen also ihre einzelnen Grundlinien a, b, c u. s. w. und die Höhe h, so betragen sie zusammen ah + bh + ch... = (a + b + c..) h (132. Ar.).

### §. 300.

**Zuf.** Die runde Oberfläche eines senkrechten Cylinders ist anzusehen als ein Rechteck, von welchem die Grundlinie dem Umkreis und die Höhe der Are des Cylinders gleich ist. Ist also sein Durchm. = d und seine Are = h, so ist die runde Fläche = 3, 14.. d h (235, III.).

### §. 301.

**Erkl.** Wenn man über einer geradlinigten Figur b e d Fig. 119. einen Punkt a nimmt und aus

Y 5.

dem

demſelben eine gerade Linie durch alle Punkte des
Umfangs der erwehnten Figur führt, ſo beſchreibt
dieſe Linie über der Ebne der Figur eine Pyra=
mide. Die ebd heißt nun die Grundfläche der
Pyramide und über ihr entſtehen ſo viel Dreyecke
als ſie Seiten hat, b d a; d a e; b a e, welche ih=
re Spitzen ſämmt'ich in a haben. Nach der Menge
dieſer Dreyecke heißt ſie 3, 4, 5 ſeitig u. ſ. w.

### §. 302.

Zuſ. Wenn ſich die Grundfläche der Pyramid
in einen Kreis beſchreiben läßt (46) und ein Per
pendikel a c aus a durch den Mittelpunkt dieſe
Kreiſes c geht, ſo erhält man, wenn in jede Ecke de
Grundfläche Halbmeſſer gezogen werden, ſo viel recht
winklichte Dreyecke als Ecken vorhanden ſind Alle die
ſe Dreyecke congruiren miteinander (51, weil a c al
len gemeinſchaftlich, und die Halbmeſſer nebſt de
rechten Winkeln welche ſie mit a c einſchließen, durch
aus gleich ſind. Da man nun die Hypothenuſe
dieſer Dreyecke Seitenlinien der Pyramide nenn
und dieſe alle einander gleich ſind, ſo heißt auc
die ganze Pyramide eine gleichſeitige.

### §. 303.

Zuſ. Wenn die Grundfläche eine reguläre Figu
iſt (45) und ſich noch unter den Umſtänden de
vorigen §. befindet, ſo ſind alle die auf den Se
ten der Grundfläche ſtehenden Dreyecke gleichſchen
licht und congruent. Man pflegt eine ſolche P
ramii

ramide eine ſenkrechte und die a c ihre Axe zu
nennen.

## §. 304.

Zuſ. Läßt ſich aber die Grundfläche nicht in einen Kreis beſchreiben, ſo können auch die Seitenlinien der Pyramiden nicht gleich werden und die
Pyramide heißt nun ungleichſeitig, und wird übrigens ſo wie die in (302), zu den ſchiefen gerechnet. Noch eine ungleichſeitige und ſchiefe kann
entſtehen, wenn über einer Figur die ſich in einen
Kreis beſchreiben läßt, ſich die Spitzen der Dreyecke in einen ſolchen Punkt vereinigen, wo ein Perpendikel von ihm auf die Ebne der Grundfläche
nicht durch den Mittelpunkt des Kreiſes geht.

## §. 305.

Erkl. Wenn ſich eine Linie wie in (301) um
einen Kreis bewegt, ſo beſchreibt ſie über demſelben einen Kegel. Dieſer entſteht auch aus der
ſenkrechten Pyramide (303) wenn ſich ihre Grundfläche in einen Kreis verwandelt. Eine Linie von
der Spitze des Kegels durch den Mittelpunkt der
Grundfläche, heißt ſeine Axe. Senkrecht heißt
der Kegel, wenn dieſe Axe ſenkrecht, ſchief, wenn
ſie ſchief auf der Grundfläche ſteht.

## §. 306.

Zuſ. Ein ſenkrechter Kegel entſteht auch, wenn
ſich ein rechtwinklichtes Dreyeck a c b Fig. 120.
um einen ſeiner Katheten herum bewegt. Alle Sei-
ten-

tenlinien dieses Kegels sind gleich, weil sie sämmtlich der Hypothenuse des bewegten Dreyecks gleich sind, daher heißt der senkrechte Kegel auch gleichseitig. Bey dem schiefen werden sie nicht gleich seyn, weil ein Perpendikel auf die Grundfläche in einen Punkt trift der verschiedene Entfernungen von verschiedenen Punkten des Umkreises hat. Der schiefe Kegel ist also ungleichseitig.

### §. 307.

Zuf. Wenn man durch die Axe des senkrechten Kegels eine Ebne legt, so wird der Schnitt ein gleichschenklichtes Dreyeck a b f und der Kegel heißt spitzwinklicht, rechtwinklicht, oder stumpfwinklicht, je nachdem der Winkel a an der Spitze des Dreyecks spitzig, recht, oder stumpf ist. Das erste wird der Fall seyn, wenn b c < a c; das zweite wenn b c = a c und das dritte wenn b c > a c (78, 1 o). Eben dieses kann auch von der senkrechten Pyramide gelten wenn die Zahl der Seiten in ihrer Grundfläche gerade ist, und die schneidende Ebne nicht allein durch die Axe sondern auch durch ein paar Seitenlinien gelegt wird.

### §. 308.

Lehrs. Wenn eine Pyramide Fig. 119, mit ihrer Grundfläche parallel geschnitten wird, so ist die auf dem Schnitt entstehende Figur der Grundfläche ähnlich.

**Beweis.**

**Beweis.** Die Linien b e und B E; b d und B D; d e und D E sind parallel (254). Man gedenke sich also, daß die obern Linien b d u. s. w. mit beständiger Beybehaltung ihres Parallelismus herunter, in die Ebne b d e gelassen werden, so wird b d e der B D E ähnlich seyn (190. no. I.).

### §. 309.

**Zuf.** Wenn ein senkrechter Kegel nach (306) beschrieben wird, so erhellet, daß alle Schnitte die mit der Grundfläche parallel gehen, Kreise sind. Denn man kann sich in dem rechtwinklichten Dreyecke a b c welches den Kegel beschreibt, eine Menge Linien wie d e, mit der Grundlinie parallel gedenken, und alle diese Linien werden als Halbmesser jener Kreise anzusehen seyn.

### §. 310.

**Zuf.** Auch in einem schiefen Kegel Fig. 121. sind die Schnitte welche mit der Grundfläche parallel gehen, Kreise. Denn man ziehe die Seitenlinien des Kegels a d und a f; die Halbmesser c d und c f und die Axe a c, so ist in den ähnlichen Dreyecken a c d und a e b; a c f und a e g.

$$a c : a e = c d : e b$$
$$a c : a e = c f : c g$$
$$\left. \right\} \ (190)$$

folglich c d : e b = c f : e g (204. Ar.)

Da nun c d = c f (24) so wird auch e b = e g, also können die Linien e b; e g 2c. Halbmesser eines

nes Kreises vorstellen von welchem e der Mittelpunkt ist.

§. 311.

Lehrs. Wenn eine Pyramide mit ihrer Grundfläche parallel geschnitten wird, so verhalten sich die Grundflächen der dadurch entstandenen beyden Pyramiden, wie die Quadrate ihrer Höhen.

Beweis. Es sey $ac$ ein Perpendikel auf die Grundfläche BDE, so wird es auch auf die Ebne des Schnittes bde senkrecht seyn (225). Man lege die Ebne aBc durch die Seitenlinie aB und das Perpendikel $ac$, so sind die Schnitte Bc und b$\gamma$ welche die parallelen Ebnen damit machen, parallel (254)

und es ist $a\gamma : ac = ab : aB$ (183)

$$ab : aB = be : BE$$

also $a\gamma : ac = be : BE$ (204. Ar.)

Nun ist $\triangle BDE : \triangle bde = BE^2 : be^2$

(225, 293)

folglich auch $\triangle BDE : \triangle bde = ac^2 : a\gamma^2$

(231. VI. Ar.)

§. 312.

Zus. Da man die Kegel als Pyramiden von unendlichen Seiten ansehen kann, so werden sich auch Fig. 120. die parallelen Kreise bcfb und degd wie die Quadrate von $ac$ und $ae$ zu einander verhalten.

§. 313.

**§. 313.**

**Lehrſ.** Ein paar Pyramiden über einerley Grundfläche und zwiſchen parallelen Ebnen Fig. 119. ſind gleiches Inhalts.

**Beweis.** Man gedenke ſich das Perpendikel a c zwiſchen den parallelen Ebnen, ſo ſtellt dieſes die Höhe von beyden Pyramiden vor. Man ſtelle ſich wieder wie im Beweis zu (284) vor, daß es in einzelne gleiche Elemente getheilt ſey und daß durch jedes eine Scheibe mit der Grundfläche parallel gelegt worden, ſo werden durch die eine Pyramide nicht mehr ſolcher Scheiben gehen, als durch die andere. Eine ſolche Scheibe gehe nun auch durch den Schnitt b ε, ſo erhält man davon in der einen Pyramide ein Stück deſſen Grundfläche $=$ b d e und in der andern eins deſſen Grundfläche $= \beta \delta \epsilon$. Wegen der angenommenen unendlichen Dünnigkeit wird die obere Fläche dieſer Scheibenſtücken von ihrer untern nicht merklich verſchieden ſeyn, ſo daß man ſie als Elementarſcheiben eines Prisma deſſen Grundfläche $=$ b d e oder $= \beta \delta \epsilon$, anſehen darf. Nun war nach dem Beweis zum vorigen §. $\triangle$ B D E : $\triangle$ b d e $=$ a e² : $\alpha \gamma$² folglich

$$\triangle \text{ b d e} = \triangle \frac{\text{B D E.} \, \alpha \gamma^2}{\text{a c}^2}.$$ Aus völlig gleichen Gründen kann man nun auch ſetzen

$$\triangle \beta \delta \epsilon = \triangle \frac{\text{B D E.} \, \alpha \gamma^2}{\text{a c}^2} \text{ folglich}$$

$\triangle$ b d e $= \triangle \beta \delta \epsilon$, mithin auch das über $\triangle$ b d e liegende Scheibenſtück ſo groß als

das

das über β δ ε liegende (284). Was nun von diesen beyden Stücken gilt, läßt sich auch von allen übrigen behaupten und ihre einzelnen Summen werden deshalb einander gleich seyn. Da nun die eine Summe die Pyramide a B D E und die andere die α B D E ausmacht, so werden diese beyden Pyramiden gleich seyn.

#### §. 314.

Zus. Da sich jede vielseitige Pyramide in dreyseitige von eben der Höhe zertheilen läßt, wenn man in der Grundfläche der vielseitigen, Diagonalen zieht, so gilt der Beweis auch für alle vielseitigen Pyramiden, folglich auch für Kegel. Ja, wenn der eine von den beyden gleich hohen Körpern eine Pyramide, und der andere ein Kegel ist, so sind auch diese einander gleich, wenn nur ihre Grundflächen gleichen Inhalt haben.

#### §. 315.

Lehrs. Ein dreyseitiges Prisma Fig. 122. läßt sich in drey Pyramiden zerschneiden die alle gleiches Inhalts sind.

Beweis. Es läßt sich erstlich eine Pyramide a b c e Fig. 123; und dann eine f e d c Fig. 124, wegnehmen, diese beyden haben gleiche Grundflächen a b c; e d f (279) und gleiche Höhen, nemlich die Höhe des Prisma c f, folglich sind sie gleich (284). Eben so haben c f d e und die nach Wegnehmung jener beyden übrigbleibende dritte c b d e

Fig.

Fig. 122. gleiche Grundflächen c d f und, c d b, in dem dieselben aus der Theilung eines das Prisma einschließenden Parallelogramms mittelst dessen Diagonale c d, entstanden sind; über dieses eine gemeinschaftliche Höhe, nemlich ein Perpendikel e g aus e auf f d; folglich sind auch diese, und mithin alle drey, einander gleich. Man sieht dieses deutlicher an einem Prisma von Holze das auf die erwehnte Weise zerschnitten ist.

## §: 316.

Zuf. Da sich jedes vielseitige Prisma durch Diagonalen in seiner Grundfläche, in dreyseitige von gleicher Höhe zertheilen läßt, so wird auch eine vielseitige Pyramide als der dritte Theil eines Prisma; und mithin jeder Kegel als der dritte Theil eines Cylinders von gleicher Grundfläche und Höhe mit ihm; anzusehen seyn (283, 305). Desgleichen wird nun auch von Pyramiden und Kegeln eben das gelten, was in (289, 290, 291) von Prismen und Cylindern ist gesagt worden, weil sie die Drittel von denselben sind.

## §. 317.

Aufg. Den körperlichen Inhalt einer Pyramide oder eines Kegels zu finden.

Aufl. Man suche die Grundfläche und Höhe; multiplicire beyde ineinander, und dividire das Product durch 3: so giebt der Quotient den Inhalt.

Z                                          Beweis:

**Beweis.** Er fließt unmittelbar aus (316).

### §. 318.

**Zuf.** Es sey die Grundfläche b, und die Höhe a, so ist der Inhalt $= \frac{a\,b}{3} = \frac{1}{3}$ a. b $= \frac{1}{3}$ b. a Man kann also auch die Grundfläche blos mit dem 3ten Theil der Höhe, oder die Höhe mit dem 3ten Theil der Grundfläche multipliciren.

### §. 319.

**Zuf.** Wenn der Durchmesser eines Kegels $=$ d und seine Höhe $=$ h, so ist sein Inhalt $= \frac{1}{3}$ h. 0, 785 .. d² (235. VIII.).

### §. 320.

**Aufg.** Den Inhalt einer abgekürzten Pyramide BDE edb Fig. 126. zu finden.

**Aufl. und Beweis.** Die abgekürzte Pyramide b E bleibt übrig, wenn man von der ganzen aBDE die kleine abde wegnimmt. Da die Grundflächen der beyden Pyramiden gegeben sind, so hat man nur noch die Höhen von ihnen zu wissen nöthig, um sie auszurechnen. Man lege durch a eine Ebne parallel mit den Grundflächen und lasse von einer Ecke der großen Pyramide B ein Perpendikel Bg auf diese Ebne, so wird dieses die Höhe der großen Pyramide seyn; und wenn man die Ebne bde erweitert bis sie das Perpendikel erreicht, so wird fg die Höhe der kleinen seyn.

Bf

B f kann man meſſen, alſo braucht nur B g gefunden zu werden, da dann f g = B g — B f.

Nun ziehe man in einer Seitenfläche der abgekürzten Pyramide B b d D aus b eine Parallele
b k, mit d D, ſo wird B k = B d — b d, weil
k D = b d (102, 254) und man hat

$$B k : B D = B b : B a$$
$$\text{und} \qquad B b : B a = B f : B g$$
alſo $B k : B D = B f : B g.$

Es entſteht alſo folgende Auflöſung: Man
ziehe eine Seite der obern Fläche von der ihr
gleichnahmigen in der untern ab, und ſuche zwiſchen dieſem Unterſchiede, der untern Seite und
dem ſenkrechten Abſtande beyder Flächen, die vierte
Proportionallinie, ſo erhält man die Höhe der ganzen Pyramide. Man ziehe hiervon den ſenkrechten Abſtand beyder Flächen ab, ſo hat man
die Höhe der fehlenden kleinern. Nun rechne man
beyde nach (317) aus, und ziehe die kleinere von
der größern ab.

### §. 321.

Zuſ. Beym abgekürzten Kegel Fig. 121. legt
man eine Ebne a d h durch die Axe des Kegels,
ſo hat man hier d n — b m : d n = h k : a h.

### §. 322.

Anm. Andere Regeln, abgekürzte Pyramiden und
Kegel zu berechnen, findet man in den Zuſätzen
zum 62 Satz der Käſtn. Geom: wo auch dieſe

Z 2           Auf-

Aufgaben auf Berechnung der Gewichte und Baumstämme angewandt, und gezeigt wird, wie sehr man fehlt, wenn man diese abgekürzten Körper als Prismen oder Cylinder von der nämlichen Höhe ansieht, deren Grundfläche das arithmetische Mittel (225. Ar.) zwischen den beyden Flächen ist, welche den abgekürzten Körper parallel einschließen. Solche Abweichungen von der Wahrheit hat man sich unter andern auch in der Fortification bey Berechnung abgekürzter Pyramiden erlaubt, weil hier ein mäßiger Fehler nicht sehr nachtheilig wird.

## §. 323.

**Aufg.** Die Seitenflächen einer Pyramide auszurechnen.

**Aufl.** Da sie sämmtlich aus Dreyecken bestehen, so rechne man eins nach dem andern aus (214), und addire ihre Maaße alsdann zusammen.

**Beweis.** Er beruht auf (301).

## §. 324.

**Zuf.** Wenn die Grundfläche der Pyramide eine um den Kreis beschriebene Figur ist (46), und ein Perpendikel aus ihrer Spitze durch den Mittelpunkt dieses Kreises geht, so sind die Grundlinien der Seitenflächen Tangenten des Kreises; und die Halbmesser welche an die Berührungspunkte gezogen werden, stehen auf diesen Grundlinien senkrecht (142); auch stehen die Ebnen welche durch das Perpendikel und die Halbmesser gelegt

legt werden, auf der Grundfläche, und mithin auch die Linien welche von der Spitze der Pyramide auf die Berührungspunkte gezogen werden, auf den Grundlinien der Seitenflächen, senkrecht (255). Da nun diese die Höhen der Seitenflächen, und alle einander gleich sind, (51) so wird die Summe aller Seitenflächen sogleich gefunden, wenn man den ganzen Umfang der Grundfläche der Pyramide mit der Hälfte einer solchen Höhe multiplicirt.

### §. 325.

Zuf. Beym senkrechten Kegel kann man die Seite desselben als die gemeinschaftliche Höhe aller der unzähligen Dreyecke ansehen, welche seine krumme Fläche ausmachen, und der Umkreis seiner Grundfläche stellt die Summe aller Grundlinien jener Dreyecke vor; also wird die Seitenfläche gefunden, wenn man den Umkreis der Grundfläche mit der halben Seite multiplicirt (239).

### §. 326.

Erkl. Wenn sich ein Halbkreis a d b Fig. 127. um seinen Durchmesser a b bewegt, so beschreibt er eine Kugel, und der Durchmesser heißt nun die Axe derselben.

### §. 327.

Zuf. Die Kugel hat mit dem Kreise der sie beschrieben hat, den Mittelpunkt, Halbmesser und

Z 3 Dur-

Durchmesser gemein; und es sind in der Kugel alle
Halb= und Durchmesser eben so einander gleich,
wie im Kreise.

### §. 328.

Zuf. Wenn der Halbkreis welcher die Kugel
beschreibt, die Hälfte seines Weges vollendet hat,
so ist die Kugel nur zur Hälfte beschrieben, und
seine letztere Lage macht mit der erstern den ganzen
Kreis a d b δ. In diesem Betracht kann man sich
auch vorstellen, daß die halbe Kugel durch die Be=
wegung des Halbkreises δ a d um den Durchmes=
ser δ d, und überhaupt um jeden beliebigen dieses
Kreises, sey beschrieben worden.

### §. 329.

Zuf. Wenn c d durch den Mittelpunkt auf die
Axe senkrecht ist und h f, g e, mit c d parallel
sind, so sind sie kleiner als c d und zwar immer
um desto kleiner, je weiter sie vom Mittelpunkt
entfernt sind (140). Nun können diese Paralle=
len als Halbmesser angesehen werden, welche bei
Beschreibung der Kugel immer kleinere Kreise be=
schreiben, so wie sie selbst kleiner werden. Wenn
also die Kugel von einer Ebne geschnitten wird
und der Schnitt nicht durch ihren Mittelpunkt
geht, so wird der auf ihrer Oberfläche dadurch
entstehende Kreis immer um desto kleiner, je
größer die Entfernung der schneidenden Ebne vom
Mittelpunkt ist; und alle durch den Mittelpunkt
geht

gehende Schnitte geben einerley größten Kreis.
Eine Ebne welche auf dem Ende des Halbmessers
senkrecht steht, berührt die Kugel blos, ohne sie
zu schneiden. Dies ist hier eben der Fall wie in
(141. I.) mit der geradenen Linie, und eine sol=
che Ebne ist deshalb als die Tangente der Kugel
anzusehen.

### §. 330.

Zus. c a geht durch den Mittelpunkt aller mit
h f, g e, beschriebenen Kreise und steht zugleich
auf ihren Ebnen senkrecht (246). Da nun von
c auf diese Ebnen nur ein einziges Perpendikel
möglich ist (263), so geht 1) jedes Perpendikel,
das aus dem Mittelpunkte der Kugel auf die Ebne
eines solchen Kreises gezogen wird, durch dessen
Mittelpunkt. 2) Ein Perpendikel auf die Ebne
des Kreises in seinem Mittelpunkt, geht durch den
Mittelpunkt der Kugel und 3) eine Linie aus
dem Mittelpunkt der Kugel durch den Mittelpunkt
des Kreises steht auf dessen Ebne senkrecht,

### §. 331.

Zus. Indem sich c d, h f, g e, um die Axe be=
wegen, behalten die Punkte d, f, e, immer einer=
ley Entfernungen von a und b, denn die Linien
a d, a f, a e, oder b d, b f, b e, bleiben immer
dieselben; also haben die Endpunkte der Axe von
allen Punkten die in den Umkreisen der von c d,
h f, g e, beschriebenen Kreise liegen, gleiche Ent=

Z 4     fernung=

fernung. Sie werden die Pole dieser Kreise ges
rannt. Auch bleiben die Bogen a d, a f 2c.
rings um die Kugel einander gleich, (163), und
deshalb sind die Bogen größter Kreise zwischen
den Polen eines Kreises und einzelnen Punkten seis
res Umfangs, gleich.

### §. 332.

Zuf. Wenn ein Punkt a, b, von einem Kreise
der Pol seyn soll, so muß ein Perpendikel von
ihm auf die Ebne dieses Kreises durch dessen Mits
telpunkt gehen, so wie hinwiederum ein Verpens
dikel auf der Ebne eines Kreises aus seinem Mits
telpunkte, durch den Pol dieses Kreises geht
(330).

### §. 333.

Zuf. Kreise, die mit den parallelen Halbmes
sern c d, h f 2c. beschrieben sind, heißen Parals
lelkreise; diese haben also sämmtlich einerley
Pole.

### §. 334.

Anm. Wenn man an irgend einer andern Stelle
der Kugel einen Schnitt wie e e, z. B. b d, an
nimmt, so kann man sich eine Parallele damit
durch den Mittelpunkt c gedenken und ein Pers
pendikel aus demselben darauf fallen lassen, und
es werden für ihn alle die bisherigen Schlüsse
wieder gelten (135).

§. 335.

§. 335.

Lehrſ. Eine gerade Linie b d trift die Oberfläche einer Kugel in nicht mehr als zwey Punkten.

Beweis. Man lege durch die gerade Linie und den Mittelpunkt der Kugel eine Ebne. Diese wird, in wiefern sie sich nicht weiter als bis an die Oberfläche der Kugel erstreckt und im Mittelpunkte durch eine gerade Linie begrenzt wird, einen Halbkreis mit welchem die Kugel beschrieben worden, vorstellen, und im Umfange desselben müssen die Punkte liegen, in welchen die Kugelfläche von der geraden Linie getroffen wird. Da nun eine gerade Linie einen Kreis nur in zwey Punkten schneiden kann (134), so ist die Behauptung des Satzes richtig.

§. 336.

Zuſ. Wenn die Peripherien zweyer Kreise einander schneiden, so muß es in den Endpunkten ihres gemeinschaftlichen Durchschnittes geschehen, da nun dieser Durchschnitt eine gerade Linie ist (249), so können auch zwey Kreise auf der Kugelfläche einander in nicht mehr als zweyen Punkten schneiden (335).

§. 337.

Zuſ. Wenn ein paar größte Kreise einander schneiden, so ist ihr gemeinschaftlicher Durchschnitt

Z 5

der

der Durchmeſſer der Kugel, indem ihre beyden
Ebnen durch den Mittelpunkt der Kugel gehen
(328); ſie halbiren alſo einander beym ſchneiden.
Und wenn hinwiederum ein paar Kreiſe einander
halbiren, ſo haben ſie einen gemeinſchaftlichen
Durchmeſſer und folglich einerley Mittelpunkt. Da
nun nach (330) aus dem Mittelpunkte der Kugel
auf die Ebne, jedes Kreiſes durch ſeinen Mittelpunkt ein Perpendikel gezogen werden kann, ſo
müßte dieſes auf beyden ſich ſchneidenden Kreiſen
ſenkrecht ſeyn, weil ſie einen gemeinſchaftlichen
Mittelpunkt haben, dies widerſpricht aber (263);
alſo iſt es nur in dem einzigen Falle möglich, daß
Perpendikel auf die Ebnen der ſich ſchneidenden
Kreiſe durch ihren gemeinſchaftlichen und zugleich
durch den Mittelpunkt der Kugel gehen, wenn dieſer gemeinſchaftliche Mittelpunkt mit dem der Kugel einerley iſt. Kreiſe alſo die einander halbiren,
müſſen größte Kreiſe ſeyn.

## §. 338.

Lehrſ. Ein Kreis der durch die Pole eines
andern geht, ſteht I. auf ihm ſenkrecht; II.
halbirt jenen Kreis; III. iſt ein größter Kreis.

Beweis. Für I. Die Ebne eines ſolchen Kreiſes wird durch die gerade Linie gehen, welche von
einem Pol zum andern gezogen wird und die auf
der Ebne des Kreiſes welchem die Pole zugehören,
ſenkrech-

senkrecht steht (332), sie ist also auf der Ebne dieses Kreises senkrecht (269).

Für II. Die gerade Linie zwischen den Polen geht auch durch den Mittelpunkt des Kreises welchem die Pole zugehören (332) folglich trift die Ebne des durch die Pole gehenden Kreises den Mittelpunkt desjenigen welchem die Pole zugehören, und also halbirt er ihn.

Für III. Die Linie zwischen den Polen geht auch durch den Mittelpunkt der Kugel (332. 330); also trift die Ebne des durch die Pole gehenden Kreises auch den Mittelpunkt der Kugel, und er ist deshalb ein größter Kreis (329).

## §. 339.

Zuf. Hinwiederum wird auch ein größter Kreis der auf einem andern größten oder kleinern senkrecht steht, durch die Pole desselben gehen und ihn halbiren, denn er kann nicht anders senkrecht auf ihm seyn, als daß er durch die gerade Linie zwischen den Polen geht (263), und wenn dies ist, so folgt die Behauptung wieder wie im Beweis zum vorhergehenden Lehrsatz. Ist nun der andere Kreis auch ein größter, so geht er ebenfalls durch die Pole des ersten und halbirt ihn.

## §. 340.

Lehrs. Wenn zwey größte Kreise a d b und a D b durch die Pole a, b eines dritten gehen,

H

so haben die zwischen ihnen liegenden Bogen der Parallelkreise, sämmtlich einerley Anzahl von Graden, oder sie sind einander ähnlich.

Beweis. Es giebt nemlich in beyden einerley Linien wie ε g, φ h, δ c, welche aus Punkten die gleichen Abstand von a und b haben, auf einerley Punkte der a b, in g, h, c senkrecht sind; jedes Paar solcher Linien bildet den Neigungswinkel von den Ebnen der beyden größten Kreise (252). Die Maaße dieser gleichen Winkel sind aber die Bogen der Kreise welche mit dem im Satz genannten dritten parallel sind (28), also haben sie sämmtlich einerley Anzahl von Graden.

## §. 341.

Zuf. Wenn der im vorigen Satz erwehnte dritte Kreis ein größter ist, wie δ m d, so ist der Bogen a δ das Maaß des rechten Winkels a c δ $= 90°$. Folglich ist der Bogen eines größten Kreises der zwischen einem Punkte der Peripherie eines andern größten Kreises und dem ihm zugehörigen Pole liegt, ein Quadrant.

## §. 342.

Zuf. Will man also den Neigungswinkel zweyer Kreise a δ b und a D b durch Grade eines größten Kreises angeben, wie dieses am bequemsten, und deshalb gewöhnlich ist, so muß man in der Entfernung eines Quadranten von ihrem Durchschnittspunkte,

punkte, den Bogen des größten Kreises durch welchen man dieses Maaß ausdrücken will, zwischen sie legen, d. i. man muß dazu ein Stück des Kreises d m d brauchen (340, 341).

## §. 343.

Zuf. Da die beyden Kreise a d b und a D b durch die Linie a b gehen, welche auf dem Kreise d m d senkrecht steht (330), so stehen auch diese Kreise selbst auf d m d senkrecht, also steht das gebrauchte Maas, oder überhaupt ein größter Kreis, der durch die Endpunkte zweyer Quadranten größter Kreise geht, auf beyden Quadranten senkrecht und trift zugleich ihre Pole (339).

## §. 344.

Zuf. Soll also ein größter Kreis durch die Pole mehrerer anderer gehen, so muß er auf ihnen allen senkrecht stehen, und dies wird geschehen wenn man ihn auf ihren gemeinschaftlichen Durchschnitt senkrecht setzt (269).

## §. 345.

Aufg. Den Pol eines größten Kreises zu finden.

Aufl. Man setze auf ihn einen andern größten senkrecht und schneide in demselben einen Quadranten ab, so ist der Endpunkt dieses Quadranten, der gesuchte Pol.

**Beweis.**

**Beweis.** Die Kreise aδb und aDb gingen nach (343) durch die Pole des Kreise δmd, diese sind die Punkte a und b; da nun aδ ein Quadrant ist (341), so ist die Vorschrift richtig.

### §. 346.

**Zuſ.** Wenn der Kreis adbc Fig. 128. senkrecht auf den beyden andern ab und cd steht, so werden in ihm die Pole derselben liegen (345) und wenn p der Pol von ab und π der von cd, so wird $bp = 90°$ und $dπ = 90°$ also $bp = dπ$ und $bp — dp = dπ — dp$, d. i. $bd = pπ$ seyn. Die Entfernung der Pole zweyer größten Kreise die sich auf einerley Seite derselben befinden, beträgt also eben so viel als das Maas des spitzigen Neigungswinkels beyder Kreise. Da nun die zu einem Kreis gehörigen Pole um 180° von einander abstehen und der spitzige Neigungswinkel mit seinem stumpfen Nebenwinkel ebenfalls 180° macht, so wird der Abstand der Pole welche auf verschiedenen Seiten der Kreise liegen, dem Maas jenes stumpfen Nebenwinkels gleich seyn.

### §. 347.

**Lehrſ.** Der Inhalt einer Kugel verhält sich zum Inhalt eines Cylinders dessen Durchmesser und Höhe dem Durchmesser der Kugel gleich ist, wie 2 zu 3.

**Beweis.** Es sey abcd Fig. 129. ein Quadrat, aδb ein Quadrant dessen Halbmesser die Seite des

Qua

Quadrats iſt, und c a d ein rechtwinklichtes Drey=
eck deſſen Grundlinie und Höhe ebenfalls Seiten
jenes Quadrats ſind.    Man nehme an, daß ſich
dieſe drey Figuren um a c als eine Axe bewegen,
ſo wird von der erſten ein Cylinder; von der zwei=
ten eine halbe Kugel und von der dritten ein Kegel
beſchrieben, welche 3 Körper, ſämmtlich einerley
Grundfläche und Höhe haben.

Man ziehe eine Linie e h mit der Grundlinie des
Dreyecks c d parallel, ſo wird a e : e f.$=$ a c :
c d (183) und da a c $=$ c d (44) ſo iſt a e $=$ e f,
a g $=$ a b (24) $=$ e h (102).

Itzt gedenke man ſich wieder wie in (284) eine
Menge Elementarſcheiben von gleicher Dicke zwi=
ſchen a b und c d, von welchen eine über e h liege,
ſo wird e f der Halbmeſſer einer zum Kegel; e g
der Halbmeſſer einer zur Kugel; und e h ſelbſt der
Halbmeſſer einer zum Cylinder gehörigen ſolchen
Scheibe ſeyn.    In dem rechtwinklichten Dreyecke
a e g iſt nun a g$^2$ — a e$^2$ $=$ e g$^2$ (132).    Da nun
a e $=$ e f und a g $=$ e h war, ſo wird auch
e h$^2$ — e f$^2$ $=$ e g$^2$, folglich auch der Kreis von
e h — dem von e f $=$ dem von e g (227) und
endlich auch die Scheibe von e h — der von e f $=$
der von e g ſeyn (289).    Und weil dieſe Schlüſſe
von allen ſolchen Scheiben gelten, die man zwiſchen
a und c annehmen kann, und die Summe aller
derer von e h den Cylinder, derer von e f den Ke=
gel, und derer von e g die halbe Kugel aus=
macht,

macht, so wird, wenn man vom Inhalt des Cylinders den Inhalt des Kegels abzieht, der Inhalt
der halben Kugel übrig bleiben. Und eben so wird
der Inhalt der ganzen Kugel übrig bleiben, wenn
man statt des vorigen Cylinders und Kegels andere nimmt, die bey gleicher Grundfläche, doppelte
Höhe nemlich so viel, als der ganze Durchmesser
der Kugel beträgt, haben, denn es ist alsdann
ihr Inhalt ebenfalls verdoppelt worden (289).
Nach (316) ist nun ein Kegel der gleiche Grundfläche und Höhe mit einem Cylinder hat, der dritte
Theil von demselben; zieht man also diesen vom
ganzen ab, so bleiben zwey Drittel übrig und da
dieser Rest den Inhalt der Kugel giebt, so verhält
sie sich zum Cylinder wie 2 zu 3.

### §. 348.

**Aufg.** Aus dem gegebnen Durchmesser einer
Kugel ihren Inhalt zu finden.

**Aufl.** Man berechne den Inhalt eines Cylinders
dessen Durchmesser und Höhe dem Durchmesser
der Kugel gleich ist (288) und nehme davon $\frac{2}{3}$
so wird man den Inhalt der Kugel erhalten.

**Beweis.** Er fließt unmittelbar aus (347). Es
sey z. B. der gegebne Durchmesser $= 2°$ so ist in
(288) $r = 1°$ also der Cylinder $= 3, 14 : : 1 : 2$
und die Kugel $\frac{2}{3}$. 3, 14 :: 1 : 2 $= 4, 186666$.

§. 349

### §. 349.

Zuſ. Der Kubus des Durchmeſſers der Kugel iſt $= 8\, r^3$ und der Inhalt der Kugel, durch r ausgedrückt $= \dfrac{2.2.3, 1415..\, r^3}{3}$ dieſe beyden Ausdrücke verhalten ſich zu einander, wenn man beyderſeits mit $8\, r^3$ aufhebt, wie $1 : \dfrac{1, 5707..}{3}$ $= 3 : 1, 57..$ Oder der Kubus des Durchmeſſers verhält ſich zum Inhalt der Kugel, wie $1 : 0, 5235..$ wo man ſtatt der letzten Ziffer beynahe 6 annehmen, oder noch mehrere dazu ſuchen kann. Iſt alſo der Durchmeſſer z. B. 12' ſo iſt ſein Würfel $= 1728$ und der Inhalt der Kugel $= 1728 . 0, 5235.. = 904$ Kub. Fuß 608 K. Zoll. Weil hier von den Ludolphiſchen Zahlen (180) ein paar mehr als im vorigen § gebraucht worden ſind, ſo findet ſich nach der gegenwärtigen Regel der Inhalt der Kugel deren Durchmeſſer $= 2°$ iſt, $4, 188..$ welcher etwas genauer als jener iſt.

### §. 350.

Zuſ. Wenn die gegenwärtige Kugel K und der Kubus ihres Durchmeſſers C; eine andere Kugel aber k und der Kubus ihres Durchmeſſers c heißt, ſo iſt.

$$K : C = 0, 52.. : 1 \Big\}$$
und $$k : c = 0, 52.. : 1 \Big\}\; (349)$$
alſo $$K : C = k : c\; (204. Ar.)$$
oder $$K : k = C : c\; (231. II. Ar.)$$

Das

Das heißt: die Kugeln verhalten sich zu einander
wie die Würfel ihrer Durchmesser.

## §. 351.

**Lehrs.** Die Kugel ist einer Pyramide gleich,
deren Grundfläche so viel als die Kugelfläche
und deren Höhe so viel als der Halbmesser der
Kugel beträgt.

**Beweis.** Wenn man den Kreis nach (179)
als ein Vieleck von unendlichen Seiten betrachtet,
so wird man sich die Oberfläche der Kugel welche
durch Herumdrehung der Hälfte eines solchen Kreises entstanden ist (326) als eine Menge unendlich
schmaler Streifen vorstellen können, welche von
jenen unendlich kleinen Seiten sind beschrieben
worden. Stellt man sich nun die Beschreibung
der Kugel noch einmal nach einer andern Richtung
vor, so wird man wieder eine Menge solcher Streifen erhalten, welche die vorigen durchschneiden
und dadurch auf der Oberfläche eine unendlich
Menge unendlich kleiner Vierecke bilden; in welch
die Oberfläche der Kugel ist zertheilt worden
Zieht man nun aus dem Mittelpunkte der Kugel i
jeden Winkel dieser Vierecke, Halbmesser, so erhält
man eben so viel Pyramiden als Flächen vorhanden sind, und wo die Höhe einer jeden nicht merklich vom Halbmesser der Kugel verschieden ist. Diese Pyramiden betragen dann zusammen so viel als
eine einzige von eben der Höhe und von einer
Grundfläche die allen jenen Grundflächen zusam-
. mel

men, d. i. der Oberfläche der Kugel, gleich ist (316).

Zus. Wenn die Oberfläche der Kugel $= b$, der Halbmesser $= r$, und der Inhalt $= k$, so ist $k = \frac{r b}{3}$ (318) also $b = \frac{3 k}{r}$. Drückt man $k$ nach (348) durch $\frac{2.2 r . 314 .. r^2}{3}$ aus, so erhält man $b = \frac{3.2.2.3,14 .. r^3}{3 r}$. Der größte Kreis der Kugel wird seyn $= 3,14 .. r^2$ (235. VII.) also verhält sich der größte Kreis der Kugel zur Oberfläche derselben wie $3,14 .. r^2 : \frac{3.2.2.3,14 .. r^3}{3 r} = 1 : 4$.

Aufg. Aus dem gegebnen Halbmesser oder Durchmesser einer Kugel den Inhalt ihrer Oberfläche zu finden.

Aufl. Man suche den größten Kreis der Kugel nach (235 VII oder VIII) und multiplicire diesen Werth durch 4, so erhält man den Inhalt der Oberfläche.

Beweis. Er fließt unmittelbar aus (352) z. B. wenn $r = 1°$ so ist die Oberfläche $4.3,14 .. 1 = 12,56$ d. i. 12 Quadr. R. 56 Qu. Fuß.

Aa 2 §. 354.

## §. 354.

Zuſ. Hiernach läßt ſich der Inhalt der Kugel noch auf eine andere Art finden. Man ſieht nemlich die vorhin gefundene Oberfläche der Kugel als die Grundfläche einer, der Kugel gleichen Pyramide an und multiplicirt dieſelbe mit dem 3ten Theil des Halbmeſſers (318, 350), dieſer Inhalt wird alſo $= \frac{1}{3}$. 12, 56. $=$ 4, 186666.. wie in (348).

## §. 355.

Zuſ. Nimmt man aus (352) k $= \dfrac{4 \cdot 3, 14.. \, r}{3}$

ſo wird r³ $= \dfrac{3 k}{4 \cdot 3, 14..} =$ 0, 75. k. $\dfrac{1}{3, 14..} =$ 0

75. 0, 3183.: k (235. IV. ) alſo r $= \sqrt[3]{(}$ 0

2 3 8 7 2 5 .. k).

## §. 356.

Aufg. Aus dem gegebnen Inhalt einer Kugel ihren Halbmeſſer zu finden.

Anfl. Man multiplicire ihn mit 0, 238725. und ziehe aus dem Product die Kubikwurzel, z. B. der Inhalt ſey aus (345) $90\overset{1}{4}$, 608.. ſo iſt r $= \sqrt[3]{}$ 2 1 $\overset{1}{5}$, 95... Die ganze Zahl vor dem Komma iſt beynahe 216, und würde wirklich ſo viel betragen, wenn die gebrauchten Decimalbrüche vollſtändig geweſen wären. Aus 216 iſt nun die K Wurzel 6¹, als der verlangte Halbmeſſer.

Beweis. Er fließt unmittelbar aus (355).

Oder

Oder: Wenn man aus dem Inhalt der Kugel ogleich ihren Durchmeſſer verlangt, ſo ſage man nach (349). Wenn der Inhalt 0, 5235.. ſo iſt er Würfel des Durchmeſſers 1, wie viel wird er ſeyn, wenn der Inhalt z. B. 904$^{1}$, 6080 iſt? Aus der 4ten Proportionalzahl zieht man dann wieder die Kubikwurzel, ſo ergiebt ſich der Durchmeſſer 12$^{1}$,

## §. 357.

**Aufg.** Den Inhalt eines einzelnen Kugelſchnitts zu finden.

**Aufl.** Wenn man z. B. das Stück Fig. 129. zwiſchen c und e welches mit der über e g liegenden Ebne abgeſchnitten iſt, finden ſoll, ſo berechne man den Inhalt des Cylinders der e h zum Halbmeſſer, und e c zur Höhe hat; desgleichen auch den abgekürzten Kegel deſſen Höhe = e c, und deſſen beyde Halbmeſſer e f und c d wären, und ziehe dieſen letztern Werth von jenem ab; ſo bleibt das Kugelſtück übrig. Verlangte man das Kugelſtück das zwiſchen zwey ſolchen Schnitten, wie das, wovon e g den Halbmeſſer vorſtellt, enthalten iſt, ſo müßte man zwey Kugelſchnitte berechnen und das kleinere vom gröſſern abziehen.

**Beweis.** Er fließt mit aus (347).

## §. 358.

**Anm.** Wenn man den Inhalt eines Körpers finden ſoll, der unter den bisher betrachteten nicht

mit

mit begriffen ist, so läßt er sich vielleicht, wie
z. B. Festungswerke, in dergleichen zerlegen, da
man dann diese Stücke einzeln ausrechnet und sie
hernach summirt. Besteht er aus einer gleichartigen Masse und läßt sich abwägen, wie z. B.
ein metallenes Gefäs, so sucht man das Gewicht
des ganzen Körpers und auch das von einem
Kubikzoll ꝛc. der Materie, woraus der Körper besteht und sagt, wie das Gewicht 1 Kub. Zolls
zum Gewicht des Körpers, so das Maas 1 K. Z.
zum Maas des Körpers in Kub. Zollen. Läßt
sich der Körper in ein rechtwinklichtes, hohles Parallelepipedum legen und mit Wasser oder
Sand überschütten, so kann man erstlich die Größe
des Körpers in Verbindung mit dem Wasser oder
Sande, und hernach die Größe der Wasser- oder
Sandmasse allein suchen, wo alsdann durch Abziehung des letztern Werths vom erstern das Maas
des Körpers übrig bleibt.

## §. 359.

**Anm.** Soll man einen Körper der aus mehrern besonders gebildeten Theilen besteht, z. B. eine Bild-
saule, eine Maschine, nach einer gewissen Verhältniß vergrössern oder verkleinern, so daß der
neue Körper dem vorigen ähnlich wird, so muß
man ohngefehr so verfahren wie in (296) bey Verfertigung des kubischen Visirstabes. Z. B. Man
wollte die Länge und den Durchmesser eines Gliedes von einer Bildsäule wissen, die doppelt so
groß als eine andere wäre die man vor sich hätte
so mißt man die Länge und den Durchmesser de
vor sich habenden auf einem beliebigen Maasstabe
erhebt dieses Maas zur dritten Potenz, verdoppel
diese und zieht aus dem Duplum die Kubikwurzel
diese wird auf eben dem Maasstabe, die Läng
ode

oder den Durchmeffer des doppelt so großen Gliedes geben.

## §. 360.

**Anm.** Die Figuren in welche sich die geometrischen
Körper einschließen laffen, kann man nach gewiffen
Regeln auf Papier u. dergl. aneinander hängend
verzeichnen und dann die Körper daraus zusammen legen. Man pflegt sie Netze zu nennen; von
ihrer Verzeichnungsart kann mündlich etwas beygebracht werden.

## Die ebne Trigonometrie.

### §. 1.

Zu den Theilen eines auf der Ebne befindlichen
Dreyecks, mit deren Berechnung sich nach (11. Einl.)
die ebne Trigonometrie beschäftigt, gehören seine
3 Seiten und 3 Winkel. Drey von diesen Stücken
worunter wenigstens eine Seite befindlich ist, bestimmen, nach dem, was in (60. Geom.) bemerkt
worden ist, das ganze Dreyeck seiner Gestalt und
Größe nach. Blos in dem einzigen Falle wo die
drey Stücke aus 2 Seiten und einem nicht von ihnen eingeschloffenen Winkel bestehen, werden bisweilen Dreyecke bestimmt, die nicht congruiren;
indeffen sind doch in diesem Falle deren nur zweyer-
ley möglich, die sich darinn von einander unterscheiden, daß in dem einen der Winkel, welcher einer
von den gegebnen Seiten entgegen steht, ein spitziger
und in dem andern ein stumpfer ist, welcher mit
jenem spitzigen 180 macht.

Aa 4

Es

Es ist in (78, 79 Geom.) zwar bewiesen wor= den, daß in einem Dreyeck allemal ein Winkel größer ist, als ein anderer wenn die ihm entgegen= stehende Seite größer ist als die dem andern ent= gegenstehende, und so hinwiederum; aber daß sich die Winkel genau wie die ihnen entgegen stehenden Seiten verhalten sollten, ist damit nicht gesagt worden. Man muß also, wenn man nach der Pro= portionsrechnung Winkel und Seiten auseinander berechnen will, sich nach gewissen Größen umsehen, die nicht allein statt der Winkel wirklich mit den Seiten durchgängig in Verhältniß stehen, sondern auch sogleich als bekannt anzusehen sind wenn die Winkel gegeben sind. Diese Größen sind unter dem Namen der trigonometrischen Hülfslinien und be= sonders unter den Namen der Sinusse, Tangenten und Secanten bekannt.

### §. 2.

Erkl. Wenn Fig. 130, a c d ein beliebiger Winkel und a d sein Maas ist, so heißt ein Per= pendikel d p von dem Punkte wo das Maas in den einen Schenkel trift bis auf den andern Schen= kel (oder wo es nöthig wäre, dessen Verlängerung) der Sinus des Bogens a d oder auch des ihm zugehörigen Winkels a c d. Gleichergestalt ist auch eben diese d p der Sinus des Bogens d b welcher mit a d 180° macht, oder des ihm zugehörigen Winkels d c b welcher der Nebenwinkel von a c d, ist

§. 3

## §. 3.

Zuf. Es gehört also jeder Sinus 2 Bogen und Winkeln zu, von welchen einer der Nebenwinkel des andern ist; und aus (135. Geom.) erhellet, daß jeder Sinus eines Bogens als die halbe Sehne des doppelten anzusehen ist. Wäre z. B. a c d = 30°, so wäre dp der Hälfte des Halbmessers gleich (173. Geom.) oder wenn a c d = 45°, so wird dp der halben Quadratwurzel aus dem doppelten Quadrat des Halbmessers gleich (127. Geom.)

## §. 4.

Zuf. Den halben Umkreis a h b kann man als den entgegengesetzten von a e b ansehen; die Bogen also die in dem obersten bejaht sind, werden in dem untersten verneint seyn. Verlängert man nun dc nach g, so ist qg der Sinus des Bogens a e b g, dem q f oder d p gleich, aber entgegengesetzt. Verlängert man dp bis i, so ist pi der Sinus des Bogens d e b h i abermals d p gleich, und entgegengesetzt. Wenn also der Bogen so viel über 180° oder so viel unter 360° ist, als a d beträgt, so ist sein Sinus = — dp. Nennt man a e den ersten; e b den zweiten; b h den dritten und h a den vierten Quadranten, so kann man sagen, die Sinus sind in den ersten beyden Quadranten bejahend und in den letzten beyden verneinend.

## §. 5.

Zuf. Wenn a d bis zu einem Quadranten a e wächst, so wächst auch sein Sinus, so, daß er in e

Aa 5

dem

dem Halbmesser c e gleich wird; wächst der Bogen noch weiter, so nimmt der Sinus wieder ab, so, daß er bey f, wo der Bogen um e f über einen Quadranten gewachsen ist, nur wieder so groß wird als er bey d, wo der Bogen eben so viel unter einen Quadranten ist, war. Bey b wo der Bogen 180° wird, verschwindet er gänzlich und wächst wieder bis h, wo der Bogen = 3 Quadranten, oder 270° ist, alsdann nimmt er wieder ab bis er in a, wo der Bogen 360° ist, zum zweitenmal o wird. Wenn man zum ganzen Umkreis aufs neue den Bogen a d setzt, so wird d p abermals der Sinus eines Bogens welcher um a d größer ist als ein ganzer Umkreis, und so geht dieses immer weiter fort.

### §. 6.

**Erkl.** Wenn der Sinus dem Halbmesser gleich wird, so heißt er Sinus totus oder Radius weil er nie größer als dieser werden kann. Der Kürze wegen pflegt man ihn mit r zu bezeichnen. Alle andere Sinusse lassen sich deshalb als reine Brüche vom Sinus totus oder Radius ansehen.

### §. 7.

**Erkl.** Ein Bogen oder Winkel der mit einem andern 90° macht, heißt die Ergänzung desselben. Z. B. d e ist die Ergänzung von a d und der Sinus d k dieses Bogens d e heißt der Ergänzungsinus (sinus complementi) oder auch

Cosinus

Coſinus von dem zu a d gehörigen. Daher pflegt
man auch d p zum Unterſchied, den Sinus rectus
von ad zu nennen.

## §. 8.

Zuſ. Weil bey p, c und k rechte Winkel ſind,
ſo iſt d k $=$ p c (93, 102. Ge.); alſo ſchneidet
der Sinus allemal den Coſinus vom Halbmeſſer
ab, das abgeſchnittene Stück ap heißt der Querſinus von ad, oder der Pfeil (ſin. verſus ſ. ſa-
gitta) und p c $= \sqrt{(cd^2 \backsim dp^2)}$ (132. Ge.)
d. i. das Quadrat des Coſinus kommt heraus
wenn man das Quadr. des Sinus vom Quadr.
des Halbmeſſers abzieht. Wenn z. B. der Halbmeſſer 1, ſo iſt Coſinus 30° oder Sin. 60° $= \sqrt{}$
$(1 - \frac{1}{4}) = \sqrt{\frac{3}{4}} = \frac{\sqrt{3}}{2}$. Mit dem Sinus rectus
iſt alſo auch zugleich ſein Coſinus und Querſinus
gegeben.

## §. 9.

Zuſ. Von dem ſtumpfen Winkel acf $=$ dcb.
iſt der Sinus f q $=$ d p und der Coſinus c q $=$
$-$ p c indem er ihm entgegengeſetzt iſt. Vom
Bogen a e b g iſt der Coſinus abermals c q $=$
$-$ pc; von aebghi aber iſt er wieder p c. Hieraus erhellet, daß der Coſinus eines ſtumpfen
Winkels dem ſeines ſpitzigen Nebenwinkels zwar
gleich, aber entgegengeſetzt, d. i. verneinend iſt,
wenn jener bejahend angenommen wird. Ueberhaupt

haupt sind die Cosinus im 1ten und 4ten Quadranten bejahend, im 2ten und 3ten aber verneinend. Im ersten Quadr. nehmen sie ab, wenn die Winkel wachsen und verschwinden bey 90° gänzlich; im 2ten Quadr. wachsen sie, bis sie bey 180° = r werden; im dritten Quadr. nehmen sie wieder ab, und verschwinden, zum 2ten mal bey 270°; im 4ten nehmen sie wieder zu bis sie bey 360° zum 2ten mal = r werden.

### §. 10.

Erkl. Ein Perpendikel a m vom Ende des einen Schenkels eines Winkels a c d wo sein Maaß, der Bogen a d in ihn trift, bis dahin wo es vom andern Schenkel (oder dessen Verlängerung) geschnitten wird, heißt die Tangente dieses Winkels oder des ihm zugehörigen Bogens und c m, als der die Tangente abschneidende Schenkel, heißt die Secante desselben.

### §. 11.

Zus. Wenn d nach e zu rückt, so wächst die Tangente, in e selbst ist der andere Schenkel des Winkels c e mit der Tangente parallel und schneidet sie also nur in einer unendlichen Entfernung (96 Ge.). Man setzt deshalb die Tangente von 90° = ∞. Wird der Bogen über 90°, z. B. a e f, so wird das Perpendikel unterwärts a c, in n vom verlängerten Schenkel f c geschnitten; die Tangente ist also jetzt verneint, und nimmt ab, wenn der Bogen

Bogen zunimmt. Beym Bogen über 180° z. B.
a e b g wird wieder das erste Perpendikel vom
rückwärts verlängerten Schenkel g c in m geschnit=
ten, und die Tangente ist wieder bejaht, und
wächst mit dem Bogen. Endlich ist sie von einem
Bogen über 270° wie a e b h i zum zweitenmal ver=
neint, nemlich wieder an und abnehmend mit dem
Bogen. Die Tangenten sind also im ersten und
dritten Quadranten bejaht; im zweiten und vier=
ten aber, verneint.

### §. 12.

Zuf. weil $cp : pd = ca : am$ (183. Ge.)
so ist $am = \frac{pd \cdot ca}{cp}$ d. i. $\frac{r \cdot \sin.}{\cosin.} =$ tang. für ei=
nen gewissen Bogen oder Winkel. Ist $cp = pd$
so ist $ca = am$. Dieses geschieht wenn der Win=
kel 45° ist.

### §. 13.

Zuf. Eben so ist $cp : cd = ca : cm$ also
$cm = \frac{cd \cdot ca}{cp}$ d. i. $\frac{r^2}{\cosin.} =$ sec. Weil $r^2$ beständ=
dig bejahend bleibt (118. Ar.); so wird die Se=
cante bejaht oder verneint, je nachdem der Cosinus
bejaht oder verneint ist (119. Ar.); also in dem
ersten und 4ten Quadranten bejaht, in dem 2ten
und 3ten verneint, welches auch mit den Lagen der=
selben in der Figur zusammenstimmt. Uebrigens
sieht man, daß die Secante auch aus (12. Ge.)
gefunden werden kann, indem $cm = \sqrt{(ac^2}$
$+ am^2)$

$+$ a m² ). Z. B. bey dem Winkel von 45° iſt di
Sec. $= \sqrt{2 r^2}$.

## §. 14.

**Erkl.** Die Tangente und Secante welche einer
Bogen oder Winkel zugehört, welcher die Er
gänzung von einem andern iſt, heißt in eben der
Verſtande Cotangente und Coſecante, (tangen
ſ. ſecans complementi) wie in (7) der Coſinus
Z. B. el $=$ cot. ad, und cl $=$ coſec. ad.

## §. 15.

**Zuſ.** Es iſt wieder ck : kd $=$ ce : el alſ
$\frac{r. \cos.}{\sin.} =$ cot. oder da auch $\triangle$ cam einerle
Winkel mit $\triangle$ cel hat, ſo iſt am : ac $=$ ce
el b. i. $\frac{r^2}{\tan g.} =$ cot   Es erhellet hier wieder au
eben den Gründen die in (13 für die Secante an
geführt wurden, daß die Cotangente bejaht ode
verneint iſt, je nachdem es die Tangente iſt.

## §. 16.

**Zuſ.** Auch iſt ck : cd $=$ ce : cl alſo $\frac{r^2}{\sin}$
$=$ coſec. folglich die Coſec. bejaht oder verneint
je nachdem es der Sinus iſt. Man ſieht zugleich
aus dem bisherigen, daß ſich Coſinus, Querſi
nus, Tangente, Cotangente, Secante und Coſe
cante eines Bogens durch Rechnung finden laſſen,
ſobald nur der Sinus dieſes Bogens bekannt iſt,
denn r wird alsdann ebenfalls bekannt ſeyn,
weil

weil der Sinus als ein Bruch deſſelben angeſehen wird (6).

## §. 17.

**Lehrſ.** Die zu einem nach Graden beſtimm⸗ten Bogen gehörigen Sinuſſe, Tangenten, Secanten, bleiben bey jedem angenommenen Halbmeſſer ſowohl unter ſich als gegen den Halbmeſſer, in einerley Verhältniß.

**Beweis.** Es ſey Fig. 131. ſowohl $ad$ als $\alpha\delta$ das Maas des Winkels $c$, ſo haben dieſe beyden Bogen einerley Anzahl von Graden (28 Gr.). Der erſtere iſt mit dem Halbmeſſer $ac$ und der letztere mit $\alpha c$ beſchrieben. Sinus und Tangente vom erſtern ſind $bd$, $ae$; und vom letztern $\beta\delta$, $\alpha\varepsilon$; welche ſämmtlich auf $\alpha c$ ſenkrecht ſtehen und folg⸗lich parallel ſind. Die Secanten liegen von bey⸗den in der Linie $cs$. Nach (183. Gr.)

wird alſo $\quad bd : \beta\delta = cd : c\delta = bc : \beta c$
desgleichen $\quad ae : \alpha\varepsilon = ce : c\varepsilon = ac : \alpha c$
auch $\qquad cf : cg = fh : g\gamma = ch : c\gamma$

## §. 18.

**Zuſ.** Theilt man alſo den Halbmeſſer $cd$ in eine beliebige Anzahl von gleichen Theilen und weiß wie viel derſelben auf den Sinus, oder die Tangente, Secante, des Bogens $ad$ gehen, ſo werden eben ſo viel Theile auf den Sinus $\beta\delta$ des Bogens $\alpha\delta$ ge⸗hen, wenn man annimmt, daß nun der Halbmeſſer $c\delta$.

c d in eben so viele gleiche Theile wie vorhin c d
sey getheilt worden. Z. B. wenn c d in 10 gleiche
Theile getheilt wäre, so würde, wenn a d = 30°,
der Sinus b d, 5 solcher Theile betragen (3)
und eben so würde, wenn nun c d in 10 gleiche
Theile getheilt worden, der Sinus β δ wieder 5
von diesen letztern Theilen enthalten, die sich also
von den vorigen blos der Größe, aber nicht der
Zahl nach, unterscheiden, und eben diese Bewandtniß hat es auch mit allen andern trigonometrischen Linien und mit jedem angenommenen
Halbmesser; also sobald nur die Grade eines Winkels bestimmt sind, sobald sind auch die Theile
des Halbmessers der Zahl nach bestimmt, die auf
seinen Sinus 2c. gehen.

## §. 19.

**Lehrs.** In jedem Dreyeck a b d Fig. 132. verhalten sich die Seiten wie die Sinus der ihnen
entgegenstehenden Winkel.

**Beweis.** Man beschreibe durch die drey Spitzen desselben einen Kreis (137. Ge.). Aus dem
Mittelpunkte desselben c lasse man auf eine Seite
z. B. a b das Perpendikel c e fallen, dies wird sie
und den Bogen a f b halbiren (135. Ge.), und a e
wird der Sinus des Bogens a f oder des Winkels
a c f seyn (2). Da nun der Winkel a d b = a c f
(157. Ge.), so wird a e = ½ a b, auch der Sinus
von a d b, welcher der Seite a b entgegen sieht, seyn.

Auf

Auf ähnliche Art zeigt sich daß $\frac{1}{2}$ a d $=$ fin. a b d und $\frac{1}{2}$ b d $=$ fin. b a d ist. Nun kann man setzen a b : a d $=$ $\frac{1}{2}$ a b : $\frac{1}{2}$ a d (203. Ar.) d. i. die eine Seite zur andern, wie der Sinus des Winkels der jener entgegen steht zum Sinus dessen der dieser entgegen steht.

## §. 20.

Anm. Da man die Sinus als halbe Sehnen eines Bogens ansehen kann ( 3 ), so läßt sich aus (178. Ge.) einsehen, wie wenigstens die Sinus einiger Bögen für einen angenommenen Halbmesser, durch Rechnung gefunden werden können. Z. B. aus dem fin. 30° $=$ $\frac{1}{2}$ r, der von 15, von 7$\frac{1}{2}$ u. s. w. aber zur Berechnung des Sinus für jeden Bogen reicht die dortige Auflösung nicht zu. Die Art wie dieses geschieht, ist theils zu weitläuftig, theils zu schwer, als daß sie hier gelehrt werden könnte. Schriften worinn dieses geschehen ist, hat Hr. Hofr. Kästner im 2ten Satz seiner ebnen Trigon. angeführt, und zugleich eine Reihe anderer wichtiger Bemerkungen mit beygebracht. Weil nur der einzige Sinus von 30° durch eine endliche Menge von Theilen des Halbmessers ausgedrückt werden kann, so hat man den Halbmesser in sehr viele, z. B. 10 000 000 000 Theile getheilt, damit wenn noch ein Stück von einem solchen Theilchen nicht mit angegeben wird, dieser Fehler für nichts gehalten werden könne. Da nun auf solche Weise die Sinus, Tangenten ꝛc. sehr große Zahlen werden, so hat man zugleich die Logarithmen für sie mit berechnet und beyde in besondere Tafeln nebeneinander gesetzt; die letztern pflegt man auch

Bb                          die

die künstlichen Sinus ꝛc. und die erstern die natürlichen, zu nennen. In den gewöhnlichen Tafeln sind die natürlichen Sinus nur für den Halbmesser 10 000 000 angegeben und haben deshalb drey Decimalziffern weniger als die in größern Tafeln. Die Logarithmen welche man unverändert beybehalten hat, sind zwar nun für diese Zahlen zu groß, allein da man sie bey trigonometrischen Rechnungen für die Sinus ꝛc. selbst, und nicht für die bestimmten Decimaltheile des Halbmessers in welchen sie ausgedrückt sind, braucht, so bringt dieses keinen Nachtheil sondern es wird vielmehr die Rechnung noch genauer als wenn man sie mit Logarithmen führte welche für die nur bis auf 7 Stellen angegebnen Sinus ꝛc. wären berechnet worden.

## §. 21.

Anm. Um Sinus und Cosinus ꝛc. nebst den ihnen zugehörigen Graden in einer Linie beysammen zu haben, hat man die Tafeln so eingerichtet, daß die Grade der Winkel nur bis 45° vorwärts und alsdann wieder rückwärts gehen. Wenn die trigonometrischen Linien ihrer Lagen wegen verneint werden, so braucht man für sie eben die Logarithmen, als wenn sie bejaht wären; denn eigentliche Logarithmen für verneinte Größen sind deswegen nicht möglich, weil alle Arten von Zahlen, die man kennt, schon als Logarithmen bejahter Größen zu betrachten sind.

## §. 22.

Aufg. Aus einer Seite ab und 2 Winkeln a und b eines Dreyecks abd Fig. 133, die übrigen Seiten zu finden.

Aufl

**Aufl.** Man suche den Winkel d welcher der zegebnen Seite entgegen steht (113 Ge.), und setze alsdann: sin. d : sin. a = a b : b d
ferner sin. d : sin. b = a b : a d.

**Beweis.** Sobald man die beyden Winkel z. B. d und a weiß, so sind auch aus den Tafeln die halben Seiten a b und b d die ihnen entgegen stehen, in solchen Theilen bekannt, als man für den Halbmesser des Kreises worin sich das △ beschreiben läßt, angenommen hat. Ist nun eine von diesen beyden Seiten, wie hier a b, auch noch in andern Theilen z. B. in Ruthen, Fuß, sen ꝛc. bekannt, so wird die andere b d nach (17) um so viel mal mehr oder weniger Ruthen ꝛc. haben als a b, um wie viel ihre Hälfte, in Theilen des Halbmessers mehr oder weniger als die halbe a b betragen hat.

Es sey z. B. a b = 12′ ; a = 80 : b = 60°,
also   d = 40°
so ist log. a b = 1. 0791812
log. sin. a = 9, 9933515
_____
11, 0725327
log. sin. d = 9, 8080675
_____
log. b d = 1. 2644052 gehört zu
18′.

§. 23.

## §. 23.

Zuſ. Von 18 iſt der Log. eigentlich 1.
2552725; alſo kleiner als der von bd; der
von 19 aber iſt 1. 2787536 und mithin größer
als der von bd, folglich gehört zu 18 noch ein De
cimalbruch, den man findet, wenn man nach
(268, 273. Ar verfährt. Nämlich wenn man
Log. bd unter der Kennziffer 4 aufſucht, ſo ſteh
bey dem Logar. welchem er am nächſten kommt
die Zahl 18385 dieſe muß, weil man die Kenn
ziffer um 3 Einheiten größer genommen hat, durch
100 dividirt werden, alſo iſt bd = 18, 385.
oder 1° 8′ 3″ 8‴ ,‴‴ .. zwar auch noch nicht völ
lig genau, aber doch der Wahrheit viel näher, al
1° 8′.

## §. 24.

Zuſ. Wenn bey a Fig. 134. ein rechter Win
kel iſt, ſo kann man mit bd den Bogen cd al
das Maas des Winkels b beſchreiben, und ad i
nun als ſin. b. ſo wie bd als ſin. tot. oder r an
zuſehen; dieſes führt auf eine Methode, eine
Winkel wie b, mittelſt der Sinustafeln zu meſſen
Man theilt nemlich eine Linie nach der Art wie i
(200 Ge.) in 1000 Theile, ſchneidet mit ihr au
dem einen Schenkel des zu meſſenden Winkels ei
Stück wie bd ab, und läßt vom Endpunkt ei
Perpendikel da auf den andern Schenkel faller
Mißt man nun dieſes auf jenem getheilten Maaſ
ſtabe, ſo ſtellt das Maas den Sinus des Winkel
i

in Theilen eines Halbmessers von 1000 Theilen
vor. Da nun in den gewöhnlichen Tafeln der
Halbmesser in 10 000 000 Theilen angenommen
worden (20), so denkt man sich die 4 letztern Zif=
fern rechter Hand in den Tafeln hinweg und sucht
unter den stehenbleibenden diejenigen auf, welche
dem gemessenen Perpendikel zugehören, die Gra=
de, Minuten ꝛc. die in den Tafeln neben demselben
stehen, geben alsdann das Maaß des Winkels
an. Z B man fände d a $=$ 866 so wäre b $=$
60°. Auf ähnliche Art könnte man d finden,
wenn man das Perpendickel b a mäße; allein weil
dies den cosin. b vorstellt, so steht nach der Ein=
richtung der Tafeln (21) das Maas von d
gleich neben dem von b, nemlich 30°.

### §. 25.

Anm. Wenn man Tafeln braucht, wo die Sinus
auſſer den Graden auch noch für einzelne Minu=
ten berechnet sind, so wird man finden, daß bey
kleinen Winkeln die Ziffern die man aufsucht, zu
etlichen hintereinander folgenden Minuten gehö=
ren, und daß dieses bey solchen die nahe an 90°
sind, der Fall für eine beträchtliche Anzahl von
Minuten wird. Wenn z. B a d $=$ 998 wäre,
so bleiben diese Ziffern für alle zwischen 86° 22′
und 87° 27′ liegende Winkel einerley; Man
ist also bey dem Maaße von b bis auf 1° 5′ un=
gew ß. In solchen Fällen sucht man also lieber
das Maaß des kleinern Winkels d, wo diese
Ungewißheit nicht so groß ist ꝛc. und aus ihm
alsdann das von b welches seine Ergänzung zu
90° ist.

Bb 3 §. 26.

## §. 26.

**Anm.** Wenn man b a ſtatt b d als Halbmeſſer an
nimmt, ſo wird ae das Maas von b und a
nicht mehr der Sinus, ſondern die Tangente vo
b (10). Die Tafeln lehren, das für die Tangente
die vorerwehnte Ungewißheit bey kleinen Winkel
eben nicht beträchtlicher iſt, als bey den Sinuſſe
und bey größern Winkeln verſchwindet ſie völlig
Deshalb iſt der Gebrauch der Tangenten zu
Winkelmeſſen wirklich vortheilhafter; nur entſtel
bey ſolchen die nahe an 90° kommen, die Unb
quemlichkeit, daß die Tangenten ſo große Linie
werden, daß ſie ſich nicht gut ziehen und meſſe
laſſen; man kann ſich aber alsdann wieder d
durch helfen, daß man die Cotangenten nimm
und zu den ihnen angehörigen Winkeln die E
gänzungen zu 90° ſucht. Z. B. die Ziffern z
Tangente von 86° 22′ ſind 15748 alſo iſt t
Tangente faſt 16mal länger als der gebrauch
1000 theilige Maasſtab oder Halbmeſſer ba
aber dieſe Zahl gehört auch weder 86° 21′, no
86° 23′. Brauchte man die Cotangente, ſo w
ren die ihr zugehörigen Ziffern 63; allein dieſe
hören auch zu cot. 86° 21′ und 86° 23′, alſo h
man hier zwar eine Ungewißheit von 3′ aber au
eine ſo kleine Linie, daß ſie bey weitem noch ni
die Länge des Halbmeſſers erreicht.

## §. 27.

**Zuſ.** Durch ein umgekehrtes Verfahren ka
man auch einen in Graden gegebnen Winkel oh
Transporteur verzeichnen. Z. B. man ſollte in
an b c einen Winkel von 40° legen, ſo nimmt m
die erſten Ziffern des coſin. 40° = 766 und tr

fie in b a, errichtet in a ein Perpendikel und trägt darauf die ersten Ziffern des sin. 40° = 643, so erhält man a d, und es läßt sich nun d b ziehen. Oder man trägt den 1000 theilichten Maasstab auf b c, so daß a b = 1000 wird, errichtet wieder ein Perpendikel in a, und giebt a d so viel Theile als die Tangente des Winkels von 40° enthält, nemlich 839, so läßt sich wieder d b ziehen. Wäre der Winkel b über 45°, z. B. 50°, so setzte man b f = 1000, senkrecht auf a b und f g = cotang. 50° wieder senkrecht auf b f, so läßt sich g b ziehen. Sind die Winkel stumpf, so verzeichnet man ihre spitzigen Nebenwinkel und verlängert den einen Schenkel derselben.

## §. 28.

Zus. Wenn in diesem rechtwinklichten Dreyecke außer dem rechten Winkel a noch ein schiefer b und einer von den Katheten a b gegeben ist, so ist d die Ergänzung von b, folglich sin. d = cos. b, und man findet den andern Katheten auf folgende Art

I. cos. b : sin. b = a b : a d

bequemer aber so:

II. r : tang. b = a b : a d denn da der sin. tot. oder r und sein Logar. blos aus einer 1 mit anhängenden Nullen besteht, so ist allemal die Rechnung bequemer, wenn r mit vorkommt.

Sollte

Sollte aus jenen gegebnen Stücken die Hypo=
thenuse gefunden werden, so hätte man

III. Cof. b :    r ⸗ a b : b d

IV. oder r : fec. b ⸗ a b : b d

Da man aber die Secanten selten in den Ta=
feln findet, und ihre Logarithmen noch seltner, so
ist die erstere Proportion brauchbarer als die
letztere.

Wäre die Hypothenuse und ein schiefer Winkel
b gegeben, und man sollte die Katheten finden,
so hätte man

V. r : fin.  b ⸗ b d : a d

VI. und r : cofin. b ⸗ b d : a b

## §. 29.

**Aufg.** Aus 2 Seiten eines △ a d und d b
Fig. 133. und einem nicht von denselben einge=
schloffenen Winkel a die übrigen Winkel und
die dritte Seite zu finden.

**Aufl.** Man setze:

d b : a d ⸗ fin. a : fin. b. Sobald b
gefunden ist, läßt sich der dritte Winkel a d b nach
(113. Ge.) und die dritte Seite nach (22) finden.

**Beweis.** Er ist dem zu (22) völlig ähnlich.
Es sey a d ⸗ 16′ǵ d b ⸗ 12′; a ⸗ 40° so hat
man

log.

og. ſin. a = 9. 8 0 8 0 6 7 5
log. a d = 1. 2 0 4 1 2 0 0

          11. 0 1 2 1 8 7 5
log. b d = 1. 0 7 9 1 8 1 2

og. ſin. h = 9. 9 3 3 0 0 6 3 Dieſer iſt etwas röſſer als log. 58° 59', denn dieſer iſt = 9. 329897 und der von 59° 0' = 9. 9330656, und der Unterſchied zwiſchen beyden 759. Der Unterſchied zwiſchen dem von 58° 59' und dem gefundenen iſt = 166. Verfährt man alſo nach 271. Ar.) ſo findet man wie viel zu 58° 59' noch Sekunden kommen. Es iſt 58° 59' und 59° 0' um 1' oder 60" unterſchieden, alſo kann man ſetzen 759 : 166 = 60" zu den verlangten Sekunden; der Betrag derſelben iſt etwas über 13 alſo wäre der geſuchte Winkel 58° 59' 13".

## §. 30.

Zuſ. Wenn a d > d b, ſo wird man auch b gröſſer als a finden (78. Geom.). Läßt man von d ein Perpendikel d c auf a b oder deren Verlängerung fallen und nimmt c β = c b, ſo wird d β c = b (84. Geom.) und d β wird auf eben derſelben Seite von a liegen auf welcher d b liegt, weil ſonſt d β c nicht gröſſer als a ſeyn könnte. Alsdann aber iſt d β = d b (55. Ge.). Dies iſt der Fall wenn das Perpendikel innerhalb des Dreyecks fällt; fällt es auſſerhalb deſſelben wie es geſchehen würde, wenn a d β das in (29) betrachtete Dreyeck wäre,

Bb 5       ſo

so nähme man c b $=$ β c und erhielte wieder zwey völlig gleiche Seiten d β und d b, welche beyde auf einerley Seite von a lägen. In dem Fall also wo die gegebne Seite die einen Schenkel des gegebner Winkels vorstellt, grösser ist als die, welche dies sem Winkel gegenüber steht, und diese letztere kein Perpendikel ist, giebt es allemal 2 verschiedene Dreyecke in deren jedem die gegebnen Stücke einerley sind, wo aber der gesuchte Winkel in dem einen ein spitziger und in dem andern dessen stumpfe Nebenwinkel ist; die Antwort welche die Auflösung giebt, ist also in diesem Fall zweydeutig, dies kann aber auch nicht befremdend seyn, weil si nicht den Winkel selbst, sondern nur seinen Sinu giebt, dieser aber nach ( 2 ) sowohl einem spitzige als dessen stumpfen Nebenwinkel zugehört. S würde also wenn man sich statt △ a b d, das ∠ a β d vorstellte, der in (29) gefundene Winkel 18c $- 58° 59' 13'' = 121° 0' 47''$ seyn. Man mr also anders woher wissen ob man ein spitz⸗ od stumpfwinflichtes Dreyeck vor sich hat.

### §. 31.

Zus. Wenn a Fig. 134. ein rechter Winkel i so kann man a d als den Halbmesser ansehen u d b stellt alsdann die Secante von d, oder die Cos von b vor; also kann man setzen:

$$a d : d b = r : sec. \ d \ \text{oder} \ Cosec. \ b$$

Weg

Wegen dessen aber was wegen der Secanten in
(28) bemerkt worden, ist die vorige Auflösung
d b : a d $=$ r : sin. b oder Cos. d bequemer.
Ausserdem läßt sich hier aus 2 Seiten die dritte
auch nach (127. Ge.) finden.

### §. 32.

Lehrs. Wenn von zweyen Größen die Sum=
me und der Unterschied gegeben ist, so findet
man I. die grössere, wenn man den halben
Unterschied zur halben Summe addirt. II. Die
kleinere, wenn man ihn davon abzieht. III.
Den halben Unterschied, wenn man die kleinere
von der halben Summe abzieht.

Beweis. Für I. Es sey die gröffere $=$ x die
kleinere $=$ y die Summe $=$ f und der Unter=
schied $=$ d,

so ist x $+$ y $=$ f
und x — y $=$ d man addire beyderseits
$$2x \qquad = f + d$$
$$\text{also } x \quad = \tfrac{1}{2}f + \tfrac{1}{2}d \Big\} \ (49, 128. \text{ Ar}).$$

Für II. Man subtrahire
von x $+$ y $=$ f
x — y $=$ d
so kommt 2 y $=$ f — d
also y $= \tfrac{1}{2}f — \tfrac{1}{2}d$

Für III. Man addire in der letzten Formel
beyderseits $\tfrac{1}{2}$ d und subtrahire y, so kommt $\tfrac{1}{2}$ d $=$
$\tfrac{1}{2}$ f

$\frac{1}{2}$ f — y. Es ſey z. B. f = 20; d = 6, ſo iſt
x = 13; y = 7 und 10 — 7 = 3 = $\frac{1}{2}$ d.

## §. 33.

Lehrſ. In jedem △ abc Fig. 135. verhält
ſich die Summe zweyer Seiten ac, ab, zu ihrem Unterſchiede, wie die Tangente der halben
Summe der Winkel c, b, welche von jenen
Seiten nicht eingeſchloſſen ſind, zur Tangente
des halben Unterſchieds derſelben.

Beweis. Man verlängere die gröſſere Seite
ab bis af = ac wird und mache auch d = ac,
ſo iſt fb die Summe und db der Unterſchied der
beyden Seiten; fac iſt die Summe der Winkel
acb und abc (109. Ge.). Zieht man nun cd,
ſo erhält man die Winkel acd und adc welche
einander gleich ſind (53. Geom.) und zuſammen
ebenfalls ſo viel als fac betragen. Es iſt alſo
adc als die halbe Summe der im Satz erwehnten Winkel anzuſehen. Zieht man ferner eb durch
b. parallel mit cd, ſo iſt dbe = adc (101
Geom.) mithin ebenfalls jener halben Summe de
Winkel gleich. Nun iſt abc der kleinere von der
beiden Winkeln (78. Ge.) folglich dbc — ab
= cbe den halben Unterſchied der im Satz erwehnten Winkel (3: III.).

Sieht man ad, ac, af als drey Halbmeſſe
eines Kreiſes an, ſo läßt ſich damit über fd au
a ein Halbkreis beſchreiben, der durch c geh
Ma

Man ziehe nun f e. durch c, so wird f c d = 90°(158.
Ge.) und f e b gleichfalls (101 Geom.). Man kann
also mit b e einen Bogen beschreiben, welcher das
Maas der Winkel c b e und d b e vorstellt und e c
wird die Tangente des erstern, f e aber die des
letztern seyn (10).

Es ist nun nach (184. Ge.) f b : d b = f e :
e e d. i. so, wie es der Satz vorträgt.

## §. 34.

Aufg. Aus 2 Seiten a b, a c eines schief=
winklichten und ungleichseitigen Dreyecke a b c
und dem von ihnen eingeschlossenen Winkel,
die übrigen Winkel und die dritte Seite zu
finden.

Aufl. Man suche die Summe der übrigen Win=
kel nach (1.3. Geom.) und den halben Unterschied
derselben nach (33); hieraus ferner den größern und
kleinern nach (32. I. II.) so wird sich die dritte
Seite nach (22) finden lassen.

Beweis. Er beruht auf den angeführten § §.
Z. B a b = 16' a c = 10'; a = 50° so ist
c + b = 130° und ½ (c + b) = 65°. Ferner

$$16 + 10 : 16 - 10 = \text{tang. } 65° : \text{tang. } \tfrac{1}{2} (c - b)$$

$$\text{log. } 6 = 0.7781512$$
$$\text{log. tang. } 65° = 10.3313275$$
$$\overline{\qquad\qquad 11.1094787}$$
$$\text{log. } 26 = 1.4149733$$

log. tang. ½ (c — b) 9.6945054 gehört zu 26° 19′ ✠ .. Verfährt man wieder wie am Ende von (29) so findet man noch 48″.. Also ist c = 65° ✠ 26° 19′ 48″.. = 91° 19′ 48″.. und b = 38° 40′ 11″.. Und nun kann man setzen:

sin. 91° 19′ 48″.. oder nach (2)

sin. 88° 40′ 11″.. : sin. 50° = 16′ : bc

$$\text{log. sin. } 50° = 9.8842540$$
$$\text{log. } 16 = 1.2041200$$
$$\overline{\qquad\qquad 11.0883740}$$
$$\text{log. } 88° 40′ 11″.. = 9.9998829$$
$$\overline{\qquad\qquad 1.0884911 \text{ gehört,}}$$

unter der Kennziffer 4 aufgesucht, zu 12′, 260

Oder auch: sin. 38° 40′ 11″ : sin. 50° = 10′ : bc

$$\text{log. sin. } 50° = 9.8842540$$
$$\text{log. } 10 = 1.0000000$$
$$\overline{\qquad\qquad 10.8842540}$$
$$\text{log. sin. } 38° 40′ 11″ = 9.7957620$$
$$\overline{\qquad\qquad 1.0884920 \text{ welches}}$$

ebenfalls zu 12′, 260 gehört.

### §. 35.

Anm. Wenn die Tafeln nur Minuten enthalten, so findet man den Log. des Sinus bis auf die Sekun=

Sekunden durch ein ähnliches Verfahren wie in (270. Ar.). Nemlich log. sin. 88° 41' = 9. 9998853 und log. sin. 88° 40' = 9. 999 8824. Der Unterschied zwischen den Winkeln ist 1' oder 60'' und der Unterschied zwischen den Logarithmen 29. Um also den Unterschied zwischen den Logarithmen von 88° 40' und 88° 40' 11'' zu haben, setze man 60'' : 11'' = 29 : zu den ges. man findet 5.. Diese also zum Log. 88° 40' addirt, giebt für 88° 40' 11'' den log. 9. 9998829.

## §. 36.

Anm. Von noch einer andern Auflösung dieser Aufgabe hat Hr. Hofr. Kästner bey dem 15ten Satz seiner ebnen Trig. Nachricht gegeben, wo man aber S. 474. Z. 10. B G, statt B C, lesen muß.

## §. 37.

Zus. Wenn a ein rechter Winkel ist, so findet man mittelst der Tangente die beyden andern Winkel leichter. Es ist nemlich Fig. 134.

a b : a d = r : tang. b oder Cotang. d. Die dritte Seite findet sich dann aus (22. 29), auch aus (127. Ge.).

## §. 38.

Anm. Wenn das Dreyeck gleichschenklicht ist, so lassen sich aus a die übrigen Winkel nach (112. Ge.) finden.

## §. 39.

Aufg. Aus allen 3 Seiten eines ungleichseitigen Dreyecks a b c Fig. 136. die Winkel zu

**Aufl.** Man lasse auf die größte Seite ein Perpendikel c d von der Spitze c herab, so erhält man das rechtwinklichte △ cdb, in welchem d und cb bekannt ist, so daß man nur noch db zu wissen nöthig hat, um den Winkel dbc und die übrigen zu finden.

Man beschreibe mit der kleinsten Seite cb einen Kreis, so wird gb = ab — ag, eine Sehne, und db die Hälfte derselben seyn (135. Ge.). Da nun ab bekannt ist, so ist nur noch ag zu finden und dies geschieht, wenn man setzt: Wie sich verhält die größte Seite zur Summe der mittlern und kleinsten, so verhält sich der Unterschied zwischen der mittlern und kleinsten zum gesuchten Stück ag.

**Beweis.** Man verlängere a c bis an den Umkreis in e und ziehe eb; fg, so ist fgb + agf = 180° (30. Geom.) und fgb + feb = 180° (161. Geom.) folglich agf = feb. Da nun a den △ afg und aeb gemein ist, so ist nach (186. Ge.)

ab : ae = af : ag wo ae = ac + cl und af = ac — cb indem fc, ce, cb lauter Halbmesser sind.

Es sey ab = 16'; ac = 14'; cb = 1c so hat man 16 : 24 = 4 : 6 also gb = 10 un db = 5.

Fern

Ferner c b : d b $=$ r : sin. d c b oder Cosin. d b c.

$$
\begin{aligned}
\log. 5 &= 0. 6989700 \\
\log. 1 &= 10. 0000000 \\
\hline
&\ 10. 6989700 \\
\log. 10 &= \ 1. 0000000 \\
\hline
&\ \ 9. 6989700 \ \text{giebt d c b } 30°.
\end{aligned}
$$

und d b c, 60° und nun:

a c : c b $=$ sin. a b c : sin. a

$$
\begin{aligned}
\log. 10 &= \ 1. 0000000 \\
\log. \sin. 60° &= \ 9. 9375306 \\
\hline
&\ 10. 9375306 \\
\log. 14 &= \ 1. 1461280 \\
\hline
&\ \ 9. 7914026 \ \text{gehört zü}
\end{aligned}
$$

38° 12′. : Den dritten Winkel findet man nach
113. Ge.) 81° 47′. .

Da sich übrigens das $\triangle$ a d c auf ähnliche Art
wie $\triangle$ d c b berechnen läßt, so kann man die übri=
gen Winkel auch noch auf eine andere Art finden.

Man hat nemlich a d $=$ a b — d b $=$ 11, also

a c : a d $=$ r : sin. a c d oder Cosin. a

$$
\begin{aligned}
\log. 11 &= \ 1. 0413927 \\
\log. \ r &= 10. 0000000 \\
\hline
&\ 11. 0413927 \\
\log. 14 &= \ 1. 1461280 \\
\hline
&\ \ 9. 8952647 \ \text{giebt a c d}
\end{aligned}
$$

51° 47′. . und a $=$ 38° 12′. : also a c b 81° 47′. .

## §. 40.

Zuſ. Dieſe Rechnungen laſſen ſich in allgemeinen Formeln darſtellen, deren man ſich als leicht zu überſehender Regeln bedienen kann. Man drücke itzt die Seiten des $\triangle$ durch dieſelben Buchſtaben aus, welche vorhin die ihnen entgegenſtehenden Winkel bezeichneten, ſo daß $cb = a$; $ac = b$ und $ab = c$ wird; den Coſinus des Winkels $abc$, nenne man der Kürze wegen, $\beta$, und endlich das unbekannte Stück $ag = x$, ſo iſt $gb = c — x$ und $db = \frac{1}{2} (c — x)$.

Nun war in (39) $c : a + b = b -\!- a : x$

alſo $x = \dfrac{(a+b) \cdot (b—a)}{c} = \dfrac{b^2 — a^2}{c}$ (131. Ar.)

Zieht man dieſen Werth des $x$ von $c$ ab (135. Ar.) und halbirt die Differenz, ſo erhält man $\frac{1}{2} (c — x) =$

$\dfrac{c^2 + a^2 — b^2}{2c} = db$.

Nun iſt in der Figur $cb : r = db : \text{coſ. } abc$ d. i. wenn man die obigen Buchſtaben ſubſtituirt, $\beta = r \cdot \dfrac{c^2 + a^2 — b^2}{2ac}$

Z. B. Wenn $a = 10'$; $b = 14'$ und $c = 16'$ ſo hat man $r \cdot \dfrac{(256 + 100 — 196)}{2. 10. 16} = \dfrac{16000000}{320}$

$= 5000000$ giebt den Winkel $dcb$, 30°, folglich $abc$, 60° wie vorhin. Wenn man einen verneinten Werth findet, ſo nimmt man von dem ſpitzigen Winkel dem der bejahte zugehört, den ſtumpfen Nebenwinkel.

§. 41.

## §. 41.

Zuf. Aus der vorigen Formel nach welcher man aus den 3 Seiten einen Winkel fand, läßt sich eine andere herleiten, nach welcher man aus 2 Seiten und dem eingeschlossenen Winkel die 3te Seite findet. Es war

$$\beta = r \cdot \frac{c + a^2 - b^2}{2ac}$$

Man dividire beyderseits durch $\frac{r}{2ac}$ so kommt,

$$\frac{2ac\beta}{r} = c^2 + a^2 - b^2.$$

Man addire beyderseits $b^2$ und subtrahire $\frac{2ac\beta}{r}$, so erhält man $b^2 = a^2 + c^2 - \frac{2ac\beta}{r}$ und $b = \sqrt{\left(a^2 + c^2 - \frac{2ac\beta}{r}\right)}$

Z. B. wenn die Buchstaben wieder die vorige Bedeutung haben, so ist $b = \sqrt{(100 + 256 - \frac{320 \cdot 5000000}{10000000})} = 14.$

Wenn $abc$ stumpf ist, so ist $\beta$ verneint und die Formel verwandelt sich in folgende $b = \sqrt{\left(a^2 + c^2 + \frac{2ac\beta}{r}\right)}.$

## §. 42.

Aufg. Aus den 3 Seiten eines Dreyecks seinen Inhalt zu finden.

Aufl. 1) Man addire die 3 Seiten.

2) Man halbire diese Summe und ziehe von der Hälfte jede Seite ab.

Cc 2   3) Dies

3) Diese 3 Differenzen, und jene halbe Summe multiplicire man durcheinander, und ziehe aus dem Product die Quadratwurzel, so giebt sie den Inhalt an. Z. B. das $\triangle$ sey rechtwinklicht und der eine Kathete $= 3'$; der andere $= 4'$, so ist die Hypothenuse $= 5'$ (127. Ge.), also erhält man nach 1) 12; nach 2) 6, 3, 2, 1; nach 3) 36 und $\sqrt{36} = 6\square'$, den verlangten Inhalt.

**Beweis.** In Fig. 136. ist $\frac{cd.\,ab}{2} =$ dem Inhalt (214. Ge.) wenn nun die Buchstaben in (41) hier wieder gelten, so ist $ab = c$; man drücke also auch cd durch die Buchstaben aus mit welchen die Seiten sind bezeichnet worden. Nun ist $r : a =$ sin. abc : cd also I) $cd = \frac{a.\,\sin\,abc}{r}$

$$(234\ \text{Ar.}).$$

Nach (8) wird II) $(\sin.\,abc)^2 = r^2 - \beta^2$.

In (40) war $\beta = r.\,\dfrac{c^2 + a^2 - b^2}{2\,ac}$

Man addire beyderseits r, so kommt

$$r + \beta = r.\,\frac{c^2 + a^2 - b^2 + 2\,ac}{2\,ac} \quad (135\ \text{Ar.})$$

Wenn man in diesen Zehler mit $a + b + c$ dividirt, so erhält man zum Quotienten $a + c - b$, und man kann nun setzen

$$r + \beta = r.\,\frac{(a + b + c)\,(a + c - b)}{2\,ac}$$

Eben

Eben so subtrahire man $\beta$ und seinen Werth beyderseits von r, so erhält man

$$r - \beta = r.\ \frac{b^2 - a^2 - c^2 \mp 2\,a\,c}{2\,a\,c}$$

Wenn man hier wieder in den Zähler mit $a \mp b - c$ dividirt, so erhält man zum Quotienten $b \mp c - a$ also kann man setzen

$$r - \beta = r.\ \frac{(a \mp b - c)\,(b \mp c - a)}{2\,a\,c}$$

Nach (131, Ar.) ist $r^2 - \beta^2 = (r \mp \beta)\,(r - \beta)$ Wenn man nun statt der letztern Factoren, ihre Werthe setzt, so wird

$$r^2 - \beta^2 = r^2\ \frac{(a \mp b \mp c)\,(a \mp c - b)\,(a \mp b - c)}{4\,a^2\,c^2}$$

$(b \mp c - a)$ also aus (II) sin. $a\,b\,c = \dfrac{r}{2\,a\,c}$ $\sqrt{((a \mp b \mp c\ (a \mp c - b)\,(a \mp b - c)\,(b \mp c - a))}$ Setzt man diesen Werth in die Formel I) und hebt r und a gegen einander auf, so erhält man

$$c\,d = \frac{\sqrt{((a \mp b \mp c)\,(a \mp c - b)\,(a \mp b - c)}}{2\,c}$$

$(b \mp c - a))$. Dieses Perpendikel mit der Grundlinie $= \frac{1}{2}\,c$ multiplicirt, giebt also den Inhalt $=$ $\sqrt{((a \mp b \mp c)\,(a \mp c - b)\,(a \mp b - c)\,(b \mp c - a))}.$

$$\overline{\phantom{xxxxxxxxxxxxxxxxxxxxxxxxxxxxxxxxxxx}}$$
$$4$$

Das Quadrat dieses Inhalts ist $= \frac{1}{16}.\ (a \mp b \mp c)$ $(a \mp c - b)\,(a \mp b - c)\,(b \mp c - a)$, und eben dies kommt heraus wenn man den 1sten Factor

$\frac{1}{16}$.

$\frac{1}{18}$, wegläßt und dafür jeden der übrigen mit $\frac{1}{2}$ multiplicirt. Zieht man nun von $\frac{1}{2}$ (a + b + c) $= \frac{1}{2}$ a + $\frac{1}{2}$ b + $\frac{1}{2}$ c eine Seite, z. B. b $= \frac{1}{2}$ b + $\frac{1}{2}$ b, ab, so bleibt $\frac{1}{2}$ a + $\frac{1}{2}$ c — $\frac{1}{2}$ b $= \frac{1}{2}$ (a + c — b) u. s. w. woraus die oben gegebene Regel folgt.

### §. 43.

Anm. Mehrere Anwendungen der Buchstabenrechen=
kunst um Rechnungsformeln und allgemeine trigo=
nometrische Lehrsätze zu finden, s. man in Hrn.
Hofr. Kästn. Anfangsgr. d. ebnen Trig. und Hrn.
Prof. Klügels analyt. Trigonometrie.

# Die Geodäsie oder Feldmeßkunst.

### §. 1.

Erkl. Unter der Feldmeßkunst versteht man die=
jenige Anwendung der bisher vorgetragenen Lehren,
wodurch man nicht allein zugängliche, und unzu=
gängliche Distanzen und Höhen ausmessen; son=
dern auch gewisse kleine Stücken der Erdfläche so
auf das Papier verzeichnen lernt, daß die kleine
Figur der auf der Erde selbst befindlichen großen,
ähnlich wird.

### §. 2.

Zus. Punkte und Linien bestimmt man auf der
Erde durch eingesteckte Stäbe die auf der Ebne
senkrecht stehen müssen, wenn man sie in derieni=
gen Höhe über der Erde brauchen will, in welcher
sich

sich gewöhnlich unser Auge befindet. Zwey Stäbe
werden allemal in gerader Linie stehen (10. Ge.);
sollen aber 3 oder mehrere sich in derselben befinden, so muß der Stab welcher zunächst bey dem
Auge steht, alle weiter von demselben entfernten,
bedecken können. Dies gründet sich auf den optischen Satz, daß die Lichtstrahlen nach geraden Linien fortgehen. Es erhellet aber auch aus eben
solchen optischen Gründen, daß man, um vor Feh-
lern sicher zu seyn, das Auge nicht zu nahe an
den Stab halten, und die Lichtstralen nicht mehr
für geradelinigt annehmen dürfe, wenn das durch-
sichtige Mittel durch welches sie fahren z. B. Luft,
Wasser, Glas nicht allenthalben von gleicher Dich-
tigkeit, und dabey ihre Richtung auf Linien die in
der Oberfläche dieser Mittel gezogen sind, nicht
senkrecht ist.

## §. 3.

**Willk. Satz.** Kleine Strecken auf der Erde drückt
man wie in (200 Ge.) nach Ruthen, Fußen, Zollen,
aus, nur daß hier, sowohl die Fuße ꝛc. fast an jedem Orte ihre besondere Größe haben, als auch die
Ruthen bald diese, bald jene Menge derselben in
sich enthalten, so ist z. B. der pariser Fuß größer
als der rheinländische und zwar in der Verhältniß
von 14400 zu 13913 (273 Ar.); und dieses ist der
Fall bey mehrern, so daß man ganze Verzeichnisse
von den Verhältnissen dieser Fußmaaße bey praktischen Schriftstellern findet. Eben so wird zuweilen

Cc 4

die

die Ruthe in 18, 16, 14, 12 und 10 Fuß eingetheilt, so wie auch zuweilen die Toise oder Klafter,
welche 6 Fuß enthält, beym Feldmessen gebraucht
wird. Der Fuß wird wiederum bald in 10 bald
in 12 Theile getheilt, und eben dies ist auch der
Fall bey dem Zoll und der Linie. Wenn der Ruthen und Fuße zu viel werden, als daß man sich
von der Länge der Linie die sie angeben, eine
deutliche Vorstellung machen könnte, so pflegt man
statt ihrer, Meilen zu brauchen, wo aber ebenfalls
eine große Verschiedenheit statt findet. Am ge-
bräuchlichsten sind bey uns die geographischen oder
deutschen Meilen, auf deren jede man 23629
rhein. oder 22872 par. Fuß rechnet.

Beym Flächenmaaß hat man hier eben so wie
oben in der Geom. Quadr. R. u. s. w. wo auch eine
gewisse Anzahl derselben z. B. 120 oder 140, ein
Acker oder Morgen Landes genannt wird.

## §. 4.

**Aufg.** Decimalmaaß in Duodecimalmaaß,
und umgekehrt, zu verwandeln.

**Aufl.** Weil beym Decimalmaaß einerley Länge
z. B. 1 Ruthe in 10 und beym Duodecimalmaaß
ebendieselbe in 12 gleiche Theile getheilt ist, so
werden 10 Dec. F. = 12 Duod. F., und wenn
man beyderseits durch 10 dividirt, 1 Dec. F. =
1, 2 Duod. F. Um also z. B. 8, 25 Dec. F.
in

ı Duod. F. zu verwandeln, multiplicire man sie
ıt 1, 2; nemlich    8', 2 5
                       1, 2
                 ─────────
                 1 6 5 0
                 8 2 5
                 ─────────
                 9, 9 0 0

Man erhält also 9$\frac{9}{10}$ Duod. F. Um die $\frac{9}{10}$ Duod.
. in Duod. Zolle zu verwandeln, verfährt man
ach (99. Ar.) d. i. man multiplicirt sie mit 12,
›o man 10$\frac{8}{10}$ Duod. Z. erhält, die $\frac{8}{10}$ '' verwandelt
ıan auf ähnliche Art in 9, 6 Duod. Lin. Man
ıat also statt 8, 25 Dec. F. oder 8' 2'' 5''' Dec.
Maaß nun 9' 10'' 9''', 6 Duod. M. Hätte man
'', 25 zu verwandeln gehabt, so hätte man
'' 10''', 9'''', 6 Duod. Maaß erhalten.

Will man Duod. M. in Decimalmaaß verwan-
eln, so setze man wieder 10 Dec. F. $=$ 12 Duod.
z. und div. durch 12, so kommt $\frac{10}{12}$ Dec. F. $=$ 1 Duod.
z. oder 1 Duod. F. giebt 0, 8333.. Dec. F.
139. Ar.). Wenn man also 9, 9 Duod. Fuß
ı Dec. Maaß haben wollte, so müßte man sie.
nit  0, 8 3 3 3... multipliciren; nemlich

              |9', 9
         ───────────
         7 4 9 9 7
         7 4 9 9 7
      ───────────
      8, 2 4 9 6 7  Diese Zahl ist beynahe 8', 25,
ınd so viel würde sie auch wirklich betragen, wenn
›er obere Factor vollständig gewesen wäre.

                  C c 5            Beweis,

**Beweis.** Die ganze Rechnung beruht eigentlich auf der Regel Detri. Da nemlich 10 Dec. F. 12 Duod. F. betragen, so werden eine beliebige Anzahl derselben so viel betragen als das 4te Glied giebt; und das obige Verfahren ist eine bloße Abkürzung dieser Methode. Wenn statt des an den Fußen hängenden Bruchs wirkliche Zolle und Linien vorhanden wären, so müßte man setzen: 100 Dec. Z. geben 144 Duod. Z. wieviel die vorhandenen? oder 1000 Dec. Lin. geben 1728 Duod. Lin. wie viel z. B. 825 Dec. Lin.? und man fände alsdann 1425, 6 Duod. Lin. $=$ 9′ 10″, 9‴, 6 Duod. Maas wie oben. Aehnliche Bewandtniß hat es auch mit der Verwandlung des Duod. Maaßes in Dec. M. Wenn nemlich 9′ 10″ 9‴, 6 zu verwandeln wären, so müßte man nach (99. Ar.) alles auf die kleinste Sorte nemlich auf Linien bringen, und dann setzt man

1728 Duod. L. geben 1000 Dec. L. $=$ 1425‴, 6? und man fände 825 $=$ 8′ 2″ 5‴ Dec. Maas oder 8′, 25.

### §. 5.

· Zus. Beym Flächenmaaß wird man sich aus (208. Ge.) erinnern, daß 1 Quadr. R. 100 Qu F. u. s. w. hat, also wird eine Duod. Quadr. R 12. 12 $=$ 144 Qu. F. haben, und eben so 1 Qu F. 144 Qu. Z. haben, worauf man also bey de Verwandlung der Flächenmaaße Rücksicht zu neh

mei

en hat. Eben so hat 1 Sechzehntheilige Qu. R.
5, 16 oder 256 Qu. Fuß u. s. w.

### §. 6.

**Anm.** Wenn man ein Maas das nach einem ge=
wissen Fuß z. B. dem pariser ausgedrückt ist,
nach einem andern z. B. dem rheinländischen,
angeben soll, so verfährt man wie in (273. Ar.)
Diese Rechnung gehört eigentlich zur verkehrten
Regel Detri; denn die Verhältnißzahlen der bey=
den Fuße werden nach Mengen gleich großer
Theile die sowohl auf den einen als andern
gehen, angegeben z. B. 1 pariser Fuß
verhält sich zu 1 rheinl. wie 14400 : 13913,
also sind 13913 par. F. = 14400 rhnl. Fuß
(227. Ar.) daraus folgte (273. I. Ar.) daß
1 par. F. so viel als 1, 035 rheinl. F. betrage. Will
man also wissen wie viel z. B. 20 par. F. an
rheinl. betragen, so multiplicirt man jene Zahl
mit 20, oder addirt zu ihrem

$$\text{Logar.} = 0.0149417$$
$$\text{Den Log. } 20 = 1,3010300$$

so erhält man     1. 3159717 den Log.
der gesuchten rheinl. Fuße, welcher zu 20, 7
gehört.

Umgekehrt fand man (273. II. Ar.) 1 rheinl.
F. = 0, 9662 pariser; also um 20, 7 rhnl.
F. in pariser zu verwandeln, multiplicirt man
sie mit jener Zahl, oder addirt beyder Logar. zu=
sammen.

$$\text{So ist Log. } 0, 9662 = 0. 9850583 - 1$$
$$\text{und Log. } 20,7 = 1. 3159717$$
$$\underline{\hspace{3cm}}$$
$$1. 3010300 \text{ wel=}$$

cher zu 20 gehört. Wenn man blos multiplicirt,
ohne

ohne die Logar. zu brauchen, so erhält man 20
00034 welches etwas mehr als 20 ist, weil di
Decimalbrüche nicht ganz genau sind. Wäre
nun diese gefundenen Fuße, Decimalfuße un
man wollte ihren Werth in Duod. Maaß haben
so müßte man sie nach (4) noch mit 1, 2 mul
tipliciren u. s. w.

## §. ·7·

**Aufg.** Eine zugängliche gerade Linie au
dem Felde zu messen.

**Aufl.** Man nehme eine Stange, Kette ode
Schnur die in ihre Ruthen und Fuße getheilt is
und bringe sie so waagrecht und gerade als mö
lich, zwischen die Endpunkte der abgesteckten Lini
so lassen sich die Ruthen und Fuße die sie enthäl
abzählen. Findet sich am Ende noch ein Stüc
welches keinen ganzen Fuß beträgt, so untersuc
man mit Hülfe eines einzelnen, nach Zollen un
Linien abgetheilten Fußes, wie viel dieses Stü
noch beträgt.

**Beweis.** Die waagrechte Richtung des Maa
stabes ist deswegen erforderlich, weil man d
Distanzen auf dem Felde, so zu haben wünsch
wie sie sich auf einer völligen Horizontalebne z. 
auf der Fläche eines stillen Wassers, ergeben wü
den und die gerade Richtung ist dazu nöthig d
man die Distanzen nicht zu groß erhalte, der
wenn man den Maaßstab in einer krummen od 
gebroch

brochenen Linie brauchte, so würde man die
istanz grösser finden, als sie wirklich ist.

### §. 8.

Anm. Die Meßstangen haben in Absicht der Genauigkeit, die sie beym Messen gewähren, den
Vorzug vor den Ketten und Schnuren. Wenn
man sie von alten ausgelaugten Tannenholz verfertigt, so verändern sie sich nicht merklich, weder bey Kälte und Wärme wie die metallenen
Ketten, noch bey Nässe und Trockenheit, wie
die hanfenen Schnuren.

Um recht genau mit ihnen zu verfahren, kann
man sie auf einem Stativ so befestigen daß sie
sich um einen Punkt in vertikaler Richtung bewegen lassen; man kann sie an beyden Enden
mit Dioptern, und in der Mitte mit einer
Wasserwaage versehen, welche letztere aus einer
genau cylindrischen Glasröhre besteht, die man
bis auf einen kleinen Theil mit Wasser gefüllt
und dann an beyden Enden verschlossen hat.
Allein die Meßstangen haben den Nachtheil, daß
sie bey einer beträchtlichen Länge sich biegen und
nicht bequem zum handrhieren sind; und bey einer
nicht beträchtlichen zu oft von einer Stelle zur
andern gebracht werden müssen, deswegen gehen
auch die Operationen mit ihnen viel langsamer
von statten, als mit den Ketten und Schnuren
die man mit Ringen an Stäbe hängt und zwischen ihnen ausspannt. Das weitere was bey
diesem Messen vorkommt, läßt sich besser zeigen
als beschreiben.

### §. 9.

Aufg. Eine unzugängliche gerade Linie auf
em Feide zu messen.

Aufl.

Aufl. Man sehe die zu messende Linie als die Seite eines Dreyecks an und suche von demselben diejenigen Stücke in seine Gewalt zu bekommen, die zur Bestimmung jener unbekannten Seite erforderlich sind.

Diese Auflösung läßt sehr mannichfaltige Anwendungen zu, die hier nach der Reihe vorgenommen werden sollen.

I. Es sey die Weite AB Fig. 137. zu messen, wo man blos von C nach A und B kommen kann

1) Mit Stäben und der Kette. In dem △ ABC kann man CA und CB messen; man trag also diese Linien in gerader Richtung zurück nach Cb und Ca (2) so wird auch aCb = ACB (39 Geom.) also ab = AB (51. Geom.).

Wenn hinter c nicht Raum zum zurücktragen wäre, so könnte man auch blos die Hälften oder Drittel 2c. von den Linien nach β und α rückwärts oder auch vorwärts tragen, so wäre alsdann auc αβ = ½ oder ⅓ 2c. von AB (189. Ge.)

2) Mit dem Meßtische. Dieses Werkzeug welches in eignen von der ausübenden Geometrie handelnden Schriften, umständlich beschrieben wird kann man beym Gebrauch so weit kennen lernen als zu gegenwärtiger Absicht nöthig ist Man steckt auf seinem waagrecht gestellten Blatte, senkrecht über einem Punkt C, eine Nadel ein, leget ein L

nec

=al mit Dioptern daran und viſiret alsdann nach
=n Gegenſtänden in A und B , wo man auch al=
=nfalls Stäbe einſtecken kann. Von den Geſichts=
=ien laſſen ſich nun auf dem Tiſche die erſten
=tücke vom angenommenen Punkt aus ziehen z. B.
=α und Cβ. Mißt man nun C A und C B mit
=m großen Maasſtab und trägt die Maaße nach
=m verjüngten (200. Ge.) in die auf dem Tiſche
=findlichen Anfänge der Geſichtslinien, ſo erhält
=an ein △ auf dem Tiſche, welches dem im Felde
=nlich iſt, und wo man αβ mit dem verjüngten
=aasſtabe meſſen, und verſichert ſeyn kann, daß A B
=f dem großen eben ſo viel halten werde (189. Ge.).

3) Mit dem Winkelmeſſer. Dieſes Inſtrument
=t viel Aehnlichkeit mit dem krummlinigten Trans=
=rteur (169. Ge.) nur daß es wie der Meßtiſch
=f einem Stativ befeſtigt und mit Dioptern nebſt
=er beweglichen Regel verſehen, auch durch aller=
=nd künſtliche Einrichtungen zur Anzeige kleinerer
=eile als ganze und halbe Grade ſind, geſchickt
=macht iſt. Dieſen Winkelmeſſer ſtellt man ſo
=e den Meßtiſch, waagrecht, mit ſeinem Mittel=
=nkt über einen Punkt C; dreht ihn dann ſo,
=ß man den Punkt A trift, wenn man über den
=ifangspunkt ſeiner Theilung hin viſiret; alsdann
=ſchiebt man die Regel bis man durch die Diop=
=n den andern Punkt, B trift. Die Grade und
=eile derſelben nun, die zwiſchen dem Anfangs=
=d letztern Theilungspunkt welchen die Regel ab=

schnei=

schneidet, befindlich sind, geben das Maaß des Winkels A C B an; diesen trägt man dann auf ein Papier und in dessen Schenkel die wie in no. 2. gemessenen Linien, nach dem verjüngten Maasstabe, so erhält man abermals ein △ welches dem im Felde ähnlich ist, oder in Theilen des verjüngten Maasstabes die Größe der Seiten so angiebt, wie sie sich im Felde mit dem großen Maasstabe gemessen, finden würden.

Ausser dem beschriebenen Winkelmesser pflegt man auch mit der Boussole oder dem Kästchen mit der Magnetnadel, und andern, ehedem mehr, als heut zu Tage gebräuchlichen Werkzeugen, Winkel im Freyen zu messen; es sind aber diese Methoden nicht so genau und allgemein, als die beschriebenen.

4) **Durch Rechnung.** Man messe nach no. 3 wieder den Winkel C und die Seiten A C und B C, so läßt sich (39. 40. Trig.) A B finden.

II. Eine Weite A B Fig. 138. zu messen, wo man nur zu einem von ihren beyden Endpunkte aus einem dritten C, kommen, und nach der andern B, blos visiren kann.

1) **Mit Kette und Stäben.** Da man in der △ A B C die Seite A C messen, und den Winkel bestimmen kann, so trage man wie in I. 1. C. in gerader Richtung nach Ca und A in a (9. Ge.) indem man in v einen Stab setzt. Nu nehm

nehme man einen Stab und rücke ihn in der Linie BC immer weiter fort, bis man an eine Stelle b kommt, wo ein hinter a befindliches Auge diesen Stab auch mit a und v in einer Linie sieht, so ist nun in den Dreyecken ABC und bC, A $=$ a; AC $=$ Ca und ACB $=$ bCa folglich ab $=$ AB (54. Ge.).

Wenn man von der gemessenen CA ein bekanntes Stück Cα abschneidet, den Winkel A anlegt, und β in gerader Linie zwischen C und β setzt, daß man αβ messen kann, so darf man nach (186. Ge.) setzen Cα : αβ $=$ CA : AB.

Ist DB die Breite eines Flusses die man finden will, so kann man, wenn AB bekannt, und AD unmittelbar zu messen ist, DB finden, wenn man AD von AB oder ab abzieht.

Da man A in den allermeisten Fällen auf eine beliebige Strecke von D wird abrücken können, so läßt sich durch gegenwärtige Anleitung allemal die Weite zweyer Oerter D und B finden zu deren einem man nur aus einem dritten Orte C, kommen kann.

2. Mit dem Meßtisch. Man setze ihn erstlich in C und ziehe darauf die Gesichtslinien Cα und Cβ. Man messe CA und trage sie nach dem verjüngten Maasstab auf Cα. Man setze alsdann den Tisch in A so daß A senkrecht über α und αC in die Richtung von AC kömmt.

D d                                    Ende

Endlich visire man aus A nach B, so läßt sich A n auf dem Tische ziehen, diese wird nach dem verjüngten Maasstabe so viel als A B nach dem großen betragen, auch wird m n mit C B einerley Maas haben (186. Ge.).

3. **Mit dem Winkelmesser.** Man mißt das mit die Winkel C und A desgleichen A C mit dem großen Maasstabe, so läßt sich wieder wie in I. 3. ein Dreyeck auf das Papier zeichnen, dessen Seiten nach dem verjüngten Maasstabe eben so viel halten, als die des großen nach dem größern Maasstabe (186. Ge.).

Es ist hiebey zu bemerken, daß es eben nicht unumgänglich nöthig ist, das Maas der Seite A C nach dem verjüngten Maasstab aufzutragen, denn die 2 Winkel bestimmen schon allein ein $\triangle$ welches dem A C B ähnlich ist. Man könnte also auch die Seiten m A; A n auf einem beliebigen Maasstabe messen, oder auch blos ihre Verhältniß zahlen suchen, und dann setzen m A : A n $=$ A C : A B oder A m : m n $=$ A C : C B. Das Auftragen nach dem verjüngten Maasstabe ist aber bequemer als diese Rechnung und doppelte Messung.

4. **Durch Rechnung.** Aus den beyden Winkeln und der Seite A C, die man gemessen hat, findet man A B und C B nach (22. Trig.).

III.

III. Wenn man weder zu A noch B kommen, nach beyden aber aus C visiren kann.

1) Mit Stäben und der Kette. Man suche die Weite von A C und C B nach II. 1. und verfahre dann nach I. 1.

Dieses Verfahren wird so, wie noch ein anderes mit bloßen Stäben, wegen seiner Weitläufigkeit und Unsicherheit, nur im Nothfall gebraucht.

2) Mit dem rechtwinklichten Kreuz. Fig. 139. Man setze das Instrument über einen Punkt D und visire von m nach A so, daß m A durch die beyden Absehen m, o, geht; man visire alsdann auch durch die Absehen n. p, und lasse durch einen Gehülfen in einiger Entfernung von p einen Stab in die Linie n s setzen. Man nehme hierauf das Instrument hinweg, setze an seine Stelle einen Stab in D und richte es auf der andern Seite bey E so, daß q s in die Linie der vorher eingesteckten Stäbe kömmt. In dieser Richtung schiebt man es so lange vor- oder rückwärts bis ein bey r visirender Gehülfe den Punkt B in r t erblickt. Itzt nimmt man auch hier das Instrument hinweg und setzt an seine Stelle einen Stab in E. D E theilt man nun in zwey gleiche Theile und setzt in das Mittel derselben einen Stab C. Nun nimmt man einen Stab in die Hand, geht von C immer rückwärts, so daß der Stab in der Linie C B bleibt,

und

und wenn man so weit gekommen ist, daß ein
Gehülfe diesen Stab auch mit D und A in einer
Linie erblickt, so steckt man ihn fest in a. Wird
nun auf der andern Seite eben so verfahren, so
erhält man den Punkt b, wo alsdann a b so groß
als A B seyn wird.

Wenn man blos die Weite von D nach A finden wollte, so fällt das Visiren nach B hinweg,
und man kann E weiter vor- oder rückwärts von
D annehmen, nur muß C allemal in die Mitte
der Linie D E gesetzt werden.

Aus diesem Verfahren sieht man, daß das
rechtwinflichte Kreutz auch gebraucht werden kann,
wenn im Felde auf eine Linie ein Perpendikel soll
gesetzt werden.

3) Mit dem Meßtisch. Fig. 140. Man messe
eine Standlinie CD ab; setze den Tisch über C
und nehme senkrecht darüber den Punkt c an. In
D stecke man einen Stab und visire aus c nach
demselben, so läßt sich c d ziehen und nach dem
verjüngten Maasstab das Maas von CD darauf
tragen. Man visire alsdann auch nach A und B,
so erhält man die Linien cα, cβ. Nun nimmt
man den Tisch hinweg, und setzt ihn an das andere Ende der Linie so, daß d senkrecht über D
und dc in die Linie DC zu liegen kommt, und das
mit dieses bewerkstelliget werden könne, wird in
C ein Stab gesetzt. Endlich visirt man aus d
wiede

wieder nach A und B, so ist die Entfernung der Durchschnittspunkte α und β nach dem verjüngten Maasstabe der zwischen A und B nach dem großen, gleich.

4) **Mit dem Winkelmesser.** Man mißt wieder wie vorhin eine Standlinie CD ab, und setzt den Winkelmesser in C und D, um auf der einen Seite die Winkel ACB, ACD, und auf der andern BDC, ADC zu erhalten, so läßt sich die Figur ABDC wieder wie in I. 3; II. 3. nach ähnlichen Abmessungen ins Kleine zeichnen.

5) **Durch Rechnung.** Aus den nach no. 4. gemessenen Stücken, läßt sich erstlich im △ ACD die Seite AC nach (22 Trig.) und dann nach eben der Aufgabe im △ BCD, die Seite BC finden. Aus diesen beyden und dem Winkel ACB sucht man endlich AB nach (34, 41 Trig.).

Man sieht von selbst, daß sich AB auch noch einmal auf ähnliche Art aus dem △ ABD berechnen läßt, wenn man vorher BD und AD gesucht hat.

Zu den Fällen in II. und III. lassen sich auch die Höhenmessungen rechnen; indem man bey einigen nur zum untern, bey andern zu keinem von beyden Endpunkten kommen kann. Indessen hat doch die Verfahrungsart etwas eigenthümliches; also

IV.

IV. Wenn die zu messende Linie eine Höhe ist, zu deren unterm Punkte man kommen kann.

1. Mit Stäben. Da sich das Zurücktragen der Linien nicht anbringen läßt, so muß man statt dessen eine Proportionsrechnung vornehmen, die indeß nicht trigonometrisch zu seyn braucht. Man stecke Fig. 141. einen Stab a n senkrecht ein, und gehe mit einem kürzern o m ebenfalls in senkrechter Richtung so weit zurück bis man die Punkte o a A in einer Linie erblickt. Man messe hierauf n m = d o, wie auch den Unterschied der beyden Stäbe a d und die Entfernung des weitesten Stabes vom untersten Punkt der Höhe, C m = D o und setze alsdann o d : d a = o D : D A. Hierzu addire man entweder noch o m, wenn m c waagrecht ist, oder visire aus o noch einmal nach C, und lasse ein Zeichen a n an so lange verschieben, bis man es in der Linie o C erblickt, da sich dann D C eben so wie D A berechnen läßt.

Andere ähnliche Arten z. B. mit Hülfe des Schattens, des geometrischen Quadrats und dergleichen, findet man bey praktischen Schriftstellern.

2. Mit dem Meßtisch. Fig. 142. Man stelle das Blatt desselben vertikal; erwähle einen Punkt o, und visire aus demselben nach A, und bey unebnem Boden, auch nach C. Man ziehe die waagrechte Linie o d; messe m C und trage sie nach dem verjüngter

jüngten Maasstab in od. Durch d ziehe man endlich eine Perpendikularlinie auf od, so giebt ac das Maas von AC an.

Wenn mc waagrecht ist, so sucht man blos AD und addirt dazu om.

3. Mit dem Winkelmesser. Man stellt ihn ebenfalls vertikal, und mißt die Winkel AoD und DoC nebst mC, so läßt sich ein $\triangle$ aoc verzeichnen welchem AoC ähnlich ist, und wo man an ac das Maas von AC haben kann.

4) Durch trigonometr. Rechnung. Aus den vorhin gemessenen Stücken läßt sich AD und DC nach (28. Trig.) finden.

V. Wenn man auch zum untern Punkte nicht kommen kann. Fig. 143.

1) Mit Stäben. Man setze ein paar Stäbe pq, kg, von ungleicher Länge senkrecht in q und g wie in Fig. 141, daß nemlich p, k und A in einer Linie liegen; alsdann bringe man in die Ebne pAD noch ein paar andere mn $=$ pq und ac $=$ kg, so daß wieder m, a und A in einer Linie liegen. Man messe hierauf qg. nc, qn, pq und kg, so kann man setzen.

qg — nc : kg — pq $=$ qn : AD wozu man alsdann noch pq addirt wenn qC waags; recht ist.

c)

2) **Mit dem Meßtisch.** Fig. 144. Man richte
den Meßtisch wieder so vor wie in (IV. 2.) meße
eine Standlinie m n ab und trage sie in die auf
dem Tische gezogene waagrechte Linie o d; visire
hierauf nach A und C und ziehe o a, o c. Nur
setze man den Tisch in n, so daß d senkrecht über n
zu stehen kommt und visire aus d aufs neue nach A
und C so kann man zwischen den Durchschnitts-
punkten a und c das Maas von AC erhalten.

3) **Mit dem Winkelmesser.** Nachdem man
die Winkel bey o und d und die Standlinie m n
gemessen hat, läßt sich die Figur a c o d verzeichnen in welcher man wieder wie vorhin a c erhält.

4) **Durch trigonometr. Rechnung.** Aus o d
und den Winkeln A o D und A d o als dem Nebenwinkel von A d D findet man nach (22. Trig.) A d;
und hierauf aus A d, dem Winkel A d D und dem
rechten Winkel bey D nach (28. Trig.) A D. Auf
ganz ähnliche Art auch unterwärts D C.

**Beweis.** In den mehresten Fällen ergiebt er
sich aus den angeführten § § von selbst. Wenn
bey dem Gebrauch des Meßtisches gesagt wird,
die gesuchte unbekannte Linie im Felde betrage auf
dem großen Maasstabe so viel Ruthen ꝛc. als die
ähnliche Linie auf dem Meßtische, so gründet sich
dieses auf die Aehnlichkeit der Dreyecke (190. Ge.).

Daß in (III. 2.) Fig. 139; a b = A B erhellet
so: In den rechtwinklichten Dreyecken A D C und
C E b

C E b ist D C $=$ C E n. d. Vorschr. D $=$ E
(33. Ge.) und D C A $=$ E C b (39. Ge.) folglich
A C $=$ C b, Eben so ist B C $=$ C a und A C B
$=$ a c b (39. Ge.) folglich A B $=$ a b (51. Ge.).

In (V. 1.) kann man statt der Linien q g 2c.
die p h 2c. betrachten welche jenen gleich sind (93,
102. Ge.) Man lege nun in Gedanken das △ m d a
auf △ p h k, so wird nach der Vorschr. d a mit
h k congruiren und d m in die Linie h p fallen, ins
dem bey d und h rechte Winkel sind. Da nun der
Winkel a m d $>$ k p h (109. Ge.) so wird m a d
$<$ p k h (110. Ge.) folglich muß a m zwischen p k
und k h fallen, so daß p f den Unterschied zwischen
p h und m d vorstellen kann. Da nun zugleich
k f und A m parallel werden (93. Ge.) so ist

$$p f : f k = p m : m A \text{ (183. Ge.)}$$
ferner m a : a d $=$ m A : A D oder weil m a $=$ f k
und a d $=$ k h;
so ist f k : k h $=$ m A : A D
folglich p f : k h $=$ p m : A D (233. Ar.)

### §. 10.

Erkl. Wenn man die Höhe eines Orts über
einem andern mit einer Wasserwaage, davon eine
Art oben in (8) kürzlich ist beschrieben worden,
abmißt, so nennt man dieses Geschäfte das
Wasserwägen oder Nivelliren, weil man gewöhnlich dadurch das Gefälle eines Flusses zu er-
forschen sucht.

Dd 5

§. 11.

## §. 11.

**Aufg.** Ein paar Oerter b und n gegen=einander abzuwägen Fig. 144.

**Aufl.** 1) Man stecke in b und n Stäbe mit Merkzeichen die sich daran verschieben und durch Stellschrauben in einem beliebigen Punkte befestigen lassen.

2) Man setze das Instrument ohngefehr in die Mitte zwischen beyde und stelle es so daß die Luft=blase in der Glasröhre genau im Mittel steht und folglich die Gesichtslinien durch die Dioptern wel=che mit der Axe der Glasröhre parallel läuft, ho=rizontal wird.

3) Man visire nach den Stäben und lasse durch einen Gehülfen die Merkzeichen so lange verschie=ben bis die Gesichtslinie gerade auf ihren Mittel=punkt trift.

4) Man messe alsdann a b und c n so wird c n — a b das Gefälle anzeigen.

**Beweis.** Man ziehe durch den untersten Punkt n eine Parallele m n mit a c; da nun die Stäbe allemal senkrecht stehen, so ist a m — c n (102. Geom.) folglich c n — a b — a m — a b — b m als der Höhe von b über n.

## §. 12.

**Anm.** Wenn man die Erde als eine Kugel betrach=tet, so ist ein Stück eines größten Kreises auf der=

derselben in allen Punkten von ihrem Mittelpunkte gleich weit entfernt (24. Ge.) und heißt eine Horizontallinie. Eine solche stellt nun m n vor; wenn aber m n gerade ist, so ist es eigentlich nur die Tangente von der wahren Horizontallinie und heißt deshalb die scheinbare. Bey einer mäßigen Entfernung der Oerter ist nun die wahre Horizontallinie von der scheinbaren nicht merklich verschieden; bey großen Entfernungen hingegen muß man allerdings auf diesen Unterschied Rücksicht nehmen. Man betrachte z. B. Fig. 145. wo $\mu$ n die wahre und m n wie in Fig. 144. die scheinbare Horizontallinie ist. Hier fällt in die Augen, daß a m merklich vom Parallelismus mit c n abweicht, folglich a m nicht ganz gleich mit c n und b m noch weniger als die senkrechte Erhebung des Punkts b über die Horizontallinie durch n, angenommen werden kann, sondern daß dazu noch das Stück m $\mu$ kommen muß. Wieviel dieses für eine gewisse Weite m n oder n $\mu$ (welche beyde Linien man, wenn sie auch eine ganze Meile betragen, als gleich groß annehmen kann) beträgt, läßt sich berechnen. Es ist nemlich wenn n o der Halbmesser der Erde $= r$, und n m $= d$ gesetzt wird, $-$ m o$^2$, d. i. $(m \mu + r)^2 = r^2 + d^2$ (127. Ge.), und wenn man linker Hand wirklich quadrirt, $m \mu^2 + 2 r . m \mu + r^2 = r^2 + d^2$. Da m $\mu^2$ in Vergleichung mit den andern hier vorkommenden Größen ganz unbeträchtlich wird, so kann man es aus der Formel weglassen; ausserdem auf beyden Seiten r$^2$ abziehen und mit 2 r dividiren, so erhält man m $\mu = \dfrac{d^2}{2 r}$. Da nun 2 r als der Durchmesser der Erde eine beständige Größe ist, so werden sich die verschiedenen m $\mu$ verhalten wie die Quadrate der Entfernung der Oerter

Oerter, d. i. wenn n m 2 oder 3mal grösser wird, so wird m μ, 4 oder 9 mal grösser. Folgende Tafel die auf 12 theilichtes Maas eingerichtet ist, zeigt dieses umständlicher.

| Wenn d = 25 Ruthen, so ist m μ = | o' | o'' | ⅓''' |
|---|---|---|---|
| 50 | — | — | 1 |
| 75 | — | — | 3 |
| 100 | — | — | 5 |
| 125 | — | — | 8 |
| 150 | — | 1 | — |
| 175 | — | 1 | — 4 |
| 200 | — | 1 | — 9 |
| 225 | — | 2 | — 3 |
| 250 | — | 2 | — 9 |
| 275 | — | 3 | — 4 |
| 300 | — | 4 | — |
| 325 | — | 4 | — 8 |
| 350 | — | 5 | — 5 |
| 375 | — | 6 | — 3 |
| 400 | — | 7 | — 1 |
| 425 | — | 8 | — |
| 450 | — | 9 | — |
| 475 | — | 10 | — |
| 500 | — | 11 | — 1 |
| 625 | 1 — | 5 | — 4 |
| 750 | 2 — | 1 | — 0 |
| 1000 | 3 — | 8 | — 5½ |

Wenn man m μ² mit in Betracht zieht, so findet man bey großen Weiten etwas weniger, als die Tafel angiebt z. B. bey 1000° nur 3' 8'' 0'''. Mehreres ver

von dieſer Rechnung ſ. m. in Hrn. Hofr. Käſtn.
Statik S. 73. und in den Zugaben S. 329.

### §. 13.

Zuſ. Wenn die Entfernung von b bis n ſehr
groß iſt, oder gewiſſer Hinderniſſe wegen, beyde
Grenzpunkte von einem dazwiſchen liegenden drit=
ten nicht geſehen werden können, ſo nimmt man
mehr als eine Operation (coup de niveau) vor, und
addirt ſowohl die ſämmtlichen an der rechten Sei=
te der Stäbe vorkommenden Höhen beſonders, als
auch die an der linken vorkommenden, wo alsdann
der Unterſchied beyder Summen, das Gefälle an=
giebt. Stellt b n das Ufer eines Fluſſes vor,
welches an einem Ende mehr über die Waſſerfläche
erhoben iſt als an dem andern, ſo rechnet man die
Erhabenheit bey b mit zu den rechts = und die bey n
zu den links vorkommenden Höhen. Z. B. Fig.
46. ſeyen die Höhen rechts 4' und 5'; die links 7'
und 9' ſo iſt das Gefälle (7 + 9) — (4 + 5)
= 7'. Die Richtigkeit dieſes Verfahrens erhellt
daraus, daß f um 7 — 4 niedriger liegt als b
und n wieder 5 — 9 niedriger als f, folglich n um
(7 — 4) + (9 — 5) niedriger als b. Wenn
man nun in jenem Falle wirklich ſubtrahirt und in
dieſem wirklich addirt, ſo erhält man in beyden
Fällen einerley.

### §. 14.

Erkl. Ein Feld in Grund legen oder einen
Grundriß davon verfertigen, heißt die Figur dieſes

Feldes

Feldes nach horizontalen Linien so ins Kleine zeichnen, daß die Figur auf dem Papier der auf dem Felde ähnlich wird. Man hat mehrerley Arten dieses zu bewerkstelligen.

## §. 15.

**Aufg.** Ein Feld in Grund zu legen.

**Aufl.** I. Wenn es verstattet ist in demselben herum zu gehen. Fig. 100 und 101.

Man zerlege das Feld durch Diagonalen in Dreyecke; messe alle Seiten derselben und zeichne ein Dreyeck nach dem andern mittelst des verjüngten Maasstabes so ins Kleine, daß sie in eben der Ordnung auf dem Papier neben einander zu liegen kommen wie sie auf dem Felde gelegen haben.

Will man nicht alle 3 Seiten brauchen, so kann man auch statt ein = oder zweyer derselben, ein oder zwey Winkel nehmen, nur muß man, wenn 2 Seiten und ein nicht eingeschlossener Winkel gebraucht werden, an (30. Trig.) denken, damit man nicht statt eines spitzwinklichten Dreyecks ein stumpfwinklichtes, oder umgekehrt, erhalte.

Man kann auch innerhalb des Feldes eine gerade Linie von einem Winkel bis zum entgegengesetzten abstecken und Perpendikel von allen Winkeln auf diese Linie fallen lassen; etwa wie Fig. 99, die sich alsdann mit dem Winkelhaken und verjüngten Maasstab auf das Papier tragen lassen.

Noch

**Noch eine andere Art. Fig. 147.** Man neh=
le innerhalb des Feldes einen Punkt g an, setze
ber denselben den Meßtisch, visire nach allen
unkten A, B ꝛc. die man in den Riß bringen
ill und zeichne die Anfänge der Gesichtslinien
a, gb ꝛc. Messe hernach die Linien gA, gB ꝛc.
md trage sie nach dem verjüngten Maaßstab in
e auf den Tisch gezogenen gleichnahmigen Linien,
ergiebt sich hier wie in (9. I. 2.) eine der Figur
es Feldes ähnliche im Kleinen.

Statt des Tisches kann man auch den Winkel=
esser gebrauchen, und mit Hülfe des Transpor=
urs den Riß auf das Papier bringen. In die=
m Fall entwirft man sich vorher die Figur nach
em Augenmaße oder macht sich einen sogenannten
rouillon in welchen man die Linien und Winkel
ie sie gemessen werden, nach bloßen Zahlen
nträgt.

**II. Wenn man das Feld blos umgehen**
**bann. Fig. 148.**

Man entwerfe sich die Figur ohngefehr; messe
sdann alle Seiten, und 3 Winkel weniger als
re gesammte Anzahl beträgt; oder alle Winkel
is auf einen, und alle Seiten, bis auf 2, und
hreibe diese Maaße in den Entwurf, so läßt sich
ie Figur verzeichnen.

Wenn man keinen Winkelmesser hat, oder
: auchen will, so kann man die Winkel dadurch
erhal=

erhalten, daß man die Seiten der Figur BA.
DA, bis nach f und e nach Belieben z. B. um
1 Ruthe verlängert, in e und f Stäbe einsetzt,
und ef mißt. Es bestimmen nemlich die 3 Seiten
Ae, ef und Af den Winkel eAf, und eAf ist
= BAD (39 Ge.). Eben so verfährt man bey
B. Wenn ein einwärtsgehender Winkel C vorkommt, so mißt man Ck, Ci und ik ab. Wenn
es sich thun läßt, so kann man auch die Dreyecke
hineinwärts nach der Figur abstecken, und die
Seiten messen wie A ε Φ.

**Auf andere Art. Fig. 149.**

Man setze den Meßtisch über einen Punkt B,
lege das Diopternlineal an einen Punkt b, der
senkrecht über B liegt, und visire nach A und C.
Man messe alsdann BA, BC und trage sie nach
dem verjüngten Maasstab in die Gesichtslinien b a,
b c. Nun bringt man den Tisch über C, so daß c
senkrecht darüber liegt, und cb in die Gesichtslinie von CB fällt; hierauf visirt man von c
nach D, mißt CD und trägt sie auf den Tisch.
So fährt man fort bis nur noch eine Linie in der
Figur übrig ist, die sich dann wie hier ad von
selbst giebt.

Wenn der Platz ein Wald oder Teich wäre,
wo es nicht verstattet ist nur etwas über die
Grenze hineinzurücken, so steckt man in beliebiger
Weise

Weite Parallelen mit den Grundlinien ab, und setzt den Meßtisch in die Winkel derselben.

Es hält bey diesem Verfahren schwer, alle Fehler zu vermeiden, und wenn dergleichen begangen werden, so schließt sich, wie man sagt, die Figur nicht. In solchem Fall muß man die Messung noch einmal rückwärts vornehmen, und wenn sich die Figur wieder nicht schließt, zwischen beyden etwas fehlerhaften Grenzlinien, das Mittel wählen.

III. Wenn man den Platz aus 2 Stellen blos übersehen kann.

Hier verfährt man wie in (9. III. 3. Fig. 140.) Nur daß man statt nach A und B allein zu visiren dieses nach allen Gegenständen thut, die in den Riß kommen sollen, und man kann hiebey erstlich bemerken, daß die Standlinie CD nicht in einer solchen Lage angenommen werden darf, daß sie verlängert in einen Punkt trift, welchen man nit in den Riß haben will, weil in solchem Fall ein Durchschnittspunkt möglich ist. Zweitens, daß man wegen der mehreren Durchschnitte, jede Besichtslinie die aus dem ersten Standpunkt C nach einen Gegenstand A gezogen wird, besonders bezeichne z. B. mit α, und hernach blos diese bezeichnete Linie durchschneide, wenn aus dem andern Standpunkte D wieder nach dem vorigen Gegenstand A visirt wird.

Ee                    Man

Man kann auch mit großem Vortheil blos in
C den Meßtisch, und in D den Winkelmesser gebrauchen. Wenn nehmlich cd auf dem Meßtisch
bestimmt ist, und die übrigen Gesichtslinien cα 2c.
alle gezogen sind, so trägt man aus d die in D
gemessenen Winkel auf, da sich dann die Durchschnitte eben so ergeben, als wenn man den Tisch
in D gehabt hätte. Die Schwierigkeit einen Punkt
auf dem Tische genau über einem bestimmten auf
der Erde, und dabey die gezogene Gesichtslinie
zugleich in ihre vorige Lage zu bringen, macht dieses Verfahren sehr empfehlungswürdig. Es haben
sich deshalb die Feldmesser viele Mühe gegeben
Methoden und Werkzeuge zu erfinden, mittelst deren man Weiten aus Einem Stande messen könnte.
Man sehe hiervon Hrn. Hofr. Kästn. Anm. zum
36 Satz seiner Geom.

Der Beweis von der Richtigkeit dieser Verfah-
rungsarten gründet sich so wie der zu (9) ganz
auf die Lehre von der Aehnlichkeit der Dreyecke
(183 2c. Ge.).

## §. 16.

Anm. Bey krummlinigten Feldern wie Fig. 150.
läßt man auf eine gerade Linie die entweder in-
ner- oder ausserhalb der Figur abgesteckt worden
so viel Perpendikel fallen, als beträchtliche Bie-
gungen vorkommen. Diese Perpendikel mißt
man so wie die Abstände der Punkte auf der geraden Linie in welche sie fallen, da sich dann
mittelst eines Winkelhakens und verjungten
Maas-

Maasſtabes der Riß immer um deſto genauer verfertigen läßt, je mehr man Perpendikel gebraucht hat.

## §. 17.

**Anm.** Wenn man ein Feld ausrechnen oder theilen ſoll, ſo legt man es erſtlich in Grund und verrichtet alsdann die Ausrechnung und Theilung auf dem Papier nach (21 4 ꝛc. Ge). Die Punkte der Theilung werden hernach auf ähnliche Art vom Riße ins Feld getragen, als man ſie vom Felde auf den Riß zu bringen gelernt hat; mündliche Anweiſung thut hier das beſte.

## §. 18.

**Anm.** Wenn das Feld zu groß iſt, als daß es auf einmal auf den Meßtiſch gezeichnet werden könnte, ſo theilt man es in mehrere Partien ab, und verbindet die benachbarten durch eine Linie, welche mit der Standlinie CD Fig. 140. viel Aehnlichkeit hat. Man kann auch dadurch ein großes Feld in einen kleinen Raum bringen, daß man die Linien die auf dem verjüngten Maasſtabe ſonſt Fuße galten, als Ruthen, oder auch wohl die Zolle als Ruthen anſieht. Wenn man einen Riß abtragen will, ſo geſchieht es entweder mit der Kopirnadel oder nach Dreyecken, mit einem dreyſchenklichten Zirkel, denn die geometriſche Methode, die Dreyecke in welche ſich der Riß theilen läßt, abzutragen, iſt in der Ausübung zu beſchwerlich. Auf dem Riſſe ſelbſt werden die einzelnen Partien beſonders benannt, Berge, Waldungen, Flüße, Wege und dergl. beſonders bezeichnet und illuminirt. Die Lage des Feldes nach den Weltgegenden bezeichnet man durch die Richtung der

Magnet-

Magnetnadel oder eines Pfeils, welches man die Orientirung des Riſſes nennt, und am untern Theile deſſelben verzeichnet man den gebrauchten Maaßſtab. In einer ſeitwärts ſtehenden, und mit den Eigenthümlichkeiten der Gegend verzierten Einfaſſung, welche man Cartouche nennt, wird, wie auf dem Titel eines Buchs bemerkt, was der Riß eigentlich vorſtellen ſoll. Mehreres muß man aus praktiſchen Schriftſtellern oder mündlicher Anweiſung erlernen.

# Die ſphäriſche Trigonometrie.

## §. 1.

**Erklär.** Wenn auf der Fläche einer Kugel drei Bögen größter Kreiſe zuſammentreffen, ſo bilden ſie ein ſphäriſches = oder Kugel = Dreyeck, und die Wiſſenſchaft aus dreyen beliebigen Stücken eines ſolchen Dreyecks die übrigen zu berechnen heißt die ſphäriſche Trigonometrie.

## §. 2.

**Zuſ.** Der Winkel welchen zwey ſolche größt Kreiſe bey ihrem Zuſammentreffen mit einande machen, heißt ein ſphäriſcher, und ſeine Größ wird durch den Neigungswinkel beſtimmt, welchen die Ebnen jener beyden größten Kreiſe mit einander machen (340. Geom.). Das Maaß eines ſphäriſchen Winkels iſt alſo ein Stück eines größten Kreiſes welches ſeine Schenkel an der Stelle trifft

s ste Quadranten sind (342. Geom.). Ist dieses
aaß ein Quadrant, so ist der Winkel ein rechter.

## §. 3.

Zuf. Sphärische Nebenwinkel machen wie die
nen, zusammen 180° und sphärische Verticalwin-
l sind ebenfalls einander gleich (30. 39. Geom.).
en so sind auch die beyden Winkel, in welchen
h zwey größte Kreise schneiden, einander gleich,
sie in der Mitte, wo die Schenkel Quadran-
n sind, einen gemeinschaftlichen Bogen zu ihrem
aaß haben.

## §. 4.

Erkl. Ein sphärisches Dreyeck heißt, so wie
n ebnes, rechtwinklicht, wenn einer von den
inkeln ein rechter ist. Indessen können in einem
härischen Dreyecke alle drey Winkel rechte seyn.
an lasse nemlich Fig. 127. aus dem Pol a eines
ößten Kreises d m d ein paar Quadranten a D,
auf den Kreis so fallen, daß durch dieselben
enfalls ein Quadrant D d von dem Kreise abge-
nitten wird, so sind alle drey Winkel rechte.
41. Ge. u. 2.) Der Winkel am Pol kann noch
ößer als ein rechter seyn, und so kann es im
härischen Dreyeck ausser zwey rechten Winkeln
och einen stumpfen geben 2c. Aber man theilt
m ohnerachtet die sphärischen Dreyecke überhaupt
ur in **rechtwinklichte** und **schiefwinklichte** ein.

Ee 3　　　　　　§. 5.

## §. 5.

**Anm.** Beym rechtwinklichten sphärischen Dreyecke unterscheidet man ebenfalls die beyden Perpendikel und die Hypothenuse. Unter den drey hier gegebenen Stücken wird der rechte Winkel der das Dreyeck zum rechtwinklichten macht, niemals besonders erwehnt, sondern von selbst verstanden. Wenn also ein anliegender Winkel an einem Perpendikel oder an der Hypothenuse genannt wird, so ist niemals jener rechte Winkel darunter zu verstehen.

## §. 6.

**Anm.** Da bey den sphärischen Dreyecken die Seiten eben so wie die Winkel durch Grade ꝛc. ausgedrückt werden, so nennt man eine Seite spitzig oder stumpf, je nachdem sie unter, oder über 90° beträgt. Gleichartig heißen über dieses Seiten oder Winkel, wenn sie beyde über, oder beyde unter 90° enthalten; ungleichartig also, wenn eines von ihnen über und das andere unter 90° beträgt.

## §. 7.

**Anm.** Jedes Kugeldreyeck kann als die krumm Grundfläche einer Art von Pyramiden angesehe werden, deren Spitze sich im Mittelpunkt de Kugel befindet, und deren Seitenflächen Theil von den Ebnen der größten Kreise sind, welch die Seiten des Kugeldreyecks ausmachen. Wa also in ausführlichern Lehrbegriffen von den ebne Winkeln die einen Körperwinkel einschließen, er wiesen wird, das gilt auch von den Seiten eine Kugeldreyecks, nemlich daß jedesmal zwey Seite

zusan

zusammen größer, als die dritte sind und alle drey zusammen weniger als einen ganzen Kreis betragen. Uebrigens können alle sphärische Drey-ecke so angenommen werden, daß keine Seite und kein Winkel über 180° beträgt, und von solchen Dreyecken ist auch in der Folge blos die Rede.

### §. 8.

Aufg. In einem rechtwinklichten sphäri-schen Dreyecke a b c Fig. 151. wo bey a der rech-te Winkel ist, aus zwey Stücken nebst dem rechten Winkel, die übrigen zu finden.

I. Wenn von der Hypothenuse, dem anlie-genden Winkel und dem ihm gegenüberstehenden Katheten die Frage ist.

Aufl. und Beweis. Es sey k der Mittelpunkt der Kugel, und a b k ein Ausschnitt von der Ebne des Kreises welchem a b zugehört, so wird man sich c über die Ebne dieses Ausschnitts er-haben, gedenken müssen. c m sey ein Perpendikel auf a k, dem Durchschnitt der Ebnen a b k und a c k, welche letztere auf der erstern senkrecht steht; es wird also jenes Perpendikel auf der Ebne a b k senkrecht seyn (271. Ge.). Ferner sey c n senkrecht auf b k, dem Durchschnitt der Ebnen b c k und a b k, so ergiebt sich aus (261. 263. Ge.), daß auch m n senkrecht auf b k und folglich c n m der Neigungswinkel der Ebnen b c k und a c k (252. e.), also c n m = b ist (2). Auch ist für den

E e 4 Halb-

Halbmeſſer der Kugel, welcher zugleich der Halbmeſſer für alle größte Kreiſe iſt (329. Ge.), cn $=$ ſin. bc und cm $=$ ſin. ac (2. Trig.). Nun iſt im ebnen $\triangle$ cnm

$$r : \text{ſin. } cnm = cn : cm \quad (19. \text{ Trig.})$$ wenn man alſo ſubſtituirt, ſo erhält man

1) $r : \text{ſin. } b = \text{ſin. } bc : \text{ſin. } ac$, oder auch wenn man die Buchſtaben verwechſelt,

2) $r : \text{ſin. } c = \text{ſin. } bc : \text{ſin. } ba$

Von den, auſſer r, hier vorkommenden Stücken kann jedes die Stelle des vierten Gliedes einnehmen, weshalb man mehr und hier in allem ſechſerley Auflöſungen bekommt. Dieſe Bemerkung gilt auch für die folgenden Fälle.

Z. B. es ſey b $=$ 23° 28'; bc $=$ 34° 27', ſo iſt log. ſin. b $=$ 9. 6001181
log. ſin. bc $=$ 9. 7525761
19. 3526942
log. r. $=$ 10. 0000000
log. ſin. ac $=$ 9. 3526942

Dieſer gehört zu 13° 1'.. Statt log. r wirklich unter zu ſchreiben, wäre es hinlänglich geweſen die 1 neben der 9 wegzuſtreichen.

II. Von beyden Katheten und einem anliegenden Winkel.

$\mathfrak{Es}$ ift im $\triangle$ ckm

$\qquad$ km : cm $=$ r : tang. ac $\Big]$ (10. 28.

$\triangle$ cmn, cm : mn $=$ tang. b : r $\Big]$ II. $\mathfrak{Trig.}$)

alfo $\quad$ km : mn $=$ tang. b : tang. ac

$\qquad\qquad\qquad$ (233. $\mathfrak{Ar.}$)

und $\quad$ km : mn $=$ r : fin. nkm oder fin.

$\qquad\qquad\qquad$ ab, n. d. $\mathfrak{Figur}$

fo hat man, 1) r : fin. ab $=$ tang. b : tang. ac

$\qquad$ 2) r : fin. ac $=$ tang. c : tang. ab.

$\mathfrak{Nach}$ (15. $\mathfrak{Trig.}$) ift tang. b $= \dfrac{r^2}{\text{cot. b}}$, und

ing. ac $= \dfrac{r^2}{\text{cot. a c}}$ folglich

tang. b : tang. ac $=$ cot. ac : cot. b (206. $\mathfrak{Ar.}$)

alfo wird aus 1) nun :

3) r : fin. ab $=$ cot. ac : cot. b

ben fo 4) r : fin. ac $=$ cot. ab : cot. c

$\mathfrak{Weil}$ cot. ac $= \dfrac{r^2}{\text{tang. a c}}$ fo kann man ftatt

3)) auch fetzen

r : $\dfrac{r^2}{\text{tang. a c}}$ $=$ fin. ab : cot. b (231. II. $\mathfrak{Ar.}$)

oder r. tang. ac : $r^2$ $=$ fin. ab : cot. b

oder tang. ac : r $=$ fin. ab : cot. b

alfo 5) r : tang. ac $=$ cot. b : fin. ab

$\mathfrak{Eben}$ fo ftatt (4))

6) r : tang. ab $=$ cot. c : fin. ac

Es sey z. B. ab $=$ 24° 29' und c $=$ 68° 45', so ist

log. tang. ab $=$ 9. 6583692
log. cot. c $=$ 9. 5898142
log. sin. ac $=$ 9, 2481834

gehört zu 10° 12' . . .

No. 3 und 4 sind deshalb besonders entwickelt worden, damit man b und c finden, und doch r im ersten Gliede bleiben könne, welches man wegen der Bequemlichkeit beym rechnen gern hat. Durch no. 5. findet man ab aus ac und b, da man es nach no. 2) aus ac und c fand; und nach no. 6) findet man ac aus ab und c, da man es nach no. 1. aus ab und b fand.

III. Von einem Katheten und beyden Winkeln.

Man verlängere Fig. 152. die Seiten ba, bc und ac bis sie Quadranten werden, nach e, und d, so sind ae, cf und cd, die Ergänzunger von ba, bc und ac (7. Trig.) und df die von b (2) mithin. sin. ae oder sin. d $=$ Cos. ab

sin. cf $=$ cos. bc
sin. cd $=$ cos. ac
sin. df $=$ cos. b und eben so auch

tang. d $=$ cot. ab u. s. w. Auch ist bey f ein rechter Winkel (343. Ge.), und es ist deshalb in △ cdf

r : sin

r : ſin. c $=$ ſin. cd : ſin. df (I. 1.)

der 1) r : ſin. c $=$ coſ. ac : coſ. b

2) r : ſin. b $=$ coſ. ab : coſ. c wenn

man die Buchſtaben verwechſelt.

Es ſey b $=$ 23° 28'; ab $=$ 24° 29'

ſo iſt log. ſin. b $=$ 9. 6001181

log. coſ. ab $=$ 9. 9590805

log. coſ. c $=$ 9. 5591986 gehört zu

68° 45'.

### IV. Von allen drey Seiten.

Es iſt wieder im △ cdf

r : ſin. d $=$ ſin. cd : ſin. cf (I. 2.)

oder r : coſ. ab $=$ coſ. ac : coſ. bc

Es ſey ab $=$ 24° 29', ac $=$ 10° 12'

ſo iſt log. coſ. ab $=$ 9. 9590805

log. coſ. ac $=$ 9. 9930814

log. coſ. bc $=$ 9. 9521619 gehört

zu 26° 24'.

### V. Von zwey Winkeln und der Hypothenuſe.

Im △ cdf iſt

r : ſin. cf $=$ tang. c : tang. df (II. 1.)

oder 1) r : coſ. bc $=$ tang. c : cot. b

und 2) r : coſ. bc $=$ tang. b : cot. c wie in

(II. 3.)

auch 3) r : cot. b $=$ cot c : coſ. bc Nach

Art des Verfahrens in (II.)

Es

Es sey b = 23° 28'.; c = 68° 45'  so ist

log. cot.  b = 10. 3 6 2 3 8 9 4

log. cot.  c =  9. 5 8 9 8 1 4 2

log. cos. bc =  9. 9 5 2 2 0 3 6  gehört

zu 26° 24'.

## VI. Von Hypothenuse, Perpendikel und anliegendem Winkel.

Im △ c d f ist

$$r : \sin. \, df = \tang. \, d : \tang. \, cf$$

oder: 1) r : cof. b = cot. ab : cot. bc (II. 2.)

oder: 2) r : cof. b = tang. bc : tang. ab wie in (II. 3.)

oder: 3) r : cot. bc = tang. ab : cof. b wie in (II. 5.)

Und wenn man die Buchstaben verwechselt

4) r : cof. c = cot. ac : cot. bc

5) r : cof. c = tang. bc : tang. ac

6) r : cot. bc = tang. ac : cof. c

Es sey bc = 26° 24'; ab = 24° 29' so ist nach (3))

log. cot. bc = 10. 3 0 4 1 6 4 5

log. tang. ab =  9. 6 5 8 3 6 9 2

log. cof. b =  9. 9 6 2 5 3 3 7  gehört

zu 23° 27' . . .

Um im vorkommenden Falle das Gesuchte so gleich aus dem Gegebnen zu finden, sind am Ende

die

die verschiedenen Fälle in der I. Tafel zusammen-
gestellt worden.

## §. 9.

Zuf. Nach (2 ꝛc. Trig.) gehören die Sinus
und Tangenten, welche man nach den vorigen
Proportionen findet, mehr als einerley Bogen zu,
und sind deshalb vieldeutig; da indessen hier nur
Bögen die nicht über 180° gehen, betrachtet werden (7), so zeigt sich blos eine Zwoydeutigkeit, die
auch in vielen Fällen gehoben werden kann, wenn
man die Sätze in (4, 9, 11, 15. Trig.) mit denen
in (118, 119, Ar.) verbindet.

## §. 10.

Lehrf. I. Ein Perpendikel ist allemal mit
dem ihm gegenüberstehenden Winkel gleichartig,
das andere mag übrigens spitzig oder stumpf
seyn.

II. Beyde Perpendikel sind spitzig oder
stumpf, je nachdem beyde Winkel spitzig oder
stumpf sind.

III. Wenn ein Winkel spitzig und der andere stumpf ist, so ist auch das dem spitzigen
Winkel entgegenstehende Perpendikel spitzig, und
das dem stumpfen entgegenstehende, stumpf.

IV. Wenn die beyden Perpendikel gleichartig sind, so ist die Hypothenuse spitzig;
wenn

wenn fie aber ungleichartig find, ſtumpf.
Hinwiederum find bey einer ſpitzigen Hypothenuſe die Perpendikel gleichartig, und bey
einer ſtumpfen ungleichartig.

V. Wenn die Hypothenuſe mit dem einen
Winkel gleichartig iſt, ſo iſt der andere allemal ſpitzig.

VI. Die Hypothenuſe iſt ſpitzig, wenn ein
Winkel und ſein anliegendes Perpendikel gleichartig find; find hingegen dieſe Dinge ungleichartig, ſo iſt die Hypothenuſe ſtumpf.

Beweis. Für I. In (§. II. 1. 2.) kann r
als die Einheit, und folglich durchaus als bejaht
angenommen werden (6 Trig. und 118 Ar.). Das
2te Glied iſt auch immer bejaht, (4. Trig.) Das
dritte aber kann bejaht und verneint ſeyn (11.
Trig.) folglich wird das vierte bejaht oder verneint ſeyn, je nachdem es das dritte iſt, indem
man das vierte als ein Product aus dem zweyten
ins dritte, anſehen kann. Nun aber enthält das
vierte Glied die Tangente eines Perpendikels und
das dritte die Tangente des demſelben gegenüber-
ſtehenden Winkels, folglich find dieſe beyden
Dinge allemal gleichartig, d. i. wenn die Tangenten bejaht find, ſo iſt Perpendikel und gegenüber-
ſtehender Winkel ſpitzig, und wenn ſie verneint
find, ſtumpf.

Für.

Für. II. In (8. III. 1. 2.) sind die zweiten
Glieder immer bejaht; die dritten werden also be=
ht seyn müssen, wenn es die vierten seyn sollen,
olglich werden die Perpendikel spitzig, wenn es die
Binkel sind.

Sind hingegen die Winkel stumpf, so ist in
er erstern Proportion sin. c bejaht, und cos. b
erneint, also auch cos ac verneint; und in der
tztern Proportion ist sin. b bejaht und cos. c
erneint, also wieder cos. ab verneint, also sind
c und ab stumpf (9. Trig.), wenn b und c
umpf sind.

Für. III. Wenn in eben den Proportionen c
pitzig, und b stumpf ist, so ist in der erstern sin.
bejaht, und cos. b verneint, also cos. ac ver=
eint, folglich ac stumpf; und in der letztern
Proportion wird sin. b bejaht, und cos. c eben=
alls, folglich cos ab auch bejaht, und deshalb
b spitzig. Es steht aber ac dem b, und ab
dem c gegenüber.

Für. IV. In (8. IV.) kommen im zweiten
und dritten Gliede die Cosinusse der Perpendikel
vor; sind diese beyde bejaht, oder beyde verneint,
so ist allemal das vierte Glied bejaht; da nun die=
ses den cos. der Hypothenuse enthält, so wird
diese spitzig seyn, wenn beyde Cosinusse einerley
Zeichen haben. Ist aber einer bejaht und der an=
dere

dere verneint, so wird auch cof. b c verneint
folglich b c ſtumpf.

Wenn b c ſpitzig iſt, ſo wird coſ. a c bejah
oder verneint ſeyn, nachdem es coſ. ab iſt; iſt hin
gegen b c ſtumpf, ſo wird coſ. a c verneint werde
wenn coſ. ab bejaht iſt; hieraus ergiebt ſich alſ
der andere Theil des Satzes.

Für. V. In (8. V. 3.) wird das 4te Glie
bejahend, wenn das 2te und 3te gleichartig ſin
Das 4te Glied enthält den coſ. der Hypothenuſ
iſt alſo dieſe ſpitzig und c auch, ſo muß auch
ſpitzig ſeyn; und eben ſo wenn die b c und
ſtumpf ſind, muß wieder b ſpitzig ſeyn, weil ſon
ſeine Cotangente nicht bejaht ſeyn, und wen
dieſes nicht wäre, coſ. b c nicht verneinend we
den könnte.

Für. VI. In (8. VI. 1 und 4.) wird das 4
Glied bejahend, wenn das 2te und 3te gleichart
ſind, d. i. wenn Perpendikel und anliegender Wi
kel beyderſeits ſpitzig ſind, ſo ſind coſ. und co
von ihnen bejahend; und wenn ſie beyderſei
ſtumpf ſind, ſo ſind coſ. und cot. verneinen
die Producte aber in beyden Fällen bejahend, ſo
lich b c ſpitzig.

### §. II.

Zuſ. Wenn man nun die Fälle in der I. Te
nach ſolchen Betrachtungen einzeln durchgeht,

erhö

rhält man jedesmal wegen der in (9) erwehnten
wendeutigkeit unmittelbar Auskunft, wenn das
Glied wovon die Frage ist, keinen Sinus betrift.
Gesetzt aber auch, es beträfe einen Sinus, wie im
ten Falle, so kann die Sache doch entschieden wer-
en, indem dieses Glied einen Winkel betrift, wel-
her nach (10. I.) mit seinem entgegenstehenden
Perpendikel gleichartig seyn muß. Er wird also
sitzig oder stumpf seyn, je nachdem ab in der Pro-
ortion spitzig oder stumpf ist. Eben diese Bewandtniß hat es auch mit dem 14, 23 und 25.
Falle. In den Fällen 10, 11, 12, 16, 17, 18
ber ist aus den bisher gebrauchten Gründen keine
Entscheidung möglich, sondern es geht hier wie in
30. Trig.). Denn wenn man Fig. 152. die Sei-
en b a und b c bis zu Halbkreisen verlängert, so
werden sie in β einander schneiden, und es kann
$\beta = $ a b und $\beta \gamma = $ b c genommen werden,
wo dann $\alpha \gamma = $ a c wird. Ist also b und a c
gegeben, und b a wird gesucht, so sind die gege-
enen Stücke den beyden Dreyecken b a c und b α γ
völlig gemein und es kann deshalb im 16ten Falle
welcher mit dem 10ten einerley ist, aus ihnen im
erstern Δ, b a und im andern, b α, d. i. die Ergänzung von b a zu 180° gefunden werden. Eben
so wenn wieder b und a c gegeben sind, und b c
gesucht wird, so passen beyde Stücke abermals für
beyde Dreyecke und es kann aus ihnen eben so
wohl b c als b γ berechnet werden Gleiche Bewandtniß hat es auch wenn der Winkel b c a oder

Ff                                                    sein

sein Nebenwinkel $\alpha\gamma$b nach dem 12 oder 18ter
Fall gefunden werden.

### §. 12.

**Aufg.** In einem schiefwinklichten sphärischen Dreyecke bcd, wo eine Seite bc ein
Quadrant ist, aus drey gegebenen Stücken die
übrigen zu finden.

**Aufl. und Beweis.** I. Fall. Fig. 153. wenn
bd < 90°. Man verlängere dann bd bis zu
einem Quadranten nach a, und ziehe ca, dieses
wird ein Perpendikel (343. Ge.), und folglich acd
ein rechtwinklichtes Dreyeck seyn. In demselben
ist ad = 90° — bd; acd = 90° — dcb;
ca = b; cda der Nebenwinkel von bdc, und
dc beyden durch ca und die Verlängerung von
bd entstandenen Dreyecken, gemeinschaftlich. Soll
man also z. B. db finden, so suche man im ∠
acd die Seite ad (I. Taf. 13, 16, 19, 22, 25,
28. Fall) und ziehe sie von 90° ab, da dann der
Rest db seyn wird. Auf ähnliche Art verfährt
man auch, wenn die übrigen Stücke gesucht
werden.

**II. Fall.** Wenn bd > 90° ist, Fig. 154.
Hier nehme man wieder ba = 90°, so wird wie
vorhin, adc ein rechtwinklichtes Dreyeck und ad
= bd — 90°; acd = bcd — 90°; ca = b.
Sollte man also z. B. wieder db finden, so such
man in △ acd die Seite da und addire da zu
90°

)0°. Sollte man b finden, so suche man ca u.
. w. Es sey db ⫶ 100°; dc ⫶ 25° 24′, so
ist ad ⫶ 10°, und nach (I. Taf 4. Fall.) cos.
10° : r ⫶ cos. 25°, 24′ : cos. ca oder cos. b,
also

$$\log. \cos. 25°\ 24' - \log. r ⫶ 19.\,9558490$$
$$\log. \cos. 10° \qquad ⫶ \underline{9.\,9933515}$$
$$\log. \cos b \qquad ⫶ 9.\,9624975$$

dieser gehört zu 23° 28′, — •

### §. 13.

Lehrs. Wenn in einem schiefwinklichten
sphärischen Dreyecke Fig. 155. I. die Winkel an der
Grundlinie gleichartig sind, so fällt ein Perpendikel von der Spitze innerhalb des
Dreyecks.

II. Wenn sie ungleichartig sind, so fällt es
ausserhalb desselben.

Beweis für I. Man setze über den Kreis
bad βαδ zwey Halbkreise bβ und dδ so, daß
die Winkel cba und cda spitzig sind; es werden
also auch cβd und cδb spitzig (3); die Nebenwinkel cbδ und cdβ, so wie cβα und cδα
stumpf seyn. Nun stehe ein dritter Halbkreis aα
durch c auf dem ganzen Kreise senkrecht, so muß
er denselben entweder zwischen bd und δβ oder
zwischen bδ und dβ treffen. Sollte es nun an
den letzten Orten geschehen, so würden die Stü-

cken

cken von ihm, welche aus c als Perpendikel au
die Grundlinien der Dreyecke fallen, auf der e
nen Seite einen spitzigen Winkel z. B. c d b un
auf der andern einen stumpfen c b d gegen si
über haben, dieses widerspräche aber (10. I.); al
wird der senkrechte Halbkreis a α zwischen b
und β, d fallen müssen.

Für II. Es erhellet eben so wie vorhin, da
das Perpendikel izt nicht innerhalb des Dreyeck
fallen kann, indem es sonst mit dem einen Wink
gleichartig und mit dem andern ungleichartig we
den müßte, welches unmöglich ist.

## §. 14.

Zus. Das Perpendikel also das ausserhalb d
Dreyecks fällt, ist ungleichartig mit dem Winkel i
Dreyecke der ihm am nächsten liegt, denn es
gleichartig mit dessen Nebenwinkel; aber gleichart
wird es mit dem im △ seyn, welcher der e
ferntere von ihm ist.

## §. 15.

Aufg. In jedem schiefwinklichten sphä
schen Dreyecke b c d, wo nicht lauter Seite
oder lauter Winkel gegeben werden, aus dr
Stücken die übrigen zu finden Fig. 155.

Aufl. und Beweis. Man lasse aus eine
Winkel c auf die gegenüberstehende Seite b d od
deren Verlängerung, ein Perpendikel c a falle

erhält man zwey rechtwinflichte Dreyecke in wel=
en der rechte Winkel und das Perpendickel ge=
einschaftlich sind. Man hebe also aus Taf. I.
r beyde ein paar Proportionen aus, in deren
der der rechte Winkel und das Perpendifel vor=
mmt, so läßt sich aus ihnen eine dritte entwi=
eln, in welcher entweder sogleich aus drey gege=
nen Gliedern das vierte gefunden wird, oder
o doch aus den gegebnen Stücken dasjenige wel=
es in der entwickelten Proportion mit erforder=
h, unter den gegebnen aber noch nicht mit be=
ndlich ist, durch Auflösung eines rechtwinklichten
reyecks vorher berechnet werden kann. So ist

I. $r : \sin. b = \sin. bc : \sin. ac$    I. Taf.
                                     23. Fall.

nd    $r : \sin. d = \sin. cd : \sin. ac$ im $\triangle acd$

der   $\sin. d : r = \sin. ac : \sin. cd$ (231. I. Ar.)

lso   $\sin. d : \sin. b = \sin. bc : \sin. cd$ (233. Ar.)

II. $r : \cot. ac = \sin. ab : \cot. b$   I. T. 2. F.

nd   $r : \cot. ac = \sin. ad : \cot. d$ im $\triangle acd$

lso   $\sin. ab : \cot. b = \sin. ad : \cot. d$ (204. Ar.)

der   $\sin. ab : \sin. ad = \cot. b : \cot. d$
                               (231. II. Ar.)

der   $\sin. ab : \sin. ad = \tan. d : \tan. b$
                               (15. Trig.)

                    III.

III. r : coſ. ac = coſ. ab : coſ. bc I. T. 1 F.

r : coſ. ac = coſ. ad : coſ. cd im △ acd

alſo coſ. ab : coſ. bc = coſ. ad : coſ. cd

IV. cot. ac : coſ. b = r : ſin. bca I. T. 18 F

oder cot. ac : r = coſ. b : ſin. bca (231.II.Ar.)

und cot. ac : r = coſ. d : ſin. acd im △ acd

alſo coſ. b : ſin. bca = coſ. d : ſin. acd

V. r : tang. ac = cot. bc : coſ. bca I T. 15 F

und r : tang. ac = cot. cd : coſ. acd im △ acd

alſo cot. bc : coſ bca = cot. cd : coſ. acd

oder tang. cd : tang bc = coſ. bca : coſ. acd

Nun können alſo gegeben ſeyn

1) Zwey Seiten und ein Winkel der einer deſ
ſelben gegenüber ſteht bc, cd, b, und man ſuch
den Winkel d, welcher der andern gegenüber ſich
ſo hat man aus I.)

ſin. cd : ſin. bc = ſin. b : ſin. d

Es ſey cd = 79° 56'; bc = 57° 41' un
b = 20° 27'

ſo iſt log. ſin. bc = 9. 9269114

log. ſin. b = 9. 5433103

19 4702217

log. ſin. cd = 9. 9932621

log ſin. d = 9. 4769596 gehſ

zu 17° 27' — ..

2) T

2) Die vorigen Stücke und man sucht den Zinkel c der von den gegebnen Seiten eingeschlossen ist, so hat man erstlich aus bc und b nach Taf. 24 F. bca

neml. log. cof. bc $=$ 9. 7280275

log. tang. b $=$ 9. 5715811

log. cot. bca $=$ 9. 2996086 giebt

ca 78° 43′ ✠ . . .

und dann aus (V.) acd, nemlich

log. tang. bc $=$ 10. 1988839

log. cof. bca $=$ 9. 2915040

19. 4903879

log. tang. cd $=$ 10. 7507357

log. cof. acd $=$ 8. 7396522 giebt

acd $=$ 86° 51′ ✠ . .

Da nun b und d hier gleichartig sind, so muß man 78° 43′ ✠ 86° 51 $=$ 165° 34, nehmen um bcd zu haben

3). Die vorigen Stücke, man sucht die dritte Seite bd. Man suche erstlich ba aus I. T. 22 F.

log. cof. b $=$ 9. 9717291

log. tang. bc $=$ 10. 1988839

log. tang. ab $=$ 10. 1706130 gehört zu 55° 58′ ✠ . .

und

und dann nach (III) ad

$$\log. \text{col. } ab = 9.7479360$$
$$\log. \text{col. } cd = 9.2425264$$
$$\phantom{\log. \text{col. } cd =} 18.9904624$$
$$\log. \text{col. } bc = 9.7280275$$
$$\log. \text{col. } ad = 9.2624349 \quad \text{giebt}$$

ad $= 79° 27'$ ✠ . . .

also bd $= 55° 58'$ . . ✠ $79° 27'$ . . $= 135° 25'$ ✠.

4) Zwey Seiten bc und bd mit dem einge
schloſſenen Winkel b, man ſucht die dritte Seit
dc. Man ſuche erſt wieder wie in (3)) ab und
ziehe dieſes von bd ab, ſo erhält man ad; hier
auf findet man nach (III) cd

Es iſt $\log. \text{col. } bc = 9.7280275$
$$\log. \text{col. } ad = 9.2624349$$
$$\phantom{\log. \text{col. } ad =} 18.9904624$$
$$\log. \text{col. } ab = 9.7479360$$
$$\log. \text{col. } cd = 9.2425264 \quad \text{giebt}$$

cd $= 79° 56'$

5) Die vorigen Stücke, man ſucht einen Winkel, z. B. d. Man ſucht wie in voriger Nummer
zuerſt ab und ad, und dann aus (II) d.

Es ist log. ſin. ab = 9. 9184037
log. tang. b = 9. 5715811
_____
19. 4899848
log. ſin. ad = 9. 9925957
log. tang. d = 9. 4973891 gehört

zu 17° 27' —

6) Zwey Winkel b und bcd und die von ih-
en eingeſchloſſene Seite bc; man ſucht einen
Winkel, z. B. d.

Erſt ſuche man bca aus I. T. 24. F.

Es ist log. coſ. bc = 9. 7280275
log. tang. b = 9. 5715811
_____
log. cot. bca = 9. 2996086 giebt

bca = 78°, 43'.

Nun nehme man bcd — bca = acd =
6° 51'. Nun aus (IV) d

log. coſ. b = 9. 9717291
log. ſin. acd = 9. 9993433
_____
19. 9710724
log. ſin. bca = 9. 9915488
log. coſ. d = 9. 9795236 giebt

d = 17° 27'.

7) Die vorigen Stücke, man ſucht eine Seite,
z. B. cd. Man ſuche wie vorhin erſtlich bca und
acd und alsdann cd aus (V)

Ff 5 log.

log. tang. b c $=$ 10. 1988839

log. cof. b c a $=$ 9. 2915040

19. 4903879

log. cof. a c d $=$ 8. 7399691

log. tang. c d $=$ 10. 7504188 gehört

zu 79° 56' — .

8) Zwey Winkel b $=$ 20° 27'; d $=$ 17° 27' und eine Seite die einem dieser Winkel entgegen steht, z. B. b c $=$ 57° 41', Man sucht eine Seite die einem der gegebenen Winkel entgegen steht, z. B. c d.

Man nehme aus (I)

log. fin. b $=$ 9. 5433103

log. fin. b c $=$ 9. 9269114

19. 4702217

log. fin. d $=$ 9. 4769596

log. fin. c d $=$ 9. 9932621 gehör

zu 79° 56'.

9) Die vorigen Stücke; man sucht die zwi schen den gegebenen Winkeln liegende Seite b d

Man suche erstlich b a wie in (3)) und dann a d aus (II)

log

$$\log. \text{ tang. } b = 9. 5715811$$
$$\log. \text{ fin. } ba = 9. 9184037$$
$$19. 4899848$$
$$\log. \text{ tang } d = 9. 4973891$$
$$\log. \text{ fin. } ad = 9. 9925957 \text{ gehört}$$

ju 79° 27'

aus ba $+$ ad wird dann wieder bd $= 135' 25'$ wie in (3)

10) Die vorigen Stücke, man sucht den dritten Winkel c.

Erstlich sucht man bca wie in (6)) und dann acd aus (IV)

$$\log. \text{ fin. } bca = 9. 9915488$$
$$\log. \text{ cof. } d = 9. 9795236$$
$$19. 9710724$$
$$\log. \text{ cof. } b = 9. 9717291$$
$$\log. \text{ fin. } acd = 9. 9993433 \text{ gehört}$$

ju 86° 51' und giebt mit 78° 43' wieder 165° 34' $=$ c.

## §. 16.

**Aufg.** Aus den 3 Seiten bc, bd, cd eines sphärischen Dreyecks einen Winkel, b zu finden. Fig. 156.

**Aufl. und Beweis.** 1) Man nenne die Seite cd welche dem Winkel b entgegen steht β; eben so die den Winkeln c und d entgegenstehenden γ und δ. Der Mittelpunkt der Kugel ist k. Aus c

Fälle

fälle man cm senkrecht auf die Ebne bkd; ferner auch cn und cq senkrecht auf kb und kd. Den Halbmesser der Kugel r setze man $= 1$, so ist

2) $cn = \sin. \delta$ und $kn = \cos. \delta$ (2. Trig.)
Eben so $cq = \sin. \beta$ und $kq = \cos. \beta$
$cnm$ ist wieder wie in (8) $= b$ und $cqm = d$

3) Im ebnen $\triangle$ $cnm$ ist

$1 : \sin. cnm = cn : cm$ und wenn man substituirt, $1 : \sin. b = \sin. \delta : cm$ aus 2)
also $cm = \sin. b \sin. \delta$
Eben so, $1 : \cos. b = \sin. \delta : mn$
also $mn = \cos. b. \sin. \delta$

4) Im $\triangle$ nkq ist $nq^2 = kq^2 + kn^2 - 2 kq. kn. \cos. k$ (41. Trig.). Da nun bd das Maaß von $k = \gamma$ nach (1)) ist, so wird, wenn man dieses und die Werthe in (2)) substituirt.

$nq^2 = \cos. \beta^2 + \cos. \delta^2 - 2 \cos. \beta. \cos. \delta. \cos. \gamma$

5) In eben diesem $\triangle$ ist auch $nq : kq = \sin. k : \sin. knq$; oder weil mnk ein rechter Winkel ist, $\sin. knq = \cos. mnq = \dfrac{\cos. \beta. \sin. \gamma}{nq}$

6) Im $\triangle$ mnq ist ebenfalls $mq^2 = mn^2 + nq^2 - 2 mn. nq. \cos. mnq$; daraus wird, wenn man aus (5)) den Werth von $\cos. mnq$ substituirt,

$mq^2$

$$mq^2 = mn^2 + nq^2 - 2mn \cdot nq \, \frac{\mathrm{cof.}\,\beta \cdot \mathrm{fin.}\,\gamma}{nq}$$

$$= mn^2 + nq^2 - mn \cdot \mathrm{cof.}\,\beta \cdot \mathrm{fin.}\,\gamma$$

7) Aus (127. Ge.) ift auch $mq^2 = cq^2 - cm^2$

8) Man verbinde die Werthe von $mq^2$ in (6) und 7)) mit einander, ſo erhält man

$$mn^2 + nq^2 - 2mn \cdot \mathrm{cof.}\,\beta \cdot \mathrm{fin.}\,\gamma = cq^2 - cm^2$$

hier beyderſeits $+ 2mn \cdot \mathrm{cof.}\,\beta \cdot \mathrm{fin.}\,\gamma$. addirt, und $+ cq^2 - cm^2$ ſubtrahirt, giebt

$$mn^2 + cm^2 + nq^2 - cq^2 = 2mn \cdot \mathrm{cof.}\,\beta \cdot \mathrm{fin.}\,\gamma$$

In dieſer Formel ſubſtituire man die Werthe von $mn^2 + cm^2 = cn^2$ (127. Ge.) und von $cq^2$, aus (2)); von $nq^2$ aus (4)); und von $mn$ aus (3)), ſo erhält man $\mathrm{fin.}\,\delta^2 + \mathrm{cof.}\,\beta^2 + \mathrm{cof.}\,\delta^2 - 2\,\mathrm{cof.}\,\beta \cdot \mathrm{cof.}\,\delta \cdot \mathrm{cof.}\,\gamma - \mathrm{fin.}\,\beta^2 = 2\,\mathrm{cof.}\,b \cdot \mathrm{fin.}\,\delta \cdot \mathrm{cof.}\,\beta \cdot \mathrm{fin.}\,\gamma$.

9) Aus (8 Trig ) erhält man $\mathrm{fin.}\,\beta^2 = 1 - \mathrm{cof.}\,\beta^2$ alſo $- \mathrm{fin.}\,\beta^2 = - 1 + \mathrm{cof.}\,\beta^2$

Ebendaher auch $\mathrm{fin.}\,\delta^2 + \mathrm{cof.}\,\delta^2 = 1$

Subſtituirt man dieſe Werthe in der letzten Formel von (8)) und hebt $+ 1$ und $- 1$ gegen einander auf, ſo verwandelt ſie ſich in

$$2\,\mathrm{cof.}\,\beta^2 - 2\,\mathrm{cof.}\,\beta \cdot \mathrm{cof.}\,\delta \cdot \mathrm{cof.}\,\gamma = 2\,\mathrm{cof.}\,b \cdot \mathrm{fin.}\,\delta \cdot \mathrm{cof.}\,\beta \cdot \mathrm{fin.}\,\gamma$$

und beyderſeits mit $2\,\mathrm{fin.}\,\delta \cdot \mathrm{cof.}\,\beta \cdot \mathrm{fin.}\,\gamma$ dividirt,

$$\frac{\mathrm{cof.}\,\beta - \mathrm{cof.}\,\delta \cdot \mathrm{cof.}\,\gamma}{\mathrm{fin.}\,\delta \cdot \mathrm{fin.}\,\gamma} = \mathrm{cof.}\,b.$$

Hier

Hieraus entspringt also die Regel: Man ziehe vom Cosinus derjenigen Seite welche dem gesuchten Winkel entgegen steht, das Product aus den Cosinussen derjenigen Seiten welche den gesuchten Winkel einschließen, ab, und dividire diese Differenz durch das Product der Sinusse, dieser den Winkel einschließenden Seiten, so ist der Quotient der Sinus eines Winkels dessen Ergänzung $= t$ ist, und dieser Winkel wird spitzig seyn, wenn der Werth des Bruchs bejaht herauskommt, welches geschieht sobald der Zehler bejaht ist.

Es sey $\beta = 79° 56'$; $\gamma = 135° 25'$ und $\delta = 57° 41'$ so ist cos. $\delta = 0,5345982$; cos. $\gamma = -0,7122230$ und cos. $\delta$ . cos. $\gamma = -0,38075698290564$ cos. $\beta = + 0,1747939$ und hiervon das vorige Produkt abgezogen (1,15, 142 Ar.) bleibt $+ 0,55555088290564$ dieses endlich mit sin $\delta$ . sin. $\gamma = + 0,59321890$ . . dividirt, giebt $+ 0,9365$. dieser gehört zu $69° 29'$ also $b = 20° 31$.

## §. 17.

**Anm.** Weil die Rechnung nach dieser Regel etwas mühsam ist, so kann man nach folgender Forme verfahren, bey welcher die Logarithmen durchgängig angebracht werden können. Ihre Entwickelung findet man in Hrn. HR. Kästners sphärischer Trig: der ich auch im wesentlichen bey dem bisherigen Vortrage gefolgt bin, S. 545. Es ist neul

I —

$$\lambda - \text{cof. } b = \frac{2 \cdot \text{fin.} \frac{1}{2}(\beta + (\delta - \gamma)) \cdot \text{fin.} \frac{1}{2}(\beta - (\delta - \gamma))}{\text{fin. } \delta \cdot \text{fin. } \gamma}$$

also $\beta = + 79° 56'$

$\delta - \gamma = - 77° 44'$

$\frac{1}{2}(\beta + (\delta - \gamma)) = + 1° 6'$. log. fin. $= 8. 2832434$

$\frac{1}{2}(\beta - (\delta - \gamma)) = + 78° 50'$ log. fin. $= 9. 9916991$

log. 2 $= 0, 3010300$

log. des Zählers $= + 18. 5759725$

Nun für den Nenner

log. fin. $\delta +$ log. fin. $\gamma = + 19. 7732150$

log. $(1 - \text{cof. } b) = + 0. 8027575 - 2$

(269 Ar.)

Dieser Log. gehört beynahe zu 0, 06349.

also $1 - \text{cof. } b = 0, 06349$.. folglich cof. b $= 1 - 0, 06349.. = 0, 93650..$ Dieser giebt b wieder 20° 31'. Der kleine Unterschied zwischen diesem Werth und der obigen Angabe rührt daher, daß die Angaben der Seiten in den Minuten nicht ganz genau sind.

Um auch für einen stumpfen Winkel ein Beyspiel zu haben, suche man c

Itzt ist also $\frac{1}{2}$ $(\beta + \delta - \gamma) = 78°$ 50' und
$\frac{1}{2}$ $(\beta - \delta + \gamma) = 56°$ 35'

und der Log. des Zählers wird deshalb $= 20. 2142531$

der Log. des Nenners $= 19. 9201735$

log. $(1 - \text{cof. } b) = 0. 2940796$

Dieser gehört zu 1, 9682.. also cof. b $= 1 - 1, 9682.. = - 0, 9682..$ Bejaht gehörte dieser Sinus zu 75° 31' und hierzu wäre die Ergänzung 14° 29'. Da er aber verneint ist, so muß man für c den

den stumpfen Nebenwinkel $=$ 165° 31′, von die
ser Ergänzung nehmen.

## §. 18.

**Anm.** Aus der vorigen Formel läßt sich nach Kästn
Trig. 19. S. 7 3. noch folgende herleiten, au
welcher man gleich den Sinus des verlangte
Winkels berechnen kann. Es ist nemlich 1 — co
b $=$ 2 sin. ½ b², also erhält man sin. ½ b² $=$

$$\frac{\sin. \tfrac{1}{2}(\beta + \delta - \gamma) . \sin. \tfrac{1}{2}(\beta + \gamma - \delta)}{\sin. \delta . \sin. \gamma}$$

Weil nun bey Entwickelung dieser Formel, de
Halbmesser oder Sin. tot. $=$ 1 angenommen is
der in den Tafeln aber, 10.000000 ... (2c
Trig.) welcher r hieß, so muß man jeden in it
vorkommenden Sinus, durch r dividiren, wen
für ihn der in den Tafeln stehende gebraucht wer
den soll, also hätte man

$$\frac{\sin. \tfrac{1}{2} b²}{r²} = \frac{\dfrac{\sin. \tfrac{1}{2}(\beta + \delta - \gamma)}{r} \left(\dfrac{\sin. \tfrac{1}{2}(\beta + \gamma - \delta}{r}\right)}{\dfrac{\sin. \delta . \sin. \gamma}{r . r}}$$

Hebt man nun die r auf der rechten Seite gege
einander auf, und setzt den auf der linken Sei
stehenden Nenner r² mit in den Zähler auf d
rechte Seite, so ist die Formel für die Tafel
nusse eingerichtet. nemlich

$$\sin. \tfrac{1}{2} b² = \frac{\sin. \tfrac{1}{2}(\beta + \delta - \gamma) \sin. \tfrac{1}{2}(\beta + \gamma - \delta).1}{\sin. \delta . \sin. \gamma}$$

E

So wäre z. B. nach der letztern Bedeutung der Buchstaben

$$\log. \sin. \tfrac{1}{2}(\beta + \delta - \gamma) = 9.9916991$$
$$\log. \sin. \tfrac{1}{2}(\beta + \gamma - \delta) = 9.9215240$$
$$\log. \sin. r^2 \ (263. \ \text{Ar.}) = 20.0000000$$
$$\log. \ \text{des Zählers} \qquad\qquad = 39.9132231$$
$$\log. \ \text{des Nenners} \qquad\qquad = 19.9201735$$
$$\log. \sin. \tfrac{1}{2} \ b^2 \qquad\qquad = 19.9930496$$
$$\text{halbirt} \qquad\qquad 2)$$
$$\log. \sin. \tfrac{1}{2} \ b \qquad\qquad = 9.9965248 \ \text{gehört}$$

zu 82° 45½′ also verdoppelt 165° 31′ = b.

## §. 19.

**Aufg.** Aus den drey Seiten den Winkel b noch auf eine andere Art zu finden.

**Aufl. und Beweis.** Man suche erstlich das Perpendikel ba und alsdann den Winkel b nach l. Taf. 5 Fälle.

Um das Perpendikel ba zu finden, gedenke man sich die gegebenen Seiten bc und cd als Maaße der Winkel acb und cba Fig. 135. so war in (33. Trig.)

$$ab + ac : ab - ac = \text{tang.} \tfrac{1}{2} (c + b) : \text{tang.} \tfrac{1}{2} (c - b)$$

Es ist aber $ab : ac = \sin. c : \sin. b$ (19 Trig.)

also auch I. $\sin. c + \sin. b : \sin. c - \sin. b = \text{tang.} \tfrac{1}{2}(c + b)$
$$: \text{tang.} \tfrac{1}{2}(c - b)$$

Es

Es sey nun die Ergänzung des Winkels c $=$ a, und die von b $=$ d,

so ist II. c $+$ a $=$ 90 und b $+$ d $=$ 90°

also III. sin. c $=$ cos. a

und IV. sin. b $=$ cos. d

auch c $=$ 90° $-$ a und b $=$ 90° $-$ d

folglich c $+$ b $=$ 180° $-$ (a $+$ d)

und $\frac{1}{2}$ (c $+$ b) $=$ 90° $-$ $\frac{1}{2}$ (a $+$ d)

ferner $\frac{1}{2}$ (c $+$ b) $+$ $\frac{1}{2}$ (a $+$ d) $=$ 90°. Es kann deshalb $\frac{1}{2}$ (c $+$ b) als die Ergänzung von $\frac{1}{2}$ (a $+$ d angesehen werden, so daß

V. tang. $\frac{1}{2}$ (c $+$ b) $=$ cot. $\frac{1}{2}$ (a $+$ d)

aus II. ist c $+$ a $=$ b $+$ d

folglich c $--$ b $=$ d $-$ a

also VI. tang. $\frac{1}{2}$ (c $-$ b) $=$ tang. $\frac{1}{2}$ (d $-$ a)

Man hat also sin. c $=$ cos. a aus III.

sin. b $=$ cos. d aus IV.

tang. $\frac{1}{2}$ (c $+$ b) $=$ cot. $\frac{1}{2}$ (a $+$ d) aus V.

und tang. $\frac{1}{2}$ (c $-$ b) $=$ tang. $\frac{1}{2}$ (d $-$ a) aus VI.

Statt I. wird also wenn man substituirt VII. cos. a $+$ cos. d : cos. a $-$ cos. d $=$ cot. $\frac{1}{2}$ (d $+$ a) : tang. $\frac{1}{2}$ (d $-$ a) d. i. die Summe der Cosinusse zweyer Bogen verhält sich zu ihrer Differenz, wie die

ie Cotangente der halben Summe der Bogen zur
Tangente der halben Differenz derselben.

Aus (15 III.) hat man nun für Fig. 155.

cof. bc : cof. cd $=$ cof. ab : cof. ad und erhält
aus ($=$31. IV. I. 11. Ar.) cof. bc $+$ cof. cd : cof. bc
$-$cof. cd $=$cof. ab $+$ cof. ad : cof. ab $-$ cof. ad;
aber cof. bc $+$ cof. cd : cof. bc $-$ cof. cd $=$ cot. $\frac{1}{2}$
cd $+$ bc) : tang. $\frac{1}{2}$ (cd $-$ bc)

und cof. ab $+$ cof. ad : cof. ab $-$ cof. ad $=$ cot. $\frac{1}{2}$
(ad $+$ ab) : tang. $\frac{1}{2}$ (ad $-$ ab)

folglich cot. $\frac{1}{2}$ (cd $+$ bc) : tang. $\frac{1}{2}$ (cd $-$ bc) $=$
cot. $\frac{1}{2}$ (ad $+$ ab) : tang. $\frac{1}{2}$ (ad $-$ ab)

Ist nun wieder

$$cd = 79° \; 56'$$
$$bc = 57° \; 41' \quad und \quad ad + ab = bd$$
$$= 135° \; 25'$$

ist $\frac{1}{2}$ (cd $+$ bc) $= 68° \; 48\frac{1}{2}'$, halb $= 67° \; 42\frac{1}{2}'$

und $\frac{1}{2}$ (cd $-$ bc) $= 11° 7\frac{1}{2}'$

und log. tang. $11° \; 7\frac{1}{2}' = 9. \; 2936837$
log. cot. $67° \; 42\frac{1}{2}' = 9. \; 6127414$

$18. \; 9064251$

log. cot. $68° \; 48\frac{1}{2}' = 9. \; 5885037$

z. tang. $\frac{1}{2}$ (ad $-$ ab) $= 9. \; 3179214$ gehört
$11° \; 45'$ also ist ba $= 67° \; 42\frac{1}{2}' - 11° \; 45' = 55°$
$\frac{1}{2}'$ (32. Trig.)

Gg 2

Nun

Nun nach I. Taf. 5. Fall

$$\text{log. cot. } bc = 9.8011161$$
$$\text{log. tang. } ba = 10.1703314$$

$$\text{log. cof. } b = 9.9714475 \quad \text{giebt}$$

$b = 20^\circ 33'$.

### §. 20.

**Aufg.** Aus den drey Winkeln eine Seite b c Fig. 155. zu finden.

**Aufl. und Beweis.** Man lasse aus c wieder das Perpendikel ca fallen, und suche den Winkel bca, so hat man bc aus I. Taf. 3<sup>te</sup> Fall. Man hat nemlich aus (15. IV.)

$$\text{cof. } d : \text{cof. } b = \text{fin. } acd : \text{fin. } bca$$

Nach (19) wird aus der erstern Verhältniß

$$\text{cof. } d + \text{cof. } b : \text{cof. } d - \text{cof. } b = \text{cot. } \tfrac{1}{2}(b+d)$$
$$\text{tang. } \tfrac{1}{2}(b-d) \, (19. \text{VII.})$$

und aus der letztern

$$\text{fin. } acd + \text{fin. } bca : \text{fin. } acd - \text{fin. } bca = \text{tang. } \tfrac{1}{2}$$
$$(acd + bca) : \text{tang. } \tfrac{1}{2}(bca - acd) \, (19. \text{I.})$$

folglich cot. $\tfrac{1}{2}(b+d)$ : tang. $\tfrac{1}{2}(b-d) = \text{tang. } \tfrac{1}{2}$
$$(acd + bca) : \text{tang. } \tfrac{1}{2}(bca - acd$$

Fi

In der vorigen Bedeutung der Buchstaben ist

log. tang. $\frac{1}{2}$ (b — d) $=$ 8. 4180679
log. tang. $\frac{1}{2}$ b c d $=$ 10. 8974808

$\qquad\qquad\qquad$ 19. 3155487

log. cot. $\frac{1}{2}$ (b $+$ d) $=$ 10. 4642607

log. tang. $\frac{1}{2}$ (b c a — a c d) $=$ 8. 8512880 ge=
hört zu 4° 4' also b c a $=$ 78° 43' (32. Trig.)

Und nun I. Tafel 30. Fall.

log. cot. b $=$ 10. 4284189
log. cot. b c a $=$ 9. 2999804

$\qquad\qquad$

log. coſ. b c $=$ 9. 7283993 giebt
b c, 57° 40'

### §. 21.

Anm. Man kann ſich auch einer ähnlichen For=
mel wie in (18) bedienen. Es iſt nemlich coſ.
$\frac{1}{2}$ b c², oder in der dortigen Bedeutung der
Buchstaben.

$$\text{coſ. } \tfrac{1}{2}\, \delta^2 = \frac{\text{coſ. } \tfrac{1}{2}(d + b - c)\,\text{coſ. } \tfrac{1}{2}(d + c - b)\, r^2}{\text{ſin. b . ſin. c}}$$

Z. B. log. coſ. $\frac{1}{2}$ (d + b — c) $=$ 9. 6444226
log. coſ. $\frac{1}{2}$ (d + c — b) $=$ 9. 1805512
log. r² $=$ 20. . . . . .

$\qquad\qquad\qquad$ 38. 8249738

log. ſin. b + log. ſin. c $=$ 18. 9399513

log. coſ. $\frac{1}{2}$ $\delta^2$ $=$ 19. 8850225
$\qquad\qquad\qquad$ halbirt

log. coſ. $\frac{1}{2}$ $\delta$ $=$ 9. 9425112

giebt b c 57° 40'

Der

Der erſte Factor im Zähler kommt hier verneint,
dies macht aber keinen Unterſchied, weil ein bejahter und verneinter Bogen einerley Coſinus haben (4. Trig.). Uebrigens iſt zu bemerken, daß
wenn man auf die Seiten eines ſphäriſchen Dreyecks Quadranten ſenkrecht ſetzt, in ihren Endpunkten die Pole dieſer Seiten liegen (345. Ge.).
Die Diſtanz dieſer Pole aber iſt dem Winkel
gleich welchen die Seiten zu denen die Pole gehören, mit einander machen (346. Ge.). Ver-
einigt man alſo dieſe Pole durch Bögen, ſo erhält man ein Dreyeck in welchem die Seiten den
Winkeln des vorigen gleich ſind.

### §. 22.

**Anm.** Bey den ſchiefwinklichten Dreyecken laſſen
ſich in Abſicht deſſen was ſpitzig und ſtumpf in
ihnen iſt, ähnliche Betrachtungen, wie bey den
rechtwinklichten, (10) anſtellen; allein der zwey-
deutigen Fälle giebt es hier noch viel mehrere als
in (11). Man ſehe darüber Hrn. HR. Käſtn.
ſphär. Trig. 2. Satz 4. u. folg.

# Verbesserungen.

Seite

I. Tafel